Scheidewege

Jahresschrift für skeptisches Denken

Herausgegeben von der
Max Himmelheber-Stiftung

Jahrgang 48 · 2018/2019

S. Hirzel Verlag

Scheidewege
Jahresschrift für skeptisches Denken

Herausgeber:
Max Himmelheber-Stiftung gemeinnützige GmbH, Reutlingen,
in Verbindung mit Prof. Dr. Walter Sauer

Redaktion:
Michael Hauskeller, Walter Sauer

Anschrift von Redaktion und Stiftung:
Scheidewege, Heppstraße 110, 72770 Reutlingen
Telefon: 0 71 21/ 50 95 87; Fax: 0 71 21/ 55 07 76
E-Mail: Redaktion_Scheidewege@t-online.de
Internet: www.scheidewege.de

Von der Einsendung unverlangter Besprechungsexemplare bitten wir abzusehen; für die Rücksendung wird keine Gewähr übernommen. Redaktion und Verlag haften nicht für unverlangt eingereichte Manuskripte.

ISSN 0048-9336
ISBN 978-3-7776-2739-7

Verlag:
S. Hirzel Verlag, Birkenwaldstraße 44, 70191 Stuttgart
Telefon: 07 11/ 25 82-0; Fax: 07 11/ 25 82-2 90
E-Mail: service@hirzel.de
Internet: www.hirzel.de

Alle in dieser Jahresschrift veröffentlichten Beiträge sind urheberrechtlich geschützt. Jede Verwertung des Werkes, oder Teilen davon, außerhalb der engen Grenzen des Urheberrechtsgesetzes ist unzulässig und strafbar. Dies gilt insbesondere für Übersetzung, Nachdruck, Mikroverfilmung oder vergleichbare Verfahren sowie für die Speicherung in Datenverarbeitungsanlagen.

© 2018 Max Himmelheber-Stiftung, Reutlingen
Alle Rechte vorbehalten. Printed in Germany
Satz und Druck: Kraft Premium, Ettlingen
Einband: Großbuchbinderei Josef Spinner, Ottersweier

Klaus Michael Meyer-Abich

Eine persönliche Konfession

> Im April dieses Jahres verstarb der deutsche Physiker, Naturphilosoph und langjährige Scheidewege-Autor *Klaus Michael Meyer-Abich*. Das neue Buch, „Eine religiöse Wiederentdeckung der Natur", an dem er arbeitete, konnte er nicht mehr vollenden.
> Der nachfolgende Text war als Einleitung zu diesem Buch gedacht.
> *Die Redaktion*

Wenn ich morgens durch den Park und dann flußabwärts wieder nach Hause laufe, kommt mir etwas entgegen und berührt mich, das auch durch mich hindurchläuft und mich aufnimmt. In diesem Mitsein mit Bäumen und Wiesen, mit Licht und Wind und Wasser unter dem Himmel der Park- und Flußlandschaft erwache ich in den Tag hinein zu mir selbst. Es ist so, als habe die Natur nicht bloß einen Körper, der so und so aussieht, sondern einen Leib, der mich ansieht.

Wie es möglich ist, sich aus der Natur als man selbst angesehen zu fühlen, kann ich nicht in wenigen Worten vorweg sagen, denn davon handelt das ganze Buch. Dabei kommt natürlich auch zur Sprache, was uns unter den heutigen Lebensverhältnissen meistens davon abhält, den aus der Natur auf uns gerichteten Blick überhaupt wahrzunehmen. Andeuten möchte ich aber doch schon, daß es letztlich ‚das Ganze' der Natur ist, das uns aus unserer natürlichen Mitwelt den erkennenden Blick zurückgibt, wenn auch wir uns zu erkennen geben.

Am stärksten angesehen fühle ich mich von diesem Ganzen, wenn ich – nicht durch Vereinzelungen abgelenkt – in die ferne Weite eines wolkenlosen Himmels blicke. Auch aus allem Endlichen aber sieht das Unendliche uns an. Wer noch unbefangen religiös empfindet, kann das unsichtbare Wesen, das als das Ganze der Natur aus allen Dingen und Lebewesen blickt, als göttlich empfinden. Ich bin als ein christlicher

Pantheist aufgewachsen und erlebe es so. „Wenn ich Gott erblicke ... in Tier und Blume, in Baum und Stein, gibt Furcht mir nichts, nur Liebe zu allem, was um mich ist", hieß es in meinem Kindergebet. Von Nikolaus von Kues lernte ich später: Ich bin (ich), weil du (Gott) mich anblickst (III 104). Viele Menschen aber sind durch das Kirchenchristentum der verschiedenen Konfessionen religiös so geschädigt, daß sie von Gott nichts mehr wissen wollen. Um ihret- und der Natur willen schreibe ich dieses Buch. Wenn sie statt dessen in der Natur die Wahrnehmung des Ganzen üben, können sie diese Traumata in Ruhe ausheilen lassen.

Des Ganzen gewahr zu werden ist eigentlich nicht schwer, denn alle Einzeldinge werden von uns immer schon in oder mit ihrem jeweiligen Ganzen gesehen, z.B. die Sterne *am Himmel*, die Bäume *im Wald* oder *in der Landschaft*, die Blumen *im Garten*. Um dies Ganze so wahrzunehmen, wie es allen gemein ist, braucht man nur die *Natur der Dinge* von den *Dingen der Natur* zu unterscheiden. Die Dinge und Lebewesen der Natur sind zwar alle verschiedener Natur, aber ihre vielen Naturen sind Besonderungen des einen Ganzen. Kraft dieser einen Natur der Dinge gibt es die vielen Dinge und Lebewesen der Natur, darunter uns Menschen. Natürlich ist das Ganze, wenn es in der Natur als göttlich erfahren wird, kein *persönlicher* Gott, denn Personen sind allenfalls Menschen. Dafür aber ist es nicht nur die Kraft, aus der wir Menschen leben, sondern ebenso die unserer natürlichen Mitwelt und die der Erde überhaupt, so wie sie leibt und lebt.

Auch mit dem erdenfernen Schöpfergott des Alten Testaments hat das Ganze der Natur, das ich als göttlich empfinde, nur wenig gemein. Es bildet sich zur Natur wie ein Kunstwerk, das von selbst entsteht, und ist auch nicht so männlich wie der Kirchengott, der nach dem vermeintlichen Sündenfall (an den ich nicht glaube) vor allem unsere Schuldbekenntnisse einfordert. Wie sich im Verlauf des Buchs erweisen wird, ist das Ganze der Natur eher weiblich oder männlich-weiblich verschränkt. Wenn wir die Blicke nicht empfinden, welche es uns zurückgibt, verbindet sich darin unsere mangelnde Liebe zur Natur mit der zu geringen Anerkennung des Weiblichen in unserer Gesellschaft.

Die Natur unbefangen religiös wahrnehmen zu können verdanke ich ursprünglich meinen Eltern, danach der lebenslangen Beschäftigung mit Platons Philosophie und dem Pantheismus der griechischen Antike. Mein Physikstudium hat mich darin nicht irregemacht, denn wenn

Christus die Wahrheit ist, ist er auch die Wahrheit der Physik (und der Evolution), soweit sie wahr ist. Als ein Pantheist und Praktischer Naturphilosoph bin ich in der Naturkrise der Industriegesellschaft seit den 1970er Jahren für den Frieden mit der Natur und dafür eingetreten, daß wir als Erdensöhne und Erdentöchter eine Heimat auf diesem Planeten zu finden suchen, dies alles auch in der Öffentlichkeit und in politischen Ämtern. Erst in den letzten Jahren aber ist mir klargeworden, daß die Evangelien des Neuen Testament selbst pantheistisch zu verstehen sind. Wenn wir die Natur von den Evangelien her wiederentdecken, können wir die theologischen und kirchlichen Interpretationen etwas zurückstellen.

Ich schreibe dies Buch in der Hoffnung, daß sich in der religiösen Wiederentdeckung der Natur, zu der ich einlade, die Liebe erneuern kann, die wir in Naturwissenschaft und Technik wie im real existierenden Christentum und der dazu passenden Theologie verloren haben. Für unchristlich halte ich insbesondere die Paulinisch-Augustinische Leibfeindschaft und ihre Folgen. Soweit ich dem Kirchenchristentum in meiner Kritik nicht hinreichend gerecht geworden bin, bitte ich dies damit zu entschuldigen, daß ich die Natur über alles liebe und in unserer westlichen Kultur den Pantheismus für die beste und vielleicht letzte Chance halte, schließlich doch noch eine Heimat auf dieser Erde zu finden.

Ernst Ulrich von Weizsäcker

Eine neue Aufklärung für die Volle Welt[1]

1. Leere Welt – Volle Welt

Bis etwa 1950 lebte die Menschheit in der „Leeren Welt", nach Herman Daly.[2] Die Zahl der Menschen lag bei 2 ½ Milliarden, die Urwälder und die Meere waren noch weitgehend intakt. Süßwasser und Mineralien standen schier unerschöpflich zur Verfügung. Und die Verschmutzung blieb auf die Industriezonen beschränkt.

Nach 1950, als die größten Schäden des 2. Weltkriegs beseitigt waren, setzte weltweit ein rasantes Wirtschafts- und Weltbevölkerungswachstum ein.

Völlig zu Recht sagt der frühere Weltbankökonom Herman Daly, dass das Leben in der Vollen Welt ein ganz anderes Denken erfordert als es in der Leeren Welt noch gut und rechtens war. Wer in der leeren Welt mehr Fisch haben wollte, brauchte bloß mehr Angeln oder Netze und mehr Fischer, und das Ergebnis war klar. In der Vollen Welt hingegen ist die allerwichtigste Aufgabe, wenn man mehr Fisch haben will, die Einrichtung und Durchsetzung von Meeresschutzgebieten mit zumindest zeitweiligen Fischfangverboten.

Die Religionen der Welt, die ökonomischen Doktrinen und der übliche „gesunde Menschenverstand" stammen allesamt aus der Zeit der Leeren Welt und warten darauf, für die Realität der Vollen Welt radikal aktualisiert zu werden.

Das kommt in diesem Aufsatz später. Zunächst ein Rückblick auf die „alte" Aufklärung.

2. Die „alte" Aufklärung, ihre Fehler und ihre Wiederentdeckung

Das Mittelalter in Europa war keine dunkle Zeit, aber von einer geistigen Dynamik war wenig zu spüren. Auch die Herrschaftsverhältnisse blieben weitgehend konstant. Das änderte sich mit der „Neuzeit". Die „Entdeckung" Amerikas, der Fall Konstantinopels, die Renaissance und dann die Reformation wirkten wie Wecksignale. Schrittweise erodierte die zuvor stabile Fürsten- und Kirchen-Macht. Leonardo, Luther, Descartes, Erasmus, Spinoza, Francis Bacon waren geistige Titanen und veränderten das Denken.

Im Gefolge dieser Titanen wurde das Denken, auch das politische, immer unabhängiger, aufmüpfiger und wissenschaftlicher. Das war die Zeit der europäischen Aufklärung. Herausragende Figuren waren John Locke, Montesquieu, David Hume, Jean-Jacques Rousseau, Voltaire, Adam Smith, Immanuel Kant, G.W. Leibniz und Isaac Newton. Gemeinsam haben sie einen revolutionären Wandel der europäischen Zivilisation verursacht und geschaffen.

Eine der wichtigsten politischen Leistungen war die Trennung des Staates von der Kirche. Der aufgeklärte Staat, anders als die damaligen Kirchen, sah das freie Denken und Handeln der Bürger als eine große Hoffnung. Es war auch die Ermutigung für wissenschaftliches Streben, technischen Erfindungsreichtum und unternehmerischen Gründergeist. Das 18. Jahrhundert sah eine explosive Entwicklung von Wissenschaft und Technik. Antoine de Lavoisier und James Watt gehörten zu den ersten, aber nach ihnen führte eine Lawine technologischer Innovationen zur Industriellen Revolution.

Der Aufklärung wird auch die Befreiung des menschlichen *Individuums* aus dem erstickenden Druck der Kirchen und des absolutistischen Staates im 17. und 18. Jahrhundert zugerechnet. Jedoch führte der neue Individualismus auch zum allmählichen Verfall früherer Gemeinschaften. Die auf gemeinschaftlicher Nutzung fußenden *Allmenden* waren das Fundament des früheren Wohlstands. Aber parallel zum wachsenden privaten Reichtum und mit der neuen Wertschätzung der individuellen Errungenschaften wurden sie erodiert und oft zerstört.

Für Zivilisationen außerhalb Europas waren die Effekte viel schlimmer. Europäische Armeen, Kolonisten und Missionare hatten bereits im 16. und 17. Jahrhundert einen Großteil der Welt erobert und besiedelt. Die industrielle Revolution machte Europa, vor allem das britische Empire, im Wesentlichen unbesiegbar. Was jedoch noch schlimmer ist: Die europäische Dominanz wurde von einer Ideologie des Rechts des Stärkeren begleitet, das die Unterwerfung und Ausrottung von Völkern, sowie die Zerstörung vieler alternativer Traditionen und Kulturen weltweit rechtfertigte, die seit Tausenden von Jahren existierten. Peter Sloterdijk geht so weit, den Schrecken der europäischen Vormachtstellung und der missionarischen Kriege den monotheistischen Religionen zuzuordnen und sie mit den islamischen „heiligen Kriegen" gleichzusetzen.[3]

Es wäre jedenfalls eine große Verfälschung, die europäische Aufklärung als den großen zivilisatorischen Fortschritt schlechthin zu bezeichnen. Nicht nur aus Asien und aus den von Europa unterjochten Kolonien gibt es immer wieder Kritiken an der Aufklärung selber.

Neuerdings gibt es allerdings, ausgehend vornehmlich aus den USA, eine Wiederentdeckung der guten Seiten der Aufklärung, vielleicht am eloquentesten durch den Harvard-Professor Steven Pinker[4]. Er ist wie viele Amerikaner schockiert von der politischen Machtübernahme eines Präsidenten, der die erwiesene Wahrheit je nach Opportunität ignoriert, mit Fake News verschmiert oder ausnahmsweise auch mal anerkennt. Demgegenüber ist die Neuausrufung von Rationalismus, Freiheit, wissenschaftlicher Wahrheitssuche nur zu legitim und verständlich. Hierzu gehörte auch der Marsch für die Wissenschaft im April 2017, dem sich mehr als eine Million Menschen anschlossen, hauptsächlich als Protest gegen Präsident Trump. Aber in diese legitime Welle mischt sich auch gern eine rechthaberische und politisch recht extreme Strömung des Ultra-Liberalismus wie etwa in der britischen Libertären Allianz[5].

3. Die päpstliche Enzyklika Laudato Si'

Papst Franziskus machte Schlagzeilen, als er im Juni 2015 eine Enzyklika mit dem Titel *Laudato si'*[6] veröffentlichte, in dem er die zunehmende Zerstörung unseres „Gemeinsamen Hauses", des Planeten Erde zur Sprache brachte. Kritisch nannte er als Beispiele Umweltvergiftung, Verschwendung, Wegwerfkultur, globale Erwärmung und die verheerende Zerstörung der Biodiversität.

Der Papst ging in beträchtliche Details und beschrieb die Tatsachen und die Dynamik der Umweltzerstörung, bevor er eine neue Einstellung zur Natur forderte. In Absatz 76 erklärte er: *„Die Natur wird gewöhnlich als ein System verstanden, das man analysiert, versteht und handhabt, doch die Schöpfung kann nur als ein Geschenk begriffen werden..."*. Die Botschaft war, dass die Menschheit eine Haltung der Bescheidenheit und des Respekts annehmen müsse, anstatt der Arroganz und Macht.

Laudato si' nennt als zentrales Problem die kurzfristige Wirtschaftslogik, die die wahren Kosten ihrer langfristigen Schäden für Natur und Gesellschaft ignoriert. Wörtlich schreibt der Papst: „Die Märkte, die davon unmittelbar profitieren, regen die Nachfrage immer noch mehr an. Wenn jemand die Erdenbewohner von außen beobachten würde, würde er sich über ein solches Verhalten wundern, das bisweilen selbstmörderisch erscheint". (Absatz 55) Und später schreibt er: „Wenn der Mensch sich selbst ins Zentrum stellt, gibt er am Ende seinen durch die Umstände bedingten Vorteilen absoluten Vorrang, und alles Übrige wird relativ". (Absatz 122) Schließlich geißelt er den Relativismus derer, die sagen: „Lassen wir die unsichtbare Hand des Marktes die Wirtschaft regulieren, da ihre Auswirkungen auf die Gesellschaft und auf die Natur ein unvermeidbarer Schaden sind." (Absatz 123)

Die Botschaft dieser historischen Enzyklika ist klar: Die Menschheit ist auf einer selbstmörderischen Bahn, es sei denn, dass einige starke Regeln der Begrenzung akzeptiert werden, die die kurzfristigen utilitaristischen Handlungen unseres ökonomischen Paradigmas einschränken.

Papst Franziskus steht keineswegs allein mit seiner religiös begründeten Umweltethik. Der Ökumenische Rat der Kirchen (ÖRK), zu dem die meisten christlichen Konfessionen (außer der katholischen) gehören, hatte schon dreißig Jahre früher sehr ähnliche Warnungen angesprochen. Weniger bekannt in westlichen Kreisen, doch von ähnlicher Klarheit in der Sprache, ist die Islamische Erklärung zum Globalen Klimawandel 2015, die besagt: „Die Zeit in der wir leben wurde zunehmend geologisch als Anthropozän beschrieben. Unsere Spezies, obwohl sie als Verwalter (*khalifah*) der Erde ausgewählt wurde, war die Ursache für solche Verwüstung, so dass wir Gefahr laufen, das Leben zu beenden, wie wir es bisher auf unserem Planeten kannten."[7]

Da ich in diesem Aufsatz auf die Notwendigkeit einer neuen Aufklärung hinweisen möchte, erlaube ich mir auch einen historischen Verweis darauf, dass frühe Islamgelehrte, allen voran Avicenna/Ibn Sina (ca. 980-1037) und Averroës/Ibn Rušd (1126–1198), als frühe Träger einer Aufklärung gelten können. Beide waren brillante Naturwissenschaftler und Ärzte, und für beide waren die besten Köpfe des antiken Griechenlands, insbesondere Aristoteles, Leitsterne des klaren Denkens.

Der Richter Christopher Gregory Weeramantry[8], ehemaliger Vizepräsident des Internationalen Gerichtshofes, fasste Schlüsseltexte über die Verantwortung der Menschheit gegenüber der Natur, den anderen Lebensformen und allen künftigen Generationen zusammen, wie sie in den Schriften von fünf großen Weltreligionen zu finden sind. In seiner Einleitung schreibt er, es sei sicherlich paradox, dass die jüngste Generation der seit 150.000 Jahren bestehenden Menschheit die Weisheit der 150 Jahrtausende, wie sie in den gemeinsamen Kernlehren der großen Religionen der Welt verankert ist, ignoriert. Weeramantry schlägt vor, Grundsätze der großen Religionen ins Völkerrecht zu integrieren, um die gegenwärtigen Krisen der Menschheit richtig zu beheben.

Man darf jedoch nicht verschweigen, dass einige Religionen, einschließlich des Judentums und des Christentums Aussagen enthalten, die die Herrschaft des Menschen rechtfertigen und zu menschlicher Nachlässigkeit gegenüber der Natur führen können. Das berühmte *dominium terrae* (Genesis 1: 28) wird oft als Beispiel dafür verwendet. Es lautet (verkürzt): „Seid fruchtbar und mehret euch; füllt die Erde und macht sie euch untertan und herrscht über die Fische im Meer und über die Vögel unter dem Himmel und über alles Getier, das auf Erden kriecht."

Die Ursprünge der großen Religionen liegen natürlich alle in der *leeren* Welt, als die Natur endlos aussah und die Menschen von Hunger, wilden Tieren, unbekannten Krankheiten und benachbarten Stämmen bedroht wurden. Dennoch verstanden die weisen Ältesten in den Gemeinden die Notwendigkeit von Langfristdenken, zumal der Vorsorge von Nahrungsmitteln für den Winter oder schlechtes Wetter, die Planung von Expeditionen und die Schaffung eines Rechtsrahmens für das Funktionieren der Gemeinschaft. Die Ältesten (oder Priester) konnten die für die Menschen unerreichbaren Götter als Auftraggeber für die Langfristperspektive einschließlich der Ewigkeit in Anspruch nehmen.

4. Eine wirklich neue Aufklärung, zentriert um das Balance-Prinzip

Die neue Aufklärung, die „Aufklärung 2.0", wird nicht europazentriert sein. Sie muss sich auch an den großartigen Traditionen anderer Zivilisationen orientieren. Um hier in Kürze zwei sehr unterschiedliche Beispiele zu nennen:

– Die Hopi-Tradition in Nordamerika blieb im Wesentlichen für 3000 Jahre stabil und nachhaltig. Die Hopis sind eine der ältesten lebenden Kulturen in der dokumentierten Geschichte, mit nachhaltiger Landwirtschaft, stabiler Bevölkerung, ohne Kriege, und Baumeister erstaunlicher Steinstrukturen. Sie wären unter jeder Definition von Nachhaltigkeit unter den Meistern. Ihre Religion fußt auf dem Konzept der Balance, zwischen Wasser und Licht, Sommer und Winter, Humor und Ernsthaftigkeit.[9]

– Auch in den meisten asiatischen Traditionen[10] spielt die Balance eine zentrale Rolle – im Gegensatz zur Dogmatik monotheistischen Religionen, in denen nur eine Seite richtig sein kann. Yin und Yang sind Symbole von *ausgewogenem Kontrast*. Alle Dinge, sagt die aus vorchristlicher chinesischer Kultur stammende Yin und Yang-Philosophie, existieren als untrennbare und widersprüchliche Gegensätze, zum Beispiel weiblich-männlich, dunkel-hell und alt-jung. Die Gegensätze ziehen sich an und ergänzen sich gegenseitig und, wie ihr Symbol veranschaulicht, hat jede Seite in ihrem Kern ein Element des anderen (dargestellt durch die kleinen Punkte).[11]

Das Symbol des Yin und Yang

Unsere moderne Welt wäre närrisch, die Weisheit der wirklich nachhaltigen Stämme und des Prinzips der Balance nicht zu nutzen.

5. Anschluss an die Naturwissenschaft

Die Weisheit der Synergien zwischen Kontrasten kann auch dazu beitragen, die Defizite der analytischen Philosophie der Wissenschaft zu überwinden, also Raum für eine zukunftsorientierte Philosophie zu schaffen. Natürlich müssen technische und wissenschaftliche Messungen weiterhin korrekt durchgeführt werden. Tatsachen bleiben Tatsachen. Doch die moderne Physik hat gezeigt, dass die genaue Messung eines Merkmals die Messbarkeit ihres kontrastierenden (komplementären) Merkmals zerstören kann. Das ist der Kern der Heisenbergschen *Unschärferelation*[12], die besagt, dass der Impuls und die Position eines Teilchens nicht gleichzeitig mit unbegrenzter Genauigkeit gemessen werden können. Die physikalische Grundlage dieser erstaunlichen Tatsache liegt darin, dass das Teilchen auch Welleneigenschaften aufweist, welche mit den Wellen (z.B. Lichtwellen) des Messinstruments interferieren. Auch Partikeleigenschaften und Welleneigenschaften sind gegenseitig „komplementär".

Komplementarität kann ein Türöffner sein, um Parallelen zwischen der modernen Physik und der östlichen Weisheit sowie den Religionen wahrzunehmen. In seinem Bestseller *The Tao of Physics*[13] zeigte Fritjof Capra, dass Buddhismus, Hinduismus und Taoismus die Macht hatten, mit unerklärlichen Realitäten umzugehen, welche die Menschen Mystik nennen würden. Capra behauptet am Ende seines Buches, dass „Wissenschaft keine Mystik und Mystik keine Wissenschaft braucht, doch der Mensch benötigt beide".

6. Beispiele für Balance

Komplementarität und Balance, sowie die Weisheit der Synergien zwischen Kontrasten sollten Meilensteine auf dem Weg zu einer Neuen Aufklärung sein. Sicherlich gibt es mehr philosophische Schritte zur Überwindung der Defizite der analytischen Philosophie, der Selbstsucht, des Individualismus, der Kurzzeitobsession und anderer Züge, die von Papst Franziskus als zerstörerisch für unser gemeinsames Haus erwähnt wurden. Ich halte aber eine Reihe von Beispielen jetzt für nützlich, wo das Prinzip der Balance segensreich sein kann. Dem Ziel dient die nachstehende Aufzählung. Wichtig scheint auf jeden Fall die Balance

– *zwischen Mensch und Natur:* In der „Leeren Welt" war die Balance einfach da. In der „vollen Welt" dagegen wird sie zu einer riesigen Herausforderung. Die verbliebenen Landschaften, Gewässer und Mineralien einfach als Ressourcen für eine immer noch wachsende Bevölkerung und die Erfüllung immer weiter wachsender Konsumwünsche anzusehen, ist nicht Balance, sondern Zerstörung!

— *zwischen kurzfristig und langfristig:* Natürlich wollen Menschen, wenn sie Durst haben, *jetzt* etwas trinken und nicht erst langfristig. Vierteljährliche Finanzberichte machen Sinn für Management und Aktionäre. Aber man braucht unbedingt ein Gegengewicht der Langfristigkeit, etwa für die Stabilisierung des Klimas, der Böden, der Biodiversität. Die langfristige Ethik kann natürlich auch durch kurzfristige Anreize unterstützt werden;

— *zwischen Geschwindigkeit und Stabilität:* Technischer und kultureller Fortschritt profitiert vom Wettrennen um zeitliche Priorität. Geschwindigkeit zählt bei wissenschaftlichen Karrieren und bei Unternehmen. Wir wissen, dass disruptive Innovationen heute ganz „geil" sind. Aber die Geschwindigkeit selbst kann ein Horror für die Langsamen sein, für die meisten älteren Menschen, für Babys und für Dorfgemeinschaften. Was schlimmer ist, ist, dass die Geschwindigkeitssucht die nachhaltigen Strukturen, Gewohnheiten und Kulturen zu zerstören droht, die uns tragen, überleben lassen und uns ein Mindestmaß an Stabilität erhalten;

— *zwischen Privat und Öffentlich:* Die Entdeckung der menschlichen Werte des Individualismus, des Privateigentums, des Schutzes gegen staatliches Eindringen gehörten zu den wertvollsten Errungenschaften der europäischen Aufklärung. Aber heute sehen wir die *öffentlichen Güter* viel stärker gefährdet als Privatgüter. Wir sehen die Gefahren für die Almende, die öffentlichen Infrastrukturen, das System der finanziellen Gerechtigkeit und den Rechtsstaat. Beim internationalen Wettbewerb um niedrige Steuern werden die öffentlichen Güter vernachlässigt und unterfinanziert. Der Staat (öffentlich) sollte die Regeln für den Markt (privat) schaffen, nicht umgekehrt;

— *zwischen Frauen und Männern:* Viele Frühkulturen entwickelten sich durch Kriege, in welchen Frauen hauptsächlich mit der Betreuung der Familie und die Männer mit der Verteidigung (oder dem Angriff) betraut waren. Dieses Modell ist schon sehr früh veraltet gewesen. Riane Eisler hat archäologische Einblicke in Kulturen eröffnet, die in Modellen der Partnerschaft, ohne Dominanz von Frauen oder Männern gedeihen[14]. Sie kritisiert, dass auch der konventionelle (männlich dominierte) ‚Wohlstand der Nationen' fast eine Karikatur des realen Wohlbefindens sei. Eine wirkliche Partnerschaft führt auch zu einem ganz anderen „Wohlstand der Nationen";[15]

– *zwischen Gleichheit und Leistungsanreiz:* Gesellschaften werden schläfrig, wenn völlige Gleichheit garantiert ist und es keinen Leistungsanreiz gibt. Umgekehrt kann ein extremer Leistungsanreiz die tüchtigsten so reich werden lassen, dass es den Massen jämmerlich schlecht geht. Eine gesunde Gesellschaft, durchaus eine Leistungsgesellschaft, braucht ein öffentlich garantiertes System von Gleichheit und Gerechtigkeit. Ungleichheit ist nach Wilkinson und Pickett[16] mit vielen sehr unerwünschten sozialen Parametern korreliert wie schlechte Bildung, hohe Kriminalität, Säuglingssterblichkeit;

– *zwischen Staat und Religion:* Es war eine große Errungenschaft der europäischen Aufklärung, die Öffentlichkeit von der religiösen Führung zu trennen und die religiösen Werte und Gemeinschaften zu respektieren. Das muss ausgewogen gehalten werden. Religionen, die den öffentlichen Sektor dominieren, sind in der großen Gefahr, die großartige zivilisatorische Leistung des Rechtsstaates zu ruinieren. Die Dominanz der Religion neigt dazu intolerant gegenüber Personen zu sein, die außerhalb der religiösen Gemeinschaft existieren. Auf der anderen Seite neigen Staaten, die gegen religiöse Gemeinschaften intolerant sind dazu, den Kontakt mit ethischen (und langfristigen) Bedürfnissen zu verlieren.

7. Schlussbemerkung

Eine Aufklärung darf nie statisch sein. Sie muss immer auch eine Aufforderung zum Weiterdenken, zum Mitmachen, zum Mitgestalten sein. Die Forderung nach einer *neuen* Aufklärung basiert auf der Sorge, dass der Rationalismus und Utilitarismus der alten Aufklärung in der Vollen Welt zerstörerische Kräfte entfalten kann. Diejenigen Personen und Kulturen (insbesondere indigene Kulturen), die diese Zerstörung am schmerzlichsten erfahren, müssen dringend eingeladen sein, sich an der Formulierung, Entwicklung und Durchsetzung der neuen Aufklärung zu beteiligen.

Der in Anmerkung 1 genannte neue Club of Rome Bericht *Wir sind dran* gibt den größeren Rahmen für diesen Begründungszusammenhang. Er beginnt mit zwölf Kapiteln, die die erschreckende Nicht-Nachhaltigkeit der heutigen Weltentwicklung dokumentieren. Aber nach der dann folgenden Einführung in die Gedanken zu einer neuen Aufklärung kommt der Bericht in seinem dritten Teil mit lauter praktischen und politischen Beispielen und Forderungen, die man schon jetzt bewundern und/oder befolgen kann. Denn wir dürfen nicht so naiv sein, erst eine titanische Anstrengung in Richtung einer neuen Aufklärung zu fordern und dann „Däumchen drehen" bis die Aufklärung die ganze Welt erfasst hat. Nein, man muss zweifellos schon heute handeln, um auch der Vollen Welt einen Weg zur Nachhaltigkeit zu ebnen. Die Gedanken zur Balance und zur Aufklärung können hierbei allerdings eine sehr hilfreiche Richtungsorientierung leisten.

Anmerkungen

[1] Der Aufsatz beruht in weiten Teilen auf Texten des neuen Club of Rome Berichts *Wir sind dran.* (Ernst Ulrich von Weizsäcker und Anders Wijkman). Gütersloher Verlagshaus. 2017. Das englische Original des Berichts erschien 2018 unter dem Titel „Come On!" bei Springer, New York und Heidelberg.

[2] Herman Daly. 2015. Economics for a Full World. Essay for the Great Transition Initiative. Boston. Tellus Institute.

[3] Peter Sloterdijk, 2007. Gottes Eifer. Vom Kampf der drei Monotheismen. Berlin: Verlag der Weltreligionen im Insel Verlag.

[4] Steven Pinker. 2018. Enlightenment Now. The Case for Reason, Science, Humanism, and Progress. New York: Random House.

[5] Chris R. Tame. 1998. The New Enlightenment: The Revival of Libertarian Ideas. Philosophical Notes Nr. 48. London: Libertarian Alliance. ISSN 0267-7091 ISBN 1 85637 417 3.

[6] Papst Franziskus. 2015. Laudato si'. Über die Sorge für das Gemeinsame Haus. Leipzig: St. Benno Verlag.

[7] http://islamicclimatedeclaration.org/islamic-declaration-on-global-climate-change/

[8] Christopher G. Weeramantry. 2009. Tread Lightly on the Earth: Religion, the Environment and the Human Future. Pannipitiya [Sri Lanka]: Stamford Lake.

[9] http://hopi.org/wp-content/uploads/2009/12/ABOUT-THE-HOPI-2.pdf]

[10] Randall L. Nadeau. 2014. Asian Religions. A cultural perspective. Wiley Blackwell.

[11] Aus Mark Cartwright. 2012. Yin and Yang. Definition. Ancient History Encyclopedia.

[12] Z.B. Werner Heisenberg. 1930. The Physical Principles of the Quantum Theory. Chicago: University of Chicago Press.

[13] Deutsch: Fritjof Capra. 1977. Das Tao der Physik München: O.W. Barth Verlag.

[14] Riane Eisler. 1993. Kelch und Schwert: von der Herrschaft zur Partnerschaft. Weibliches und männliches Prinzip in der Geschichte. München: Goldmann.

[15] Riane Eisler. 2007. The Real Wealth of Nations: Creating a Caring Economics. San Francisco.

[16] Richard Wilkinson und Kate Pickett. 2012. Gleichheit ist Glück. Warum gerechte Gesellschaften für alle besser sind. Hamburg: Tolkemitt.

Ernst Peter Fischer

Die Gesetze der Größe

Zu dem Buch „Scale" von Geoffrey West (New York 2017)

Geoffrey West (*1940) ist von Hause aus Theoretischer Physiker. Er hat viele Jahre am Santa Fee Institut (in Neu Mexiko) interdisziplinär gearbeitet und sich dabei vor allem bemüht, komplexe adaptive Systeme zu verstehen, wie man im Fachjargon sagt. Dabei sind ihm erstaunliche Einsichten gelungen, die tiefe Zusammenhänge sowohl in biologischen als auch sozioökonomischen Bereichen erkennen lassen, und sie hat West in einem Buch mit dem Titel „Scale" zusammengestellt. In ihm erzählt der Autor, wie er und andere interdisziplinär orientierte Wissenschaftler es riskiert haben, den Begriff eines komplexen adaptiven Systems nicht nur auf Lebewesen und ihre Zellen, sondern auch auf Städte und ihre Bewohner anzuwenden und deren Größenabhängigkeit oder Skalierbarkeit erstens zu ermitteln und zweitens theoretisch abzusichern und auf diese Weise sogar zu begründen. Es geht West um die Skalierungsgesetze und die Art, wie Lebewesen, Ökosysteme, Städte und Unternehmen durch ihre Größe – ihre Skalierung – auseinander hervorgehen oder miteinander verknüpft sind. Sein Ansatz hat ihn in die Lage versetzt, eine „universelle Theorie des Wachstums, der Innovation, der Nachhaltigkeit" und der zunehmenden Geschwindigkeit des sich beschleunigenden Lebens (‚pace of life')" zu entwerfen, die auf „Organismen, Städte, Ökonomien und Unternehmen" anwendbar ist und die eigentümliche Dynamik der Welt und ihrer Bewohner verständlich werden lässt, wie der Untertitel von „Scale" andeutet. In dem Buch versucht der Autor tatsächlich, das ganze Werden der Welt in den theoretisch-wissenschaftlichen Griff zu bekommen. Und als Leser folgt man seinen Ausführungen mit zunehmendem Staunen und in der bleibenden und wachsenden Hoffnung, zuletzt den Weg zu dem nachhaltigen Wachstum zu finden, mit dem allein das Überleben der Menschheit gesichert werden kann.

„Scale" heißt natürlich zunächst „Skala" und erfasst dabei einen Maßstab oder eine Größenordnung, und zu den Themen des Buches gehört die Frage, ob Riesentiere wie Elefanten und Wale vergrößerte (skalierte) Versionen von Mäusen und Menschen und Megastädte wie New York und Los Angeles auf vergleichbare Weise vergrößerte Versionen von Santa Fee und San Jose sind, wobei der englische Ausdruck an dieser Stelle „scaled up" heißt. West führt Daten vor, die erkennen lassen, dass massige Tiere und riesige Städte als maßstabgerecht vergrößerte („scaled up") Versionen kleinerer Exemplare des Lebens und der Ballungsräume zu betrachten sind, und er fühlt sich deshalb ermutigt, nach einem universalen Gesetz zu suchen, das diesen höchst unterschiedlichen Vergrößerungsschritten zum einen ihre realistische Verlässlichkeit und natürliche Wirksamkeit gibt und zum zweiten zum Beispiel erklären kann, warum Menschen und Unternehmen von einem bestimmten Alter an nicht mehr größer werden und zuletzt sogar sterben oder vom Markt verschwinden, während Städte offenbar kein solches Ende zu kennen scheinen und immer weiter wachsen. Gegen Schluss seines Buches versucht sich West an der Frage, wie ein Ende des irdischen Wachsens aussieht und wie Menschen Nachhaltigkeit erreichen und die „finite time sigularity" vermeiden können, die in der Theorie enthalten ist. Sie sagt einer weiter wachsenden Welt nämlich in endlicher Zeit einen Kollaps vorher, was durch den Begriff der Singularität zum Ausdruck kommt, die man sich als einen Ausreißer ins Unendliche vorstellen kann und die Kosmologen in ihren Gleichungen als Schwarzes Loch kennen, in dem alles endet.

Für solche Vorhersagen muss man natürlich sicher sein, die Gesetze der Größe oder des Größerwerdens tatsächlich genau zu kennen, und West unterscheidet schon früh in seinem Buch das, was in seiner Sprache „sublinear scaling" und „superlinear scaling" heißt und zwei Abweichungen von einer linearen Abhängigkeit zwischen den Eigenschaften von Systemen (lebend oder sozioökonomisch gemeint) und ihren Ausmaßen erfasst. Wie Messungen nämlich zeigen, agieren größere Tiere effizienter als kleinere – Pferde effizienter als Hunde –, weil ihr Körper weniger Energie einsetzen muss, um ein Gramm Gewebe zu versorgen und so zu leben, ohne an Leistungsfähigkeit einzubüßen. Größere Tiere müssen nicht linear mehr an Energie einsetzen, sie skalieren vielmehr sublinear, wie man sagt, und dabei zeigen sie die genau umgekehrte Eigenschaft von Städten, in denen die sozialen Aktivitäten und die ökonomische

Produktivität stärker mit zunehmender Größe ansteigen, als eine lineare Relation vorhersagen würde. Ökonomen sprechen von einem mit der Skala (der erreichten Größe) steigenden Ertrag, den West als superlineare Skalierung bezeichnet. Auf jeden Fall erweisen sich die Gesetze sowohl bei den Lebewesen als auch bei den Ballungszentren der Größe nicht als linear, und West versucht, den tieferen Gründen dafür auf die Spur zu kommen.

Von vorne: Es geht in dem Buch nüchtern um Skalierungsgesetze, also um die Frage, wie man ausdrücken und quantifizieren kann, dass alles in der Welt wächst und größer wird und der dazugehörige Umsatz von Energie steigt und steigt und steigt. Vor dem Beginn der Zivilisation sind Menschen mit etwas weniger als 100 Watt ausgekommen, um ihr Leben zu führen, während die heutige soziale Stoffwechselrate, zu der Heizen, Strom, Autofahren und andere technische Hilfsleistungen (Computer) beitragen, bei rund 3.000 (in den USA sogar bei 10.000) Watt liegt. Bevor sich West diesem historischen Schritt annimmt, stellt er mit eindrucksvollen Daten und Schautafeln vor, wie überhaupt messbare Eigenschaften von Tieren, Pflanzen, Ökosystemen, Städten und Unternehmen „scale with size", also maßstabgerecht anwachsen oder mitsteigen, wenn die Systeme – die komplexen adaptiven Systeme – größer werden. Entscheidend ist dabei, dass die Stoffwechselrate – also der Energieumsatz – in einem Körper nicht linear ansteigt, dass also bei einem Tier mit doppelter Größe nicht der doppelte Wert gemessen wird, sondern dass der Zusammenhang zwischen Masse und Stoffwechselrate nichtlinear ist und durch ein Potenzgesetz dargestellt wird – was im Übrigen seit 1932 bekannt ist und nach dem Schweizer Biometriker Max Kleiber als Kleibers Gesetz benannt wird. Kleiber stellte fest, dass der Stoffwechsel bei größeren Tieren mit der Masse M zunimmt, wenn man sie mit einer Hochzahl versieht, in diesem Fall ¾. West stellt andere Skalierungsgesetze für physiologische Eigenschaften vor – den Herzschlag, die Höhe von Bäumen, die Zahl der Blätter –, die ebenfalls nichtlineare Zusammenhänge erkennen lassen, bei denen aber auffällt, dass sie alle mit einem Exponenten zu formulieren sind, in dem ebenfalls die Zahl 4 auftritt. „Die Zahl 4 spielt eine fundamentale und nahezu magisch universelle Rolle im ganzen Leben", wie West anmerkt, um später zu erklären, wie sich diese Zauberzahl verstehen lässt, die bereits Pythagoras spannend fand, weshalb er ihr den Namen Tetraktys – heilige Vierzahl – gegeben hat. Das Leben – und vieles andere in der Welt

– steht im Bann der Vier (nicht nur, weil das Universum Einstein zufolge als vierdimensionale Raumzeit zu verstehen ist), und West gelingt es, die Rolle dieser magisch wirkenden Größe im Leben überzeugend zu begründen. Ihm gelingt dies in einem Kapitel mit der Überschrift „Die vierte Dimension des Lebens", das er dem Leser anbietet, nachdem er klar gemacht hat, dass sich unter der Haut nicht nur von Menschen eine integrierte Folge von verzweigten Netzwerken finden lässt, durch die Blut fließen, die Energieströme erlauben und Informationen ihren Weg gehen lassen und so das Ganze versorgen können. Gemeint sind zum Beispiel die Adern und Venen und die Nervenbahnen, und West und seine Kollegen haben jahrelang darüber nachgedacht, ob es ein paar Netzregeln gibt, die allen biologischen Umsetzungen – ob in Säugetieren oder in Pflanzen und Bäumen – eine gemeinsame generische (und möglicherweise genetische) Grundlage geben und dadurch zu verstehen erlauben, wie die natürliche Selektion sie zustande bringen konnte. Es sind drei Regeln, die West vorstellt und die hier kurz zitiert werden. Zum einen müssen die Netze raumfüllend sein (weshalb sie sich erstaunlich regelmäßig und universal verzweigen). Zum zweiten müssen die Enden oder Abschlüsse der Netzwerke gleich aussehen, sich also als invariant erweisen, und zum dritten muss ihre abgelieferte Leistung (Performance) „optimiert" sein, was konkret für die Biologie heißt, dass „sich Netzwerke so entwickelt haben, dass die Energie, die benötigt wird, ... um die Routineaufgaben des Lebens [zur Aufrechterhaltung der Körperfunktionen wie den Bluttransport] zu erfüllen, minimalisiert worden ist, um die Energie maximieren zu können, die für Sex, Vermehrung und die Versorgung des Nachwuchs benötigt und verfügbar wird."

Wenn man sich fragt, wie sich die genannten drei Postulate, dass sich biologische Netzwerke (innere Versorgungsstrukturen des Körpers) als raumfüllend, zum Ende hin als invariant und bezüglich der benötigten Energie als optimal erweisen, in der lebendigen Wirklichkeit realisiert werden können, stellt sich heraus, dass die dazugehörenden Gefäße die geometrische Eigenschaft von Fraktalen aufweisen müssen, was sie auch tun. Netzwerke bestehen aus selbstähnlichen Strukturen, deren Dimensionen nicht nach der klassischen Vorstellung der Euklidischen Geometrie gezählt werden können – eine Linie hat die Dimension 1, eine Fläche die Dimension 2 und ein Volumen die Dimension 3 –, sondern die durch ihr verzweigtes und verwinkeltes Aussehen, wie es eben Küstenlinien oder Büsche oder die Alpen zeigen – eine zusätzliche Dimension bekommen. Biologische Netzwerke – etwa die Blutgefäße oder die Nervenbahnen – werden raumfüllend, weil sie keine zweidimensionalen (Euklidischen) Oberflächen aufweisen, sondern sich dreidimensional immer feiner verzweigen. Die Optimierung der organischen Verbundsysteme führt insgesamt zu einer zusätzlichen, der vierten Dimension des Lebens, und in ihr steckt der geometrische Ursprung des oben erwähnten Skalierungsgesetzes mit der heiligen Vier im Exponenten, in Kleibers Gesetz konkret als ¾. Obwohl Lebewesen einen dreidimensionalen Raum einnehmen, operiert ihre interne Physiologie so, als ob das dazugehörige Strömen mit seiner quirligen Dynamik vier Dimensionen nutzen kann. Die fraktale Geometrie hat dem Leben wortwörtlich eine zusätzliche Dimension geschenkt, und das ist nur eine von vielen Einsichten, die West in „Scale" liefert.

Unter den genannten Vorgaben wendet sich West der Frage zu, warum Menschen mit dem Wachsen aufhören, wenn sie „erwachsen" sind, wie man dann sagt, wobei es in der gesamten Natur auch Lebewesen gibt – Pflanzen und Bäume zum Beispiel –, die sterben, bevor sie eine stabile Endgröße erreicht haben. Wie die Daten zeigen, nimmt von einer bestimmten Größe an die Energie, die für die Instanthaltung benötigt wird, schneller zu, als sie vom Stoffwechsel nachgeliefert werden kann. Das heißt, die Energie für das Wachstum geht gegen Null und man wird nicht mehr größer, und zwar nicht aus hormonellen, sondern aus universellen Gründen, die aus Überlegungen zur Skalierung folgen. Wenn man diese Zusammenhänge genauer untersucht, so versichert West, stellt man fest, dass sich sogar eine universale Wachstumsgleichung angeben lässt, wenn man auf dimensionslose Parameter zurückgreift – also etwa auf das Verhältnis von Massen und Zeiten statt auf diese selbst. Und die Theorie, die West dazu aufgestellt hat (und auf die er verweist), erlaubt die Einsicht, dass biologisches Wachstum primär davon abhängt, wie den Zellen eines Lebewesens die Energie zugeführt wird, die sie umsetzen und ins Leben einspeisen müssen, wobei dieser Vorgang wiederum durch die universellen Eigenschaften der Netzwerke eingeschränkt ist und bestimmt wird, die deren Design umfassen. Zusammenfassend lässt sich sogar sagen: „In der Tiefe werden Geburt, Wachstum und Tod allesamt beherrscht von derselben grundlegenden Dynamik, die von der Stoffwechselrate angetrieben wird und in der Dynamik und Struktur von Netzwerken eingefangen ist."

Eine Theorie der Städte

So schön das universelle Verstehen des Lebens ist, was West vor allem interessiert, nennt er die „Wissenschaft von den Städten", denen wie den Organismen hierarchisch strukturierte Netzwerke zugrunde liegen, die man als Straßen, Verkehrsströme, Stromleitungen und auf viele andere Weise kennt. Er sieht in der Stadt historisch betrachtet „die Maschine des sozialen Wandels und des zunehmenden Wohlergehens" und versteht sie „als wahrlich großen Triumph der erstaunlichen Fähigkeit des Menschen, soziale Gruppen zu bilden und kollektiv Nutzen aus der „economy of scale" zu ziehen, wobei dieser Ausdruck auf Deutsch „Skaleneffekt" heißt und die Abhängigkeit der wirtschaftlichen Produktionsmenge von den eingesetzten Produktionsfaktoren meint, die Betriebs- und Volkswirtschaftler unterschiedlich ansetzen und zum Beispiel als Rohstoffe oder Lohnkosten anführen.

Was immer eine Rolle spielt, ist der Energieeinsatz oder -aufwand, und der hat sich für die Menschen vor etwa 10.000 Jahren geändert, als die ersten urbanen Gemeinschaften gegründet wurden und die Stoffwechselrate neben ihrer ursprünglich biologischen noch eine sozioökonomische Dimension bekam und inzwischen in einzelnen Staaten Werte von 10.000 Watt überschreitet. West schlägt vor, bereits damals den Beginn eines Anthropozäns anzusetzen, während inzwischen mehr ein Urbanozän die Gegenwart charakterisiert, also das Leben von Menschen in immer weiter wachsenden Städten, wie sie seit der Industriellen Revolution möglich werden, als das Energieregime begann, bei dem erst mit der Kohle und dann mit dem Öl den Menschen nahezu unbegrenzte Mengen an Energie zur Verfügung standen und eingesetzt wurden. In den letzten einhundert Jahren hat eine exponentielle Urbanisierung (Verstädterung) der Welt stattgefunden, was zu dem beschleunigten Leben geführt hat, das man gerne entschleunigen möchte, um nachhaltig das Überleben der Menschheit auf dem einzigen Planeten zu sichern, der ihr zur Verfügung steht. West zeigt, wie das Verständnis für biologische Netzwerke auf soziale Organisationen übertragen werden kann, in denen der Informationsfluss ebenso signifikant wie die Verteilung von Materie, Energie und Rohstoffen ist. Städte weisen eine organische Qualität auf, da sie sich durch menschliche Interaktionen entwickeln und auch damit physikalisch wachsen. Städte verhalten sich tatsächlich wie Lebewesen, da sie in vielen Fällen einer sublinearen Skalierung, einem vergleichbaren Potenzgesetz mit dem Exponenten ¾, folgen und systematische Skaleneffekte erkennen lassen. Dies trifft nicht nur für sozioökonomische Qualitäten wie Emissionen und Straßennetze zu, die ein Analogon in der biologischen Sphäre aufweisen, sondern auch für Messgrößen wie Durchschnittslöhne, und Zahl der Restaurants, bei denen dies nicht zutrifft. Dabei gilt genauer: In deutlichem Gegensatz zur Infrastruktur, die sublinear mit der Einwohnerzahl skaliert, skalieren sozioökonomische Quantitäten – die eigentliche Essenz einer Stadt – superlinear mit der Zahl der Menschen, die in ihr leben. Je größer eine Stadt, desto höher die Löhne, desto mehr Restaurants, desto mehr Patente werden angemeldet, aber auch desto mehr breiten sich Infektionskrankheiten aus und desto mehr Verbrechen passieren. Trotz höchst verschiedenem Aussehen lassen sich Städte weltweit als in etwa skalierte Versionen von einander auffassen. Und so kann man annehmen, dass es eine vergleichbare Dynamik gibt, die dem Städtewachstum zugrunde liegt und die aus gleichen (universellen) Prinzipien abzuleiten ist. Es muss eine Universalität von sozialen Netzwerken geben, die sich über den ganzen Globus erstreckt, und West arbeitet diesen Gedanken über viele Seiten im Detail aus, und er fasst ihn zuletzt so zusammenfassen:

„Eine Stadt ist nicht nur eine Anhäufung von Straßen, Gebäuden, Rohren und Drähten, die ihre physikalische Infrastruktur ausmachen. Sie ist auch nicht die kumulative Summe alles Lebens und Wechselwirkens ihrer Bewohner. Sie ist vielmehr eine vibrierende, vieldimensionale lebendige Gesamtheit. Eine Stadt ist ein komplexes adaptives System, das aus dem Strom von Energie und Rohstoffen und deren Integration besteht, mit dessen Hilfe sowohl die physikalische Infrastruktur als auch die Einwohner nachhaltig bedient werden und wachsen können, während sie zugleich an dem Strom an Informationen in den sozialen Netzwerken partizipieren, mit dem die Bürgerschaft untereinander verbunden ist. Die Integration und das Wechselspiel dieser beiden sehr verschiedenen Netzwerke führen wie von Zauberhand zu einem zunehmenden Skaleneffekt in der physikalischen Infrastruktur und zugleich zu einem unverhältnismäßigen Anstieg in sozialer Aktivität, Innovation und wirtschaftlicher Produktivität." Die physikalischen Netzwerke sind vielen bekannt – Straßen, Gebäude, Kabel, Wasserrohre –, und es wird nicht schwerfallen, sie sich wie die physiologischen Netzwerke zu veranschaulichen, die zu einem Körper gehören, etwa das kardiovaskuläre System. Nicht ganz so offensichtlich ist es, sich die Geometrie und Struktur sozialer Netzwerke und den Informationsfluss zwischen Menschen auszumalen. Dazu ist in den letzten Jahrzehnten eine Wissenschaft von Netzwerken entwickelt worden – network science –, deren Ergebnisse West darstellt, um zu zeigen, dass sowohl die physikalische Infrastruktur als auch die sozioökonomische Aktivität als selbst-ähnliche fraktalartige Netzwerke gedacht und verstanden werden können. Er kann zum einen zeigen, dass die soziale Verknüpfung der Menschen und die sozioökonomischen Quantitäten superlinear mit der Einwohnerzahl skaliert. Und mit Individuen als invariante Endpunkte von sozialen Netzwerken kann man erklären, weshalb die Zahl der Wechselwirkungen, die ein durchschnittlicher Bewohner einer Stadt mit anderen Personen eingeht, sich umgekehrt (invers) zu der Art verhält (mit ihr skaliert), mit der die Infrastruktur mit der Stadtgröße skaliert. „In anderen Worten, wenn sich der Grad der Skalierung der Infrastruktur und des Energieverbrauchs sublinear zeigt, dann kann vorhergesagt werden, dass die Skalierung der Zahl von sozialen Kontakten eines durchschnittlichen Individuums superlinear aussieht. Die physikalische Stadt ist die inverse nichtlineare Repräsentation der sozioökonomischen Stadt mit ihren sozialen Netzwerken". Mit anderen Worten, eine Stadt, das ist vor allem die Bevölkerung, die in ihr wohnt. „What is a city but the people?", wie es bei Shakespeare heißt, und was West für sich so übersetzt: „Städte sind emergente komplexe adaptive Systeme, die aus kontinuierlichen Wechselwirkungen unter ihren Einwohnern hervorgehen, die verstärkt und erleichtert werden durch die Rückkopplungen, für die das urbane Leben sorgt."

Komplexe adaptive Systeme sind eng verknüpft, sind abhängig von Energieströmen, Rohstoffen und ökologischen, sozialen und politischen Randbedingungen. Trotzdem zeigt sich jede sozioökonomische Aktivität – von der Innovation und der Vermehrung des Wohlstandes bis zu den Verbrechen und den Krankheiten – als qualitativ korreliert, und sie manifestiert sich in der Universalität der Skalierungsgesetze. West fragt zuletzt, ob sich daraus eine „grand unified theory of sustainability" entwickeln lässt.

Wie sich zeigt, haben die Netzwerkprinzipien, die den Skaleneffekten unterliegen und für sublineare Abhängigkeiten (Relationen) sorgen, zwei profunde Konsequenzen. Sie schränken die Geschwindigkeit des Lebens ein – große Tiere leben länger, entwickeln sich langsamer, weisen einen langsameren Herzschlag auf – und begrenzen das Wachstum. Im

Gegensatz dazu werden Städte von sozialen Wechselwirkungen vorwärts getrieben, deren Feedback zum gegenteiligen (superlinearen) Verhalten führen. Die Beschleunigung des Lebens nimmt mit der Einwohnerzahl zu, Menschen rennen schneller in großen Städten, Krankheiten breiten sich schneller aus und manches mehr. Die soziale Netzwerkdynamik, die der superlinearen Skalierung unterliegt, führt zu einem offenen Wachstum, also dem, worauf Städte basieren. Kontinuierliche Anpassung ist die Regel, nicht das Gleichgewicht. Eigentlich ein schönes Bild, wenn es da nicht einen Haken gäbe. Obwohl das Wachsen von Organismen, Städten und Ökonomien denselben mathematischen Gleichungen folgt (wegen der vergleichbaren Netzwerkdynamik, die allem zugrunde liegt), gibt es einen Unterschied, je nachdem, ob die Skalierung sublinear (wie bei Organismen) oder superlinear (wie bei Ökonomien) erfolgt. Im superlinearen Fall zeigt die allgemeine Lösung die oben erwähnte „finite time singularity", was bedeutet, dass es eine Größe gibt, die in endlicher Zeit alle Grenzen sprengt, was naturgemäß zu einer Katastrophe und zu einem Kollaps führt. Wie eine genaue Analyse der Situation zeigt, kann eine Wirtschaft (Gesellschaft, Stadt) den Kollaps vermeiden, wenn zeitig Innovationen erfolgen. Mit anderen Worten, „um ein Wachstum mit offenem Ende [also ohne Grenzen] im Angesicht endlicher Ressourcen aufrechtzuerhalten, braucht es einen kontinuierlichen Zyklus von Innovationen mit permanentem Paradigmawechsel". Die Zeit zwischen den einander folgenden Innovationen muss immer kürzer werden, was bedeutet, dass sich die Menschen mit immer kürzeren Pausen den Stein des Sisyphos packen und auf den Berg rollen müssen, auch wenn sie wissen, dass er da nicht liegen bleibt. Die Erdbevölkerung ist nämlich nicht nur exponentiell, sondern superexponentiell gewachsen, und dies dank der superlinearen Skalierung der sozioökonomischen Aktivitäten, die als Ergebnis der multiplikativen Verstärkung zustande gekommen ist, die der menschlichen Sozialdynamik innewohnt.

Es gilt zu lernen, dass die Städte und die Verstädterung den Ausgangspunkt der derzeitigen Probleme bilden, da sie weiter als superexponentielle Treiber die Menschen ihrem potentiellen Untergang zuführen. Nur wenn ihre Dynamik, ihr Wachsen und ihre Evolution in einem wissenschaftlich vorhersagbaren und quantitativen Rahmen verstanden wird, kann man sich daran machen, eine langfristige Nachhaltigkeit für das Leben auf dem Planeten Erde zu erreichen. Dazu muss alles zusammenkommen – Kenntnisse über die globale Erwärmung, die sich verändernde Umwelt, die Finanzmärkte, das Gesundheitswesen, das Sozialwesen, die unternehmerischen Risiken, die politische Handlungsfähigkeit und manches mehr. Die Zeit läuft und der Stein des Sisyphos rollt schon wieder abwärts. Kann man ihn nicht einfach sich selbst überlassen?

Eduard Kaeser

Im Schatten der Innovation

Subversive Technikgeschichte

Technikgeschichte als Heldenepos

Jedes Zeitalter hat seine Heldenepen. Unseres erzählt mit Vorliebe Geschichten von technischen Tausendsassas: Diesel, Edison, Ford, Tesla, Gates, Jobs, Musk. Wer aber kennt zum Beispiel Bill und Lizzy Ott? Der Farmer aus Kansas und seine Tochter bauten in der Depressionszeit der 1920er Jahre ein Modell T von Ford zu einer Waschmaschine um. Genauer gesagt entfernten sie den Reifen eines Hinterrads und befestigten einen Transmissionsriemen, um dadurch den Automotor als Antrieb einer Wäschemangel zu benutzen. Bill und Lizzy Ott kommen in keiner Geschichtsschreibung der Technik vor; und zwar nicht nur, weil ihre Innovation auf den Hausgebrauch beschränkt blieb, sondern auch, und das ist in diesem Zusammenhang wichtiger, weil die gängige Historiographie der Technik keinen Platz für derartige kleine ingeniöse Exploits hat. Ja, wir lächeln bestenfalls etwas mitleidig über sie. Aber dieses Lächeln sollte uns zu denken geben.

Kalter Krieg um die Küche

Der Zeitgeist liebäugelt mit der Innovation. Das „neue grosse Ding" hat Sex-Appeal. Technik, so lautet eine weitverbreitete Ansicht, verändert Gesellschaft und Kultur durch Innovationen. Der Weg dieser Veränderung wird dabei in der Regel als eine Einbahnstrasse gezeichnet, in Richtung Verbesserung, Fortschritt, Beherrschung der Welt. Dabei hat der Begriff „Innovation" in Wirtschaft, Politik und Wissenschaft eine steile Karriere durchlaufen, und er wird heute nachgerade wie ein Mantra heruntergebetet.

Im Schatten der Innovation 29

Wir betrachten Technisierung und Industrialisierung als Massstab unserer kulturellen Entwickeltheit. Und gerade hierin manifestiert sich eine kaum reflektierte Voreingenommenheit der „westlichen" Moderne. Man erinnert sich in diesem Zusammenhang an den sogenannten „Küchenstreit" im Jahre 1959 zwischen dem damaligen amerikanischen Vizepräsidenten Richard Nixon und dem sowjetischen Parteichef Nikita Chruschtschow, anlässlich einer amerikanischen Konsumgütermesse in Moskau. Nixon und Chruschtschow gerieten sich fast in die Haare über Waschmaschinen, Kühlschränke und Staubsauger, weil all diese Geräte – damals wie heute – nicht einfach Technologie, sondern Ideologie sind. Nixon konnte sich im Besonderen nicht verkneifen, auf die Küchengeräte als auf Embleme amerikanischer Superiorität hinzuweisen, was natürlich Chruschtschow umso mehr in Harnisch bringen musste, als er den – vergleichsweise „armen" – sowjetischen Lebensstandard herausgefordert sah. Als Nixon prahlte, die amerikanische Hausfrau brauche nicht mehr selber zu putzen, da sie jetzt einen automatischen Staubsauger habe, replizierte der sichtlich genervte russische Parteivorsitzende: „Habt ihr auch eine Maschine, die Essen in den Mund steckt und es runterdrückt?"

Nixon, der billige Jakob kapitalistischer Konsumgüter, und Chruschtschow, der raubauzige Verteidiger kommunistischen Lebensstils – man kann die Episode als groteske Eruption auf dem heissen Boden des Kalten Krieges belächeln. Aber nichtsdestoweniger zeigt sie eines: Die beiden Kampfhähne verband neben dem tiefen ideologischen Graben im Grunde der Glaube an die technologische Innovation als Masstab menschlicher Zivilisiertheit. Nixon wusste wohl, dass er damit Chruschtschow am empfindlichsten treffen konnte, und Letzterer wäre nicht derart eingeschnappt, hätte er nicht stillschweigend diesen Massstab akzeptiert.

Innovation und Disruption

Nun sei keineswegs in Abrede gestellt, dass Innovationen eine Triebkraft ökonomischen Wachstums darstellen, obwohl unter Wirtschaftwissenschaftern umstritten ist, in welchem Mass sie dies tun. Auf jeden Fall entpuppt sich unser Zeitalter als geradezu innovationssüchtig. Und Innovationssucht fördert das Geschäft. Unter dem Diktat des Neuen werden wir im fiebrigen elektronischen Basar fast täglich mit aktualisierten Versionen irgendeines Gadgets oder einer App überschüttet, ohne uns zu fragen, ob und wozu wir den Schnickschnack überhaupt brauchen. Ja, wir werden dazu abgerichtet, nicht mehr zu fragen, sondern nur zu nutzen. Der Nutzer ist die Ratte in der Skinnerbox der Marketingpsychologie.

Der Begriff der Innovation schaut im Übrigen auf eine kurze Geschichte zurück. Er kam auf, als in den 1980er Jahren in den USA Wirtschaftsektoren wie etwa die Autoindustrie zu stagnieren begannen, und ein neuer Schlager dringend nötig war, den die Geschäftswelt mitsingen konnte. „Innovationspolitik" hiess das Zauberwort, das serbelnde Wirtschaftszweige in blühende Äste verwandelte. Silicon Vally wurde zum stellvertretenden Inbegriff technischer Innovation. Heerscharen junger Zauberlehrlinge aspirierten nach technischen „Durchbrüchen", welche die Gesellschaft von Grund auf aufmischen würden. Dabei entdeckte man auch den österreichischen Wirtschaftstheoretiker Joseph Schumpeter wieder und stilisierte ihn gleich zur Kultfigur hoch. Er war es, der den Doppelbegriff Innovation-Unternehmen prägte, wodurch der innovative Unternehmer zur griffigen Leitfigur der Ära wurde. Vor allem setzte sich das Konzept der schöpferischen Zerstörung durch – Schumpeter gebrauchte auch die biologische Analogie der „industriellen Mutation" –, wonach Altes zuerst zunichte gemacht werden müsse, um Neues zu bauen. Ein zutiefst unhistorisches Konzept, das eigentlich Technikgeschichte als alten Hut erscheinen lässt. Es gibt die Geschichte der Innovationen, der Rest ist Schrott.

Technikgeschichte „von unten"

Aber – um im Bild zu bleiben – der Mensch kann gut mit Schrott umgehen. Technologie heisst nicht einfach Innovation. Innovation stellt nur einen kleinen Teil dessen dar, was wir mit Werkzeugen, Geräten und Maschinen so anstellen. Man übersieht in einer innovations-zentrierten Sicht auch, dass vieles, was uns als Technik begleitet, alt ist und von uns schon lange genutzt und auch oft ganz individuell adaptiert wird. Kreativ sind nicht bloss die Innovatoren, kreativ sind wir alle mehr oder weniger, die mit Technik hantieren. Anders gesagt: Wir sollten uns von der Auffassung lösen, Technik nur zu konsumieren – wir *arbeiten* mit ihr und an ihr, jeder auf seine Weise. Wenn wir uns also der Technikgeschichte „von unten", vom Nutzer her nähern, rücken auf einmal auch die Bill und Lizzy Otts plastischer ins Licht, Hobbyisten und Eigenbrötler, deren Tüfteleien ein viel realistischeres und kontinuierlicheres Bild der Technikgeschichte abgeben als die diskontinuierlichen „Durchbrüche" der innovativen Revolutionäre.

Um dieses Bild etwas anschaulicher zu machen, zeichne ich kurz vier solche Figuren des technischen Eigenwillens: Tweaker, Hacker, Kreolen, Warter. Die Typologie ist nicht trennscharf, es gibt Überschneidungen. Trotzdem verkörpern die vier Figuren Charaktere des Technikgebrauchs, die eine Unterscheidung rechtfertigen. Vor allem aber möchte ich an ihnen eines hervorheben: den kreativen Umgang mit dem Alten, Bestehenden, den *bewahrenden Innovationsgeist*. Wenn ich sie quasi als Gegentypen zum Standardidealtypus des heroischen Erfinders präsentiere, dann nicht als Formen der Anti-Innovation. Ich plädiere vielmehr dafür, das Spektrum des menschlichen Erfindungsreichtums so zu erweitern, dass darin sowohl der gefeierte Held als auch der unscheinbare Bastler Platz finden. Wie dem unbekannten Soldaten gehörte auch dem unbekannten Technikentwickler unsre Reverenz.

Tweaker: Innovationsverbesserer

Der Ausdruck „Tweaker" bezeichnet nicht eigentlich den Innovator, sondern den Verbesserer und Abänderer von Innovationen, einen Optimierer und Perfektionierer. Als „tweaks" werden – primär in der Computerbranche – kleine subtile Änderungen und Feinabstimmungen des Systems bezeichnet. Wörtlich könnte man „tweak" übersetzen mit „zum Besseren zwicken". Steve Jobs zum Beispiel war ein Tweaker. Das ging so weit, liest man, dass er sich, todkrank und schwer sediert im Spitalbett, die Atemmaske vom Gesicht riss und die Ärzte beauftragte, ihm fünf Versionen zu bringen, damit er sozusagen seine verbleibende Zeit mit dem besten Design optimieren konnte.[1]

Genauer betrachtet, sind wohl alle wichtigen Instrumente, die in der Wissenschaft in den letzten 300 Jahren entwickelt wurden, Tweaker-Produkte. Hier stellt sich eine interessante Frage: Wird der technische Fortschritt eher von Innovationsverbesserern wie Jobs als von Innovatoren wie Edison vorangetrieben? Die beiden Wirtschaftshistoriker Ralf

Meisenzahl und Joel Mokyr haben in einer Studie die These vertreten, dass die technische Vorherrschaft Englands im frühen 19. Jahrhundert hauptsächlich auf den Tweakers beruhte, auf versierten und ambitionierten Tüftlern und Ingenieuren.[2] James Watt z.B. war ein Innovator, er erfand die moderne Dampfmaschine, er verdoppelte mit ihr die Leistung ihrer Vorgängerinnen. Aber die Verfeinerer seiner Erfindung erhöhten deren Leistung rasch auf das Vierfache. Samuel Crompton erfand einen der wohl wichtigsten Produktionsfaktoren der ersten industriellen Revolution, die Spinnmaschine („spinning mule"). Es war wiederum ein Tweaker, Richard Robert, der eine verfeinerte Version produzierte. Und zwar war das Motiv dazu die erhöhte Nachfrage der Textilfabrikanten nach einer „streiksicheren" automatischen Spinnmaschine, die qualifizierte Arbeit durch unqualifizierte ersetzte und damit den eigentlichen technisch-industriellen Fortschritt einleitete.

Das weist auch darauf hin, dass Tweaken oft nicht so sehr auf die Innovation selbst gerichtet ist, sondern vielmehr auf die Bedingungen ihres Absatzes. Innovationen bauen nicht nur auf präexistenten Technologien auf, sie benötigen zur Durchsetzung in der Regel auch ein Umfeld und eine Infrastruktur. Der Gründer von Kodak, George Eastman, erfand mit seinen Mitarbeitern einen neuen Typus von photographischem Film. Aber nicht diese Erfindung erzielte den Durchbruch, sondern die Schaffung eines Marktes für Photoamateure. „You press the button, we do the rest," lautete der berühmte Slogan. Der Käufer einer Kamera konnte, nachdem er seine Bilder geschossen hatte, den Film zum Entwickeln an Kodak senden, worauf ihm die Firma die Kamera nebst Photos und neuem Film zurückschickte. Eastman erfand also nicht so sehr ein neues Gerät, als vielmehr eine neue Gemeinschaft von Gerätenutzern; eine Gemeinschaft nota bene, die sich auf das Postsystem verlassen konnte. Keine „Disruption" also, sondern ein Aufbauen auf bereits existierender Technologie.

Hacker: Dekonstruierer der Technik

Von Hackern hört man vorwiegend aus der Computerbranche. Sie brechen in Hardware und Software ein, nehmen sie auseinander und setzen sie neu zusammen, oft aus rein spielerischen Motiven. Wie es der Hacker Wau Holland ausdrückt: „Ein Hacker ist jemand, der versucht einen

Weg zu finden, wie man mit einer Kaffeemaschine Toast zubereiten kann". Hacker – um hier einen Lieblingsbegriff der Postmodernisten zu verwenden – *dekonstruieren* Altes oder Gewohntes, um etwas Neues zu bauen.

Hacken ist eine Kulturtechnik. Man bringt sie gerne mit dem Massachusetts Institute of Technology (MIT) der 1950er Jahre in Verbindung. Zu einer verbreiteten Hack-Praxis gehörte damals das Knacken von Schlössern, das „Lockpicking". Schloss und Schlüssel wurden also durchaus in einem analogen, materiellen Sinn verstanden. Die Maschinen, Werkzeuge und neuen Technologien des MIT waren durch aufwendige Vorrichtungen geschützt. Jüngere Studenten, die nicht autorisiert waren, die Maschinen und Systeme zu benutzen, machten sich einen sportiven Spass daraus, sich Zugang zum Gerät zu verschaffen. Dabei war der Hauptanreiz nicht so sehr das Knacken eines bestimmten Schlosses, sondern generell das Zugang-gewinnen, also der „access" zu etwas Geschütztem, möglicherweise Verbotenem.[3] Bereits hier wird ein Selbstverständnis erkennbar, das die Hacker noch heute charakterisiert: Man will aus Beschränkungen ausbrechen; man sucht nach alternativen Möglichkeiten, um ein Problem zu lösen. Wie ihn Robert Bickford definierte, ist ein Hacker „eine Person, der es Freude bereitet, Wege zur Umgehung von Grenzen zu entdecken."[4] Dass dabei auch Diebstahl und Vandalismus auftreten, muss als Kollateralfolge in Kauf genommen werden.

Bill und Lizzy Ott hackten eigentlich ihren Ford, um aus ihm einen Antrieb für ihre Waschmaschine zu gewinnen. Sähe man sich etwas genauer um, würde man auf der Welt wahrscheinlich Myriaden von Bill und Lizzy Otts entdecken: subversive Techniknutzer, mündige Subjekte, die selber bestimmen, wie sie mit der Technik umgehen.

Kreolen: Indigene Techniknutzer

Technikgeschichte hat ein westliches, vom weissen Mann geprägtes Bias. Dadurch weist sie auch einen blinden Fleck auf gegenüber einem Typus von Technikentwickler, der vor allem in nichtwestlichen, ärmeren[5] Ländern von grosser Bedeutung ist: der kreolische Techniker. Der Begriff des Kreolischen mag in diesem Zusammenhang etwas gewöhnungsbedürftig sein – hat er doch primär in der Linguistik Fuss gefasst –, aber er eignet sich sehr gut zur Charakterisierung einer Form von technischer Entwicklung sui generis. Ganz allgemein könnte man von *derivativer* Technologie sprechen: Technologie also, die von ihrer ursprünglichen Zwecksetzung und Funktion abgeleitet wird.

Wir verstehen das Verhältnis von reichen zu armen Ländern der Welt in der Regel als sogenannten Technologietransfer. Nun verrät schon der Begriff eine Asymmetrie: Etwas wird vom technisch entwickelteren zum technisch weniger bis unterentwickelten Partner transferiert. Wellblech, Eternit oder Zement zum Beispiel wurden nicht in der armen Welt erfunden, sie wurden in sie transferiert, anschliessend lokal hergestellt und sie erfreuen sich hier weiter Verbreitung.

Kreolische Technologie ist aber nicht einfach transferierte Technologie. Sie zeigt immer Merkmale eines anderen, indigenen Gebrauchs. Oft ist sie eine Mischform aus Tradiertem und Neuem. So findet man in asiatischen Ballungszentren alte Fortbewegungsmittel „kreolisiert", zum Beispiel die Rikscha, eine Fortentwicklung der Sänfte. Die von Menschen gezogene Laufrikscha kam nach dem 2. Weltkrieg ausser Gebrauch, da als herabwürdigend empfunden. Aber die Fahrrad-, später die Motorradrikscha traten ihre Nachfolge an und sie sind heute in vielen asiatischen, neuerdings auch in europäischen Städten, ein populäres Transportvehikel. Eine Hybridisierung von Altem und Neuem, die man etwa auch bei den sogenannten „country-boats" auf den Gewässern Bangladeschs beobachten kann. Diese schmalen Holzkähne, handgemacht von armen Wanderarbeitern, wurden in den 1980er Jahren umgerüstet, das heisst, mit billigen chinesischen Dieselmotoren versehen, die eigentlich für die Bewässerungspumpen gedacht waren. Weil sie die meiste Zeit des Jahres unbenutzt blieben, sah man in ihnen eine neue Verwendung als Bootsmotoren. Später wurden zudem die Materialien erneuert, statt aus Holz begann man die Boote nun aus Eisenblech und rezykliertem Stahl zu fertigen. Neuerdings werden sie sogar mit Radar und Sonar ausgerüstet.[6]

Warter: Bewahrende Neuerer

Auf Anhieb erscheint der Warter von Technologie als der retrogressive Gegenpart zum Innovatoren: Bewahrer, Instandhalter, Reparateur. Betrachten wir als Beispiel die Technologie der Geschwindigkeit. Sie hat uns seit dem 19. Jahrhundert Vehikel der Mobilität von atemberaubenden Tempi beschert. In der damaligen Eisenbahn, die sich mit maximal

40km/h fortbewegte, bekamen die Leute Schwindelanfälle. Ein – vermutlich fiktives – Gutachten bayrischer Ärzte von 1835 diagnostizierte bei den Passagieren eine geistige Unruhe: „delirium furiosum". Tatsächlich „delirierend" erscheint heute das Projekt einer ultraschnellen Verbindung zwischen San Francisco und Los Angeles, das der Unternehmer Elon Musk kürzlich vorgestellt hat. „Hyperloop" nennt sich die Schnellbahn entlang der verkehrsüberlasteten Interstate 5: eine Röhre mit Unterdruck, in der ein Transport-„Projektil" mittels Magnetantrieb nahezu auf Schallgeschwindigkeit (1200km/h) beschleunigt wird und den Weg zwischen den kalifornischen Zentren in einer halben Stunde zurücklegt.

Am Hyperloop-Projekt wird ein Phänomen erkennbar, das man als *Problem-Lösungs-Umkehr* bezeichnen könnte. Der herkömmliche Sinn einer technischen Lösung besteht darin, dass man ein Problem hat und es mit einer Erfindung zu lösen sucht. Der Hyperloop zeigt nun quasi die Umkehrung. Man hat eine Lösung und preist sie in Gestalt einer technischen Erfindung an, ohne sich genauer damit befasst zu haben, welche Probleme denn existieren, die ein schnelleres Transportmittel zu lösen hätte – schlimmer noch: ohne sich mit der Frage aufzuhalten, welche Probleme denn durch eine solche Lösung überhaupt erst geschaffen würden. So monieren Verkehrsexperten im Zusammenhang mit dem Hyperloop, dass die eigentlichen Schwiergkeiten ja erst dann beginnen, wenn Passagiere am Terminal angekommen sind. Wie weiter nun? Oder soziologischer: Welche Bevölkerungsgruppen wollen denn überhaupt in einer halben Stunde von Los Angeles nach San Francisco geschossen werden? „Wir wissen wenig über die Transitstrukturen im Staat," sagt etwa der Verkehrsökonom David Brownstone von der University of California, „es wäre gut, wenn wir etwas abbremsen würden, um herauszufinden, wie viele Leute vom Punkt A zum Punkt B reisen."[7]

Gerade hier gewinnt der Technik-Warter auch als Innovator an Bedeutung. Er erfindet primär nicht neue Technologien, sondern neue Infrastrukturen und Umwelten für bestehende Technologien. Statt Lebens- und Arbeitswelten mit immer rasenderen Transportmitteln zu verbinden, liesse sich zumindest einmal an die Umkehrung denken: Man baut Lebens- und Arbeitwelten so, dass hohe Geschwindigkeiten gar nicht mehr notwendig sind. In grossen Städten liegen die Fortbewegungstempi der Autos im Schnitt um 20 km/h herum: ein Tempo für Fahrräder also. Und man stelle sich vor, man errichtet urbane Räume, in denen wichtige Zentren zu Fuss erreichbar wären: pedestrische Städte. Ihre Innovativität bestünde gerade darin, dass sie alte Stadtkultur wiederbeleben, und darin womöglich sogar neue Wirtschaftsformen wie das Sharing erproben. Das bedeutet nicht, auf neue Technologie und Architektur zu verzichten, sondern sie einem neuen Szenario, etwa jenem der Verlangsamung oder der Sozialität, einzuordnen. Urbane Logistik erhält hier eine zentrale Funktion. Wenn Arbeits-, Lebens- und Freizeiträume näher aneinanderrücken, beginnen auch die Vehikel des Nahverkehrs fast von selbst eine neue alte Rolle zu spielen; und dadurch wird nicht zuletzt die Nachbarschaft als neues altes soziales Netz revalidiert, wo Pflege und Unterhalt von Einrichtungen wie Gemeinschaftszentren, Garküchen, Gärten, Spielplätzen, Werkstätten gefragt sind.[8]

Innovations-Kolonialismus

Besonders der Akzent auf kreolischer Technologie vermag nicht nur das wirtschaftliche Gefälle im Hintergrund des globalen Technologietransfers deutlicher zu akzentuieren, er ist ein Schritt in Richtung einer echten globalen, das heisst: dezentrierten Geschichte der Technik. Der Innovationsbegriff selbst übt ja – ob intendiert oder nicht – einen kolonisierenden Einfluss aus. Er ist asymmetrisch, usurpiert die Definitionsmacht, was als seriöse technische Entwicklung zu gelten hat. Der Kolonialismus war immer geprägt von der Zentralperspektive der Macht. Auf sie hin wurde die Welt und ihre Geschichte orientiert: Hier das Zentrum, darum herum gelagert der Rest. Auch der Begriff der Innovation führt eine solche Zentralperspektive ein. Sie definiert, was innovativ ist, und was nicht der Definition genügt, fällt aus dem Gesichtsfeld heraus, existiert eigentlich nicht. Setzt man dann noch Innovation mit Digitaltechnologie gleich, baut man einen systematischen blinden Fleck für alles Nicht-Digitale in seinen Blick ein, wie auch der europäische Kolonialismus meist blind war für alles Nicht-Europäische.

So werden allgemein anerkannte technologische Durchbrüche wie zum Beispiel die sogenannte grüne Revolution gern mit westlichem Bias gezeichnet: als Triumph einer innovativen Methode mit chemischen und gentechnologischen Mitteln. Man unterschlägt dabei, dass der Erfolg der neuen „disruptiven" Technologien auf indigenes Wissen über traditionelle Zucht- und Pflanztechniken abstellte, die sich den lokalen Bedingungen anpassen, was ja durchaus auch als innovative Leistung zu beurteilen ist. Die grüne Revolution in Indien verdankte den einheimischen Bauern viel, die mit Engagement und Experimentierbereitschaft dafür sorgten, dass die „transferierte" Saat auf ihren kargen Böden gedieh. Manchmal tüftelten die Bauern selber mit Saatgut weiter, das die Forscher aufgegeben hatten. Zum Beispiel mit der Reissorte IR24. Sie wurde gegen eine schädliche Pilzart entwickelt, zeigte aber nicht die gewünschte Wirkung. Einheimische Bauern verwendeten die Reissorte weiter und erzielten einen anderen Erfolg. Sie entdeckten zwar nicht eine pilzresistente Reissorte, dafür eine andere, die grössere Resistenz gegen eine lokale Insektenplage aufwies als die von der Wissenschaft anerkannten Sorten.[9] Ähnliche Entwicklungen sind auch in Afrika oder Südamerika zu beobachten. Das lokale Wissen über wandelbare Umweltbedingungen ist gerade in der Landwirtschaft oft unverzichtbar, weil viel adaptiver und flexibler als das universelle Wissen unter kontrollierten Laborbedingungen.

Technozentrische Anthropologie oder anthropozentrische Technik?

Indem wir Wartung und Pflege von Technologien in den Vordergrund rücken, legen wir den Primat auf einen der fundamentalsten anthropologischen Aspekte, nämlich auf die *Arbeit*. Technik arbeitet für uns. Das fundamentale und fatale Missverständnis besteht darin, sie als Ersatz für menschliche Arbeit zu betrachten. Und dabei lenkt vor allem die obsessive Beschäftigung mit stets Neuem vom eigentlichen Problem ab: die Gesellschaft wird nicht durch „technological fixes" in Gang gehalten, sondern durch menschliche Arbeit an ihr, durch die Pflege und Instandhaltung von hochtechnisierten Infrastrukturen – auch wenn uns alle naselang Visionen einer „arbeitsfreien" automatisierten Gesellschaft aufgetischt werden.

Wir betrachten Technisierung und Industrialisierung als Massstab unserer kulturellen Entwickeltheit. Dieser Masstab wird der Evaluation unserer Lebenswelten viel zu selbstverständlich angelegt, im Sinn und Geist des Axioms: Mehr Technik ist immer gut. Dagegen lässt sich solange nichts einwenden, als ein Problem eindeutig als technisches definierbar ist. Genau dies wird freilich immer schwieriger. In einer Gesellschaft, in welcher der Mensch in zunehmend engerer Symbiose mit der Technik lebt, lassen sich die Probleme auch nicht mehr einfach „entmischen". „Wenn wir es gut machen, glaube ich, dass wir alle Probleme der Welt lösen können", posaunte Eric Schmidt von Google 2012, und die Chuzpe, mit der er dies tat, verrät oder besser: verbirgt die Machtaspiration des Techno-Unternehmens, unilateral das zu definieren, „was wir gut machen". „Solutionismus" nennt der Technikkritiker Evgeny Morozov diesen proto-totalitären Anspruch.

Nicht nur wird der Mensch heute durch den zwanglosen Zwang des Technikgebrauchs fortwährend an die neuen, von der digitalen Industrie definierten Lebensbedingungen adaptiert – man könnte auch sagen: süchtig gemacht. Bereits kursieren Zukunftsentwürfe eines transhumanen Maschinozäns, die dem Menschen, wie wir ihn kannten, gerade noch einen „Schrottplatz" in der Fortentwicklung des Apparateparks einräumen.

Als wie überkandidelt man solche Visionen auch ansehen mag, sie akzentuieren die Notwendigkeit einer anderen Erzählung. Die Siegergeschichtsschreibung der Technik sieht nur die eingeschlagenen Wege zur Gegenwart. Sie müsste ergänzt werden durch eine Geschichte der nicht eingeschlagenen Wege,[10] die bevölkert sind von Bill und Lizzy Otts in allen Gebieten der Erde. Man betreibt auf diese Weise nicht einfach eine nostalgische Aufwertung der Schrottplätze. Man rückt den Nutzer der Technik in den Fokus. Es geht also um eine *anthropozentrische Technik*, statt um eine technozentrische Anthropologie, um die Frage: Welche Technik will der Mensch? und nicht: Welchen Menschen will die Technik?

Vergessen wir dabei vor allem nicht, dass „die" Technik eigentlich nichts „will". In ihr verbergen sich immer menschliche Interessen, nicht selten: Machtinteressen. Sie zu entlarven gehört zu einer anderen, zu einer subversiven Technikgeschichte. Sie wäre Teil einer Emanzipation des Menschen, die gerade heute, durch den technischen Fortschritt, gefährdet ist.

Anmerkungen

[1] Malcolm Gladwell: *The Tweaker. The Real Genius of Steve Jobs*, The New Yorker, 14.11.2011. http://www.newyorker.com/magazine/2011/11/14/the-tweaker
[2] http://www.nber.org/papers/w16993
[3] Das MIT galt im Jargon als „Kloster" und die autorisierten älteren Studenten als „Priester". Zur Geschichte siehe Steven Levy: *Hackers. Heroes of the Computer Revolution*, Sebastopol (CA), 2012.

[4] Robert Bickford: *Are you a Hacker?* http://textfiles.com/hacking/hacker.txt
[5] Ich verwende hier den Begriff „armes Land" so, dass er sich auf Regionen der Erde bezieht, in denen die Bevölkerungsmehrheit nahe oder unterhalb dessen lebt, was im Westen als „Armutsgrenze" gilt.
[6] Ich entnehme diese Beispiele David Edgerton: *Creole technologies and global histories: rethinking how things travel in space and time*; Journal of History of Science and Technology, Vol.1, No.1. 2007, p. 75-112.
[7] Michael Hiltzik: *Elon Musk's Hyperloop: A pipedream?* Los Angeles Times, 16.8. 2013; http://articles.latimes.com/2013/aug/16/business/la-fi-hiltzik-20130818
[8] Ein solche Utopie wurde in den 1980er Jahren vom Schweizer Autor Hans Widmer – unter dem Pseudonym P.M. bekannt – in seinem Buch „Bolo'bolo" entworfen; P.M.: *Bolo'bolo*, Zürich, 1983. Ein „Bolo" ist eine selbstverwaltete städtische Grundeinheit, bestehend aus einer Gruppe von ein paar Hundert Mitgliedern. Online: http://www.geocities.ws/situ1968/bolo/bolobolo.html
[9] Arnold Pacey: *Technology in World Civilization*, Cambridge (Mass.), 1991, S. 192.
[10] Siehe das illustrative Buch von Julie Halls: *Inventions That Didn't Change The World*, New York, 2014.

Nora S. Stampfl

Mensch und Maschine

Überlegungen zu Grenzziehungen in der hybriden Gesellschaft

> „Machines are worshipped because they are beautiful, and valued because they confer power; they are hated because they are hideous, and loathed because they impose slavery."
> *Bertrand Russell*

Immer schon war das Verhältnis zwischen Mensch und Maschine zwiespältig. Zwischen Verehrung und Hass, Wertschätzung und Abscheu schwanken die Gefühle des Menschen gegenüber seinen technischen Geschöpfen, wie Bertrand Russell[1] die belastete Beziehung beschreibt. Die Maschine begeistert, wenn es gelingt, der Natur eine eigene Schöpfung entgegenzusetzen und dabei die Welt mit ihren Mechanismen für sich zu nutzen, den menschlichen Zwecken zu unterwerfen. Doch ebenso werden Maschinen als Bedrohung wahrgenommen, nicht selten dann, wenn sie der Durchsetzung menschlicher Macht dienen. Gerade der Einzug von Maschinen in Fabriken lässt wie kaum ein anderer Bereich der Technisierung die widerstreitenden Haltungen offenbar werden: Einerseits Inbegriff von Fortschritt, Modernität und Wohlstand, andererseits Symbol seelenlosen Arbeitens und Verdrängung des Menschen aus angestammten Rollen. Bereits 1776 hat Adam Smith in seinem ökonomischen Klassiker „An Inquiry into the Nature and Causes of the Wealth of Nations" („Der Wohlstand der Nationen") Maschinen für ihre Schönheit gepriesen – wenn der schottische Moralphilosoph freilich von „beautiful machines"[2] sprach, dann darf angenommen werden, dass sein Enthusiasmus für die Maschine vor allem von deren Potenzial für Wachstum von Arbeitsproduktivität und Wohlstand herrührte. Exakt an diesem Punkt schieden sich die Geister, denn ganz unmittelbar bedrohten die Fabrikmaschinen die Lebensgrundlage der Arbeiter. Während Smith und viele andere Denker ein Loblied auf die Maschine sangen und auf lange Sicht auch für die Arbeiterschaft bessere Arbeitsbedingungen aufziehen sahen, machte sich auf kurze Sicht der Einzug der Maschinen in die Fabriken für Arbeiter spürbar gegenteilig bemerkbar: Entweder wurden sie arbeitslos oder waren fortan zu stupiden, monotonen Tätigkeiten verdammt. Um auf ihre Notlage aufmerksam zu machen sowie ihre Arbeit und ihren Lebensstil zu verteidigen, versuchten die „Maschinenstürmer" im 18. und frühen 19. Jahrhundert in Großbritannien durch Zerstörung von Maschinen und ganzer Fabriken die fortschreitende fabrikmäßige maschinelle Produktion zu stoppen. Selbst Karl Marx, der in der Maschine vor allem ein Mittel der Umwandlung von menschlicher Arbeitskraft in „entfremdete Arbeit" sieht, erkennt ebenso, dass die Maschine – abseits der kapitalistischen Anwendungslogik – vom Werkzeug der Unterdrückung zu einem solchen der Selbstverwirklichung werden könnte, weil sie imstande sei, menschliche Arbeit zu verringern und zu erleichtern. Dass die Maschine in Konkurrenz zum Menschen stehe, diesem aber unter den richtigen Bedingungen dienen könne, hat auch schon der irische Schriftsteller Oscar Wilde in seinem Essay „The Soul of Man under Socialism" („Die Seele des Menschen unter dem Sozialismus") aus dem Jahre 1891 formuliert:

All unintellectual labor, all monotonous, dull labor, all labor that deals with dreadful things, and involves unpleasant conditions, must be done by machinery. Machinery must work for us in coal mines, and do all sanitary services, and be the stoker of steamers, and clean streets, and run messages on wet days, and do anything that is tedious or distressing.[3]

Kein Zweifel bestand für Wilde daran, dass Maschinen dereinst als Sklaven dem Menschen vor allem langweilige und mühsame Arbeit abnehmen würden und knüpft nichts geringeres an diesen Umstand als die Zukunft der Welt: „On mechanical slavery, on the slavery of the machine, the future of the world depends."[4] Mit seiner Prognose nimmt der Schriftsteller den Anfang des 20. Jahrhunderts einsetzenden und sich stetig steigernden Technikoptimismus vorweg. Heute erwarten Menschen von kaum einem anderen Bereich wie von der Technik Erleichterungen für das tägliche Leben ebenso wie Errungenschaften für die Menschheit.

Ambivalent ist das Verhältnis zur Technik aber weiterhin. Mitte der 1950er Jahre stellt Robert Hugh Macmillan in seinem Buch „Automation: Friend or Foe?" („Automation, Freund oder Feind?") die Frage, ob die Menschheit Gefahr laufe, von ihren eigenen Kreaturen zerstört zu werden.[5] Doch erteilt der Professor für Maschinenbau solchen Befürchtungen sogleich auch eine Abfuhr und setzt stattdessen Hoffnung in Maschinen, den Menschen von mühevollen Arbeiten zu befreien. Dabei sieht Macmillan bereits am Beginn des Computerzeitalters voraus, was aktuell intensiv diskutiert wird: Nicht nur menschliche Muskelkraft würden Maschinen ersetzen, sondern ebenso Denkleistung. Mit der Universalmaschine Computer hat der Mensch ein Artefakt geschaffen, das über die herkömmlichen Vorstellungen über Maschinen hinausreicht, weil damit nicht nur körperliche Bewegungen, sondern ebenso kognitive Tätigkeiten mechanisiert werden können. Die „denkende Maschine" geht zurück auf den Mathematiker Alan Turing, der mit seinem Gedankenexperiment einer „Papiermaschine"[6] das Vorbild für digitale Computer schuf. Als Maschine der Symboltransformation imitiert die Turingmaschine menschliches Denken. Mit seinen Überlegungen der Maschinenähnlichkeit des menschlichen Denkens legte Turing den Grundstein für die Entstehung des Forschungszweiges der Künstlichen Intelligenz. Die Entwicklung Künstlicher Intelligenz durchlief im Laufe ihrer Geschichte sodann ihre Hochs und Tiefs – letztendlich scheiterten Versuche, menschliche Problemlösungsaktivitäten nachzubilden immer wieder daran, dass die Modelle der Komplexität der Welt nicht gewachsen waren und kaum an die Flexibilität der menschlichen Intelligenz heranreichten. Fortschritte in der Hirnforschung brachten in den 1980er Jahren entscheidende neue Impulse, indem sie Turings Verständnis des Gehirn-Computer-Verhältnisses umkehrten: Fortan ging die KI-Forschung nicht mehr davon aus, dass das menschliche Gehirn wie eine Maschine funktionierte, sondern entwarf Modelle, die sich das Gehirn zum Vorbild nahmen. Mit Fortschritten im Bereich des Maschinenlernens, die wesentlich auf der steigenden Leistungsfähigkeit von Computern basieren, hat die Entwicklung Künstlicher Intelligenz in jüngerer Zeit eine neue Stufe erklommen. Weil Maschinen dabei nicht darauf beschränkt bleiben, stumpf vorgegebene Algorithmen abzuarbeiten, sondern ihre eigenen Ablaufregeln generieren und dabei noch die Fähigkeit haben, sich im Laufe der Zeit zu verbessern, lassen sich in Spezialgebieten bereits beachtliche Erfolge beobachten: Im Bereich der Medizin werden beispielsweise aus Bildgebungsverfahren maschinell Befunde und Therapievorschläge erstellt, an der Telefonhotline steht immer häufiger Künstliche Intelligenz mit Rat und Tat zur Seite und im Bereich des Journalismus sind Maschinen imstande, wenn auch einfache, so doch passable Texte abzuliefern.

Die Mensch-Maschine-Schnittstelle funktioniert stets reibungsloser, wird unsichtbarer und so findet sich immer häufiger der moderne Mensch in Situationen wieder, in denen keineswegs offensichtlich ist, ob nun mit einem Menschen oder einer Maschine interagiert wird. Auch im Bereich der Robotik wird alles darangesetzt, die Maschinen möglichst menschenähnlich wirken und agieren zu lassen. So wird etwa daran gearbeitet, mensch-robotische Interaktionen nach dem Vorbild zwischenmenschlicher Interaktionen zu gestalten. Zudem sollen sie mit „sozialer Kompetenz" und einer „eigenen Persönlichkeit" ausgestattet werden. Auch was das äußere Erscheinungsbild betrifft, haben Roboter nichts mehr mit dem plumpen Blechkameraden von einst zu tun: Sie sind niedlich anzusehen und verstehen es immer besser, Mimik zu zeigen und diejenige von Menschen zu lesen. Sie sollen auf verbale und nonverbale Kommunikation, Stimmungslagen und Emotionen ihres Gegenübers entsprechend reagieren und bei alldem einfühlsam wirken. Solch humanoide Roboter sind jedoch nur die vorerst letzte Erscheinungsform der Tendenz, Mensch und Maschine zur Deckung zu bringen, wie es in der Menschheitsgeschichte eine lange Tradition hat. Bereits um 1500, als der Mensch noch als „Geschöpf Gottes" mit unsterblicher Seele und einem als bloße Hülle fungierenden Körper betrachtet wurde, interessierten die Menschen sich für die „Arbeitsweise" des Körpers. Dass sich auch einer wie Leonardo da Vinci, der viele Maschinen konstruierte, also für das Funktionieren des Körpers interessierte, ist kaum überraschend. Ähnlich seinen technischen Konstruktionszeichnungen fertigte der Universalgelehrte detaillierte Zeichnungen der menschlichen Anatomie an. Auch René Descartes trieb die Physiologie und Anatomie des menschlichen Körpers um. Für ihn als Vertreter eines mechanistischen Weltbildes liegt es dabei nahe, in seinem Werk „De homine" („Abhandlung über den Menschen") aus dem Jahr 1622 Erklärungen anhand eines Modells einer Maschine abzugeben, die in ihren Teilen und Funktionen dem menschlichen Körper gleicht. Ausdrücklich ohne Mitwirkung einer Seele wollte Descartes „die ganze Maschine unseres Körpers" darlegen, die aber sehr wohl von Gott erschaffen sei. Dabei stellt Descartes sich den Menschen als eine Zusammensetzung eines Automaten, des Körpers, sowie der „res cogitans", einer „denkenden Sache" vor. Einen großen Schritt über die dualistische Auffassung Descartes' hinaus geht fast hundert Jahre später Julien Offray de La Mettrie, wenn er 1748 in seiner Schrift „L'homme machine" („Der Mensch eine Maschine") nicht Gott als Schöpfer des Menschen anerkannte, sondern davon ausging, dass die Natur den Körper als Maschine organisiere. Mit seiner Vorstellung, man habe es beim menschlichen Körper „mit einer vortrefflich eingerichteten Maschine zu tun"[7] schockierte und provozierte der französische Arzt und Philosoph seine Zeitgenossen, vor allem, weil er die Seele nicht als bestimmende, losgelöste Instanz dachte, sondern sie in Wechselwirkung mit den physischen Organen und damit als Teil der Maschine sah.

Die Grenzen zwischen Mensch und Maschine auszuloten ist in neuerer Zeit ein prägender Stoff des Science-Fiction-Genres, wobei sich hierbei fast wie ein roter Faden durch alle Erzählungen zieht, dass die technischen Artefakte schließlich der Macht ihrer Schöpfer entgleiten und diese unterjochen. Zwar stehen im Stummfilm „Metropolis" aus dem Jahr 1927 die Maschinen noch im Dienst der Menschen, wenn auch nur zugunsten einer reichen Oberschicht. Für eine unterdrückte Arbeiterklasse hingegen geben die riesigen, bedrohlich wirkenden Maschinen den Takt vor, wenn in Zehnstundenschichten für das behagliche, vergnügliche Leben der Reichen geschuftet wird. Wenngleich die Maschinen in Fritz Langs Klassiker bloß Werkzeuge sind, unintelligent und willenlos, spielen sie im Maschinenraum unter der Erde doch die bestimmende Hauptrolle. Abhängig von den Maschinen sind dabei beide Klassen gleichermaßen: die Oberschicht, um ihren Reichtum und die Unterschicht um ihren kargen Lebensunterhalt zu sichern. In krassem Gegensatz zu der seelenlosen, unheilschwangeren Maschinerie in „Metropolis" wird in Stanley Kubricks „2001: Odyssee im Weltraum" aus dem Jahr 1968 Supercomputer HAL gezeichnet: Dieser präsentiert sich dem Zuseher als sympathisches, mitfühlendes Wesen, das mit Bewusstsein, Denkvermögen und einem eigenen Willen ausgestattet ist. Schnell zeigt sich, dass der Supercomputer dem Menschen überlegen ist und folglich kehrt sich das Verhältnis zwischen Mensch und Maschine um: Nicht mehr die Maschine dient dem Menschen, sondern die Menschen dienen der zum Übermenschen gewordenen Maschine. Der Kampf zwischen Mensch und Maschine, zwischen Herr und Knecht entspinnt sich, als HAL wider alles Beteuern doch einen Fehler begeht und die menschlichen Astronauten an Bord beschließen, HAL abzuschalten. Der Kampf um die Macht wird zu einem Kampf um Leben und Tod, als HAL sich von seinen Schöpfern komplett emanzipiert und Teile der Crew tötet, um die Weltraummission auf eigene Faust fortzuführen. Zum Selbstzweck wird die Maschinenherrschaft dann in jüngeren Filmen wie der „Terminator"-Serie und der „Matrix"-Trilogie. Weil im Jahr 2029 intelligente Maschinen die Herrschaft über die Erde übernommen haben, wird Terminator, ein Mischwesen aus lebendigem Organismus und Maschine, auf eine Zeitreise zurück in die Gegenwart geschickt, um den Widerstand der letzten überlebenden Menschen zu brechen. Auch in „Matrix" haben intelligente Maschinen die Weltherrschaft an sich gerissen und die Menschen unterworfen, um sie als Energiequellen zu missbrauchen. Die so genannte Matrix ist eine hochkomplexe Computersimulation, die den Menschen eine Scheinrealität vorgaukelt. Letztlich kann nur die Befreiung aus der fast perfekten Illusion der Matrix den Ausweg aus dem Krieg gegen die übermächtig gewordenen Maschinen bringen.

Von den Maschinen vereinnahmt zu werden, fortan in Knechtschaft von Robotern zu leben, ist ein immer wiederkehrendes Motiv der Filmgeschichte. Das durch die Grenzverwischungen zwischen Mensch und Maschine hervorgerufene Unbehagen blieb aber bislang im Kinosaal zurück, zu fern der Realität erschienen die auf die Leinwand geworfenen Zustände. Doch ist unübersehbar, wie Mensch und Maschine immer enger zusammenwachsen. Der Cyborg, jenes Mischwesen aus lebendigem Organismus und Maschine, das das Streben des Menschen verkörpert, sich mit Werkzeugen zu verbinden, um gemeinsam mit ihnen über sich selbst und die natürlichen Grenzen des Körpers hinauszukommen, ist heute beileibe kein Wesen der Science Fiction mehr. Denn, wie Dierk Spreen richtig bemerkt, ist Technik „längst nicht mehr nur Werkzeug, Küchengerät oder Industriemaschine, vielmehr rückt sie dem Menschen auf den Leib und schmiegt sich dem Körper an"[8]. Der Mensch ist umgeben von einer technischen Hülle: Denn Smartphone, portable Audiogeräte, Laptop und Tablet, interaktive Kleidung gehen immer engere Verbindungen mit dem Menschen ein. Und immer öfter geht der Mensch auch einen bleibenden Verbund mit den technischen Geräten ein: „Technologie geht unter die Haut"[9], beschreibt Spreen das Entstehen menschlicher Cyborgs, wenn etwa im medizinischen Bereich Technologie in den Körper einwandert (Prothesen, Herzschrittmacher, Cochlea-Implantat) oder im Falle von implantierten RFID-Chips, die beispielsweise mit automatischer Bezahlfunktion ausgerüstet sind oder im Rahmen von Zugangskontrollen verwendet werden. Derzeit spricht nichts dagegen, dass nicht mit dem weiteren technischen Fortschritt die Ununterscheidbarkeit von Mensch und Maschine noch wachsen wird. Mit dem Cyborg ist der herkömmlichen Dichotomie von Subjekt und Objekt, Natur und Artefakt der Boden entzogen. In einer solcherart hybriden Gesellschaft geraten die Grundfesten des menschlichen Selbstverständnisses ins Wanken und die Frage, ob wir es mit menschenähnlichen Maschinen oder maschinenähnlichen Menschen zu tun haben ist keine triviale mehr.

Wann nun ist ein Mensch ein Mensch? Zwar gab zu allen Zeiten das Wesen des Menschen Rätsel auf und immer spielte dabei auch Technik eine Rolle, hat sie sich im Laufe der Zeit doch stets gewandelt und darauf eingewirkt, was Menschsein ausmacht. Doch wirft das technologische Zeitalter viele neue Fragen auf und stellt einmal mehr zur Disposition, wie der Mensch sich selbst sieht und sich in seiner Umwelt verortet. Wie niemals zuvor wird man heute auf der Suche nach der menschlichen Natur einer Antwort nur näherkommen, denkt man technologische Aspekte mit. Denn Technologie treibt die Evolution des Menschen weiter voran: Der menschliche Hang zu Selbstgestaltung und Selbstmanipulation ist kaum zu übersehen. Denn „[d]er Mensch ist das einzige Lebewesen, das nicht sein will, wie es ist", wie Peter Gross mit Blick auf die „gentechnischen Träume zur Verbesserung der Menschheit" äußert.[10] Sogleich schließt Gross die Frage an: „Wäre der Mensch, der sich genug wäre, noch ein Mensch?" Bereits vor Jahrzehnten zählte der Religionsphilosoph Karl Rahner die Selbstgestaltung des Menschen zur conditio humana und betrachtete den Menschen immer schon als künstlich.[11] Das heutige Menschenbild müsse im Kontext einer Technikwelt gesehen werden, die immer mehr Möglichkeiten der „Umgestaltung [der Natur] auf frei gewählte Ziele hin" erlaube, so Rahner. Und dabei wird der Mensch zum Hersteller seiner selbst („homo faber sui ipsius"), indem der Mensch die gewonnene Macht der Gestaltung auf sich selbst anwendet und „sich selbst zum Objekt der Manipulation macht"[12]. Dementsprechend erschaffe der Mensch sich „nicht mehr bloß als sittliches und theoretisches Wesen vor Gott, sondern als irdisches leibhaftiges, geschichtliches Wesen"[13] und entdecke sich als operabel. Für Karl Rahner bestand schon am Beginn des technologischen Zeitalters daher kein Zweifel daran, dass die „Zukunft der Selbstmanipulation des Menschen"[14] schon begonnen habe.

Folglich erscheint in einer Zeit, in der der Mensch eine nie dagewesene Technikgewalt mit unvergleichlichen Möglichkeiten der Manipulation von Mensch und Natur erschafft, die Frage nur zu berechtigt, ob nicht umgekehrt auch die Technik den Menschen erschafft. Und was bedeutet es für das menschliche Leben, wenn die Unterschiede zwischen Mensch und Maschine immer weiter eingeebnet werden, wenn menschenähnliche Maschinen und maschinenähnliche Menschen schließlich in eins fallen? Auch wenn der menschliche Geist immer noch einzigartig ist und technische Nachbildungen weit hinter dem Original zurückbleiben, so verfügen Maschinen doch über immer mehr Fähigkeiten und Attribute, die wir einst als durch und durch menschlich, und im Wettstreit mit „intelligenten" Maschinen als den menschlichen Differenzierungsvorsprung betrachteten: unsere Sprache, Lernen, Adaptions- und Reaktionsfähigkeiten beispielsweise. Und wenn auch Computer den Menschen heute beim Schach schlagen, so können sie eben exakt nur dies: weltmeisterlich Schach spielen. Sollen sie hingegen eine Tasse Kaffee zubereiten, werden dieselben als intelligent beschriebenen Maschinen kläglich scheitern. Dennoch treffen Maschinen in immer mehr Bereichen unseres Lebens immer mehr und immer weitreichendere Entscheidungen. Sie tun dies auf Basis großer Datenmengen und mit Hilfe stets wachsender Rechenleistung. Weil die Systeme dabei stets besser werden und deren Ergebnisse immer ununterscheidbarer von menschlichen Entscheidungen werden, geben wir immer mehr davon, was in unserer Welt passiert, an algorithmisierte Entscheider ab, die „smart" genannt werden, aber schlicht auf Geschwindigkeit und Effizienz getrimmt sind. In ihrer „Entscheidungsmacht" liegt es, was wir wie tun. Der Mensch wird aus Entscheidungen herausgehalten, weiß oftmals nicht einmal, wie diese zustande kamen. Gleichzeitig schreiben wir unseren technischen Helfern Intentionen zu, die ihnen nicht zukommen, wo sie doch nicht mehr als gedankenlose Erfüllungsgehilfen sind.

Dabei übersehen wir nur zu gerne den springenden Punkt: Technik kann nur deshalb so effektiv sein, weil sie eliminiert, was das Menschliche ausmacht – Emotionen und Werte, eine Portion Irrationalität und Voreingenommenheit, auch einmal einen Fehler zu machen oder einen schlechten Tag zu haben, Bedenken anzumelden, Ablenkungen zuzulassen, auf Erfahrungen und Erinnerungen zu setzen. Ausgerechnet ein Informatiker ist es, der in diese Kerbe schlägt und einen weiteren bislang vernachlässigten Aspekt in der Entwicklung intelligenter Maschinen anführt: David Gelernter fragt in seinem wunderbaren Buch „The Tides of Mind"[15] („Die Gezeiten des Geistes") danach, welche Rolle es für das Denken spielt, dass das menschliche Gehirn in einem Körper sitzt und kommt zu dem Schluss, dass an die Überlegenheit des menschlichen Geistes so schnell keine Maschine heranreichen wird. Denn bei der Entschlüsselung des menschlichen Geistes dürfe man nicht unbeachtet lassen, dass dieser sich ständig wandle. Im Laufe eines Tages ändern sich die Rolle der Gefühle für das Denken, der Gebrauch unseres Gedächtnisses, das Wesen des Verstehens, die Qualität unseres Bewusstseins. Ein ganz zentraler Aspekt ist für Gelernter, dass der Mensch täglich ein Spektrum an Zuständen durchlaufe, das für alle Aspekte von Geist, Denken und Bewusstsein von entscheidender Bedeutung ist. Der menschliche Geist entsteht nicht schlicht durch die Verarbeitung von Gedanken und Daten, genauso wirken die physischen Zustände auf das Funktionieren und die Gestaltung des Geistes: So funktioniert der menschliche Geist morgens, wenn wir ausgeruht sind, anders als abends, wenn wir müde werden. Und selbstredend wirken sich auch Gefühle auf das Denken aus. Der menschliche Geist entspringt einem einzigartigen Gemisch aus Erfahrungen, die ein Individuum macht; und diese werden während der gesamten Lebensspanne weiterverarbeitet – durch bewusstes Denken, aber auch im Traum.

All diese Facetten des Menschseins einzubeziehen, müsste tatsächlich Ziel einer „künstlichen Intelligenz" sein, wenn damit eine Intelligenz gemeint sein soll, die der menschlichen ebenbürtig ist. Der derzeitige Entwicklungssprung in der Künstlichen Intelligenz beruht aber im Wesentlichen gerade nicht darauf, menschliche kognitive Fähigkeiten zu simulieren, sondern darauf, einen Wettbewerbsvorteil gegenüber dem menschlichen Gehirn auszuspielen: Die immensen Rechenleistungen von Supercomputern werden genutzt, um in den riesigen zur Verfügung stehenden Datenmassen Muster zu erkennen. Natürlich geht es dabei überhaupt nicht darum, dass die Maschine versteht, was sie tut, geschweige denn, die Bedeutung der zutage geförderten „Erkenntnisse" zu verstehen. Was bedeutet es nun für das menschliche Leben, wenn wir uns auf solcherart hervorgebrachte „Einsichten" verlassen und daraus abgeleitete Entscheidungen – unhinterfragt – annehmen? Reicht es schon aus, sich die Limitationen der Systeme vor Augen zu führen und die Entscheidungen vor diesem Hintergrund zu bewerten? Es wird schwerlich zu bezweifeln sein, dass Systeme automatisierter Entscheidungsverfahren die Umstände menschlichen Lebens verändert – aber verändern sie auch das Menschsein selbst? Die Erfahrung zeigt, dass der Mensch dazu neigt, von seinen technischen Helfern zu viel zu verlangen und zu schnell Vertrauen zu schenken, nicht zuletzt, weil technische Geräte nur allzu gerne vermenschlicht werden. Joseph Weizenbaum[16], ein Pionier auf dem Feld der Künstlichen Intelligenz, hat dies mit „Eliza" erfahren, einem Computerprogramm zur Kommunikation zwischen Mensch und Computer in natürlicher Sprache, das zu therapeutischen Gesprächen eingesetzt werden konnte. Obgleich „Eliza" auf Basis simpler Regeln kommunizierte, erschien die Software derart „authentisch", dass Versuchspersonen überzeugt waren, ihr „Gesprächspartner" brachte ein tatsächliches Verständnis für ihre Probleme auf und so weigerten sie sich in der Folge, zu akzeptieren, dass sie es mit einem Computerprogramm zu tun hatten. Auch an die durch Technik hergestellte Bequemlichkeit gewöhnt sich der Mensch schnell und gerne und blendet dabei aus, wie abhängig er sich von seinen Helfern macht. Können wir uns noch eine Welt vorstellen, in der Technik nicht allseits zu Diensten ist? Derart eingeflochten ist Technik in unsere Lebenswelt, dass leicht der Verdacht aufkommen kann, nur noch der technisch assistierte Mensch ist überhaupt denkbar. Tim Wu stellt gar eine Tyrannei der Bequemlichkeit[17] fest, wenn er in entwickelten Ländern des 21. Jahrhunderts das Streben nach effizienten und mühelosen Wegen der Besorgung von Alltagsdingen als mächtigsten Antriebsfaktor für sowohl unser individuelles Leben als auch die Ökonomie als Ganzes beschreibt. Gegen Bequemlichkeit sei zwar nicht grundsätzlich etwas einzuwenden, aber doch unterhalte sie eine komplexe Beziehung zu anderen Werten: Denn mit dem Versprechen der glatten, mühelosen Effizienz geht jene Art von Anstrengungen und Herausforderungen verloren, die dem Leben erst Sinn verleihen: „Created to free us, it can become a constraint on what we are willing to do, and thus in a subtle way it can enslave us." Wir machen uns abhängig von Maschinen, weil mit ihnen alles so schön komfortabel wird und wir unseren Blick nur noch auf das Ziel richten, ohne die Mühsal des Weges in Kauf nehmen zu müssen. Doch Schwierigkeiten zu überkommen, kleine Kämpfe mit sich und der Welt auszufechten auf dem Weg zu einem Ziel, ist Teil des menschlichen Lebens. Ging es nach Wu früher um die Vermeidung physischer Arbeit, so ziele der Bequemlichkeitskult heute auf das Einsparen mentaler Ressourcen: „one-click", „one-stop-shopping", „plug and play" seien allesamt Technologien zur mühelosen Erreichung persönlicher Präferenzen. Technik ist damit auch ein großer Gleichmacher. Denn, so merkt Wu an, Technologien zur Individualisierung seien in Wahrheit solche der Massenindividualisierung: Wenn alle auf *Facebook* sind, schlicht weil es das bequemste Kommunikationsmedium ist, dann sei eben auch jedermann an die vorgegebenen Formate und Konventionen gebunden und damit zum oberflächlichsten Ausdruck von Individualität verurteilt. Auch Bertrand Russell[18] stellte schon fest, dass Maschinen den Menschen auf dem Weg zu seinem Lebensglück zweierlei berauben, nämlich Spontaneität und Abwechslung.

Weil der Mensch im Rahmen von automatisierten Entscheidungsverfahren als auch Empfehlungsalgorithmen oder anderen Bequemlichkeitsmechanismen vollkommen aus der Gleichung gestrichen ist, steht dieser einer Black Box gegenüber: Ein Einblick in den Maschinenraum ist schlichtweg unmöglich – und in den meisten Fällen automatisierter Entscheidungsverfahren auch nicht vorgesehen. Denn welchen Zweck sollte es haben, dem Menschen einen prüfenden Blick zu gewähren, wenn nicht diesen, dem menschlichen Urteil den Vorzug zu gewähren. Gerade dies aber soll ja im Dienste der Objektivität und Vorurteilsfreiheit verhindert werden. Vermeintlich kommt die Maschine ohne die verzerrenden menschlichen Vorurteile, Präferenzen und sonstigen subjektiven Einflussfaktoren aus. Mehr und mehr allerdings wird offenbar, dass auch die angeblich so unbefangenen Algorithmen diskriminieren. Denn Software ist keineswegs frei von menschlichem Einfluss: Sie wird von Menschen geschrieben und weiterentwickelt, darüber hinaus nehmen maschinelle Lernverfahren menschliches Verhalten auf und agieren entsprechend. Auch sind selbstlernende Systeme immer nur so gut wie die Daten, mit denen sie trainiert werden und schon diese können Verzerrungen beinhalten. Auf unterschiedlichsten Wegen schleichen sich also menschliche (Vor-)Urteile und Stereotype in Software ein. Man sieht: Das Auslagern von Entscheidungen an algorithmisierte Verfahren ist keineswegs ohne ungewollte Nebenwirkungen. So scheint die Gefahr weniger darin zu liegen – wie gemeinhin kolportiert –, dass Maschinen dereinst klüger sein werden als Menschen. Vielleicht besteht die Gefahr vielmehr darin, dass Maschinen überhaupt nicht so „smart" sind, wir sie aber dafür halten und ihnen Aufgaben überantworten, denen sie nicht gewachsen sind.

Wie formt diese Übergabe weitgehender Verantwortlichkeiten an Technik das Menschenbild im technologischen Zeitalter? Ist es dem Menschen als „Freiheitswesen"[19], wie Karl Rahner das über sich selbst verfügende Individuum charakterisiert, dann überhaupt noch zur Selbstverfügung imstande, wenn der Mensch so oft im Dunkeln belassen wird angesichts als Black Box agierender Maschinen? Ist es nicht gerade persönliche Freiheit, die den Menschen zum Menschen macht? Gemeint ist hier ein über den Freiheitsbegriff von Thomas Hobbes, nämlich die Unabhängigkeit von äußerem Zwang, hinausgehender Begriff von Freiheit. Es geht um die höchste Form der Freiheit, wie Immanuel Kant sie verstand: Frei sind wir, wenn wir nicht nur frei von äußeren Zwängen, sondern ebenso frei von inneren Zwängen sind und jenen Regeln und Verpflichtungen folgen, die wir uns selbst durch unsere Vernunft auferlegt haben. Kann aber die technisierte, bevormundende Umwelt tatsächlich eine derart verstandene Freiheit im Sinne von Autonomie und Selbstbestimmung in jedem Fall gewährleisten? Wenn der Mensch gefangen gehalten wird von gutmeinenden Maschinen, die Weichen stellen und dann abweichendes Verhalten gar nicht mehr zulassen oder Entscheidungssituationen durch das Filtern und Vorenthalten von Informationen so gestalten, dass Menschen in ganz bestimmte Richtungen „geschubst" werden – wie frei ist der Mensch dann?

Kommen wir hier nochmals zurück auf René Descartes: In seiner Schrift „Discours de la méthode" („Von der Methode des richtigen Vernunftgebrauchs und der wissenschaftlichen Forschung") aus dem Jahr 1637 ging der Philosoph den charakteristischen menschlichen Attributen nach und denkt zu diesem Zweck über künstliche intelligente Maschinen nach:

> Wenn es Maschinen mit den Organen und der Gestalt eines Affen oder eines anderen vernunftlosen Tieres gäbe, so hätten wir gar kein Mittel, das uns nur den geringsten Unterschied erkennen ließe zwischen dem Mechanismus dieser Maschinen und dem Lebensprinzip dieser Tiere; gäbe es dagegen Maschinen, die unseren Leibern ähnelten und unsere Handlungen insoweit nachahmten, wie dies für Maschinen wahrscheinlich möglich ist, so hätten wir immer zwei ganz sichere Mittel zu der Erkenntnis, daß sie deswegen keineswegs wahre Menschen sind.[20]

In einer Welt, die von mechanischen Prinzipien beherrscht wird, so nimmt Descartes in seinem Gedankenexperiment an, lassen Affen sich nachbauen, Menschen jedoch nicht, weil diese über zwei Fähigkeiten verfügen, die mechanisch nicht zu erklären sind: Menschen verstünden es zum einen, durch Sprechen Gedanken mitzuteilen und die Bedeutung von Ideen auszudrücken, während Maschinen lediglich imstande seien gemäß ihrer Bestimmung Worte hervorzubringen. Zum anderen sind Maschinen nicht fähig, auf die Komplexität ihrer Umgebung angemessen zu reagieren, weil sie auch insofern an ihre durch ihre Urheber getroffenen Festlegungen gebunden sind. Auch wenn sie bestimmte Funktionen ebenso gut oder sogar besser ausführen können als der Mensch, verfügen sie nicht über jene Flexibilität und Adaptionsfähigkeit, die dem Menschen aufgrund seiner Vernunft, diesem „Universalinstrument, das bei allen Gelegenheiten zu Diensten steht"[21], zukommt.

Ist man nun nicht im Lichte der modernen Technologie verleitet anzunehmen, dass Descartes Gedankenexperiment widerlegt ist? Oberflächlich betrachtet kann daran kaum ein Zweifel bestehen: Wir umgeben uns mit Technik, die mit uns spricht und unsere Wünsche und Gedanken vorwegzunehmen scheint. Roboter finden sich immer besser in unterschiedlichen Umgebungen zurecht und lernen immer besser flexibel zu agieren. Und ist nicht mit dem Computer als Universalwerkzeug eben jene für alle möglichen Zwecke geeignete Maschine geschaffen worden, wie sie Descartes nicht für möglich hielt? Andererseits muss doch die Frage erlaubt sein: Ist das Sprechen von *Siri* und *Alexa* tatsächlich vergleichbar mit menschlichen Sprechakten? Wird hierbei tatsächlich Bedeutung transportiert? Werden Ideen oder Gedanken ausgedrückt? Und sind Roboter, so responsiv sie sich auch hinsichtlich ihrer Umgebung und mit ihnen interagierender Menschen zeigen mögen, letztendlich nicht doch durch die Grenzen ihrer Programmierung beschränkt? Doch ebenso muss man sich vor Augen halten, dass Descartes bei seinem Mensch-Maschine-Vergleich kaum die Potenziale selbstlernender Maschinen im Sinn gehabt haben wird. Sobald diese nämlich von ihren Entwicklern losgelassen werden, haben sie ihr eigenes „Leben" und entfalten sich auf Weisen, die kaum vorab abseh- und kontrollierbar, ja noch nicht einmal planbar sind. Angesichts eines solch offenen Entwicklungsprozesses und damit verbundener Kontrollverlustängste drängt sich Goethes Ballade „Der Zauberlehrling" als parabelhafter Ausdruck geradezu auf. Darin schlägt die Überheblichkeit und Wichtigtuerei des Zauberlehrlings urplötzlich in Angst und Verzweiflung um, sobald er merkt, der selbst herbeigeführten Lage nicht mehr gewachsen zu sein: „Herr, die Not ist groß! / Die ich rief, die Geister /

werd ich nun nicht los." Wer hätte ahnen können, wie aktuell Goethes aus dem Jahre 1797 stammende Ballade mehr als zweihundert Jahre später werden könnte? Freilich, wie Günther Anders bemerkte, erleben wir heute das Geschilderte in gesteigerter Form: Denn „während bei Goethe ein einziger einsamer, auf tolle Art autonomer Besenstiel [...] auftrat, leben wir Heutigen in einem dichten und *immer dichter werdenden Walde von Besenstielen*"[22]. Dabei ist für Anders Goethes Zauberlehrling

> *eine beneidenswerte Figur* [...] weil er, im Unterschied zur heutigen Menschheit, die Gefahr, die er heraufbeschworen hat, doch noch mit eigenen Augen wahrnimmt, weil er ja noch begreift, daß ein Anlaß zur Verzweiflung vorliegt;[23]

Nicht wie für den Zauberlehrling als „bloße Kalamität"[24] präsentiert sich uns der drohende Kontrollverlust, es steht mehr auf dem Spiel. Um in der Entwicklung von Technik und damit einhergehend der Abgrenzung von Mensch und Maschine Kontrollierbarkeit zurückzugewinnen, wird es heute mit einem Zauberspruch nicht getan sein. „Heute wissen wir Zauberlehrlinge nicht nur nicht, daß wir die Entzauberungsformel nicht wissen, oder daß es keine gibt; sondern noch nicht einmal, daß wir Zauberlehrlinge sind."[25] Damit spricht bereits Günther Anders die fehlende Unterscheidbarkeit von Mensch und Maschine an: Wir seien selbst bereits „Geister" und Lehrlinge und Geister würden zusammenfallen, „nur eine Kleinigkeit fehlt: nämlich ein ‚Meister', der das Geschehen revozieren könnte".

Anmerkungen

[1] Russell, Bertrand (1928): Skeptical Essays, New York, S. 83.
[2] Smith, Adam (1904): An Inquiry into the Nature and Causes of the Wealth of Nations, London, S. 124.
[3] Wilde, Oscar (1915): The Soul of Man under Socialism, New York, S. 27.
[4] Ebenda, S. 28.
[5] Vgl. Macmillan, Robert H. (1956): Automation: Friend or Foe?, Cambridge, S. 1.
[6] Vgl. Turing, Alan M. (1948): Intelligent Machinery, In: Meltzer, Bernhard/Michie, Donald (Hg.): Machine Intelligence, Nr. 5, Edinburgh, UK, 1969, S. 3-23, hier: S. 9.
[7] La Mettrie, Julien Offray de (2001): Der Mensch eine Maschine, Stuttgart, S. 66.

[8] Spreen, Dierk (2010): Der Cyborg. Diskurse zwischen Körper und Technik, In: Eßlinger, Eva/Schlechtriemen, Tobias/Schweitzer, Doris/Zons, Alexander (Hg.): Die Figur des Dritten. Ein kulturwissenschaftliches Paradigma, Berlin, S. 166-179, hier: S. 168.

[9] Ebenda, S. 169.

[10] Gross, Peter (2000): Nachwuchs nach Wunsch: Das genetische Christkind, In: Der Tagesspiegel, URL: https://www.tagesspiegel.de/kultur/nachwuchs-nach-wunsch-das-genetische-christkind/167874.html (Stand: 18.04.2018).

[11] Vgl. Rahner, Karl (1966): Experiment Mensch. In: Rombach, Heinrich (Hg.): Die Frage nach dem Menschen. Aufriß einer philosophischen Anthropologie, Freiburg/München, S. 45-69.

[12] Rahner, Karl (2001): Verantwortung der Theologie Im Dialog mit Naturwissenschaften und Gesellschaftstheorie, Freiburg i.Br., S. 140.

[13] Rahner, Karl (1966): Experiment Mensch. In: Rombach, Heinrich (Hg.): Die Frage nach dem Menschen. Aufriß einer philosophischen Anthropologie, Freiburg/München, S. 45-69, hier: S. 55.

[14] Ebenda, S. 53.

[15] Vgl. Gelernter, David (2016): The Tides of Mind. Uncovering the Spectrum of Consciousness, New York.

[16] Vgl. Weizenbaum, Joseph (1966): ELIZA – A Computer Program For the Study of Natural Language Communication Between Man And Machine, In: Communications of the ACM, 9. Jg., Heft 1, S. 36-45.

[17] Vgl. Wu, Tim (2018): The Tyranny of Convenience, In: The New York Times, URL: https://www.nytimes.com/2018/02/16/opinion/sunday/tyranny-convenience.html (Stand: 19.04.2018).

[18] Vgl. Russell, Bertrand (1928): Skeptical Essays, New York, S. 87.

[19] Rahner, Karl (1966): Experiment Mensch. In: Rombach, Heinrich (Hg.): Die Frage nach dem Menschen. Aufriß einer philosophischen Anthropologie, Freiburg/München, S. 45-69, hier: S. 54.

[20] Descartes, René (1960): Von der Methode des richtigen Vernunftgebrauchs und der wissenschaftlichen Forschung, Hamburg, S. 45f.

[21] Ebenda, S. 46.

[22] Anders, Günther (2002): Die Antiquiertheit des Menschen. Über die Zerstörung des Lebens im Zeitalter der dritten industriellen Revolution. Band 2, München, S. 403. [Hervorhebung im Original]

[23] Ebenda. [Hervorhebung im Original]

[24] Ebenda.

[25] Ebenda, S. 398.

Johano Strasser

Arbeitszeit, Freizeit, Lebenszeit

Das Menschenbild der Moderne kreist um die Vorstellung der tätigen Selbstverwirklichung. Im Sinne des Slogans *savoir pour prévoir pour pouvoir* ist der *homo sapiens* immer zugleich auch *homo faber*. Auch die arbeitsfreie Zeit ist in der Moderne eher selten eine Zeit der puren Untätigkeit oder der Trägheit, des selbstvergessenen Träumens oder der Kontemplation. Tätige Selbstverwirklichung als Programm, das bedeutete auch, alle traditionalen Bindungen und rechtlichen Beschränkungen der sozialen Mobilität in Frage zu stellen. Gesellschaftliche Anerkennung soll fortan nur noch dem zuteil werden, der sich kraft eigener Leistung auf freien Märkten durchsetzt. Der Kapitalismus, so Marx und Engels im *Kommunistischen Manifest,* „hat die buntescheckigen Feudalbande, die den Menschen an seine natürlichen Vorgesetzen knüpften, unbarmherzig zerrissen und kein anderes Band zwischen Mensch und Mensch übriggelassen, als das nackte Interesse, als die gefühllose *bare Zahlung*."[1] Die alte Rang- und Statusordnung wird durch eine neue meritokratische abgelöst, in der die Personen den höchsten Rang einnehmen, die sich ökonomisch als nützlich erweisen, die Erfolg haben und es zu Reichtum bringen.

Durch die schubweise erfolgende Globalisierung und durch den marktradikalen Umbau der Arbeitswelt zu Beginn des 21. Jahrhunderts verstärkte sich diese Tendenz noch weiter. Der rund um die Uhr produktiv tätige und möglichst flexibel einsetzbare Mensch wurde zum Ideal erhoben. Nicht Erfahrung und Wissenserwerb, erst recht nicht Persönlichkeitsbildung und soziale Kompetenz sind heute die Leitbegriffe, nach denen junge Menschen auf das Leben vorbereitet werden, sondern *Employability,* d. h. Verwendbarkeit für ökonomische Zwecke. In immer mehr Berufen werden die Arbeitenden heute zur ständigen Verfügbarkeit gepresst. Andere, zumeist in gehobenen Positionen, halten sich für so unentbehrlich, dass sie freiwillig auch in der sogenannten *Frei*zeit am Laptop Arbeiten verrichten oder mit dem Handy berufliche Gespräche führen.

Dabei sind große Teile der sogenannten *Frei*zeit in Wirklichkeit ohnehin nicht frei verfügbar, sondern der sozial oder privat notwendigen *Nichterwerbsarbeit* gewidmet. Den größten Umfang nimmt hier die nach wie vor ziemlich einseitig den Frauen aufgebürdete Familien- und Care-Arbeit ein. Aber auch in der wirklich frei verfügbaren Lebenszeit – nach neueren Freizeitstudien im Schnitt höchstens zwischen drei und vier Stunden pro Tag – ist der moderne Mensch häufig aktiv, sei es in frei gewählter und selbstbestimmter produktiver Tätigkeit, sei es im Spiel, im Sport oder in genussorientierter Betriebsamkeit. Wenn Paul Lafargue, der aus der Karibik stammende Schwiegersohn von Karl Marx, im neunzehnten Jahrhundert noch vom *Recht auf Faulheit* träumte, so geht es heute eher um die als Recht getarnte Pflicht zur selbsttätigen und produktiven Nutzung der Lebenszeit für alle. Ein erfülltes Leben ist heute für die allermeisten Menschen in der industrialisierten Welt ein rastlos tätiges Leben, und in der europäisch geprägten Kultur des Westens heißt dies, dass auch Selbstbestimmung und Selbstfindung sich vor allem im Tätigsein zu manifestieren haben. Entsprechend ist der soziale Status und in Abhängigkeit davon die Selbstachtung vornehmlich von der eigenen (ökonomischen) Leistung abhängig.

Ein normales Leben ist heute ohne Erwerbsarbeit kaum noch denkbar, nicht nur wegen des Arbeitsentgelts und der danach berechneten Rentenansprüche, die zur Sicherung des Lebensunterhalts für die allermeisten Menschen unerlässlich sind, sondern auch aus Gründen der Selbstachtung und der Lebenszufriedenheit. Sich seinen Lebensunterhalt mit eigener Arbeit zu verdienen, wird nicht nur als eine Notwendigkeit empfunden, der sich der Mensch zu unterwerfen hat, seit er aus dem Paradies vertrieben wurde; es ist dies für die meisten Menschen heute auch ein wichtiger emanzipatorischer Schritt. Moderne Frauen geben sich nicht mehr damit zufrieden, dass sie, wenn der Mann berufstätig ist und ausreichend Geld nach Hause bringt, eigentlich nicht arbeiten müssten. Sie betrachten es als eine Frage der Selbstachtung und als ihr gutes Recht, ihr eigenes Geld zu verdienen und sich auch in der Erwerbsarbeit zu verwirklichen, selbst dann, wenn sie mit der Kinderbetreuung und der Haushaltsarbeit ohnehin schon stark belastet sind. Wenn es, was dringend zu wünschen wäre, für alle Nicht-Erwerbstätigen eine ausreichende Grundsicherung gäbe, wäre trotzdem nicht zu befürchten, dass die Nachfrage nach Erwerbsarbeit erheblich zurückgehen würde. Auch in Zukunft bleibt es also ein wichtiges politisches

Fortschrittsziel, allen Menschen, die arbeiten wollen und können, Zugang zum Erwerbsarbeitssystem zu eröffnen. Und zwar selbst dann, wenn allen ein großzügiges staatlich garantiertes Grundeinkommen zur Verfügung stünde.

Arbeitszeit, Freizeit, Lebenszeit – lassen sich die drei Sphären sauber trennen? „Wer zwischen ‚Arbeit' hier und ‚Freizeit' dort oder zwischen ‚Work' und ‚Life' trennt", schreibt der Therapeut und Managementberater Robert Betz in einem Aufsatz über den Unsinn der ‚Work-Life-Balance', „der fördert die ohnehin schon weit verbreitete Einstellung, am Arbeitsplatz sei der Mensch unfrei und das eigentliche Leben spiele sich nun mal in der arbeitsfreien Zeit ab."[2] Recht hat Betz darin, dass er es für verfehlt und schädlich hält, strikt zwischen Arbeit und Leben zu trennen und nach einem als pure Last erlebten Arbeitstag alle Erfüllung in der Freizeit zu suchen. Millionenfach zeigt sich heute, dass eine solche Rechnung nicht aufgehen kann, dass vielmehr die hektische Suche nach Glück und Erfüllung in der Freizeit oft die am Arbeitsplatz erlebte Frustration noch steigert.

Die Frage, die er sich hier allerdings nicht stellt, lautet, was vonseiten der Politik, der Unternehmer und des Managements bezüglich der Arbeitsorganisation, der Arbeitszeiten, der Arbeitsplatzsicherheit, des Betriebsklimas, der tatsächlichen physischen und psychischen Belastungen im Arbeitsprozess getan werden könnte und sollte, um die Freude an der Arbeit zu erhöhen. „Ich behaupte, der Mensch hat ein natürliches Bedürfnis nach Arbeit", schreibt Betz. „Er will etwas tun, etwas bewegen und damit seinem Leben einen Sinn geben. Und er will zu einer Gemeinschaft von Menschen gehören, mit denen er gemeinsam etwas schafft." Richtig. Aber wiederum fragt er nicht danach, wie die realen Arbeitsbedingungen sind, ob sie die Menschen nicht über- oder unterfordern, ob sie ihnen gestatten, ihre Talente zu entfalten, oder sie degradieren – und wie sie aussehen müssten, damit sie dem Wunsch nach tätiger Sinnstiftung in Kooperation mit anderen wirklich entgegenkommen.

Die von Betz beklagte Trennung von Arbeit und Leben kommt ja nicht von ungefähr. Viele Menschen haben gute Gründe, die Zeit, die sie an ihrem Arbeitsplatz zubringen, als mehr oder weniger verlorene Lebenszeit zu betrachten. Was viele Menschen heute neben dem oft zu geringen Arbeitsentgelt vor allem daran hindert, die Erwerbsarbeit selbst als sinnvoll und befriedigend zu erleben, ist dreierlei:

– Sie haben Zweifel am Sinn dessen, was sie an ihrem Arbeitsplatz tun;
– sie empfinden die Arbeitsbedingungen als belastend und degradierend;
– und die Arbeitszeiten entsprechen bezüglich Dauer und Lage nicht ihren Wünschen.

Wie soll jemand seine Arbeit als sinnvoll und befriedigend empfinden, wenn er in einem Rüstungsunternehmen tätig ist, obwohl er Gewalt verabscheut, Kriege für Katastrophen hält und Waffenexporte ablehnt? Wie soll jemand mit Freude in einer Boutique T-Shirts oder Turnschuhe verkaufen, wenn er weiß, unter welchen unmenschlichen Bedingungen sie in fernen Ländern produziert werden? Kann man erwarten, dass jemand abends frohgemut von der Arbeit nach Haus kommt, wenn er Tag für Tag hart arbeitende Menschen oder Bezieher karger Renten zu Geldanlagen überreden soll, von denen er weiß, dass sie hoch riskant sind und höchstwahrscheinlich niemals einbringen werden, was er auftragsgemäß versprochen hat?

Was für viele früher so genannte *Normalarbeitsverhältnisse* gilt, trifft erst recht auf die vielen prekären Arbeitsverhältnisse zu. Viele Menschen arbeiten heute in Minijobs, haben befristete Arbeitsverträge oder reihen ein unbezahltes Praktikum an das andere, müssen mit einem oder mehreren Teilzeitjobs versuchen über die Runden zu kommen. Was das Normalarbeitsverhältnis weiter untergräbt, ist die schnelle Zunahme der Digitalarbeit. Immer mehr Menschen bieten sich heute freiwillig oder gezwungenermaßen auf weltweiten digitalen Arbeitsmärkten an. Für eine kleine Zahl Hochqualifizierter, die über gesuchte Fertigkeiten verfügen und sich mit Geschick selbst vermarkten, bietet sich hier die Möglichkeit, als weitgehend souveräne „Lebensunternehmer" einerseits gutes Geld zu verdienen und andererseits weitgehend selbstbestimmt und zeitsouverän mit Spaß an der Arbeit tätig zu sein. Das sind die Beispiele, auf die die Propagandisten der schönen neuen Welt der digitalen Arbeit sich vor allem beziehen. Aber für die große Mehrheit der Digitalarbeiter sieht die Realität ganz anders aus.

Jenseits des Normalarbeitsverhältnisses wächst heute die Zahl der Menschen, die als digital vernetzte Gelegenheitsarbeiter sich mit der Erledigung spezieller Aufgaben im sogenannten Cloud-, Click- oder Crowd-Working nur mühsam über Wasser halten. Diese digitalen Arbeiter sind in aller Regel nicht gewerkschaftlich organisiert, haben keine festen Arbeitszeiten und keinen sozialen Schutz, arbeiten für Auftraggeber und mit anderen Menschen zusammen, die sie nie zu Gesicht bekommen, werden ad hoc eingesetzt und oft erst nachträglich bezahlt, wenn und *falls* ihre Leistung für gut befunden wird. Auch die Arbeitszeiten und das zu erledigende Pensum werden ihnen in der Regel von den Auftraggebern diktiert. Nicht selten müssen sie Tag und Nacht arbeiten, um die ihnen gesetzten Fristen einzuhalten und kommen doch kaum über zwei- bis dreihundert Euro pro Monat hinaus. Hier wächst ein neues digitales Proletariat von Scheinselbständigen heran, die rechtlich weitgehend schutzlos sich in der globalen Konkurrenz im Netz behaupten müssen. Freizeit im üblichen Sinn als planbare, der selbstbestimmten Gestaltung gewidmete Lebenszeit kennen die meisten von ihnen kaum.[3]

So wie die Verhältnisse heute sind, haben die meisten Menschen nicht die Möglichkeit, sich die Arbeit auszuwählen, die sie für sinnvoll halten. Sie müssen, um den Lebensunterhalt für sich und ihre Familien zu gewährleisten, annehmen, was ihnen auf dem Arbeitsmarkt angeboten wird. Auch die Arbeitsbedingungen und die Arbeitszeiten werden ihnen in der Regel von den Unternehmen diktiert. Es sei denn, es gelingt ihnen, zusammen mit der zuständigen Gewerkschaft hier und da kleine Verbesserungen durchzusetzen oder sich mit anderen genossenschaftlich zu verbinden und ihr eigener Arbeitgeber zu werden. Heute wählen wieder mehr vor allem junge Menschen den letzteren Weg, wenn sie vor die Alternative gestellt sind, entweder arbeitslos zu bleiben oder sich zu den Bedingungen der Kapitaleigner zu verdingen. Erleichtert wird diese Entscheidung durch technische Innovationen, die nicht nur die Produktivität der Arbeit dramatisch weiter erhöhen, sondern zugleich günstige Bedingungen für die Dezentralisierung der Produktion schaffen. Bei allen zum Teil wachsenden Problemen in der Arbeitswelt sollten also die sich bietenden Chancen nicht übersehen werden. Zum ersten Mal in der Geschichte der Menschheit ist heute eine Gesellschaft nicht nur denkbar, sondern auch machbar, die *erstens* hochproduktiv ist und tatsächlich die Wohlstandsvoraussetzungen einer Kultur der Freiheit im Einklang mit den natürlichen Lebensvoraussetzungen garantieren könnte und *zweitens* über das Was, das Wie, das Wann und Wieviel der Arbeit, der Erwerbs- und der Nichterwerbsarbeit, unter Einbeziehung aller Betroffenen solidarisch entscheiden und auf diese Weise die Kluft zwischen Arbeit und Leben überwinden könnte.

Wer nach künftigen Modellen der Zeitnutzung fragt, sollte nach der *Zukunft der Arbeit* fragen und wer nach der *Zukunft er Arbeit fragt*, sollte zunächst und vor allem die Frage nach der *Arbeit der Zukunft* stellen.

Statt einfach weiter den kruden Fortschrittsvorstellungen des neunzehnten Jahrhunderts zu folgen und an der Privilegierung der herkömmlichen industriellen Maschinenarbeit festzuhalten, sollten wir uns nüchtern Rechnung darüber ablegen, wohin die Reise der Arbeitsgesellschaft geht. Sie geht – das scheint sich heute im Prozess von Rationalisierung und Automation deutlich abzuzeichnen – in Richtung Dienstleistungsgesellschaft.[4] Aber nicht nur die klassische Industriearbeit auch viele Dienstleistungen, u.a. große Teile der herkömmlichen Büroarbeit, lassen sich weiter rationalisieren und automatisieren. Freilich nicht alle: Die Ersetzung der Pflegerin durch den Monitor oder des Lehrers durch den Computer ist genauso wenig sinnvoll wie die Rationalisierung der künstlerischen Arbeit. Aber dort, wo sie sinnvoll sind, spielen Rationalisierung und Automation für die Möglichkeiten weiteren Fortschritts eine bedeutende Rolle. Wir müssen uns, wenn wir wissen wollen, welche geradezu utopischen Möglichkeiten sich für die Fortentwicklung der Arbeitsgesellschaft bieten mit den längerfristigen Folgen von Rationalisierung und Automation im digitalen Zeitalter befassen, statt immer nur vage von *Industrie 4.0* und *Digitalisierung* zu faseln. Zumal wenn Rationalisierung und Automation, wie das schon heute zumeist der Fall ist, mit einer um vieles effektiveren Nutzung von Energie und Stoffen einhergehen und die Dezentralisierung der Produktion begünstigen, gibt es keinen plausiblen Grund, sich pauschal dagegen auszusprechen.

Stellen wir zunächst eine einfache Grundüberlegung an. Nach der Logik der wissenschaftlich-technischen Entwicklung der Industriegesellschaft und der postindustriellen Gesellschaft ist als nahezu sicher anzunehmen, dass auf lange Sicht – jedenfalls im Marktsektor – alle Arbeiten automatisiert werden, in denen die Arbeitsvollzüge vollständig definiert und berechnet werden können. Das betrifft, wie wir schon heute beobachten können, fast alle Bereiche der Güterproduktion, das ganze Feld des Transports und der Logistik, Prüf- und Messvorgänge, ein Großteil der Büroarbeit und vieles mehr. Das heißt allerdings nicht, wie auch Jeremy Rifkin noch in den neunziger Jahren glaubte, prognostizieren zu können[5], dass damit der Arbeitsgesellschaft die Arbeit ausginge. Denn übrig bleibt als von Menschen zu verrichtende Arbeit auf jeden Fall das, was nicht automatisiert werden kann: leitende und beratende Tätigkeiten in Wirtschaft und Verwaltung, Marketing und Werbung, die gesamte künstlerische Produktion, ein Teil der handwerklichen und bäuerlichen Arbeiten, Erfinden, Planen, Entwickeln, Programmieren, Warten, das ganze ausgedehnte und bunte Feld der personenbezogenen Dienstleistungen: Kommunizieren, Motivieren, Lernprozesse organisieren, unterhalten, mit Menschen umgehen, sich kümmern, trösten, pflegen – alles das, was Maschinen nun einmal nicht können, weil darin – in unterschiedlichen Graden – das Moment der menschlichen Freiheit zur Geltung gelangt.

Wenn wir die Möglichkeiten nutzen, die die sich ankündigende neue Arbeitswelt bietet, wenn wir die Wertschöpfung im Maschinensektor zur angemessenen Finanzierung des Sektors der unentbehrlichen *menschlichen* Arbeit, vor allem der sozialen Dienstleistungen, heranziehen und nicht länger der unsinnigen Vorstellung anhängen, die Rationalisierungsmethoden des Maschinensektors auf alle Formen der menschlichen Arbeit übertragen zu können, so ergeben sich *zum einen* bisher nicht für möglich gehaltene Chancen der Entlastung von fremdbestimmter und belastender Arbeit durch Arbeitszeitverkürzung und der Mehrung frei verfügbarer Zeit für alle. *Zum anderen* – und das ist womöglich noch wichtiger – ist der Typus der Arbeit, der nicht wegrationalisiert werden kann, in der Regel menschlich anspruchsvoller und befriedigender: er eröffnet zumeist größere Möglichkeiten der Sinnstiftung und der autonomen Gestaltung und bietet intrinsische Gratifikationen, die weit über das hinausgehen, was die klassische Industrie- und Büroarbeit zu bieten hat. Hier vor allem ergeben sich bisher kaum geahnte Möglichkeiten der Humanisierung der Arbeitswelt. An die Stelle von Zwang und Hierarchie kann in der Tat in hohem Maße freiwillige Kooperation treten, weil es ja stimmt, dass die allermeisten Menschen gern etwas leisten, wenn sie nicht über- oder unterfordert werden und der Sinn der Arbeit ihnen einleuchtet.

In einer weiteren Perspektive heißt das, dass eine wirklich moderne, an den Bedürfnissen der Menschen und nicht an den Gewinninteressen des Kapitals orientierte Dienstleistungsgesellschaft tatsächlich möglich ist. Sie wird uns nicht jede Anstrengung ersparen, auch sie wird uns Disziplin und Hingabe abverlangen, denn auch die als sinnvoll erachtete, mit Begeisterung und Engagement geleistete, ja, sogar die gänzlich freiwillig und selbstbestimmt verrichtete kreative Arbeit verliert nie vollkommen ihren asketischen Charakter. Aber die sich heute als konkrete Möglichkeit abzeichnende neue Arbeitsgesellschaft könnte befriedigende und humane Arbeitsmöglichkeiten für alle bieten, und zwar auch für die, die nicht die höheren Weihen des Bildungssystems erhalten haben.

Sie könnte, weil allmählich andere Quellen des Lebensglücks wichtiger werden, uns darüber hinaus vom Zwang erlösen, immer mehr und ständig Neues konsumieren zu müssen, um den Frust der Über- und der Unterforderung in der Arbeitswelt zu kompensieren. Sie könnte Arbeit und Leben einander wieder näher bringen. Und sie könnte uns wieder mehr Zeit für jene zeitintensive soziale „Arbeit" bescheren, mit der wir die Vertrauensbasis der Gesellschaft und damit den sozialen Zusammenhang stärken.

1928, ein Jahr vor der Weltwirtschaftskrise, die in Deutschland die Nazis an die Macht brachte, hielt der britische Ökonom John Maynard Keynes vor den erlauchten Mitgliedern des *Political Economy Club* in Cambridge, eine Rede mit dem Titel *Wirtschaftliche Möglichkeiten für unsere Enkelkinder*. In dieser Rede entwickelte er eine kühne Zukunftsvision, die den Raum des Möglichen für ein bisher allenfalls von rückwärts gewandten Romantikern oder von belächelten Utopisten erwogene Alternative öffnet „Ich sehe für uns die Freiheit", sagte er, „zu einigen der sichersten und zuverlässigsten Grundsätze der Religion und der althergebrachten Werte zurückzukehren – dass Geiz ein Laster ist, das Eintreiben von Wucherzinsen ein Vergehen, die Liebe zum Geld abscheulich, und dass diejenigen am wahrhaftigsten den Pfad der Tugend und der maßvollen Weisheit beschreiten, die am wenigsten über das Morgen nachdenken. Wir werden die Zwecke wieder höher werten als die Mittel und das Gute dem Nützlichen vorziehen. Wir werden diejenigen ehren, die uns lehren können, wie wir die Stunde und den Tag tugendhaft und gut verbeiziehen lassen können, jene herrlichen Menschen, die fähig sind, sich unmittelbar an den Dingen zu erfreuen, die Lilien auf dem Feld, die sich nicht mühen und die nicht spinnen."[6]

Ein Ökonom, der sich über die Konventionen und Denkzwänge seines Fachs erhebt und auf das verweist, was der eigentliche Sinn und Zweck der Ökonomie ist: nicht Wachstum, nicht immer höhere Renditen, auch nicht Arbeitsplätze und ständig steigender Konsum, sondern die Ermöglichung eines guten Lebens, eines Lebens in Frieden und gesichertem Wohlstand, in Freiheit, Gerechtigkeit und Solidarität, nicht nur für wenige, sondern für möglichst alle. Das alles in einer Sprache, die heute für viele veraltet und vorgestrig klingt. John Ruskin, Matthew Arnold oder Thomas Carlyle hätten sich so oder ähnlich ausgedrückt, wenn sie sich gegen die ihrer Meinung nach grundfalsche, am ökonomischen Erfolg ausgerichtete Rangordnung der modernen Gesellschaft wandten.

Welcher Ökonom, welcher Gewerkschafter, auch welcher Politiker würde sich heute wohl eine derartige Kühnheit erlauben? Haben sich nicht längst auch kritische Zeitgenossen einreden lassen, der technische und ökonomische Fortschritt, das Schneller-Höher-Weiter und Immer-Mehr, das uns das gierige Kapital diktiert, sei das eigentliche Ziel allen menschlichen Hoffens und Strebens und nur der habe Anspruch auf ökonomische Kompetenz, der widerspruchslos diesen Götzen dient?

Wenn wir diese hier von einem nachdenklichen Ökonomen erwogene konkrete Fortschrittsmöglichkeit nicht einfach als Träumerei abtun, sondern sie auf ihre Tragfähigkeit testen wollen, müssen zwei klassische Themen gewerkschaftlicher Arbeitspolitik, die in letzter Zeit zumeist vernachlässigt wurden, wieder in den Mittelpunkt des politischen Interesses gerückt werden: das Thema der *Arbeitszeitverkürzung* und das Thema der *Humanisierung der Arbeitswelt,* wozu auch die arbeitnehmerorientierte *Zeitsouveränität* gehört. Wirklicher Fortschritt auf dem Feld der Erwerbsarbeit, davon bin ich überzeugt, wird sich in Zukunft in dieser Perspektive vollziehen. Eine Politik der Arbeitszeitverkürzung wird allerdings in Rechnung stellen müssen, dass in vielen Bereichen der modernen Güter- und Dienstleistungsproduktion die alten Regelarbeitszeiten nicht mehr angemessen sind. Neue Formen der Arbeitszeitverkürzung müssen in Zukunft eine größere Rolle spielen: Sabbatregelungen, bezahlte Auszeiten für Familienarbeit, Gemeinwesenarbeit und Weiterbildung, Arbeitszeitkonten, Teilzeitarbeit, Jobsharing etc. Diese neuen Formen der Arbeitszeitverkürzung entsprechen zumeist eher den Wünschen der Arbeitenden, vor allem weil sie ihnen ein höheres Maß an selbständiger Verfügung über ihre Lebenszeit einräumen. Entsprechend sollten sie als Rechte der Bürger formuliert werden, von denen diese freiwillig Gebrauch machen können, nicht als für alle verbindliche Zwangsregelungen.

Eine Verkürzung der Lebensarbeitszeit durch eine generelle Herabsetzung des Renteneintrittsalters ist allerdings angesichts der Tatsache, dass die Lebenserwartung nahezu überall auf der Welt kontinuierlich weiter steigt und gewaltige Spielräume zur Verbesserung der Arbeitsbedingungen bestehen, problematisch. Im Gegenteil: Gerade wenn man davon ausgeht, dass Erwerbsarbeit für ein sinnerfülltes Leben auch in Zukunft bedeutend bleibt, darf eine Heraufsetzung des Renteneintrittsalters bei weiter steigender Lebenserwartung kein Tabu sein. Sie sollte allerdings an folgende fünf Bedingungen gebunden werden:

– *Erstens* müssen verbleibende besonders belastende Arbeitsverhältnisse gesondert geregelt werden.
– *Zweitens* sollte die Anzahl der Beitragsjahre bei der Bemessung der Rente berücksichtigt werden.
– *Drittens* sollte die Heraufsetzung des Renteneintrittsalters mit einer deutlichen allgemeinen Verkürzung der Tages-, Wochen- oder Jahresarbeitszeit einhergehen, so dass trotz Verlängerung des Erwerbslebens *über die Lebensspanne berechnet weniger* Erwerbsarbeit geleistet wird.
– *Viertens* müssen ausreichend altersgerechte Arbeitsplätze bereitgestellt werden.
– *Fünftens* sollten möglichst gleitende Übergänge von der Erwerbsarbeit ins Rentenalter, also Kombinationsmöglichkeiten von Teilerwerbseinkommen und Teilrenten, zur Auswahl angeboten werden.[7]

Da herkömmliche Ökonomen uns weismachen wollen, die im Zuge von Rationalisierung und Automation zu erwartende Verringerung des gesellschaftlichen Arbeitsvolumens sei am besten durch eine weitere gigantische Steigerung von Produktion und Konsum zu bewältigen, ist die Frage nach dem eigentlichen Zweck der Ökonomie, die John Maynard Keynes in seiner Cambridger Rede aufwarf, von größter Bedeutung. Sie kann uns davor bewahren, einfach auf dem törichten Weg der Expansion fortzufahren, von dem wir heute wissen, dass er die natürlichen Lebensvoraussetzungen auf der Erde zerstört. Es mag schon so sein, dass der Kapitalismus ohne das große Steigerungsspiel nicht bestehen kann. Aber wenn ein dauerhaftes und befriedigendes Leben der Menschen auf ihrem Planeten auch in Zukunft möglich sein soll, muss es früher oder später ein Ende haben. Wer sich dieser Einsicht nicht verweigert, wird auch die nachfolgenden Überlegungen nicht von vornherein als unrealistisch abweisen.

In der Moderne haben die Menschen große Anstrengungen unternommen, die Warenproduktion zu erhöhen und so ihre Genussmöglichkeiten zu steigern. Wohlstandssteigerung in diesem Sinn galt von Anfang an als ein wesentlicher Bestandteil des Fortschritts. Damit Menschen genießen können, was sie brauchen und was sie sich wünschen, müssen sie einerseits arbeiten, um sich die begehrten Waren und Genüsse kaufen oder selbst herstellen zu können. Andererseits müssen sie aber auch von Arbeit entlastet werden, um freie Genusszeit zu gewinnen. Wenn Menschen keine Zeit haben, von den gebotenen Genussmöglichkeiten Gebrauch zu machen, macht es auf Dauer für sie auch keinen Sinn, sich immer mehr und immer neue abstrakte Genussmöglichkeiten zu erschließen. Das ist die Tragödie des *workoholic* und der vielen heute zur ständigen Verfügbarkeit gepressten Arbeitnehmer. Wer sich dagegen alles leisten kann, ohne einen Finger krumm zu machen, verliert am Ende nicht selten auch die Freude am allzu mühelos erworbenen Genuss. Das ist die Tragödie des *faulen Genießers*. Ein erfülltes Leben wird auch in Zukunft aus dem rhythmischen Wechsel von Arbeit und Spiel, Anstrengung und Muße, zielgerichteter Tätigkeit und Kontemplation bestehen. Das heißt aber auch, dass frei verfügbare Lebenszeit als ein wichtiger Bestandteil des Wohlstands angesehen werden sollte.

Wenn Wohlstandsmehrung auch Vermehrung der nicht verplanten und fremdbestimmten, sondern wirklich frei verfügbaren Lebenszeit bedeutet, sind wir für unser Lebensglück auch nicht unbedingt auf einen ständig wachsenden Strom immer neuer Güter und Dienstleistungen angewiesen. Wir können uns mit größerer Gelassenheit die Frage stellen, ob nicht ein Mehr an frei verfügbarer Zeit zuweilen ein größerer Luxus ist als immer mehr Geld, um damit Güter und Dienstleistungen einzukaufen. Es kann in unserem Leben tatsächlich vorwärts gehen, ohne dass wir immer mehr Geld verdienen, um uns immer mehr leisten zu können. Jeder kann sich zum Beispiel fragen, wie er vorbeugend Schäden vermeiden kann, statt mehr als nötig zu arbeiten, um sich leisten zu können, was nur der nachträglichen Kompensation von Schäden dient. Alle zusammen können wir uns fragen, ob es nicht sinnvoll wäre, für mehr Gleichheit in der Gesellschaft zu sorgen, damit die Statuskonkurrenz und die Gier nach Positionsgütern eine geringere Rolle spielen und wir alle gelassener und zufriedener leben. Wir können sogar erwägen, einen Teil der frei verfügbaren Zeit, dafür zu nutzen, dass wir wieder mehr Güter und Dienstleistungen individuell oder kooperativ in Eigenarbeit produzieren, statt sie als Fremdleistungen zu kaufen. Wir können, wie es offenbar immer mehr Menschen schon heute tun, überlegen, ob es nicht sinnvoller wäre, das Auto abzuschaffen und einem Car-Sharing-Verein beitreten, wir können, statt als Einzelkämpfer den Stürmen des Lebens zu trotzen, uns mit anderen in Wohn-, Lebens- und Produktionsgenossenschaften zusammentun, und auf diese Weise unsere Lebensqualität erhöhen und zugleich den finanziellen Aufwand für die Lebensfristung reduzieren.

Überlegungen dieser Art könnten gefördert werden, wenn wir uns klarmachen, dass die ständig beschleunigte Produktinnovation und die

Jagd nach dem jeweils Neuesten und Besten auf den Konsum- und Erlebnismärkten auf die Dauer zwangsläufig frustrierend wirken muss, weil damit, wie vor allem Gerhard Schulze gezeigt hat[8], ein neuartiges Sinnproblem verbunden ist: Weil in immer kürzeren Abständen neue und tatsächlich oder angeblich verbesserte Produktgenerationen auf den Markt kommen, wird das soeben erworbene Konsumgut immer häufiger sogleich wieder entwertet und die Freude daran geschmälert, weil das bereits entwickelte und in der Werbung angepriesene Noch-Bessere in den Blick kommt. Wie aber soll man sich dann noch darüber freuen, dass man sich das Erworbene leisten kann, wie soll man die Vorstellung aufrecht erhalten, dass Leistung sich lohnt, wenn das, was ich mir aufgrund meiner Leistung leiste, immer öfter nur das Zweitbeste ist? Was immer ich leiste und was immer ich mir leiste, verliert im Zuge der sich überstürzenden Innovationen sofort wieder seinen Wert, seine Bedeutung, seinen Sinn. Selbst wenn ich über so viel Geld verfüge, dass ich mir alles leisten kann, was die moderne Konsum- und Erlebnisgesellschaft bietet, sehe ich mich dem unlösbaren Problem gegenüber, dass ich nicht alle sich bietenden Optionen gleichzeitig wahrnehmen und, wenn ich mich für eine entscheide, nie sicher sein kann, ob ich nicht die noch aufregendere, noch beglückendere verpasst habe.

Was aber, wenn die Menschen die moderne Steigerungslogik so weit verinnerlichten, dass es für sie gar kein fraglos Gutes mehr gäbe, nichts, das man vorbehaltlos bejahen, für das man Dankbarkeit empfinden könnte, nichts, das einen ein Leben lang begleitete und die Spuren des langen Gebrauchs trüge, sondern nur noch hastig angeeignetes und ebenso hastig wieder fortgeworfenes Vorläufiges, Verbesserungsbedürftiges? Ist es dann nicht zu erwarten, dass die Menschen inmitten aller Fortschrittshektik immer häufiger von Trauer und einem Gefühl der Vergeblichkeit allen menschlichen Strebens heimgesucht werden? Die Glückssuche auf den modernen Konsum- und Erlebnismärkten ist unvermeidlich mit Frustrationen verbunden. Wir leben, schreibt der Soziologe Peter Gross, heute in einer „luxurierenden Multioptionsgesellschaft ohne Sinn"[9]. Sie kann wirkliches Glück und anhaltende Zufriedenheit nicht bieten. Wer dies erkennt, für den könnte es naheliegen, das Lebensglück dort zu suchen, wo es mit größerer Wahrscheinlichkeit zu finden ist: in der selbstgewählten Gemeinschaft mit anderen, in selbstbestimmter Tätigkeit, im Verzicht auf das Rattenrennen der Statuskonkurrenz, in der geteilten Freude, die bekanntlich eine doppelte ist.

Wenn wir uns nicht einreden lassen, wir müssten uns um unseres Lebensglücks willen immer mehr und immer neue Güter und Dienstleistungen verfügbar machen, können wir uns auch ohne Angst fragen, ob Stress und hektische Betriebsamkeit, die einen Großteil unserer Lebenszeit bestimmen, ob ein ständig weiter getriebenes wirtschaftliches Wachstum wirklich in unserem Interesse sind. Die Abkehr vom Wachstumszwang mag zwar für den Kapitalismus ein unlösbares Problem darstellen, bedeutet aber nicht, wie manche befürchten, Stillstand und Stagnation. Vielmehr bedeutet sie lediglich, dass wir der gesellschaftlichen Dynamik eine ruhigere Gangart und eine andere Richtung geben: vom Immer-Mehr zum verlässlich Guten, von der Maximierung des Konsums zur klugen Austarierung aller Bedürfnisse, von der abstrakten Quantifizierung zur Orientierung an den konkreten Lebensinteressen der Menschen. Auch ein neuer Fortschritt, der qualitative über quantitative Steigerung setzt, ist ein Weg der Verbesserung und Erneuerung und ist deshalb auf Innovation, auf die phantasievolle Weiterentwicklung von Wissenschaft, Technik, Ökonomie und Gesellschaft angewiesen. Die neuen Parameter der Entwicklung und die neue Dynamik der Optimierung nach Maßgabe des Leitbilds der Humanität und der Nachhaltigkeit fordern die kreativen Kräfte der Menschen sogar nachdrücklicher heraus als das alte Fortschrittsmodell. Vor allem aber: Es geht nicht um Verzicht, sondern um Aufklärung über unser wohlverstandenes Eigeninteresse und über das, was für uns ein gutes Leben ausmacht. Wenn wir endlich lernen, die uns von den Naturbedingungen auf der Erde gesetzten Grenzen zu akzeptieren und die phantastischen Möglichkeiten des wissenschaftlich-technischen Fortschritts zum Vorteil für uns und unsere Kinder und Enkel zu nutzen, wenn wir uns wieder klarmachen, was wir eigentlich wissen, aber oft verdrängt haben, dass das Lebensglück weniger vom Haben als vom Sein, weniger vom Konsumieren als vom gelungenen Interagieren mit anderen Menschen abhängt, und wenn wir dieses Lebensglück auch allen anderen Menschen auf der Erde zugestehen, werden wir feststellen, dass wir auf unserem begrenzten Planeten tatsächlich ökologisch vernünftiger *und* besser leben können.

Anmerkungen

[1] Kommunistisches Manifest, MEW 4, 464.
[2] Robert Betz, Das Leben findet während der Arbeitszeit statt. Der Unsinn von der ‚Work-Life-Balance', Focus-online vom 20.12.2013.
[3] Siehe auch den Erfahrungsbericht von Laura Meschede *Die Mensch-Maschine* im Magazin der Süddeutschen Zeitung vom 23. März 2018.
[4] Vgl. Jerry Kaplan, Artificial Intelligence. What Everyone Needs to Know, 2016.
[5] Vgl. Jeremy Rifkin, Das Ende der Arbeit und ihre Zukunft, vor allem S. 174: „In allen Wirtschaftssektoren, in allen Branchen werden die menschlichen Arbeitskräfte durch Maschinen ersetzt …".
[6] John Maynard Keynes, Wirtschaftliche Möglichkeiten für unsere Enkelkinder, in: Norbert Reuter, Wachstumseuphorie und Verteilungsrealität. Wirtschaftspolitische Leitbilder zwischen Gestern und Morgen, 2. Auflage, Marburg 2007, S. 146.
[7] Vgl. auch Müller/Strasser, Transformation 3.0 S. 98.
[8] Vgl. Gerhard Schulze, Die Erlebnisgesellschaft. Kultursoziologie der Gegenwart, Frankfurt/M. 1992 und Die beste aller Welten. Wohin bewegt sich die Gesellschaft im 21. Jahrhundert?, München 2010.
[9] Peter Gross, Die Multioptionsgesellschaft, Frankfurt/M. 1994, S. 102.

Gerhard Fitzthum

Freie Fahrt den Barbaren

Anmerkungen zur Selbstzerstörung des Automobilkults

Wir leben im Zeitalter des Bahn-Bashings. Die Deutsche Bahn AG gilt als Saurier der modernen Verkehrswelt – als abgewirtschaftete Institution, die soviel Ignoranz und Inkompetenz auf sich vereinigt, dass sie nur deshalb nicht ausstirbt, weil sie mit Steuergeldern künstlich am Leben erhalten wird. Kein Wunder, dass die Zahl derer, die seit Jahren keinen Zug mehr von innen gesehen haben, nicht gerade abnimmt. Das heißt nicht, dass die DB keine treue Kundschaft hätte, die schnellen Fernverbindungen erfreuen sich einiger Beliebtheit. Mindestens so groß ist aber die Bevölkerungsgruppe, in der ein gewisses Unbehagen an Bahnhöfen, U-Bahnen und Zügen zum guten Ton gehört. Am lautesten melden sich natürlich diejenigen zu Wort, die es nicht gewohnt sind, über den Tellerrand des motorisierten Individualverkehrs hinaus zu schauen. Aus ihrer Sichtbeschränkung ist das Schienennetz eine unhygienische Transportschleuse für lärmende Schulkinder, grantelnde Rentner und Hartz IV-Empfänger jeden Alters – ein Hort der Un-Kultur, an dem sich neuerdings auch noch Flüchtlinge und Messerstecher tummeln.

Bei Lichte betrachtet stellt dies aber die Dinge auf den Kopf. Wenn heute ein Transportmittel der Barbarei Vorschub leistet, dann das Heiligtum des modernen Individualverkehrs, das Auto. Um nicht missverstanden zu werden: Dass der fahrbare Untersatz Freude machen kann, setze ich als selbstverständlich voraus – er ist praktisch, bewundernswert leistungsfähig, macht unabhängig von Fahrplänen und Haltestellen und verlängert die Privatsphäre in den öffentlichen Raum. Zudem erlöst er uns aus der Schwerkraft des stationären Daseins, hilft uns dem häuslichen und beruflichen Alltag in Sekundenschnelle zu entkommen. Aber gerade dadurch, dass das Auto die genannten Bedürfnisse massenhaft befriedigt, führt es diese ad absurdum. In den Verkehrsräumen der Ballungsgebiete sorgt es mitunter für Verhältnisse, die die Zustände auf den

Landstraßen des ‚finsteren' Mittelalters als behaglich erscheinen lassen. Was soll an dem Tohuwabohu auf unseren Straßengeflechten, den verpesteten Städten, den endlosen Staus und der permanenten Gefahr für Leib und Leben denn noch modern, oder gar fortschrittlich sein? Muss einem der spröde Charme einer Fahrt im ICE vor diesem Hintergrund nicht als verlockende Alternative vorkommen?

Die Haupt-Leidtragenden des frei flottierenden Automobilismus sind logischerweise diejenigen, die sich nicht ebenfalls von einem eigenen Verbrennungsmotor durch den Raum schießen lassen: Fußgänger, Radfahrer, Gäste von Straßencafes, Anwohner, Kinder. Doch auch für die Autofahrer selbst ist das Fahrerlebnis nicht mehr das Vergnügen, das es einmal war, als man die Straße noch für sich hatte, unbedrängt durch die Landschaft brausend seinen Gedanken nachhängen und sich als von übermenschlichen Kräften bewegt erfahren konnte. Das amtliche Patentrezept, auf die Häufung von Stauereignissen mit weiteren Straßenbaumaßnahmen zu reagieren, hat sich nunmal als kontraproduktiv erwiesen. Mag es auf diese Weise auch gelingen, einen Engpass zu beseitigen, man steht nun einige Kilometer weiter doppelt so lange im Stau! Folgerichtig hat der ADAC für das Jahr 2016 wieder einmal einen neuen Rekord gemeldet: Insgesamt 694.000 Staus, zwanzig (!) Prozent mehr als im Vorjahr. Dass die Machtlosigkeit gegen den periodischen Stillstand nicht gerne zugegeben wird, ist klar. Dergleichen Eingeständnisse würden mit der tief sitzenden Überzeugung kollidieren, mit dem Auto das Verkehrsmittel der Freiheit gewählt zu haben – ein Verkehrsmittel, das als konkurrenzlos gilt, wenn man Schnelligkeit, Komfort und Autonomie zum Maßstab erhebt – ein Verkehrsmittel, das für viele Menschen nichts Geringeres versinnbildlicht als die Menschenwürde des technischen Zeitalters.

Um sich ein Bild davon zu machen, welcher Art die hier verteidigte Freiheit ist, muss man sich nur mal auf eine deutsche Autobahn begeben, wenn der allmorgendliche Berufsverkehr abgeflaut ist. Wer sich jetzt auf eine Reisegeschwindigkeit von 120 Km/h einzupegeln versucht, braucht nur in den Rückspiegel zu schauen, um zu erkennen, dass er als Verkehrshindernis wahrgenommen wird. Dort rauschen im Minutenrhythmus Zeitgenossen heran, die den vor ihnen Fahrenden per Lichthupe klar machen, dass sie diese notfalls auch aus dem Weg zu rammen bereit sind. Abgerundet wird das Wildwest-Szenario von den Kleinlastwagen der Parceldienste, die Geschwindigkeiten erreichen, die auf anderen europäischen Autobahnen keinem Ferrari erlaubt wären, und von übermüdet gähnenden LKW-Fahrern, die ihre 40 Tonnen-Fracht mit Bleifuß durchs Land wuchten.

Allzu einseitig dieser Blick? Gewiss! Die gedankliche Normalisierung des Horrors ist jedoch so weit fortgeschritten, dass es kein behutsames einerseits/andererseits, sondern klarer Worte und Zuspitzungen braucht. Die chronische Realitätsverweigerung, die Hersteller, Straßenbauer, Autofahrer und ihre Verbände eint, verlangt nach einem eindringlichen Weckruf, erzwingt geradezu eine polemische Gegenoffensive.

Natürlich will ich nicht bestreiten, dass einem auf der Autobahn mindestens ebenso häufig Zeichen von Rücksicht und gegenseitigem Respekt begegnen: Überholt werdende Bullyfahrer, die einem per Lichthupe andeuten, wann man wieder auf ihre Spur zurückschwenken kann, oder Menschen, die durch Setzen des rechten Blinkers signalisieren, dass sie auf das Überholen verzichten, bis man vorbeigezogen ist. Ein Autor der Süddeutschen Zeitung geriet sogar regelrecht ins Schwärmen:

„Man muss uns ansonsten ja häufig fehlbare Fahrzeuglenker doch auch einmal loben: Wie wir in unserem motorisierten Schwarm auf der Asphaltoberfläche so vertrauensvoll dicht an dicht dahin gleiten, verschwenken und umherkurven, zu Tausenden parallel, ohne uns je zu berühren. Und ein Jeder, zumindest die Allermeisten, tut das mit Voraussicht und Rundumsicht, Gemeinschaftsgefühl, mancher sogar mit Eleganz."

Eine gewisse Ästhetik ist den Fließ- und Verschiebeprozessen auf mehrspurigen Asphaltbändern tatsächlich nicht abzusprechen, aus der Vogelperspektive zumindest. Um derart auf Distanz gehen zu können, muss man aber einen jener seltenen glücklichen Momente erwischen, die es im Straßengewirr der modernen Agglomerationen tatsächlich auch gibt. Wenig überraschend erschien der besagte Artikel während der großen Sommerferien, in denen viele Münchner ihrer autogerechten Heimat für einige Zeit den Rücken gekehrt hatten.

Mehr als Sonderfall und Momentaufnahme ist die hier beschworene Harmonie also nicht. Selbst wenn die übergroße Mehrheit bereit wäre, einen friedlichen Schwarm zu bilden, wäre dieser Frieden nur allzu zerbrechlich. Denn das Klima auf unseren Straßen wird nicht von denen bestimmt, die sich unauffällig oder kooperativ verhalten, sondern von Zeitgenossen, die nicht gerade mit Rücksicht begabt sind. Nicht nur von verstörten Ausländern wird die deutsche Autobahn gerne mal als Kampfplatz bezeichnet – als Kampfplatz, auf dem die Waffen ungleich verteilt sind, der Wille zum solidarischen Miteinander leer läuft und sich durchsetzen muss, wer nicht untergehen will. Die Tiefenentspannung, mit der man morgens aus seiner Garage herausfährt, hat jedenfalls eine geringe Halbwertszeit. Sobald man von seinem Grundstück auf die Straße rollt, muss man sich einem Kollektiv von Gleichgesinnten integrieren, das von einer aggressiven Minderheit in Atem gehalten wird. Sicher: die Mehrzahl der Autofahrer erweist sich schon dadurch als kultiviert, dass sie zwischen richtig und falsch zu unterscheiden weiß. Für die alltägliche Praxis auf den Straßen bleibt dieses Wissen aber eher folgenlos. Womöglich sogar für die eigene Fahrpraxis. Dank einer geheimen Transformationsregel erscheint einem das eigene Verhalten als korrekt und vorbildlich, das der anderen aber nicht. Eine Wahrnehmungsstörung, über deren Ursache eigens nachzudenken wäre.

Wer glaubt, dass es sich beim allzu sichtbaren Darwinismus im Straßenverkehr um ein vorübergehendes Phänomen handelt, sich der von der Natur auf Schrittgeschwindigkeit geprägte Homo sapiens einfach nur in einem langwierigen Anpassungsprozess befindet, sich die Egomanen am Lenkrad ihrer Domestizierung auf lange Sicht also nicht entziehen werden können, macht sich etwas vor. Die 2016 veröffentlichte Studie der Versicherungsbranche beweist das Gegenteil: Die Zahl der Autofahrer, die sich selbst als „mindestens manchmal aggressiv" einschätzen, hat in wenigen Jahren signifikant zugenommen, unter Männern liegt die Quote mittlerweile bei 44 und unter Frauen bei 39 Prozent. Ungeniert geben sie zu, auch mal aufs Gas zu treten, wenn sie überholt werden, oder auf die Bremse, wenn ein zu dicht auffahrender Hintermann abgewehrt werden soll. Zutage kam außerdem, dass das Aggressionspotenzial mit dem Monatseinkommen und dem Bildungsgrad ansteigt. Warum? „Weil diese Menschen es gewohnt sind, sich durchzusetzen", wird der erstmal überraschende Befund erklärt. Klingt auch plausibel. Vielleicht sind sie aber einfach nur selbstbewusst genug, sich zu ihren Untaten zu bekennen – eine Blöße, die sich die minder Erfolgreichen nicht auch noch geben wollen.

Das unerquickliche Gedränge auf den Straßen verdankt sich natürlich der Massenmotorisierung, hat also ein quantitatives Moment, ist die unvermeidliche Folge davon, dass sich individuelle Egoismen und Fehlleistungen summieren bzw. den dahin eilenden Automobilisten nicht genug Raum zur Verfügung steht. Zugleich liegt es aber auch in der Logik des Einzel-Selbstfahrer-Systems, ist also struktureller Natur: Statt Lernfeld für solidarisches Verhalten zu sein, ist die Autostraße Inbegriff eines öffentlichen Raums, in dem die Frechheit siegt und Empathie sich nicht auszahlt. Wenn ich an einer Fahrbahnverengung denjenigen einscheren lasse, der an der bereits eingefädelten Wagenkolonne einfach vorbei fährt, um sich ganze vorne reinzuquetschen, leiste ich keine moralische Überzeugungsarbeit, sondern belohne eine Unverschämtheit, die nichts mehr braucht als die Rücksicht der Anderen. Darüber hinaus schürt der Triumph des Dränglers die heillose Illusion, dass man schneller ans Ziel kommt, wenn man dies auf Kosten der Anderen tut.

Asoziales Fahrverhalten wird allein schon dadurch begünstigt, dass man durch das „Land der Geschwindigkeit" steuert, von dem Paul Virilio sprach – eine Terra incognita, in der man den Kontakt mit jener räumlichen und sozialen Umwelt verloren hat, an die man im Modus der Langsamkeit zwangsläufig gebunden bleibt. Vom metabolischen Standpunkt des Zweibeiners mit Muskelantrieb gesehen ist man nun im Nirgendwo unterwegs, aus dem Kontext des Hier und Jetzt gefallen, was überaus willkommen, weil entspannend sein kann, aber den weniger schönen Nebeneffekt hat, dass man sich nicht mehr im Raum wirklicher Begegnungen aufhält. Statt sich den Mitmenschen auf Augenhöhe und Schlagdistanz zu nähern und ihnen auf diese Weise verpflichtet zu bleiben, ist man immer schon wieder weg, wenn diese über unser Verhalten nachzudenken beginnen. Autos sind daher auch dann Fluchtfahrzeuge, wenn sie nicht explizit als solche gebraucht werden. Die Tatsache, dass man sich zugleich im öffentlichen Raum und in einer geschlossenen Kapsel befindet, erlaubt es einem, auf die Sphäre der Anderen auszugreifen, ohne von diesen zur Rechenschaft gezogen werden zu können. Fahrerflucht ist deshalb weniger das Indiz einer persönlichen moralischen Verwahrlosung als die naheliegendste Reaktion, die mehr oder weniger zwangsläufige Folge der gefühlten und meist auch willkommen geheißenen Atomisierung. Nach einer Erhebung in elf Bundesländern spricht der Auto Club Europa (ACE) von „deutlich über 500.000 Fluchtdelikten", die jährlich von der Polizei bearbeitet werden. Stimmt diese Hochrechnung, machen sich Autofahrer bei jedem fünften aller erfassten Unfälle aus dem Staub.

Der Philosoph Günther Anders hat das Phänomen des Verantwortungsverlusts durch Technik schon vor einem halben Jahrhundert analysiert, nicht am Beispiel von Unfallfahrern, sondern an dem von John Etherley, dem US-Bomberpiloten von Hiroshima.

Nur ein paar Knöpfe bedienend und Lichtjahre von den Opfern seines Massenmords entfernt, empfand er nicht die geringste Schuld, als er den nuklearen Sprengkörper auslöste. Wenn etwas die instinktive Tötungshemmung außer Kraft setzt, dann Technik gepaart mit räumlicher Distanz.

Natürlich sind Autos Fortbewegungsmittel, mobile Zweitheimaten und Prestigeobjekte – und keine Tötungsmaschinen. Den mehr als eine Million Toten, die weltweit jedes Jahr auf den Straßen zu beklagen sind, stehen Milliarden und Abermilliarden Verkehrsbewegungen gegenüber, bei denen niemand zu Schaden kommt, im landläufigen Sinn zumindest.

Trotzdem ist der Mechanismus vergleichbar: In einem verglasten Schutzraum ganz alleine durch eine fremd bleibende Umgebung zu schaukeln, macht den Autofahrer zu einer Art Autisten. Von der Außenwelt abgeschirmt verlieren die natürlichen und gesellschaftlich eingeübten Verhaltensmuster der Zwischenmenschlichkeit ihre Kraft und müssen mühsam rekonstruiert werden, was bekanntermaßen nicht jedem gelingt, oder allenfalls im Nachhinein – wenn es bereits zu spät ist, man den Anderen mit seiner spontanen Lenkbewegung zu Tode erschreckt, zur Vollbremsung oder zu einem wilden Ausweichmanöver gezwungen hat. Kein Wunder also, dass sich laut der erwähnten Versicherungsstudie jeder zweite Teilnehmer am Straßenverkehr gestresst fühlt. Statt im Modus ungestörter Selbstentfaltung von A nach B zu gleiten und dabei in ein beglückendes Flow-Erlebnis zu geraten, wird man von denen bedrängt, die ihrerseits auf freie Fahrt pochen. Stress ist daher kein gelegentlich eintretender Stör- und Sonderfall, sondern integraler Bestandteil des automobilen Individualverkehrs, bei dem jeder Ausgriff auf den Raum den des anderen beschneidet – und es keinen Sinn macht, einen Gang runterzuschalten, weil dies von den anderen gerade nicht als Akt der Selbstzurücknahme, sondern als Einschränkung des eigenen Vorwärtsdrangs wahrgenommen wird. Wer sich im Auto sitzend von den Bewegungsgeschwindigkeiten seines animalischen Körpers emanzipiert hat, fährt heute auf Zeit, ob er will oder nicht.

Im ICE kam ich unlängst mit einem älteren Herrn ins Gespräch, aus dessen Gepäck zwei Autonummernschilder hervorlugten. Der ausgebildete Kfz-Ingenieur überführt für große Firmen Neuwagen, kommt damit auf 3000 Autobahnkilometer pro Woche und steht gewiss nicht im Verdacht, ein Bahnfanatiker und Autohasser zu sein. In den letzten 5 bis

6 Jahren habe die Aggression auf den Straßen deutlich zugenommen, sagt er müde. Das gelte vor allem für Fahrer von 5er- und 7er-BMWs, VW-Passat und Audi, von leistungsstarken Modellen also, mit denen die Konzerne hohe Verkaufszahlen und Gewinnspannen erzielen. Rücksicht sei leider aus der Mode gekommen, rechts überholen zum Standard geworden. „Manch einer fühlt sich nicht einmal mehr bemüßigt, den Blinker zu setzen", klagt er. Zugleich würden die Fahrgeschwindigkeiten immer höher werden, wozu freilich auch seine Auftraggeber einen Beitrag leisteten. Zuletzt habe er ein Dutzend Seat-Spitzenmodelle durchs Land gefahren, die ein deutscher Weltkonzern seinen Bauleitern zukommen ließ – Fahrzeuge, bei denen sich die Tachonadel bei 240 halten lasse.

Und er selbst? „Durchschnittsgeschwindigkeit 180?" – „Wenn's reicht", lächelt er verlegen, „man muss das heute ja!" Doch dann verstummt er und senkt den Blick, der Selbstwiderspruch ist allzu offensichtlich. Natürlich weiß er, dass er das nicht muss, dass ihn niemand dazu zwingt, am Rande der Kontrollierbarkeit durchs Land zu brettern, dass er genauso gut auch langsamer fahren könnte.

Die Diskrepanz zwischen Anspruch und Wirklichkeit ist symptomatisch, verdankt sich einem zuverlässig wirkenden Mechanismus: Egal was genau man im Vorfeld zu tun geplant hat, einmal in Gang gesetzt wird man Opfer jener Eigendynamik, die zum Gebrauch technischer Geräte wesentlich dazugehört. Fern davon, nur Mittel zu vorher festgelegten Zwecken zu sein, wirkt Technik stets auf uns zurück, beeinflusst unser Handeln, korrumpiert unsere Wünsche und Absichten. Das klassische Beispiel ist die Kettensäge. Schneidet man die Bäume seines Gartens mit einer solchen Maschine zurück, so bleibt stets weniger Grün übrig als in den Fällen, in denen man mit einer banalen Bügelsäge arbeitet. Das erkenntnistheoretische Dogma, dass sich im Umgang mit Werkzeugen und Gerätschaften aktive Subjekte und passive Hilfsmittel gegenüber stehen und alle Macht von ersteren ausgeht, ist eine allzu bequeme Simplifizierung. In Wirklichkeit erzeugt das spezifische Leistungsprofil des Apparats einen nur schwer zu widerstehenden Druck, die potenzielle Leistung auch abzurufen. Das souverän seine Maschine bedienende Handlungssubjekt ist eine Chimäre des technischen Zeitalters, das Produkt einer kulturspezifischen Geisterbeschwörung.

Beispiele dafür lassen sich leicht finden: Mit einem PS-starken Gefährt auf viel zu breiten Innenstadtstraßen Tempo 50 einzuhalten, erfordert ein Höchstmaß an Standvermögen, Disziplin und Charakter. Automobilisten reibungsarme und von Fußgängern frei gehaltene Rollbahnen zu Verfügung zu stellen, dann aber von ihnen zu erwarten, dass sie hinter ihren technischen Möglichkeiten zurückbleiben, ist hochgradig absurd und deshalb auch nicht erfolgversprechend. Wenn etwas technisch möglich ist, muss es auch gemacht werden, auch wenn hier kein logisches, sondern nur ein psychologisches Muss zum Tragen kommt – was wiederum den gängigen Kurzschluss provoziert, dass immer der Fahrer die Schuld hat, und nie die Technik, die die Ingenieure dank dieser Generalabsolution ungezügelt weiter fortentwickeln dürfen. Wird eine Fahrmaschine so verwendet, dass man sich selbst und andere gefährdet, so fällt dies grundsätzlich in die Rubrik menschliches Versagen, gilt also als Ereignis, das der unzuverlässigen Menschennatur zuzuschreiben ist, während die Maschine, die durch die von ihr freigesetzte physikalische Energie das eigentliche Sicherheitsrisiko und die logische Voraussetzung des Unfalls ist, in keinster Weise zur Diskussion steht, als handlungsethisches Neutrum gilt, als Inkarnation der Unschuld!

Warum aber die Aufregung? Die Rezepte gegen die allgemeine Kannibalisierung liegen doch auf der Hand: Drastischere Strafen und systematische Verkehrserziehung mit Aufklärung und Ächtung unerwünschbaren Verhaltens!

Für ersteres fehlt es jedoch an Personal, zudem würde die Rundum-Kontrolle die Etablierung überwachungsstaatlicher Verhältnisse erfordern, die niemand haben will. Und letzteres wird allenfalls ansatzweise und halbherzig getan: Die Politiker, zumal in Deutschland, erweisen sich allzu gerne und immer wieder als Erfüllungsgehilfen der Autoindustrie und damit als Verharmloser des allgemeinen Hauens und Stechens auf den Straßen. Weil sie der mächtigsten Lobby des Landes nicht weh tun wollen, betrachten und kommunizieren sie das hohe Aggressionspotenzial als in Kauf zu nehmendes Übel, als unvermeidlichen Preis der Freiheit. Nahezu folgerichtig werden die mehr als berechtigten Forderungen nach einem Tempolimit einfach ignoriert. „Mit 100 auf der Autobahn zu fahren, halte ich für ein verkehrswidriges Verhalten", hatte Innenminister Zimmermann 1984 erklärt. Die Früchte dieser Geisteshaltung ernten wir heute: diejenigen, die die Straßen mit Rennstrecken verwechseln, fühlen sich gar nicht gemeint, wenn Politiker in Sonntagsreden einen besinnlicheren Fahrstil predigen und sich auch die Wölfe des ADAC den Schafspelz überstreifen. Sie wissen ja, dass im Land der Autobauer bei einer Kritik des Rasens immer nur das Rasen der anderen gemeint ist.

Sie wissen auch, dass die angeblich bekämpfte Aggression insgeheim gefördert wird – durch die Zulassung von Scheinwerfern im Droh-Schlitzaugen-Design etwa, die die Fahrer älterer und kleinerer Autos nicht nur blenden, sondern auch regelrecht einschüchtern, ihnen unmissverständlich klar machen, dass dem Stärkeren Platz zu machen ist.

Der Verzicht auf wirkungsvolle Kampagnen ist umso unverständlicher, als man den Rauchern gerade Zigarettenschachteln mit Bildern mit Lungentumoren und Fehlgeburten aufs Auge drückt. Wo – bitteschön – sind die Plakatwände mit Rollstuhlfahrern und um Alleebäume gewickelte Autowracks, aus denen das Blut heraustropft? Warum müssen die Konzerne nicht Warnhinweise auf den Kotflügeln ihrer chromglänzenden Flotte anbringen: „Autofahren kann zu akutem Tod führen", „Feinstaub zerstört Kinderlungen", „Mit Vollgas in die Klimakatastrophe", „Die Fortbewegung im Sitzen erhöht die Wahrscheinlichkeit von Bewegungsmangelerkrankungen"? Nichts dergleichen, statt ernstgemeinter Aufklärung hilflose Appelle, die niemandem weh tun. Durchdrehende Reifen, aufheulende Motoren, unangekündigte Spurwechsel und Drängeln gelten nach wie vor als Kavaliersdelikte. Selbst illegale Autorennen durch die nächtliche Stadt werden im Moment noch als bloße Ordnungswidrigkeit behandelt. Erst wenn dabei jemand zu Schaden kommt, muss der Missetäter mit einer Anklage rechnen, wie die beiden Berliner, die im letzten Jahr erstmals als Mörder verurteilt wurden. Freilich sind sie in Revision gegangen und haben auch Recht bekommen, weil ein Fehlverhalten, das laut Gesetzbuch nicht einmal eine Straftat ist, nicht plötzlich als vorsätzliche Tötung behandelt werden kann. In der Autogesellschaft gilt das als Sportlichkeit verbrämte Machterlebnis am Steuer nun mal als Zeichen von Technikbegeisterung und Lebensfreude, die grundsätzlich zu begrüßen sind, solange nichts passiert.

Zugegeben: mit verkehrspädagogischen Initiativen allein käme man nicht weit. Ihre positiven Effekte würden von dem aufgefressen, was Motorweltpostillen und Autowerbung zu kommunizieren pflegen. Vor allem rund um Sportsendungen sind die Fernsehprogramme voll von Werbeclips, in denen ein cooler Typ mit Dreitagebart irgendwo durch die Landschaft schießt, nicht selten auf einer erstaunlich autofreien Küstenstraße, wenn nicht gar in der Wüste oder auf Schnee. Unausgesprochen steht die Leistung im Mittelpunkt, wird die Geschwindigkeit gefeiert, die Überlegenheit über die Anderen suggeriert, auch wenn im schnöden Verkehrsalltag zwischen Staus und Parkplatzsuche ein paar zusätzliche

PS keinerlei Vorteil verschaffen. Für den Porsche Cayenne etwa wird mit dem Bild einer schmalen, von Schnee flankierten Alpenstraße geworben, deren Fahrbahnränder im Rennstreckenstil rotweiß gestreift sind. Animation zum Durchdrehen!

Gewiss: Solche Werbebotschaften erreichen nur noch einen kleinen Teil der Bevölkerung. Vor allem durch die Unlösbarkeit des Stau- und Parkplatzproblems hat das Autofahren in weiten Kreisen der Gesellschaft längst sein Positivimage eingebüßt, gerade auch bei jungen Leuten – wenn sie höhere Bildungsabschlüsse haben und in einer Großstadt leben. In dieser Szene gibt es kaum etwas Uncooleres als die Fortbewegung auf den eigenen vier Reifen. Stattdessen fährt man U-Bahn oder Rad, in den Urlaub geht es mit dem Zug oder dem Flugzeug. Mit Umweltbewusstsein hat das nur wenig zu tun, umso mehr mit wohlverstandenem Eigeninteresse – mit der klarsichtigen Erkenntnis, dass ein Auto in der Stadt mehr Freiheiten raubt als es spendet, man von seinem Besitz besessen wird, wie Nietzsche das formulieren würde.

Ob sich dieses in den Metropolen zu beobachtende Umdenken zu einem allgemeinen, auch den ländlichen Raum ergreifenden Bewusstseinswandel auswachsen wird, ist aber mehr als fraglich. Die Trendforscher, die seit Jahren eine Abkehr vom Auto zu beobachten meinen, gehen ihrem urbanen Blickwinkel und ihrem Wunschdenken auf den Leim. Dass in Städten wie Berlin nicht einmal mehr die Hälfte der Haushalte ein eigenes Auto besitzt, beweist weder, dass in der Provinz eine ähnliche Entwicklung im Gang wäre, noch, dass man den Cities den Rückgang der Automobilzahlen ansähe, sich irgendetwas signifikant zum Besseren entwickelt hätte, von ein paar Spielstraßen und lächerlich kleinen Ausweitungen der Fußgängerzonen einmal abgesehen. Viel größer als die Menge der Autoverweigerer ist nämlich nach wie vor der Anteil derer, für die der PKW selbstverständlichstes Alltagsutensil, wenn nicht sogar identitätsstiftendes Konsumgut ist, weshalb sich die Automobilkonzerne auch nicht vor der Zukunft fürchten müssen. Nur selten entscheidet sich der Kunde allein aufgrund praktischer Erwägungen für ein bestimmtes Modell. Mindestens so wichtig ist das Image, das mit diesem verbunden ist, und die Überlegung, was die Fahrmaschine können müsste, wenn sie in der Welt benutzt würde, in die man sich gerne hineinträumt. In vielen Köpfen scheint nach wie vor ein endloses Roadmovie zu laufen, bei manchen sogar ein Offroad-Movie. Deshalb braucht man in den Mangrovensümpfen Düsseldorfs Allradantrieb, hüfthohe

Stollenreifen und eine gewaltige Stoßstange, an der man das gefangene Nilpferd anbinden kann.

Freilich ventilieren die Werbeagenturen nur das, wofür die Käufer auch empfänglich sind. Die Menschen des Automobilzeitalters sind Opfer einer kollektiven Präformation, die Maximen der Leistungsgesellschaft haben sich in unsere Hirne eingebrannt: Freie Fahrt dem Tüchtigen! Wer nicht mithält, ist selber Schuld! Schnelligkeit ist Trumpf, Geduld etwas für Senioren und Rollstuhlfahrer, Langsamkeit die Vorstufe von Stagnation, und Stagnation eine Form des Rückschritts. Langsamkeit, also die Bewegung nach menschlichen Maßen, ist erst in den letzten Jahren wieder gesellschaftsfähig geworden, wird in gewissen Kreisen aber beharrlich ironisiert – vor allem von denen, die ihren chronischen Bewegungsmangel mit dem Gaspedal zu kompensieren pflegen. Auch wenn wir unseren Urlaub in Wanderschuhen verbringen, sind wir insgeheim doch für das Schnellere, begrüßen wir jene Beschleunigung der Lebensvorgänge, an deren Folgen wir krank zu werden drohen.

Das Gerangel auf den Fahrbahnen ist natürlich nicht das einzige Übel des Autoverkehrs – betroffen ist im Grunde ja nur, wer an ihm teilnimmt. Mindestens so dramatisch sind die Auswirkungen auf all das, was sich in den kleiner und kleiner werdenden Restflächen zwischen den Trassen befindet: die menschliche Wohn- und Lebenswelt, Landschaft und Natur bzw. das, was davon noch übrig ist.

Der Lärmterror ist wohl die schlimmste, wenngleich gerne unterschätzte Belastung:

„Das Auto ist der einzige Gegenstand, mit dem jedermann zu jeder Zeit unter dem Vorwand der Unvermeidlichkeit fast jeden beliebigen Lärm verursachen darf, ohne dass man mehr dagegen tun kann, als ihn, leise, zu verwünschen oder eine Schlaftablette einzunehmen."
schrieb der Journalist und Schriftsteller Jürgen Dahl 1971 und sollte bis heute Recht behalten. Seitdem hierzulande fast jedes Dorf eine Umgehungsstraße erhielt, damit seine Bewohner nicht am permanenten Motorengeheul, Bremsengequietsche und Gehupe irre werden, ist der Verkehrslärm auch dort angekommen, wo man eben noch vor ihm geschützt war – in den nach hinten gelegten Schlafzimmern. Dort fahren die vom Ortskern weg gelockten Autos nun zwar mit weit größerem Abstand vorbei, dafür aber mit doppelter oder dreifacher Geschwindigkeit, was auch den Geräuschpegel multipliziert. Bezeichnenderweise ist auch auf der Straßenseite der Wohnung der Gewinn gering: Durch die geringer

gewordene Fahrzeugdichte ist man nicht mehr zum Langsamfahren gezwungen, wodurch die Selbstdarsteller unter den Autolenkern erst Recht zur Geltung kommen. Endlich kann man mal coram publico beschleunigen, durch rassigen Motorensound deutlich machen, was man für ein toller Hecht ist, und nebenbei ein paar Flüchtlinge des Motorenzeitalters, Fußgänger also, aus dem Weg hupen!

Ein weiterer Nebeneffekt solch vermeintlicher 'Entlastungen' besteht darin, dass man die Kinder nicht mehr zum Spielen hinter das Dorf schicken kann. Denn dort warten nicht mehr nur Obst- und Pflanzgärten, Felder und Fluren, sondern tobt auch der Verkehr – und das mit autobahnähnlicher Geschwindigkeit. Ortschaften, die sich Jahrhunderte lang an ihren Rändern in die Landschaft verloren, sind heute von Straßen umzingelt, PKWs und LKW fahren jetzt überall und jederzeit, kontaminieren die Kulturlandschaft mit ihrem Lärm, der sich mit dem akustischen Exhibitionismus Einzelner beliebig steigern lässt.

Zum Thema Luftverschmutzung muss man ebenfalls nicht ausführlich werden: Feinstäube und Stickoxide aus Autoabgasen sind nachweislich gesundheitsschädigend. Der Europäischen Umweltagentur zufolge sterben jedes Jahr fast eine halbe Million EU-Bürger vorzeitig durch Schadstoffe in der Luft, die zu keinem geringen Teil aus Auto-Auspuffen stammen. In 90 Prozent der deutschen Städte liegen die gefährlichen Stickoxide mit schöner Regelmäßigkeit über dem von der EU vorgeschriebenen Grenzwert. Wie wir inzwischen wissen, begnügte sich der Gesetzgeber bis vor kurzem ohnehin damit, dass die Fahrzeuge die Abgasnormen auf den werkseigenen Prüfständen erfüllen, statt in der realen Außenwelt. Und im übrigen wäre die allseits geforderte und gelobte Umweltplakette weniger ein Verbots- denn ein Erlaubnisinstrument; sie zielte darauf, die Stadt auch dann befahrbar zu halten, wenn man es besser sein lassen sollte. Erst seit einigen Monaten gibt es zaghafte Versuche, bei unzulässig hohen Schadstoffbelastungen wenigstens die Dieselschleudern aus der Stadt zu verbannen. Ob irgend davon etwas umgesetzt wird, steht freilich in den Sternen. Macht das Berliner Umweltministerium einmal einen entsprechenden Vorschlag, so wird dieser vom Wirtschafts- und Verkehrsminister sofort wieder einkassiert.

Dazu kommt die beispiellose Einengung der Bewegungsspielräume für nichtmotorisierte Verkehrsteilnehmer, an der auch der Umstieg auf Elektroautos nichts ändern wird. Johann-Günther Königs lesenswerte „Geschichte des Automobils" schlägt dieses vergessene Kapitel nochmal auf:

„Seit 1909, als hierzulande das erste ‚Gesetz über den Verkehr mit Kraftfahrzeugen' in Kraft trat, genießt das Auto ein strafbewehrtes Vorfahrtsrecht. Mit der Straßenverkehrsordnung wurde eine historische Zäsur vollzogen, die den Menschen ... in seiner natürlichen Eigenschaft als Fußgänger zum unerwünschten ‚Störfall' für den motorisierten Verkehr degradierte."

Längst haben die hegemonialen Verhältnisse in unseren Städten sichtbare Gestalt angenommen: Der Raum zwischen den Häuserzeilen, der einst fußläufigen Passanten, Kindern, Reitern, Fuhrwerken und Kutschen gleichermaßen zur Verfügung stand, besteht nun zu mindestens achtzig Prozent aus Fahr- und Parkflächen. Der Langsamverkehr ist hingegen auf schmale Streifen am Fahrbahnrand verbannt, die nicht selten auch noch von parkenden Autos zugestellt sind. Von Stadtparks, U-Bahnschächten und „Fußgängerzonen" genannten Reservaten abgesehen, gehört der öffentliche Raum dem Automobil, und das, obwohl zahlenmäßig stets weit mehr Nichtautofahrer als Autofahrer in der Stadt unterwegs sind.

„Städte und Dörfer waren immer durch die Kommunikationsmöglichkeiten und den Handel und Wandel im öffentlichen Raum geprägt. Aus diesem öffentlichen Raum ist heute eine Maschinenhalle geworden, der nur mehr das Dach fehlt. ... Der Begriff ‚Straße' wird missbraucht, in dem man die Straße von früher in die Todeszone der Fahrbahn, die Lagerfläche der Parkstreifen und die Restfläche der ehemaligen Straße, den Gehsteig, aufgeteilt hat," resümiert der Wiener Verkehrsforscher Hermann Knoflacher. Die Folgen sind klar: Der derart an den Rand gedrängte Fußgänger begreift sich als lästiges Anhängsel, kann an der allzu sichtbaren Ordnung der Dinge keine Freude haben und steigt folglich ebenfalls ins Auto, selbst für die kürzesten Strecken.

Nicht weniger gravierend ist das Verschwinden der stadtnahen Freizeiträume. Dort, wo die Siedlungsflächen einmal endeten, breiten sich heute Gewerbegebiete mit so monumentalen wie gesichtslosen Baukörpern aus, die in einem Ozean von Asphalt vor Anker liegen – in Deutschland werden nach wie vor täglich nahezu 100 Hektar Boden versiegelt. Die Folge ist ein sonntäglicher Exodus in die sogenannten Naherholungsgebiete, die inzwischen so fern liegen, dass sie von der S-Bahn nicht mehr erreichbar sind und einmal mehr seinen PKW bemühen muss, wer nicht den Zeitverlust einer Fahrt mit der Regionalbahn in Kauf nehmen will – womit man Lärm, Abgase und Hektik dort hin bringt, wohin man vor ihnen flieht, sich die Räume, die man hinter sich lassen will, immer weiter ausdehnen. Von den Wegen zum Arbeitsplatz oder zum Einkaufzentrum auf der grünen Wiese abgesehen, dient der motorisierte Individualverkehr gegenwärtig vor allem dazu, den Auswirkungen eben dieses Verkehrs zu entfliehen. Jürgen Dahl:

„Überall gebiert die vornehmlich mit Hilfe von Autos unwirtlich gemachte Stadt in dem Maße, wie sie unwirtlicher wird, immer neue Autofahrer; indem sie ihr entfliehen, tragen sie die Unwirtlichkeit immer weiter nach draußen – bis hinein in die sogenannten Naturparke, mit deren Einrichtung die fatale Trennung zwischen Lebens- und Erholungsraum endgültig perfekt gemacht und zur Philosophie erhoben wird."

Darüber hinaus gibt es noch eine Fülle von Nebeneffekten der Massenmotorisierung, die Auge, Ohr und Nase verborgen bleiben: Die Schädigung des Weltklimas durch rapide weiter wachsende CO_2-Emissionen, die nachhaltige Verseuchung der Böden und die unfassbare Ressourcenverschwendung – Herstellung und Transport eines durchschnittlichen Neuwagens verschlingen fünfzehn Tonnen Rohstoffe und 300 000 Liter Wasser. Nicht zu vergessen die Tatsache, dass schnelle und billige Transportwege vor allem den Branchenriesen und den urbanen Zentren nützen – während die Provinz wirtschaftlich, kulturell und sozial ausblutet.

Warum ist die vielbeschworene Verkehrswende ausgeblieben, genießt der Straßenbau immer noch höchste Priorität? Warum glauben wir noch an die Freiheit des Autofahrens, wenn wir statistisch gesehen jedes Jahr 60 Stunden im Stau stehen und ein Vielfaches an Lebenszeit in zähfließendem Verkehr oder im Stop and Go des Ampeltakts vergeuden? Warum erhebt sich kein Protest, wenn Umgehungsstraßen für Umgehungsstraßen für Umgehungsstraßen gebaut und damit die letzten noch einigermaßen intakten Landschaftsteile zerschnitten werden? Warum haben wir den Kampf aufgegeben? Oder genauer: Warum haben wir ihn gar nicht erst aufgenommen?

Die Liste der möglichen Antworten ist lang. Der fällige Widerstand bleibt aus,

– weil keine andere Fortbewegungsart besser zur modernen Ich-Gesellschaft passt, in der jeder seine persönlichen Ziele möglichst schnell und direkt erreichen will, ohne sich irgendwo eingliedern und mit anderen abstimmen zu müssen, und weil dieser Wunsch so stark ist, dass man selbst den Nachteil in Kauf nimmt, auf diese Weise gerade nicht

schneller ans Ziel zu kommen, sondern mit all den anderen Freiheitsfreunden im Stau festzusitzen;
- weil sich unsere Faszination für die Fahrmaschine aus tiefsten evolutionären Schichten speist, unser auf Ökonomie bedachtes Gehirn nichts mehr begrüßt als mit niedrigstem Verbrauch an Muskelenergie möglichst weit und bequem vorwärts zu kommen;
- weil man sich im Kokon einer privaten Fahrkabine so geborgen und unverletzlich fühlt wie an keinem anderen Aufenthaltsort, ganz so als wäre man in den Schutz des Mutterleibs zurückgekehrt – obwohl man statistisch gesehen an keinem Ort der Welt gefährdeter ist;
- weil das Konsumgut Auto dem Einzelnen Präsenz und Prestige verschafft und ihm jene Unabhängigkeit suggeriert, die das Leben in der globalisierten Welt gerade nicht mehr bietet;
- weil der Gesetzgeber das Autofahren mit einer Pendlerpauschale belohnt und so den Berufsverkehr an die Straßen bindet, die deshalb immer weiter ausgebaut werden müssen;
- weil diejenigen, die sich dagegen auflehnen, immer und immer wieder am Interessengeflecht aus Autoindustrie, Pro-Auto-Politik und dem gesamten Handels- und Logistiksystem scheitern, wie bei der jüngsten verkehrspolitisch fatalen Einführung sogenannter „Giga- Liner" – Riesenlaster, die man nicht einmal mehr auf Züge verladen kann, wo die Güter eigentlich hingehören;
- und weil eine Welt ohne Autos schier undenkbar geworden ist, wie Hermann Knoflacher betont:

„Heute sind die meisten Strukturen bereits ‚autogerecht', so dass jeder das Autofahren als ‚normal', ja sogar notwendig erlebt, weil er nur so die Chance hat, Einkaufsmärkte und Freizeiteinrichtungen aufzusuchen. Auch die Möglichkeit, Arbeitsplätze aufzusuchen, steigt gegenüber dem Fußgänger enorm. ... Der Idealzustand für die Autoproduzenten ist damit fast erreicht, die Menschheit ist zum Gefangenen der Verkehrsmittel – in dem Fall – des Autos geworden."

Sich gegen das politisch gewollte Automonopol zu positionieren, ist auch deshalb so schwierig, weil Verursacher und Leidtragende hier für gewöhnlich in Personalunion auftreten. Was uns als Teilnehmer am motorisierten Straßenverkehr zum Vorteil gereicht, schadet uns, wenn wir uns nach Feierabend in einen Anwohner zurückverwandelt haben. Oder wenn wir zugleich noch Eltern sind und als solche unseren Nachwuchs auf Schritt und Tritt bewachen müssen, damit er nicht unter die Räder kommt. Wir tun das einerseits mit autogerechter Erziehung – einer knallharten Dressur, bei der auch das antiautoritär erzogene Kind schon mal angebrüllt oder gar durchgeschüttelt wird, bis es in Tränen ausbricht. Und andererseits damit, dass man seine noch unerfahrenen Schutzbefohlenen überall hin – *fährt*. Man handelt dabei nach der bestechenden Logik, dass die Kleinen dann am sichersten davor sind, von einem Auto niedergestreckt zu werden, wenn sie selber in einem solchen sitzen. Folgerichtig gibt es für die wenigen noch zu Fuß gehenden Schulkinder kaum ein gefährlicheres Pflaster als die letzten Meter vor dem Schulhof: Kurz vor Unterrichtsbeginn rast hier eine gestresste Mutter nach der anderen mit ihrem Familienpanzer auf den Parkplatz, um ihre wertvolle Fracht auszuladen – womit sie genau die Gefährdungslagen heraufbeschwört, zu deren Abwendung sie sich ans Steuer gesetzt hat.

Der chronische Zwiespalt fördert nicht gerade den Widerstandsgeist. Moniert jemand das Bedrohungspotenzial, den Lärm oder den Landschaftsfraß, so relativiert sich sein Standpunkt allein schon dadurch, dass der Klagende in 95 Prozent der Fälle selber Autofahrer ist, er also genau das mitverursacht, was er reklamiert. Entsprechend unvorstellbar ist, dass jemand die neu eröffnete Schnelltrasse nur deshalb nicht benutzt, weil er zuvor bei der Bürgerinitiative gegen den Bau unterschrieben hatte. Sind die Fakten einmal geschaffen, vermischen sich Ablehnung und Zustimmung zu einer trüben Mixtur, die ein diffuses Unbehagen erzeugt und das kritische Bewusstsein lähmt.

Die Paradoxien sind so enorm, dass die Schutzmechanismen der Verdrängung aktiviert werden. Weil wir den Konflikt für unlösbar halten bleibt uns nichts anderes übrig, als stillzuhalten und uns die Katastrophe schön zu reden, die die permanente Expansion des Straßenverkehrs erzeugt. Noch eine Erklärung für die erstaunliche Toleranz gegenüber all dem, das uns der grassierende Automobilismus zumutet!

Die in der Natur der Sache liegende Unentschiedenheit wird noch durch ein seltsames Phänomen verstärkt, das Günther Anders bereits 1954 beschrieben hat – die „prometheische Scham". Der vor den Nazis geflohene Technikkritiker meinte damit die

„Scham vor der ‚beschämend' hohen Qualität der selbstgemachten Dinge",

die Ehrfurcht vor dem, was eine Maschine kann – im Vergleich zu uns selbst, die wir den Grenzen unserer organischen Grundausstattung unterworfen bleiben. Anders schreibt:

„Prometheus hat gewissermaßen zu triumphal gesiegt, so triumphal, dass er nun, konfrontiert mit seinem eigenen Werke, den Stolz, der ihm noch im vorigen Jahrhundert so selbstverständlich gewesen war, abzutun beginnt, um ihn durch das Gefühl eigener Minderwertigkeit und Jämmerlichkeit zu ersetzen."

Demnach ist technischer Fortschritt immer doppelgesichtig, sind Technokratien beides zugleich: Orte des Omnipotenzwahns und der Selbstverachtung. Je perfekter unsere Rechen-, Fahr- und Arbeitsmaschinen konstruiert werden, desto mehr erscheinen wir uns selbst als Fehlkonstruktion. Was dem homo faber in uns schmeichelt, demontiert zugleich unser Selbstwertgefühl – das Identitätsbewusstsein eines leiblichen Wesens, das über nicht mehr Kraft, Geschicklichkeit und Ausdauer verfügt als schon einem Primaten zur Verfügung stand.

Da sie vom Makel kreatürlicher Veränderungsträgheit unbetroffen sind, ordnen wir die selbstgemachten Dinge einer höheren Seinsklasse zu – eine eigentümlich verdrehte Neuauflage der monotheistischen Ontologie: Hatten wir nach Augustinus allen Anwandlungen von Stolz und Eigenlob zu widerstehen, weil wir statt uns selbst in Existenz gesetzt zu haben, von einem Schöpfer gemacht worden sind, so schätzen wir uns heute gerade im Gegenteil deshalb gering, weil wir *nicht* oder zumindest nicht perfekt genug *gemacht* wurden, nichts vom Glanz der immer tadellosen Produktwelt haben – weil wir in unserer fleischlichen Tölpelhaftigkeit den reibungslosen Betrieb stören, weil wir dem Reich der unbegrenzten Möglichkeiten mit unseren Begrenztheiten zur Last fallen, weil wir abgesehen von einigen wenigen Ingenieuren, die das Rad der Entwicklung eigenhändig weiterdrehen, zu Hofzwergen in unserem eigenen Maschinenpark geworden sind.

Wenn diese steile These irgendwo sofort einleuchtet, dann im Blick auf das Auto. Die Leistungsfähigkeit dieses Fortbewegungsmittels ist so überwältigend, dass sich der von der Natur auf das Zufußgehen ausgelegte Mensch als hoffnungslos minderbemittelt, und rückständig, ja geradezu immobil betrachten muss. Mit einer wahrhaft unrunden, geradezu humpelnden Bewegung schleppt er seinen vorsintflutlichen Körper durch die Gegend – einen Körper, der beim aufrechten Gang nur 8-10 Prozent seines Energieaufwands in kinetische Energie umzusetzen vermag und der nur Ärger macht, wenn man die Anstrengungen scheut, ihn in Bewegung zu halten. Mit einem derart antiquierten Laufapparat ist an einem Tag kaum die nächste Stadt zu erreichen, während man am Steuer eines Kraftwagens in derselben Zeit zwischen den Metropolen Europas hin und her pendeln kann. Schlechte Tagesform, Krankheit, Unlust und Ermüdungsanfälligkeit kennt dieser nicht, tankt man rechtzeitig nach, dann funktioniert er reibungslos und zeitlich unbegrenzt, selbst bei Wind und Wetter, wenn nicht gerade Schnee fällt zumindest – und unter der gerne vergessenen Voraussetzung, dass man das Land zuvor großflächig mit Asphaltstreifen überzogen hat. Nicht zufällig wirbt AUDI für die neueste Fahrzeuggeneration mit dem Verweis auf „höhere Intelligenz". Was die Entwicklungsingenieure an neuer digitalen Technik eingebaut haben, soll – so die Suggestion – alles nur Menschliche übersteigen, Ehrfurcht vor Mächten erzeugen, denen sich der Nutzer natürlich nur noch unterwerfen kann.

Einmal im Unterbewusstsein festgesetzt, disponiert dieses ontologische Gefälle dazu, sich in sein vermeintliches Schicksal als Nachzügler und Nebenfigur des Fortschritts zu fügen. Was so leistungsschwach, störanfällig und verbesserungsresistent ist wie wir selbst, darf keine Ansprüche erheben und kein Mitspracherecht erwarten: Der Nachfahre des Homo sapiens verachtet sich nun so, wie die Fahrmaschinen, wenn sie es könnten, ihn verachten würden. Seine Sehnsucht nach Langsamkeit, ganzheitlicher Sinneserfahrung, weniger Lärm und sauberer Luft wirkt ihm selbst irgendwie peinlich, naiv und kindisch als Ausdruck allzu menschlicher, also niederer Bedürfnisse. Da ist man in der Lage, sich in seinem Privat-Boliden mit 250 Stundenkilometern von A nach B zu katapultieren, und unser primitiver Organismus reagiert schon bei Tempo 180 mit Schwindel, Bluthochdruck und Angstgefühlen! Da wird unser Wohnort in ein bemerkenswert feinmaschiges Straßennetz eingesponnen und wir klagen über das Dauerrauschen des Verkehrs, über die nervenaufreibende Hektik und über die verlorengegangene Landschaft!

Selbst diejenigen unter uns, die es gewohnt sind, lautstark für ihre Rechte einzutreten, erfahren sich in Sachen Auto daher als sprach- und machtlos. Grenzenlos anmaßend in seinen Homo Faber-Ansprüchen, verharrt der Mensch des 21. Jahrhunderts in Bezug auf das, was die Autogesellschaft ihm abverlangt, in einer kollektiven Demutsposition.

Zugegeben: die Sache mit der ‚prometheischen Scham' klingt übertrieben und weit her geholt! Vielleicht ist an dieser Erklärung aber mehr dran als uns lieb sein kann, vielleicht hat das, was uns als Befolgung wirtschaftlicher und verkehrstechnischer Sachzwänge erscheint, tatsächlich auch diese psychosoziale Tiefendimension, ist unsere Unterwürfigkeit Spätfolge und Relikt der einstigen Überheblichkeit, also keineswegs sachlich, sondern ideologisch bedingt – und damit auch ihrerseits nicht mehr zeitgemäß.

Sicher ist jedenfalls, dass uns die technokratische Sozialisation dazu verführt, jenen Teil in uns nicht ernst zu nehmen, der sich der Anpassung an die modernen Herausforderungen verweigert – seinen vermeintlich vorsintflutlichen Leib mit den dazu gehörigen labilen physischen und psychischen Gleichgewichtszuständen, Nervenbahnen, Muskelsträngen, Hormonspiegeln und Stoffwechselvorgängen.

Damit ist nicht gesagt, dass der freiwillige Rückzug in die Dulderrolle die Folge der technischen Entwicklung ist, erst die industrielle Revolution kam und dann die Selbstdemontage. Das Minderwertigkeitsgefühl ist bereits in jenem Weltbild grundgelegt, aus dem Wissenschaft und Technik hervorgegangen sind. Gemeint ist die Natur- und Leibverachtung, die im Christentum jahrhundertlang kultiviert wurde. Seit Augustinus gelten die Wünsche und Bedürfnisse, mit denen wir uns als genuin irdische Wesen erweisen, als wertlos, ja verwerflich. Das versprochene Heil kann uns nur dann zuteil werden, wenn wir die Ansprüche des Leibes zurückweisen – im Namen höherer Ambitionen, Bindungen und Autoritäten.

Natürlich liegt der Einwand nahe: Wenn wir uns der Diktatur des Straßenverkehrs unterwerfen, dann doch gerade deshalb, weil dieser die ureigensten Bedürfnisse des Menschen befriedigt – die nach Bequemlichkeit und Kraftersparnis, nach Schnelligkeit und Zeitgewinn, nach dem Gefühl von Souveränität und Stärke, nach der Durchsetzung des eigenen Egos – auf Kosten der anderen. Handelt es sich hier aber wirklich um *die* anthropologischen Grundbedürfnisse, oder nicht selber erst um psychosoziale Nebenprodukte einer kapitalistischen Wettbewerbsgesellschaft, die als Ausgleich für die ökonomische Funktionalisierung des Einzelnen tröstlichen Ersatz wie Konsum, Zeitersparnis und körperliche Entlastung verspricht? Warum sollen die genannten Bedürfnisse so viel wichtiger sein als die gegenläufigen nach körperlicher Selbstbewegung, sinnlich einholbaren Geschwindigkeiten, Ruhe und Lebensräumen, die nicht in Lärm, Smog und Hektik ersticken? Sind die uns so naturwüchsig erscheinenden Verhaltensdispositionen nicht eher neueren Datums, zumindest in ihrer Verabsolutierung? Produkte eben jener Verhältnisse also, für die sie dann auch wie gemacht erscheinen?

Wie dem auch sei: Die Teilnahme an der heutigen Mobilitätspraxis bringt uns von einem Entscheidungsdilemma ins nächste, erzwingt ein permanentes Ausweichen vor dem, was uns als leiblichen Wesen auch wichtig wäre, erzeugt ein Klima der Selbstverleugnung und des Anpassungsdrucks. Den Autoherstellern kommt das gerade recht, glauben sie doch, sich auf eben diese Verdrängungsmechanismen und Wahrnehmungsverluste der Kundschaft verlassen zu können, was zu einer grotesken Selbstüberschätzung, zu einem Gefühl der Unangreifbarkeit geführt hat. Im Blick auf den Abgasskandal bei Volkswagen hat sich ja jeder gefragt, wie die Verantwortlichen so dumm sein konnten zu glauben, dass man Verbraucher und Prüfdienste über die wahren Verschmutzungswerte täuschen könne und der Schwindel nicht irgendwann auffliegen würde. Die Antwort liegt auf der Hand: Das System von politischen Entscheidungsträgern über Hersteller, Zulieferer bis hin zum einzelnen Autobesitzer hat sich an geistige Ausweichmanöver, an Täuschung und Selbsttäuschung gewöhnt. Tarnen, Tricksen und Betrügen sind weniger Anzeichen von krimineller Skrupellosigkeit als die ganz normale Rückseite der technokratisch eingeübten Leib- und Selbstverdrängung, Signaturen einer Kultur der Entfremdung. Statt eine gelegentlich auftretende Fehlleistung ist die Realitätsverweigerung integraler Bestandteil einer absurden Gesellschaft, in der Einzelpersonen ein tonnenschweres Fahrgehäuse in Gang setzen, um ihr Lebendgewicht von 80 Kilogramm ein paar Häuserecken weiter zu bewegen – mit einer Totlast von eineinhalb bis zweieinhalb Tonnen, dem 20- bis 30-fachen des menschlichen Transportguts.

Natürlich war es die intime Nähe zwischen Politfunktionären und Konzernbossen, die den Abgas-Betrug ermöglichte. Für den Bielefelder Soziologieprofessor Stefan Kühl wäre es aber falsch zu glauben,

> „dass es eine Art Masterplan gegeben hat, mit dem das Management von Volkswagen systematisch einen Rechtsbruch geplant hat. ... Gesetzesverstöße von Unternehmen entstehen nicht durch einen Beschluss des Vorstandes, sondern durch das Einschleichen und die Diffusion illegaler Praktiken."

Fast hat es den Anschein, als seien die Manager selber überrascht gewesen, welches Unheil nun über sie hereingebrach. Was in der Presse als Skandal firmiert, gilt innerhalb des Betriebs nun mal als Normalität, Standard und Routine. Wo Selbstbeschwörungen und Milchmädchenrechnungen an der Tagesordnung sind und die politische Kontrolle ausbleibt, geht offenbar auch das Bewusstsein für die gesellschaftlichen und juristischen Konsequenzen verloren, von Verantwortung für Mensch und Umwelt gar nicht erst zu reden.

Naiv ist aber auch die Annahme, dass ein Großteil der Verbraucher wirklich die Wahrheit wissen will. Die Entrüstung über den Betrug ist medial hochgespielt, die meisten Zeitgenossen fühlen sich nicht mehr getäuscht, als sie sich selbst zu täuschen belieben. Wer will schon wahrnehmen, dass des Deutschen liebstes Kind ein Problemkind ist? Und wer glaubt sich anmaßen zu können, Sand ins Getriebe eines an sich funktionierenden Mobilitätssystems streuen zu dürfen, in dem allein wir die limitierenden Faktoren sind? Wenn so etwas wie Empörung zu spüren war, dann hatte sie einem ganz anderen Grund. Noch einmal Stefan Kühl:

„Bei Kunden findet man das Bedürfnis, dass man beim Kauf besonders problematischer Produkte besonders stark beruhigt werden will, dass in Bezug auf Standards des Umweltschutzes schon alles in Ordnung ist. Und dabei stören die Nachrichten über Schummeleien bei Abgaswerten – nicht weil man die paar mehr Toten durch die manipulierten Abgaswerte beklagt, sondern weil der so mühsam aufgebaute Selbstberuhigungsprozess gestört wird."

Der Zweifel daran, dass wir noch in der Lage sind, mit dem selbstentfesselten Fortschritt mitzuhalten, geht inzwischen so weit, dass man dem Menschen vollends das Steuer aus der Hand nehmen, ihn endgültig aus dem Verkehr ziehen will, als denjenigen zumindest, der während des Fahrvorgangs die Regie führt: Seit einigen Jahren arbeiten die Entwicklungsingenieure mit Hochdruck an Automobilen, die ihrem Namen gerecht werden, die also ganz von selbst fahren, keine fehleranfälligen Zweibeiner mehr brauchen, die sie auf Kurs halten.

„Warum eigentlich?", lässt sich fragen. Würden damit wirklich mehr Probleme beseitigt als neue geschaffen? Käme es nicht darauf an, den motorisierten Individualverkehr zurückzufahren – zugunsten intelligenter Massentransportsysteme, die das Verkehrsaufkommen reduzieren und die Umwelt schonen? Müssten die immensen Verkehrs- und Verkehrsfolgekosten nicht endlich statt den Steuerzahlern den Verursachern aufgebürdet werden, damit der öffentliche Personen- und Warentransport eine Chance bekommt? Sollen hier nicht einmal mehr nur die Symptome bekämpft werden, damit die Autoindustrie keinen Schaden nimmt und sich der Einzelne das Glück jener individuellen Autonomie vorgaukeln kann, die ihm gerade weggenommen wird?

Das Erstaunliche ist ja nicht, dass irgendeiner der zahllosen Daniel Düsentriebs unserer Entwicklungsabteilungen auf die spleenige Idee selbstfahrender Autos kommt, sondern die Tatsache, dass ihm niemand den Vogel zeigt, dass die meisten von uns offenbar dazu neigen, Automatisierung unbedacht als Fortschritt zu betrachten, die Ersetzung der menschlichen Leistung durch die künstlicher Intelligenzen nur für eine Frage der Zeit halten, wir resigniert darin einwilligen, dass technische Systeme unsere Geschäfte übernehmen.

Erstaunlich ist die schleichende Verabschiedung der menschlichen Handlungskompetenz auch deshalb, weil man aus Erfahrung weiß, dass zu jedem noch so gut funktionierenden Apparat ein gelegentlicher Störfall gehört, dass auf so gefährlichem Terrain wie dem Land der Geschwindigkeit der kleinste Fehler schnell mal den Tod bedeutet und dass es schon erste Opfer gegeben hat – in Fahrzeugen, von denen die Fahrer ernsthaft geglaubt hatten, dass sie ohne eigenes Zutun auskommen. Wie verrückt muss man aber sein, sein Leben einem Autopiloten anzuvertrauen, wie clever seine Programmierer auch sein mögen? Wie kann man sich den Tagträumern im Silicon Valley anschließen, die darauf vertrauen, dass es für jede Anwendungssituation einen Algorhythmus gibt, mit dem man die beispiellose Komplexität der realen Umwelt einholen und selbst die unübersichtlichste Verkehrssituation beherrschen kann – eine materielle Realität, die man nicht ungestraft mit einer Computeranimation verwechselt?

So abstrus die Idee selbstfahrender Autos auch ist, eigentlich muss man nicht verwundert sein. Sie vollendet nur das, was ohnehin das Kardinalmerkmal des motorisierten Individualverkehrs ist: die Abschottung von der natürlichen und sozialen Außenwelt, das monadenhafte Beisichselbstsein des Einzelnen, die Verkapselung in einem mobilen Privatraum, die erstmal durchatmen lässt, auf Dauer aber die Bodenhaftung raubt, kontaktscheu und womöglich auch intolerant macht.

Was auf den ersten Blick als Schachzug zur Befriedung des Verkehrsgeschehens erscheint, leistet in Wirklichkeit also dessen Barbarisierung Vorschub. Dem allgemeinen Sprachgebrauch nach zeichnet sich der Barbar im Unterschied zu einer zivilisierten Person dadurch aus, dass ihm die Bereitschaft zur Eingliederung in ein gemeinsames Wertesystem fehlt und ihm die Verantwortungsübernahme so fremd ist wie das Schuldgefühl. Wer sich von einem Programm fahren lässt, braucht und kennt irgendwann beides nicht mehr – und das in einem tonnenschweren Gefährt, das auch dann zur tödlichen Waffe werden kann, wenn kein Gotteskrieger drin sitzt.

Obwohl sich bislang kein Sturm der Entrüstung gegen die geplante Entmündigung erhoben hat, bleibt der Gedanke verantwortungs- und gewissenlosen Autofahrens für viele Menschen wohl doch etwas gewöhnungsbedürftig. Gerade im Auto, dem privatesten Ort in der Öffentlichkeit, soll man nun auf die Würde der Selbstbestimmung verzichten, seine Entscheidungen an Sensoren gestützte Rechensysteme und Steuerungsmechanismen delegieren. Deshalb überrascht es auch nicht, wenn die Mehrheit der Zeitgenossen zu diesem vermeintlichen Fortschritt innerlich auf Distanz geht, wie eine aktuelle Studie herausgefunden hat. Befragt hatte man eine große Zahl von Autofahrern, welche Gefühle bei ihnen die Vorstellung erzeugt, auf den Straßen der Zukunft von Autos umgeben zu sein, in denen niemand mehr die Hand am Steuer hat. Den meisten derer, die sich als defensive und solidarisch geprägte Fahrer beschrieben, war diese Perspektive mehr als unheimlich.

Umso gelassener reagierten diejenigen, die sich bei den Fragen nach dem eigenen Fahrverhalten als Egoisten geoutet hatten. Warum sie nichts gegen die neuen Fahr-Automaten haben, ist klar: Sie gehen davon aus, dass die auf angepasstes Verhalten programmierten Roboter schon ausweichen werden, wenn man ihnen die Vorfahrt nimmt oder sie beim Einscheren schneidet – und man sich diebisch freuen kann, wenn nebendran die Steuerungssoftware eine Vollbremsung erzwingt und die Insassen aus ihren Träumen, Telefonaten und Computerspielen in die Schockstarre reißt. Die Barbaren, die der motorisierte Individualverkehr gerufen hat, werden wir wohl so schnell nicht mehr los. Schon gar nicht, wenn wir ihnen ausgeklügelte Assistenzsysteme anbieten, die auszuschließen versprechen, was uns noch in der fernsten Zukunft begleiten wird – individuelles Fehlverhalten und menschlicher Egoismus.

Ziad Mahayni

Aristoteles auf Facebook oder: Was ist Freundschaft?

Wieviel Freunde soll man haben?

Im September 2014 schaute der Australier Matt Kulesza in seinen *Facebook*-Account und stellte fest, dass er 1091 Freunde hat. Plötzlich drängte sich ihm eine Frage auf: Wer sind alle diese Leute? Viele davon hatte er schon seit Jahren nicht mehr im „Real Life" gesehen. Er fasste einen Entschluss. Seitdem trinkt Matt sehr viel Kaffee. Er startete das Projekt „1000+ coffees" mit dem Ziel, sich mit jedem Einzelnen seiner 1091 Freunde – ganz real – auf einen Kaffee zu treffen. Das Projekt ist für ihn, wie er auf seiner Internetseite schreibt, „eine Übung und Erinnerung daran, wie man mit Menschen interagiert und sie außerhalb des sozialen Netzwerks kennenlernt"[1]. Er hat ausgerechnet, dass er im November 2017 mit allen Freunden durch sein müsste, wenn er es schafft, jede Woche fünf Kaffee trinken zu gehen und sofern in der Zwischenzeit keine neuen Freunde hinzukommen. Auf *Facebook*, *Tumblr*, *Instagram* und *Twitter* berichtet er von jedem einzelnen Coffee-Date und postet ein Bild.

*

Wie viele Freunde haben Sie auf *Facebook*? Die bislang umfangreichste Studie hat ergeben, dass der durchschnittliche Nutzer 342 Freunde hat[2]. Doch ist es wirklich möglich, 342 Freunde zu haben? „Natürlich nicht", werden Sie sagen und darauf hinweisen, dass es sich bei den 342 Freunden nicht um „echte", sondern nur um „*Facebook*-Freunde" handelt. Dieser Hinweis ist jedoch keine befriedigende Antwort und führt nur zu der neuen Frage, was der Unterschied zwischen einem „*Facebook*-Freund" und einem „echten" Freund ist, welche von beiden Freundschaften die erstrebenswertere ist und, wenn es die „echte" Freundschaft ist, wodurch diese eigentlich ausgezeichnet ist?

Aristoteles auf Facebook oder: Was ist Freundschaft? 93

Bei mehr als 2 Milliarden aktiven *Facebook*-Nutzern (Tendenz steigend), darf man davon ausgehen, dass in den durchschnittlich 342 Freunden etwas gesellschaftlich Relevantes zum Ausdruck kommt. Wenn auch noch unklar ist, was wir unter einem Freund verstehen, scheint es uns heute möglich und erstrebenswert zu sein, möglichst viele davon zu haben. Untersuchungen haben gezeigt, dass die Attraktivität eines *Facebook*-Profils direkt damit korreliert wie viele Freunde diese Person in ihrem Netzwerk hat. Jemand mit vielen Freunden wird als deutlich attraktiver eingestuft als jemand mit wenigen Freunden. Die Attraktivität nimmt weiter zu, wenn auch die Freunde im Netzwerk als interessant eingestuft werden, zum Beispiel weil sie allgemein bekannt oder ebenfalls mit vielen Freunden ausgestattet sind[3]. Eine weitere Studie hat ergeben, dass ein Profil mit 302 Freunden als deutlich attraktiver empfunden wird als exakt dasselbe Profil mit nur 102 Freunden[4]. Man darf annehmen, dass hier eine gewisse Marktlogik im Spiel ist, nach der eine begehrte Person als begehrenswert eingestuft wird, während eine Person, der es nicht gelingt, viele Freunde um sich zu versammeln, weniger interessant sein muss. Es scheint also, dass in Bezug auf die Freundschaft eine Art utilitaristisches Gebot der Maximierung gilt: Je mehr Freunde, umso besser.

Möglich, dass dies auch schon vor *Facebook* galt. Doch erst die digitalen Netzwerke haben zu der entscheidenden Veränderung geführt, für alle sichtbar zu machen, wie viele Freunde jemand hat und wer wessen Freund ist. Erst hierdurch wurde eine Vergleichsplattform geschaffen, die das Streben nach möglichst vielen Freunden transparent macht und ihm gleichzeitig wettbewerbsartige Züge verleiht.

Die Devise, je mehr, umso besser, gilt jedoch nicht grenzenlos. Dieselbe Studie, die gezeigt hat, dass eine Person mit 102 Freunden als unattraktiver wahrgenommen wird, als eine mit 302 Freunden, hat auch gezeigt, dass die Attraktivität ab einer gewissen Anzahl an Freunden wieder abnimmt. So wird dasselbe *Facebook*-Profil mit 902 Freunden wiederum als deutlich unattraktiver empfunden als das mit 302 Freunden, vermutlich da die hohe Anzahl an Freunden eine gewisse Unglaubwürdigkeit und Beliebigkeit zum Ausdruck bringt. Das ist interessant, weil es die Annahme nahelegt, dass auch im Verständnis der sozialen Medien Freundschaften nur zu einer begrenzten Anzahl an Personen gepflegt werden können. Wo diese Grenze liegt, wird sich mit der Weiterentwicklung der noch relativ jungen sozialen Netzwerke sicher verschieben[5]. *Facebook* hat sie vorerst mit 5.000 beziffert. Mehr Freunde kann ein Nutzer seinem Profil nicht hinzufügen.

Gleichgültig, ob wir von 5.000 oder den aktuell durchschnittlich 342 Freunden ausgehen, stellt sich die Frage, welche Beziehungsform hierbei praktiziert wird und inwiefern diese mit dem Begriff „Freundschaft" richtig beschrieben ist? Die Frage, wie viele Freunde man im Leben haben soll, kann erst aus einem tieferen Verständnis, was Freundschaft ist, beantwortet werden.

Doch bevor wir uns dieser Frage zuwenden, sei zunächst die Frage erlaubt, warum uns das überhaupt interessiert? Warum sollte man überhaupt Freunde haben, und warum ist das wichtig für ein gutes Leben?

Warum sind Freundschaften wichtig?

Interessanterweise hat die Antike Philosophie hierauf eine klare Antwort, während sich die Moderne damit deutlich schwerer tut. Dass Freundschaften wichtig im Leben sind, würde zwar auch heute jeder sofort bekunden. Zu beantworten, *warum* das so ist, und was genau man eigentlich von einer Freundschaft erwartet, fällt aber wesentlich schwerer. Wie wir noch sehen werden, gibt es hierfür gute Gründe.

In der Antike werden Denker aller Couleur nicht müde zu betonen, wie wichtig die Freundschaft für ein gutes Leben ist. Aristoteles verkündet gleich zu Beginn seiner Untersuchung der Freundschaft, sie sei „fürs Leben das Notwendigste", denn „ohne Freundschaft möchte niemand leben, hätte er auch alle anderen Güter"[6]. Die besondere Bedeutung der Freundschaft in der antiken Philosophie hat mit dem Verständnis des Glücks als Tugend zu tun. Das Glück ist das höchste Gut im Leben, doch um es zu erreichen benötigt man im Leben andere Güter. Der Wert dieser Güter bemisst sich daran, inwiefern sie für die Erreichung des höchsten Gutes erforderlich, förderlich oder irrelevant sind. Alles was für das Glück erforderlich oder zumindest förderlich ist, gehört zu den sogenannten „Glücksgütern", alles andere ist für ein glückliches Leben irrelevant.

Die meisten Dinge, um die das moderne Leben kreist, werden von der antiken Philosophie in das Reich des Irrelevanten einsortiert. Unter den wenigen Dingen, die in den verschiedenen Philosophenschulen als Glücksgüter anerkannt werden, gilt die Freundschaft als das mit Abstand bedeutendste. Das liegt aus antiker Sicht jedoch nicht daran, dass Zeit mit Freunden lustvolle und schöne Momente beschert, sondern daran, dass mich der Umgang mit Freunden zu einem besseren Menschen macht. Damit ist zugleich auch die Erwartung formuliert, wozu Freunde da sind. Sie sind die wertvollste Unterstützung, die ein Mensch im Prozess der Selbstkultivierung haben kann. Sie sind Ansporn, Vorbild, Begleiter, Hilfesteller und Ratgeber im Streben nach Tugend. Das macht Freundschaft zwar nicht zum höchsten Gut, jedoch zum wichtigsten, um dieses zu erreichen.

Doch wie macht die Freundschaft das? Kommen wir also zurück zu der entscheidenden Frage: Was ist Freundschaft?

Was Freunde verbindet – Die drei Formen der Freundschaft

Die maßgebende antike Auseinandersetzung mit dieser Frage stammt aus Aristoteles' Nikomachischer Ethik. Ausgangspunkt seiner Untersuchung ist die Frage, was die freundschaftliche Zuneigung hervorruft? Konkret fragt er nach der „Beschaffenheit des Liebenswerten"[7], das man am Freund wahrnimmt und das einem zu diesem hinzieht. Er fragt also nach dem tragenden Fundament, dem Kitt, der die Freunde zusammenhält, um darüber ihr Wesen bestimmen zu können.

Je nach Art dieses Zusammenhalts unterscheidet Aristoteles drei Formen der Freundschaft. Bei den ersten beiden Formen ist man eines Freundes Freund, weil man sich etwas davon verspricht, entweder Nutzen oder Lust. Hierbei ist das als „liebenswert" Empfundene nicht der Freund selbst, sondern etwas Anderes, das durch den Freund zugänglich wird. In beiden Fällen erweist sich der Freund also bei genauerer Betrachtung als Mittel zum Zweck, sei es, dass ich mit ihm oder ihr gerne ausgehe, um zu feiern, weil ich die Gespräche als gewinnbringend empfinde, wir gemeinsam einem bestimmten Hobby nachgehen oder ich einfach nicht allein sein möchte. Das Ziel von Lust- und Nutzenfreundschaften ist in diesen Fällen nicht die Freundschaft selbst, sondern primär die Lust oder der Nutzen, der aus der gemeinsamen Aktivität gezogen wird. Solche Freundschaften sind nicht verwerflich, sondern wichtiger Teil sozialen Lebens, doch sie stehen auf wackeligen Beinen und sind leicht lösbar. Wenn der Freund den Nutzen oder die Lust nicht mehr geben kann, wenn sie anderweitig verfügbar geworden sind, oder wenn man sie nicht mehr begehrt, weil man sich zum Beispiel ein anderes Hobby zugelegt hat, dann verschwinden solche Freundschaften schnell. Jeder kennt diese Freundschaften, die in gewissen Lebensphasen große Intensität entfalten und sich unter veränderten Lebensumständen so stark abkühlen, dass man sich ganz aus den Augen verliert. Haben Sie sich schon einmal darüber gewundert, wie es dazu kommen konnte, dass Sie die Busenfreundin aus früheren Tagen heute nicht mehr zu Ihrer Hochzeit einladen möchten? Dann könnten Sie sich mit Aristoteles fragen, ob das, was Sie damals so sehr gemocht haben, wirklich die Freundin oder vielleicht doch etwas anderes, außerhalb der Freundschaft Liegendes war. Wie gesagt, schlimm ist das nicht, aber es lohnt sich, sich darüber im Klaren zu sein.

Ganz anders verhält es sich mit der dritten Form der Freundschaft, die allein nach Aristoteles als „vollkommene Freundschaft" gelten kann. Ein vollkommener Freund ist einer, der die Freundschaft nicht um andere Zwecke willen sucht, sondern uns „das Gute um unseretwillen wünscht und tut"[8]. Es ist eine Beziehung, in der der Freund selbst das „Liebeswerte" ist und die den Freund nicht als Mittel zu anderen Zwecken instrumentalisiert. Was aber ist in der vollkommenen Freundschaft das, was den Freund so „liebenswert" macht? Die typisch antike Antwort hierauf lautet: Ich schätze den Freund dafür, dass er ein „tugendhafter Mensch" ist! Das jedoch ist gleichbedeutend damit, ein im ethischen Sinne guter Mensch zu sein. Wenn Aristoteles also sagt, dass man in der vollkommenen Freundschaft die Tugendhaftigkeit des Anderen schätzt, so bedeutet dies, dass man im Freund den guten Menschen erkennt, der dieser seinem Potenzial nach sein kann und zu sein anstrebt.

Die Messlatte für vollkommene Freundschaften ist damit hoch angelegt. Sie liegt deutlich höher als für Nutzen- oder Lustfreundschaften, die sich ganz von allein aus dem gesellschaftlichen Leben heraus ergeben. Für vollkommene Freundschaften muss man einiges tun. Die eigentliche Frage dabei ist jedoch nicht, ob Sie einen Freund finden, der Ihrer würdig ist, sondern umgekehrt ob Sie überhaupt dazu in der Lage sind, eine vollkommene Freundschaft einzugehen?

Erst ich, dann der Andere – Die vollkommene Freundschaft

Vollkommene Freundschaften kann es der Definition nach nur zwischen tugendhaften Menschen geben oder zumindest zwischen solchen, die im

Streben nach Selbstkultivierung bereits ein gutes Stück vorangekommen sind. Wenn Sie nicht wissen, was es bedeutet, tugendhaft zu sein, wie wollen Sie dann Tugendhaftigkeit an einem anderen Menschen erkennen? Das bedeutet aber, dass die eigentliche Aufgabe einer gelingenden Freundschaft bei *Ihnen* liegt und nicht beim Anderen. Vollkommene Freundschaft wird Ihnen nur begegnen, wenn es Ihnen gelingt, aus sich selbst einen guten Menschen zu machen, das heißt wenn Ihr Handeln in Einklang mit den durch die Vernunft erkennbaren Bahnen der Tugend steht und Sie deshalb „Ja!" zu sich selbst und Ihrem Leben sagen können. Dieses Verhältnis zum eigenen Dasein bezeichnet Aristoteles als „Liebe zu sich selbst,"[9] ohne die keine Liebe oder Freundschaft zu einem anderen Menschen sein kann. Wem die Selbstliebe fehlt, der kann keine Beziehung zu einem Anderen aufbauen, in dem dieser um seiner selbst willen geliebt wird. Der mit sich selbst nicht im Reinen Stehende wird vielmehr versuchen, seine inneren Dissonanzen durch unvollkommene Schein-Freundschaften oder Schein-Liebschaften zu kompensieren. Er „verlangt nach Gesellschaft und flieht vor sich selbst", so Aristoteles, „in der Einsamkeit kommen ihm viele böse Erinnerungen und nicht minder schlimme Ängste, die er in Gesellschaft anderer vergisst; da er nichts Liebenswertes an sich hat, so kann er auch nicht mit sich selbst in Freundschaft leben."[10]

Das ist ein bemerkenswerter Einstieg in das Wesen der Freundschaft. Aristoteles dreht den Blick herum und nötigt uns, auf uns selbst zu schauen, anstatt nach Anderen Ausschau zu halten. Wer nicht zuvorderst darauf aus ist, Tugend in sich zu verankern, kann kennenlernen wen er will. Nach Aristoteles wird er niemals eine vollkommene Freundschaft (oder Liebe) finden. Die „Arbeit an der Beziehung", von der heute so oft gesprochen wird, ist in der Antike primär eine Arbeit an sich selbst und im Kern identisch mit der Selbstkultivierung zu einem guten Menschen. Wer permanent an seinen Freunden rumnörgelt und sich über deren mangelndes Verständnis beklagt, ist möglicher Weise besser beraten, auf sich selbst zu reflektieren und sich zu fragen, was er in der Freundschaft eigentlich sucht. Wer sich in permanenter Selbstaufopferung für seine Freunde aufreibt, um diesen aus jeder noch so kleinen Not zu helfen, mag sich moralisch auf der besseren Seite fühlen, macht im Prinzip aber genau das gleiche: Er schaut auf die Anderen anstatt auf sich selbst. Im einen wie im anderen Fall wird nach Aristoteles die innere Orientierungslosigkeit mit äußerlichen Scheinfreundschaften aufgefüllt. Dass Aristoteles empfiehlt, bei sich selbst zu beginnen, hat nichts mit Egoismus zu tun, sondern damit, dass er davon ausgeht, dass Freundschaften ohne Selbstliebe zum Scheitern verurteilt sind und dass Selbstliebe nur aus der Harmonie des mit sich selbst in Einklang stehenden Menschen resultieren könne. Wie bei einem Ersthelfer, der zuvorderst auf seine eigene Sicherheit achten muss, um andere Menschen in Sicherheit bringen zu können, weist das antike Denken darauf hin, dass gute Freundschaften nur finden kann, wem es gelingt, sein eigenes Leben gut werden zu lassen.

Die vollkommene Freundschaft ist eine Freundschaft zwischen zwei solche Menschen, die durch das Band der Tugend vereint sind und die sich im Streben danach gegenseitig unterstützen. Das ist in der Praxis nicht ohne ein weiteres Kriterium möglich: Die Freunde müssen Zeit miteinander verbringen und in echtem Austausch miteinander stehen. Aristoteles spricht daher immer wieder von der Notwendigkeit des „Zusammenlebens" der Freunde. Hierunter muss man sich nicht zwangsläufig das konkrete Zusammenleben unter einem Dach vorstellen, wozu es die Epikureer in ihrem Epikureischen Garten gemacht haben, aber zumindest eine geeignete Form der „täglichen Lebensgemeinschaft"[11].

Wie das aussieht, kann man den Briefen Senecas an seinen Freund Lucilius entnehmen, die fast vier Jahrhunderte nach Aristoteles geschrieben noch immer demselben Grundverständnis folgen[12]. In diesen Briefen erörtern die beiden Freunde unermüdlich alle nur erdenklichen Fragen der richtigen Lebensweise. Vom Erröten in der Öffentlichkeit bis zur Furcht vor dem Tod wird alles Gegenstand ihrer Diskussionen. Sie berichten sich von den alltäglichen Zweifeln und Ablenkungen und richten einander auf in Momenten der Desorientierung. Wo Seneca seinen Freund in die Irre laufen sieht, schickt er ihm keine nachsichtig-verständnisvollen Worte, sondern weist ihn deutlich mahnend darauf hin. Das kann für heutige Ohren auch mal ziemlich schroff klingen, doch schließlich geht es um sehr viel. Der besondere Wert der vollkommenen Freundschaft liegt ja gerade darin, dass sich die Freunde gegenseitig dabei unterstützen, ein guter Mensch zu werden. Und weil ein guter Mensch zu sein, Tugend und das Glück zusammenfallen, geht es in der vollkommenen Freundschaft genau genommen um alles, was im Leben von Bedeutung ist. Das heißt nicht, dass man in einer Freundschaft nicht auch über Profanes reden oder gemeinsam zum Wagenrennen gehen könne, doch vor allem da, wo es in Hinblick auf das höchste Gut im Leben ernst wird, zeigt sich nach antiker Auffassung der Wert der

Freundschaft. Wenn Sie im Leben beginnen, immer den leichteren Weg zu wählen und Ihr Ziel aus den Augen verlieren, dann ist es der wahre Freund, der Ihnen ein offenes, im ersten Moment vielleicht auch schmerzhaftes Wort zusprechen wird. Alle anderen werden Ihnen sagen, dass sie es verstehen und total nachvollziehen können.

Diese Unterstützung im Ringen danach, ein gutes Leben zu führen, macht die vollkommene Freundschaft so kostbar. Die antiken Philosophen werden daher auch nicht müde zu betonen, wie wichtig die Wahl der richtigen Freunde ist. Doch was tun, wenn man sich getäuscht hat, oder wenn der Freund ein anderer geworden ist? Mit anderen Worten: Wann muss man eine Freundschaft beenden?

Freundschaften beenden

Kennen Sie das? Ein Freund, mit dem Sie angenehme Zeiten verbracht haben, ruft an und fragt, ob sie sich mal wieder treffen wollen? Irgendetwas hat sich jedoch über die Zeit verändert. Warum auch immer, wenn Sie ehrlich mit sich sind, haben Sie eigentlich das Gefühl, dass sie sich nichts mehr zu sagen haben. Und wenn sie wirklich ehrlich mit sich sind, würden Sie lieber die Wäsche machen, ein gutes Buch lesen oder einfach gar nichts machen, anstatt sich „mal wieder" zu treffen? Was haben Sie dem Freund gesagt?

Freundschaften zu beenden, ist ein unangenehmes Kapitel. Wir Heutigen gehen dem lieber aus dem Weg. Anders als Liebesbeziehungen werden Freundschaften heute nicht mehr formal beendet, sie laufen unausgesprochen aus. Man verliert sich „aus dem Blick". Trifft man sich zufällig auf der Straße, grüßt man sich herzlich, tauscht die neuen Nummern aus und beschließt, sich unbedingt bald mal wieder sehen zu müssen. Dritten gegenüber bezeichnet man sich nach wie vor als Freund, da es irgendwie peinlich und ein unnötiger Affront wäre, das nicht zu tun. Selbst wenn der ehemalige Freund heute furchtbar nervt, belässt man die Beziehung lieber in diesem undefinierten, als Freundschaft ummantelten Zustand, anstatt einen formellen Schlussstrich darunter zu ziehen. Warum uns das heute so gut gelingt, wird noch Thema sein. Doch warum enden Freundschaften überhaupt?

Für Nutzen- und Lustfreundschaften ist das leicht zu beantworten. Der „Geschäftsfreund", ein typischer Vertreter der Nutzenfreundschaft, ist schnell kein enger Freund mehr, wenn er den Beruf gewechselt hat. Ähnlich verhält es sich mit dem Tennisfreund, nachdem man selbst mit dem Golfen angefangen hat. Etwas anders verhält es sich in vollkommenen Freundschaften. Aristoteles geht davon aus, dass diese wesentlich beständiger sind als Nutzen- oder Lustfreundschaften. Dies vor allem, weil das tragende Fundament, die Tugend, beständig ist. Nach antiker Auffassung ist das gute und tugendhafte Leben nicht heute dies und morgen jenes, sondern immer das gleiche. Daher zeichnen sich die in ihrer Suche nach Tugend vereinten Freunde durch eine wesentlich größere innere Ruhe und Beständigkeit aus als die Tugendlosen. Diese sind in ihrer Desorientierung auf Nutzen oder Lust ständigen Schwankungen unterworfen, suchen heute hier und morgen dort nach dem Glück und knüpfen zu diesem Zweck immer neue Beziehungen.

Doch auch der tugendhafte Mensch ist primär ein nach Tugend *strebender*. Als solcher ist er wie jeder Mensch dem Widerstreit zwischen als vernünftig anerkannten Zielen und anderweitigen Lüsten, Trieben und Ängsten ausgesetzt, die ihn teilweise oder ganz vom Pfad der Tugend abbringen können. Nun ist es erste Freundespflicht demjenigen, der „noch der Besserung fähig ist", zu helfen. Wo dies jedoch nicht mehr möglich ist, da sich der Freund so weit vom guten Leben entfernt hat, dass „man ihm nicht mehr aufhelfen kann", wird nach Aristoteles die Trennung vom Freund zu einer Notwendigkeit. Reue hierüber zu empfinden, sei nicht angebracht, da der Freund genau genommen „ein anderer [Mensch] geworden ist"[13], der den gemeinsamen Boden des tugendhaften Lebens verlassen hat. Die Beendigung der Beziehung wird dann geradezu zu einer Pflicht, denn so wie der tugendhafte Freund als positives Leitbild dient, so lenkt nach antiker Auffassung der Umgang mit einem tugendlosen Menschen davon ab. Dies gilt umso mehr, je mehr ich mich aus traditioneller Verbundenheit heraus verpflichtet fühle, dem ehemaligen Freund entgegenzukommen. Die nicht konsequent beendete Freundschaft verleitet dazu, der gemeinsamen Vergangenheit zuliebe, immer wieder falsche Kompromisse einzugehen. Anstatt einen dabei zu unterstützen, das als richtig erkannte Leben in sich zu verankern, würde sie einen immer weiter davon wegführen.

Die antike Freundschaftsphilosophie wird nicht müde, die Gefahr des falschen Umgangs zu betonen. „Wisse: Wenn einer einen unflätigen Menschen zum Bekannten hat, so muss der, der sich mit ihm einlässt, ebenfalls besudelt werden, auch wenn er selbst vielleicht rein ist"[14], warnt der Stoiker Epiktet. Das kann man freilich lockerer sehen, werden Sie denken. Doch vielleicht sehen wir das heute auch nur deshalb so locker, weil es in unseren Freundschaften nicht mehr um so viel geht, weil unsere Erwartungen an eine Freundschaft andere, geringere sind als in der Antike? Ob das gut oder schlecht ist, müssen Sie für sich selbst entscheiden. Die antike Philosophie empfiehlt Ihnen, es auch hier ähnlich wie beim Ersthelfer zu halten: Dessen Pflicht ist es, seine Bemühungen dann einzustellen, wenn er dadurch sein eigenes Leben in Gefahr bringt. Wenn Sie es mit der Antike halten wollen, sollten Sie eine Freundschaft lieber beenden, als sie auf falscher Basis fortzuführen. Denn auch hier geht es um Ihr Leben.

Was Aristoteles am Telefon geantwortet hätte, dürfte damit geklärt sein. Vielleicht haben Sie es bemerkt, „en passant" haben wir damit auch die eingangs gestellte Frage, wie viele Freunde man haben *soll*, geklärt. Denn wie sich nun herausstellt, war die Frage falsch gestellt. Richtig gestellt, beantwortet sie sich von ganz allein.

Wieviel Freunde kann man haben?

Greifen wir also die zu Beginn gestellte Frage wieder auf: Ist es möglich, 342 Freunde zu haben? Und lassen Sie uns noch die Frage hinzufügen: Ist das erstrebenswert?

Hat man die Bestimmung der Freundschaft bei Aristoteles nachvollzogen, so fällt die Antwort auf die erste Frage leicht: Man kann es gar nicht. Zwei Gründe führt er hierfür an: Wenn sich Freundschaft überhaupt erst im Vollzug des „Zusammenlebens" entfalten kann, so ist die Zahl der möglichen Freunde dadurch begrenzt, mit wie vielen Menschen man auf eine so intensive Weise sein Leben teilen kann. Nun ist es aber ganz offensichtlich „ein Ding der Unmöglichkeit, mit vielen zusammenzuleben und sich unter sie zu teilen"[15], wie Aristoteles schreibt, so dass alle Freundschaften, egal ob Nutzen-, Lust- oder vollkommene Freundschaften seltene Angelegenheiten sind. Der zweite, noch gewichtigere Grund bezieht sich exklusiv auf die vollkommenen Freundschaften. Diese setzen voraus, dass man selbst ein tugendhafter, sich selbst liebender Mensch ist, der nun auch noch das Glück haben muss, einen weiteren tugendhaften Menschen zu finden, mit dem er sich als ein „zweites Selbst"[16] freundschaftlich verbinden kann. Bedenkt man die hohen Anforderungen der Tugend, so kann es nur sehr wenige solcher Freundschaften geben. Die unangenehme Botschaft, die Aristoteles Ihnen hinterlässt, lautet, dass Sie sich schon sehr glücklich schätzen dürfen, wenn Sie überhaupt nur einen solchen Freund finden. Wenn Sie das nicht als unangenehme Botschaft empfinden, weil Sie das schon immer so gedacht haben, haben Sie möglicherweise nicht genau genug hingehört. Der Grund dafür sind Sie!

Wenden wir uns damit der zweiten Frage zu, ob es erstrebenswert sei 342 Freunde zu haben? Aristoteles würde auch das deutlich verneinen. Sein wesentliches Argument hierbei ist, dass die glückspendenden Freundschaften schnell in echten Stress umschlagen würden, hätte man zu viele davon. Da sich in allen Freundschaften die gegenseitig erbrachten Dienste über die Zeit die Waage halten müssen, müsste man permanent auf allen Kanälen den Austausch zu allen Freunden halten und allenthalben Gegendienste leisten. Wer täglich per E-Mail, auf *Facebook*, *Google+*, *SnapChat*, *LinkedIn*, *Instagram* und *WhatsApp* mit allen seinen Kontakten in Austausch steht, Posts liest, Bilder „liked", Emojis verteilt, Nachrichten beantwortet und Statusmeldungen absetzt, dürfte sehr gut wissen, wovon Aristoteles spricht. Das eigentliche Ziel der Freundschaft, das eigene Glück zu mehren, würde so konterkariert und aus Freundschaften würden entkernte, fassadenhafte Beziehungen, die sich kaum von beliebigen Bekanntschaften unterscheiden: „Die viele Freunde haben und mit vielen vertraut tun, sind eigentlich niemandes Freunde"[17], schreibt Aristoteles. Während die gelebte Praxis auf *Facebook* und anderen sozialen Netzwerken nach immer mehr Freunden strebt, empfiehlt die antike Philosophie das genaue Gegenteil: Freundschaften als sehr kostbare Angelegenheiten zu betrachten, die nicht dadurch entwertet werden sollten, dass man sie möglichst oft zu reproduzieren versucht.

Wenden wir uns daher nun der digitalen Moderne und der Frage zu, was in dieser für ein Verständnis von Freundschaft zu finden ist? Vielleicht ist die antike Haltung ja einfach nur antiquiert? Ganz sicher aber lohnt der Blick zurück, um die Inflationierung der Freundschaft in der Gegenwart besser zu verstehen.

Freundschaften im digitalen Zeitalter

Die hohen Anforderungen, die Aristoteles an die Freundschaft stellt, provozieren die Frage, in wie fern es vollkommene Freundschaften überhaupt geben kann. In Bezug auf das Kriterium des „Zusammenlebens" stellt sich ganz konkret die Frage, ob ein solch enger Austausch unter modernen Lebensbedingungen realisierbar ist? Schimmert durch das Aristotelische Freundschaftsverständnis noch deutlich die Agora, die Gymnasien, und Palästren durch, auf denen sich die athenischen Bürger täglich begegneten und miteinander diskutierten, erscheint ein solch regelmäßiger und intensiver Austausch heutzutage kaum mehr vorstellbar. Wenn in der gegenwärtigen ökonomisierten und globalisierten Lebenswelt allein das Berufs- und Familienleben kaum in Balance gebracht werden können und häufig wechselnde Anstellungsverhältnisse zu ebenso häufig wechselnden Lebensorten führen, wird ein „Zusammenleben" mit Freunden, wie es in der beschaulichen griechischen Polis noch möglich war, zu einem fernen Wunschtraum.

Man könnte argumentieren, dass digitale Kommunikationstechnologien dazu führen, dass man heute auch mit Menschen, die es in die entlegensten Regionen verschlagen hat, kontinuierlich in Kontakt bleiben kann. Vor diesem Hintergrund könnte man soziale Netzwerke wie *Facebook* als Überbrückungshilfen verstehen, die das „Zusammenleben" von Freunden unter modernen Lebensbedingungen möglich machen. In gewissem Maß ist dies sicher der Fall und auch unter Verweis auf Aristoteles argumentierbar, denn dieser geht nicht davon aus, dass Freundschaften automatisch zusammenbrechen, sobald das tägliche „Zusammenleben" ausbleibt. In Phasen der räumlichen Trennung, so schreibt er, „betätigen sie zwar ihre Freundschaft nicht", doch der „Habitus" der Freundschaft bleibt bestehen[18]. Damit meint Aristoteles ein aus dem langjährigen Umgang resultierendes, tiefsitzendes Gefühl der Verbundenheit, das Freundschaften auch nach Phasen der Trennung schnell wieder lebendig werden lässt. Soziale Netzwerke können sicher dazu dienen, den „Habitus" der Freundschaft über eine längere Phase der Trennung aufrecht zu erhalten. Insgesamt betrachtet muss man jedoch feststellen, dass die auf *Facebook* praktizierte Beziehungsform aus antiker Sicht zu Unrecht mit dem Begriff der Freundschaft belegt wird. Das scheint sich auch mit unserem Bauchgefühl zu decken, das zwischen „echten" Freunden und „*Facebook*-Freunden" unterscheidet, ohne jedoch den Unterschied klar artikulieren zu können.

Für den „echten" Freund bietet die vollkommene Freundschaft den Maßstab. Doch was ist dann ein „*Facebook*-Freund"?

Was ist ein Facebook-Freund?

Es stellt sich die Frage, was das für eine Beziehungsform ist, die auf *Facebook* praktiziert wird und die so gelagert ist, dass sie im Durchschnitt 342-mal wiederholt und simultan vollzogen werden kann? Interessanterweise bietet auch hierzu die Aristotelische Analyse den entscheidenden Anknüpfungspunkt.

Aristoteles führt differenzierend zum Begriff der Freundschaft den Begriff des „Wohlwollens" ein. Das Wohlwollen hat mit der Freundschaft Ähnlichkeit, sollte mit dieser jedoch auf keinen Fall verwechselt werden. Wohlwollen kann ich vielen Menschen gleichzeitig entgegenbringen. Ich kann es Menschen entgegenbringen, die mir persönlich nicht bekannt sind und sogar ohne dass diese davon wissen. Zwar wünsche ich Menschen, denen ich wohlwollend begegne, ähnlich wie einem Freund, Gutes, aber, – und das ist der entscheidende Unterschied zur Freundschaft –, ich tue nichts dafür, dass es ihm auch widerfährt. Als Wohlwollender übernehme ich „keine Anstrengungen dafür", dass dem Anderen das, was ich ihm wünsche, gelingt. Das Wohlwollen ist somit eher eine Geste der Freundschaft, die mich nichts kostet. Aristoteles bezeichnet es daher als eine „untätige Freundschaft"[19].

Wohlwollen kann ich im Prinzip endlos vielen Menschen entgegenbringen, egal ob ich sie persönlich, vom Hörensagen oder nur aus den Medien kenne. Ich kann Menschen aus meinem erweiterten Berufs- oder Bekanntenkreis oder von mir bewunderten Film- oder Sportstars Wohlwollen entgegenbringen. Voraussetzung ist allein, dass ich, aus welchen Gründen auch immer, ein Mindestmaß an Sympathie für sie empfinde. Im Gegensatz zur Freundschaft ist das Wohlwollen nicht auf das tätige und geteilte Leben angewiesen. Ich kann Lionel Messi Wohlwollen entgegenbringen, und diesem von Herzen den Erfolg in der Champions League wünschen, ohne jedoch irgendetwas dazu beizutragen, dass dies auch gelingt oder Trost zu spenden, wenn es nicht gelingt. Wohlwollen ist ferner nicht auf Reziprozität angewiesen, was sich daran zeigt, dass ich Lionel Messi dieses Wohlwollen entgegenbringen kann, ohne dass dieser überhaupt davon weiß. *Facebook* und Co. sind Medien, die Wohlwollen institutionalisieren und sichtbar machen. Es sind im Wesentlichen Plattformen der „untätigen Freundschaft", auf denen ich aufwandlos per Mausklick signalisieren kann, dass ich Sympathie für jemanden empfinde, auf denen ich per „Like"-Button Gesten der Freundschaft abgebe und auf denen ich per Kommentarfunktion zustimmende Botschaften in Twitterlänge absetzen kann.

Wesentlich für die Vermassung des Wohlwollens über soziale Netzwerke ist die Umstellung der Kommunikationsform von Dialog auf Multilog. Freundschaften vollziehen sich primär im Dialog, das heißt über den direkten Austausch mit einem konkreten Gegenüber. Dies kann im Gespräch, per Brief oder per E-Mail erfolgen, entscheidend ist, dass sich der Dialog immer an ein spezifisches „Du" richtet, mit dem man in Kommunikation tritt. Erst im Dialog wird das sich Einlassen auf den Anderen und der offene, erkenntnisbringende Austausch möglich, der die Freundschaft macht. Auf sozialen Netzwerken hingegen wird primär multilogisch kommuniziert. Über Posts und Blogs werden Botschaften nicht an eine bestimmte Person, sondern simultan an die gesamte Community übermittelt. Indem ich eine Meinung oder ein Urlaubsfoto auf meine *Facebook*-Seite poste, stelle ich allen meinen Kontakten gleichzeitig die gleiche Information zur Verfügung. Dies kann je nach Inhalt durchaus Vorteile bieten. Ein Differenzieren und Eingehen auf eine spezifische Person, wie es Freundschaften erfordern, ist in diesem Kommunikationsmodus jedoch nicht möglich. Während der Dialog nur sequenziell zu mehreren Menschen stattfinden kann und die Reichweite dadurch auf wenige Menschen begrenzt, kann man über *Facebook* multilogisch ohne den geringsten Mehraufwand an alle seine Freunde beziehungsweise alle User im Netzwerk kommunizieren. Im Falle von *Facebook* sind das zur Zeit 2 Milliarden Menschen.

Auch der „Like"-Button funktioniert multilogisch. Als Nutzer ermöglicht er mir, per Mausklick der gesamten Community mitzuteilen, dass ich das Foto vom Mittagessen meines Freundes gutheiße. Darüber hinaus eröffnet er eine weitere Dimension der Aufwandsreduzierung, indem er nicht nur die gleichzeitige Kommunikation an viele ermöglicht, sondern mir darüber hinaus den verbleibenden Aufwand, meine Botschaft ausformulieren zu müssen, abnimmt. Über den „Like"-Button kann Wohlwollen vollständig aufwandsfrei, weil vollständig wortlos verteilt werden. Er symbolisiert daher wie kein anderes Instrument den Endpunkt des Weges von einer tätigen Freundschaft zu einer konkreten Person zur „untätigen Freundschaft" zu vielen (getoppt nur noch durch das „Anstubsen"). Diese Funktionen machen soziale Netzwerke zu Plattformen zur massenhaften Verbreitung von Wohlwollen – nicht von Freundschaft. Damit soll nicht gesagt sein, dass sie ohne praktischen Wert seien.

Abhängig vom Kommunikationsziel hat ein Multilog über soziale Netzwerke deutliche Vorteile gegenüber anderen Kommunikationsformen, vor allem dann, wenn es darum geht, Botschaften schnell und breit zu verteilen. Doch das sind Effekte, die in Bezug auf die hier diskutierte Frage nicht im Vordergrund stehen. In Hinblick auf die Freundschaft ist der Wechsel vom Dialog zum Multilog ein Schritt von einer tätigen zu einer „untätigen" Beziehung, in der Freundschaft eher gestisch inszeniert als aktiv gelebt wird.

Nun werden Sie vielleicht einwenden, dass Sie auf *Facebook* auch mit solchen Menschen verbunden sind, die sie auch im „Real Life" als „echte" Freunde bezeichnen würden? Das mag sein. Der Punkt ist jedoch, dass Sie *Facebook* hierfür nicht benötigen, da Sie mit diesen Menschen ohnehin in Austausch stehen. Sein Potenzial entfaltet das Medium erst im Hinblick auf eine Vernetzung mit Menschen, mit denen Sie *nicht* in einem „echten" Freundschaftsverhältnis stehen. Wenn Sie das nicht glauben, schauen Sie sich Ihre 342 *Facebook*-Freunde mal etwas näher an, so wie Matt Kulesza. Während ich diese Zeilen schreibe, hat er sich zu Coffee-Date #76 mit Sally Tabart vorgearbeitet (Freunde auf *Facebook* seit Februar 2015, 25 gemeinsame Freunde). In seinem Blog erzählt er die Geschichte ihrer Beziehung: Matt und Sally haben sich auf einer Rooftop-Party kennengelernt. Sally wohnte in der Wohnung nebenan und über den Gartenzaun hinweg ergab sich ein nettes Gespräch. Leider war Matt an dem Abend so betrunken, dass er sich am nächsten Tag nicht mehr an Sally erinnern konnte. Einige Tage später haben sich beide zufällig über *Tinder* (eine mobile Dating-App[20]) wiedergefunden und die Verbindung zur Party rekonstruiert. Danach haben sich Matt und Sally immer mal wieder über den Gartenzaun hinweg unterhalten, wenn Matt zu Besuch bei seinem Freund mit der Dachterrasse war. Kurze Zeit später zog Sally nach New York. Seitdem hatten sie keinen Kontakt mehr.

Sally ist ganz sicher eine tolle Frau und dank *Facebook* steht Matt auch noch in Kontakt mit ihr. Doch ist sie eine Freundin? In einer Art „Rebranding" hat *Facebook* Wohlwollen zu Freundschaft umgedeutet. Es postuliert, dass alle unsere Kontakte „Freunde" sind, und erhebt dadurch jeden noch so banalen Kommentar und selbst das Verteilen eines „Like" zu einem tiefgreifenden Freundschaftsdienst.

Doch ist das schlimm? Was bedeutet es, wenn Freundschaft auf das Niveau des Wohlwollens herabsinkt, und was liegt dieser Umdeutung zugrunde? Ist es nur geschicktes Marketing, das wir nicht weiter ernst nehmen müssen, oder bringt das „Rebranding" zum Ausdruck, dass Freundschaften heute nicht mehr die gleiche Bedeutung haben wie in der Antike? Mit anderen Worten: Brauchen wir heute überhaupt noch Freundschaft oder reicht uns Wohlwollen?

Braucht man heute noch Freunde?

Die Umdeutung von Wohlwollen zu Freundschaft auf *Facebook* ist gewiss kein Versehen, sondern Teil einer durchkomponierten Weltsicht. *Facebook* kreiert eine Welt, in der alles toll ist. Das auffälligste Charakteristikum neben der Tatsache, dass alle meine Kontakte „Freunde" sind, ist der Umstand, dass es systemseitig einen „Like"-Button gibt, mit dem man seine Zustimmung, Begeisterung und Gefallen zum Ausdruck bringen kann, aber keine Option um das gegenteilige Gefühl zum Ausdruck zu bringen. Die *Facebook*-Welt sieht nicht vor, dass etwas nicht gut ist. Der „Like"-Button ist systemisch verankertes positives Denken, das alles Negative verbannt und nur die Gutheißung toleriert. Es ist hinlänglich bekannt, dass *Facebook* diese Ideologie auch mit subtileren Mitteln zu verankern sucht. So experimentiert das Unternehmen beispielsweise damit, die Stimmung seiner Nutzer positiv zu beeinflussen, indem es Posts mit negativen Kommentaren wegfiltert und nur noch positive Nachrichten auf der Startseite der User erscheinen lässt. Diese sollen dadurch in einer sich selbst potenzierenden Schleife zu ebenfalls vornehmlich positiv konnotierten Botschaften angeregt werden[21]. Ähnlich wie die Forschung an Glückspillen, die das Glück innerlich durch Hormonmanipulation verankern soll, baut *Facebook* eine äußerliche Welt auf, in der nur noch Glückliches zu sehen ist. Zusammengenommen wäre dies die Vollendung totalitären positiven Denkens: Eine Welt, in der alle lächeln, egal, wohin man schaut.

Doch ist es die Schuld von *Facebook*, dass Freundschaft heute immer mehr in Wohlwollen übergeht, oder führt *Facebook* nur eine Entwicklung fort, die schon lange im Gange ist? Vieles spricht für letzteres. Soziologen wie Georg Simmel oder Niklas Luhmann haben bereits früh darauf hingewiesen, dass sich durch die veränderten gesellschaftlichen Rahmenbedingungen der Moderne auch die Beziehungsformen verändert haben. Während der Mensch der Antike in hohem Maß auf persönliche Vertrauensbeziehungen angewiesen war, um sein Leben zu meistern, haben wir heute auf „Systemvertrauen" umgestellt. Konkret bedeutet das, dass man als Mensch der Antike essentiell auf Verwandte oder gute Freunde angewiesen war, um im Krankheitsfall versorgt zu werden, um in finanzieller Not Unterstützung zu erfahren oder um eine Botschaft an die Geliebte überbringen zu lassen. Heute sind wir krankenversichert, wenden uns an Kreditinstitute, oder wir vertrauen auf das Briefgeheimnis der Post. In der Moderne übernehmen staatliche Institutionen und private Dienstleister wie Rentenkassen, Versicherungen, Psychologen oder Altersheime eine Vielzahl von Aufgaben, die einstmals ohne Freunde nicht zu bewältigen waren. Aus Sicht mancher Soziologen machen diese „funktionalen Äquivalente" Freundschaften zu einer heute nicht mehr benötigten Sache[22].

Erst auf Basis dieser Entwicklungen wird verständlich, warum es so wenig Irritationen hervorruft, wenn auf sozialen Netzwerken Wohlwollen in Freundschaft umgeschrieben wird, und warum es uns so leichtfällt, den Deckmantel der Freundschaft auch dann noch über unsere Beziehungen zu legen, wenn sie längst abgekühlt sind. Gleichzeitig ermöglicht diese Umschreibung die wichtige Auto-Suggestion, dass jeder Mensch ohne Aufwand viele Freunde haben kann und bedient damit das Bedürfnis der nach Quantität strebenden utilitaristisch-modernen Haltung. *Facebook* und Co. ermöglichen einerseits durch die Aufwertung von Wohlwollen zu Freundschaft, „Freunde" wie Bonuspunkte zu sammeln und machen andererseits die Quantität sicht- und vergleichbar. Der dadurch entfachte Wettbewerb führt dazu, dass wir nicht davor zurückschrecken, selbst den merkwürdigen Typen, den man seit der 5. Klasse nicht mehr gesehen und wegen seiner dicken Hornbrille eigentlich immer nur gehänselt hat, 10 Jahre später per *Facebook*-Einladung das Konto seiner „Freunde" auffüllen zu lassen.

Doch der Eingriff in die Beziehungsmechanik betrifft nicht nur die Quantität, sondern auch die Qualität. In dem Maße, in dem sich Beziehungen ins digitale Netzwerk verlagern, verschiebt sich der Fokus von der Person zum Profil. Letzteres wird auf der Plattform ausgestellt und muss hinsichtlich seiner Attraktivität optimiert werden. Diese Verschiebung verändert die Art und Weise der Auseinandersetzung mit sich selbst und dem Anderen. Als Person ist diese darauf gerichtet, sich selbst zu hinterfragen und sich als Mensch weiterzuentwickeln. Als Profil hingegen ist diese darauf gerichtet, sich aus der Perspektive der Anderen, das heißt derjenigen, die mein Profil betrachten, zu hinterfragen und auf diese hin zu optimieren. In der profilorientierten Existenz auf *Facebook* und Co. richtet sich der Blick nicht in das eigene Innere, sondern auf das, was sich nach außen hin zeigt. Ob man will oder nicht, ist man genötigt, sich mit sich selbst, in den Worten von *Facebook*-Gründer Mark Zuckerberg, als „Brand" zu beschäftigen, die im Hinblick auf das „Publikum" optimiert werden muss[23]. Jedes Bild, das man postet, jede Information, die man seinem Profil hinzugibt, jedes „Like", das man absetzt, konturiert das Image dieser Brand. Der eigene Brand-Wert wiederum wird durch die Auswertbarkeit aller Aktionen auf der Plattform in Form erhaltener „Likes", Anzahl von Profilbesuchern und „Freunden" sichtbar.

Nun ist es sicher so, dass sich die Nutzer sozialer Netzwerke über die Differenz von Person und Profil *im Prinzip* genauso im Klaren sind wie darüber, dass es einen Unterschied zwischen einem „echten" und einem *Facebook*-Freund gibt. Der Sog, der hier am Wirken ist, geht dennoch nicht spurlos an uns vorbei (Warum sonst schauen Sie nach, wie viele „Likes" ihr zuletzt gepostetes Bild bekommen hat?). Und genau hier wird es interessant: Dieser Sog lenkt unsere eigenen Ressourcen in exakt die gegensätzliche Richtung, als es die antike Philosophie empfiehlt. Empfiehlt diese die Arbeit an der Person als Voraussetzung dafür, den *einen* vollkommenen Freund zu finden, legt die *Facebook*-Welt die Arbeit am Profil nahe, um möglichst *viele* Freunde zu finden. Ist der Fokus der antiken Selbstkultivierung ganz auf das eigene Innere gerichtet, so ist die moderne Selbstoptimierung als eine Arbeit an der Außenwirkung auf die Anderen ausgerichtet. Im einen Fall darf man hoffen, den einen echten Freund zu finden, der einen durch das Leben begleitet, unterstützt, wo man nach Gutem ringt, und widerlegt und kritisiert, wo man in die Irre läuft. Im anderen Fall darf man hoffen viele „Follower" zu finden, die einem zujubeln und „liken", was immer man tut. Dürfen wir Aristoteles glauben, ist die Fokusverschiebung auf das Profil fatal, da sie nicht nur den Weg zu vollkommenen Freundschaften, sondern auch zu Tugend und Glück verbaut. Tätige Freundschaft, nicht das untätige Wohlwollen, ist als wichtigste Unterstützung im Streben nach Glück nötig. Für diesen Freundschaftsdienst scheint die Moderne bislang keine „funktionalen Äquivalente" anzubieten.

Die Frage, wozu man Freundschaften heute noch braucht, führt daher zurück zur Frage, wie man das Glück versteht. Nur dann, wenn man Glücklich-Sein daran gekoppelt sieht, ein guter Mensch zu sein, sind

Freundschaften im antiken Sinn wichtig. Ungeachtet aller digitalen Plattformen und staatlichen Angebote bräuchten Sie den Freund als ein zweites Selbst, der Ihnen den Spiegel vorhält, der Sie darauf hinweist, wenn Sie das Ziel aus den Augen verlieren, und der Ihnen mit Rat und Tat hilft, es wiederzufinden. Wo hingegen individuelle Lustmaximierung angestrebt wird, verlieren vollkommene Freundschaften ihren Sinn. Die hohen Anforderungen, die sie an die Freunde stellen, die Nötigung, primär sich selbst und nicht den Anderen zu hinterfragen, oder der Zwang zur unangenehmen Beendigung, wo sie nicht mehr trägt, erscheinen dann stressig, nervig und übertrieben. Was folgt, sind leicht konsumierbare, wohlwollende Beziehungen, in denen man schöne gemeinsame Momente erleben kann, die aber nicht den Anspruch in sich tragen, einander zu besseren Menschen zu machen.

Anmerkungen

[1] http://1000pluscoffees.tumblr.com/ und https://www.facebook.com/1000pluscoffees/
[2] http://blog.stephenwolfram.com/2013/04/data-science-of-the-facebook-world/
[3] Joseph B. Walther et. al., *The Role of Friends' Appearance and Behavior on Evaluations of Individuals on Facebook: Are We Known by the Company We Keep?*, in: Human Communication Research 34 (2008), S. 28-49.
[4] Stephanie Tom Tong et. al., *Too Much of a Good Thing? The Relationship Between Number of Friends and Interpersonal Impressions on Facebook*, in: Journal of Computer Mediated Communication, Vol 13,3, 531-549.
[5] *Facebook* wurde 2004 gegründet, ist jedoch erst seit 2006 für jedermann zugänglich. *Google+* wurde in 2011 gegründet.
[6] Aristoteles, *Nikomachische Ethik*, VI.2, in: Philosophische Schriften Bd. 3, Darmstadt 1995, S. 181.
[7] Aristoteles, *Nikomachische Ethik*, VI.2, a.a.O., S. 184.
[8] Aristoteles, *Nikomachische Ethik*, VI.2, a.a.O., S. 216.
[9] Aristoteles, *Nikomachische Ethik*, VI.2, a.a.O., S. 217.
[10] Aristoteles, *Nikomachische Ethik*, VI.2, a.a.O., S. 217.
[11] Aristoteles, *Nikomachische Ethik*, VI.2, a.a.O., S, 189.
[12] Seneca, *An Lucilius. Briefe über Ethik*, in: Philosophische Schriften, Bd. 3 und 4, Darmstadt 1999.
[13] Aristoteles, *Nikomachische Ethik*, VI.2, a.a.O., S. 215.
[14] Epiktet, *Das Buch vom geglückten Leben*, München 2005, S. 44.
[15] Aristoteles, *Nikomachische Ethik*, VI.2, a.a.O., S. 230.
[16] Aristoteles, *Nikomachische Ethik*, VI.2, a.a.O., 217.

[17] Aristoteles, *Nikomachische Ethik*, VI.2, a.a.O., S. 230.
[18] Aristoteles, *Nikomachische Ethik*, VI.2, a.a.O., S. 188-189.
[19] Aristoteles, *Nikomachische Ethik*, VI.2, a.a.O., S. 219.
[20] *Tinder* präsentiert dem Benutzer die Profilfotos anderer Person, die sich in räumlicher Nähe aufhalten. Anhand des Bildes entscheidet der Benutzer, ob ihn eine Konversation mit diesen Personen interessieren würde. Wenn zwei Benutzer sich gegenseitig als interessant einstufen, erfahren sie dies und können eine Unterhaltung starten.
[21] Adam D. I. Kramer, Jamie E. Guillory, Jeffrey T. Hancock, *Experimental evidence of massive-scale emotional contagion through social networks*, in: Proceedings of the National Academy of Science, vol. 111, no. 29, July 22 2014, S. 1-3. Online unter: http://www.pnas.org/content/early/2014/05/29/1320040111.full.pdf+html?sid=8887ebdb-9f01-4006-90f7-5dd483900d7c
[22] Alois Hahn, *Freundschaft – ein überflüssiges Ideal?*, S. 19 und 21, in: der blaue reiter. Journal für Philosophie, 32, S. 17-21.
[23] „Think about what people are doing on Facebook today. They're keeping up with their friends and family, but they're also building an image and identity for themselves, which in a sense is their brand. They're connecting with the audience that they want to connect to." Fred Vogelstein, *The Wired Interview: Facebook's Mark Zuckerberg*, in: Wired 29.6.2009: https://www.wired.com/2009/06/mark-zuckerberg-speaks/

Klaus Zierer

Damit wir uns nicht zu Tode amüsieren

> *Ich fürchte mich vor dem Tag, an dem die Technologie unsere Menschlichkeit übertrifft. Auf der Welt wird es nur noch eine Generation aus Idioten geben.*
>
> Albert Einstein

In die Zukunft zu sehen, ist nichts Einfaches. George Orwell hat es getan. Aldous Huxley hat es getan. Während George Orwell in „1984" davor warnte, dass eine äußere Macht, insbesondere die Technik, Menschen unterdrücken und ihnen ihre Freiheit nehmen wird, argumentierte Aldous Huxley in „Brave new world", dass Menschen anfangen werden, ihre Unterdrückung zu lieben und angesichts der seichten Unterhaltung langsam aber sicher aufhören werden zu denken. Die sich aufdrängende Frage, wer von beiden Recht hat bzw. haben wird, ist nicht entscheidend. Denn viel wichtiger als diese Frage ist die Tatsache, dass es beiden gelungen ist, breite Diskussionen in der Öffentlichkeit anzustoßen. Beide formulierten ein Plädoyer für die menschliche Vernunft.

Auch heute können wir in Zeiten einer Digitalisierung ähnliche Diskussionen vernehmen. Und die Positionen reichen von Apokalypse bis hin zu Euphorie: „Digitale Demenz" schallt es aus der einen Ecke, „Digitale Bildungsrevolution" tönt es aus der anderen. Diese Schwarz-Weiß-Malerei hilft erfahrungsgemäß wenig. Vielmehr liegt die Wahrheit – aristotelisch gesprochen – wie so oft zwischen den Extremen. Demzufolge lohnt es sich nicht (mehr) darüber zu streiten, ob Digitalisierung kommt oder nicht kommt. Sie ist bereits Teil unseres Lebens und die Aufgabe lautet: Wie gelingt es, Digitalisierung für den Menschen nutzbar zu machen? Bereits Neil Postman (1988), seines Zeichens weltbekannter Fernsehkritiker, hat darauf aufmerksam gemacht, dass ein Massenmedium für die Bewältigung dieser Aufgabe zentral ist: die Schule.

Ohne die Schule mit einer weiteren Herausforderung überladen zu wollen, es gehört aber seit jeher zu ihren Aufgaben, gesellschaftlichen Veränderungen nicht nur reaktiv zu begegnen, sondern sie auch proaktiv zu gestalten. Im Kontext einer Digitalisierung sind daher zwei Perspektiven zu unterscheiden: die Perspektive des Unterrichts und die Perspektive der Bildung.

Zunächst zur Perspektive des Unterrichts: Was wissen wir über den Einsatz von neuen Medien und ihren Einfluss auf die Lernleistung von Schülerinnen und Schülern? Betrachtet man die aktuelle Diskussion dazu, so wird schnell ersichtlich: Vieles wird getragen von vagen Vorstellungen und singulären Erfahrungen. Eine klare Linie ist nur schwer auszumachen. Sucht man hingegen nach Empirie, so wird die Sachlage deutlicher. Beispielsweise finden sich im aktualisierten Hattie-Ranking mit jetzt über 250 Faktoren aus über 1.400 Meta-Analysen allein zum Thema „Digitalisierung" über 20 Faktoren (vgl. Hattie, 2017). In der Summe erreichen diese nur mäßige Effekte. Drei Beispiele hierzu (vgl. Hattie & Zierer, 2017): Erstens kann nachgewiesen werden, dass der Einsatz von Power-Point auf den Lernerfolg nur sehr geringe Effekte hat. Ein Grund hierfür ist darin zu sehen, dass Lernende häufig mehr den Folien folgen als dem Redner und dadurch die entscheidenden Informationen nicht mitbekommen. Zweitens zeigt die Einzelnutzung eines Computers nur einen geringen Effekt auf den Lernerfolg. In der Studie „The pen is mightier than the keyboard" konnten beispielsweise Pam A. Mueller und Daniel M. Oppenheimer (2014) nachweisen, dass Lernende sich Gehörtes besser merken können, wenn sie es mit Bleistift und Papier mitschreiben, anstatt es am Laptop oder Computer zu notieren. Und drittens sind auch Smartphones im Unterricht nicht per se hilfreich. Vielmehr kommen Adrian F. Ward und Kollegen (2017) in ihrer Studie „Brain Drain" zu dem Schluss, dass allein die Anwesenheit des Smartphones zu einer verringerten Aufmerksamkeit und dadurch zu geringeren Leistungen führt. Erst wenn sich das Smartphone nicht mehr im selben Raum befindet wie der Lernende, steigen Aufmerksamkeit und Leistungsfähigkeit wieder an. Welche Quintessenz ergibt sich daraus für die Perspektive des Unterrichts: Wir brauchen eine evidenzbasierte Didaktik. Anstelle von Ideen, zumindest aber an ihre Seite, sind empirische Erkenntnisse zu setzen. Das bloße Bauchgefühl allein reicht nicht aus, um Digitalisierung im Unterricht für die Lernenden nutzbar zu machen. Kurzum: Pädagogik vor Technik (vgl. Zierer, 2017). Lernen bleibt Lernen, so lautet die Kernthese. Daran ändert auch eine Digitalisierung nichts, geschweige denn, dass sie Lernen zu etwas Leichtem machen könnte. Das ist pädagogischer Unsinn. Lernen erfordert Einsatz, bedarf der Anstrengung und braucht den menschlichen Dialog. Der Faktor „Digitalisierung bei Förderbedarf" aus dem Hattie-Ranking (vgl. Hattie, 2017) beispielsweise zeigt die damit verbundenen Möglichkeiten eindrucksvoll, belegt er doch, wie wirksam Digitalisierung werden kann, wenn sie in pädagogische Überlegungen eingebettet wird: Neue Medien können Lernen nachhaltig unterstützen, weil sie Unsichtbares für schwächere Lernende sichtbar machen, damit die Herausforderungen setzen, Fehler als Chance nutzen und intensive Gesprächen initiieren.

Nun zur Perspektive der Bildung: Geht man von einem humanistischen Bildungsverständnis aus, wonach sich Bildung darin zeigt, was ich aus meinem Leben gemacht habe, und nicht darin, was man aus mir gemacht hat, so kann Bildung mit einem erfüllten Leben umschrieben werden (Zierer, 2015). Sicherlich hilft Digitalisierung in vielfacher Hinsicht, mehr Lebensfreude zu erhalten. Aber gibt es auch eine Schattenseite? Christian Montag (2018) erläutert in seiner Studie „Homo Digitalis" eine Reihe von Facetten, die die negativen Auswirkungen einer Digitalisierung deutlich machen. Am prägnantesten lassen sie sich an den Zahlen einer „Smartphone-Sucht" festmachen – jährlich steigt die Anzahl an Forschungsarbeiten zu diesem Thema und ebenso rasant die Anzahl an Personen, die suchtähnliche Symptome zeigen. Woran leiden diese Personen? Sie unterliegen einem Smartphone-Reflex und zücken das Smartphone, wann immer sie Langeweile oder Unsicherheit überbrücken müssen. Dadurch kommt es zu einer Verringerung unmittelbarer sozialer Kontakte – selbst das Essen in Familien wird durch eine unkontrollierte Smartphone-Nutzung asozialisiert –, zu einer Abschaffung der Zeit für Besinnung und Ruhe, zu einer Verschlechterung der Leistungen in Arithmetik und zu einer abnormen Veränderung neuronaler Bereiche. Angesichts dieser Datenlage lässt sich mit Neil Postman (1988) folgern: Wer annimmt, Digitalisierung „sei stets ein Freund der Kultur, der ist zu dieser vorgerückten Stunde nichts als töricht." Kurzum: Menschen müssen nicht nur lernen, wie ein Smartphone funktioniert – das lernen sie übrigens sehr schnell. Sie müssen vor allem auch lernen, wann es sich lohnt, dieses einzuschalten, und wann es besser ist, dieses auszuschalten – leider lernt das der Mensch nicht so leicht und es bedarf häufig großer Anstrengung, zu einem vernünftigen und kritisch-konstruktiven Umgang mit Medien zu erziehen. Um das zu erreichen, werden schnell Stimmen laut: Informatik als Unterrichtsfach für alle! So spannend Informatik ist, für einen vernünftigen und kritisch-konstruktiven Umgang mit Medien reicht eine positiv verstandene Halbbildung im Sinn Theodor W. Adornos (1997). Zur Veranschaulichung der bekannte Vergleich: Um gut Autofahren zu können, muss ich nicht wissen, was da alles passiert, wenn ich den Gang einlege und aufs Gaspedal drücke. Und in Zeiten von Nachhaltigkeitsdebatten in allen Bereichen wäre viel wichtiger, dass Menschen in der Lage sind zu reflektieren, warum sie Autofahren, und ob es nicht besser wäre, nicht Auto zu fahren.

Digitalisierung, dies sei abschließend gesagt, ist eine gesellschaftliche Herausforderung. Gerade der Bildungsbereich ist gefordert – weniger wegen der Chancen für das Lernen, als vielmehr wegen der Gefahren für die Bildung. Der Mensch ist gegen die vielen Versuchungen, die eine Digitalisierung mit sich bringt, nicht gefeit. Eine Medienbildung, die kritisch-konstruktiv nach dem Sinn und dem Nutzen fragt, ist die entscheidende Perspektive. Wer hier schnell und leichtfertig diese kritische Dimension als unnötig und nicht zeitgemäß abtut, verkennt die Möglichkeiten und Grenzen der Technik, ja noch schlimmer: er verkennt die Möglichkeiten und Grenzen des Menschen. Zeit ist also auch hier die Währung, wenn auch eine pädagogische und insofern eine, die getragen wird von Besinnung und Vernunft. Allzu schnell sieht man sich angesichts des Tempos, das derzeit von vielen Ministerien vorgegeben wird, um Digitalisierung endlich zu realisieren, an die Worte von Mark Twain erinnert: „Wer das Ziel aus den Augen verloren hat, verdoppelt die Anstrengungen."

Literatur

Adorno, T. W. (1997): Soziologische Schriften I. Suhrkamp.
Hattie, J. (2017): 250+ Influences on student achievement. In: http://visiblelearningplus.com/content/250-influences-student-achievement (aufgerufen am 07.01.2018).
Hattie, J. & Zierer, K. (2017): Kenne deinen Einfluss! „Visible Learning" für die Unterrichtspraxis. Schneider. 2. Auflage.
Montag, C. (2018): Homo Digitalis. Springer.
Mueller, P. A. & Oppenheimer, D. M. (2014). The Pen Is Mightier Than The Keyboard. In: *Psychological Science,* 1–10.

Postman, N. (1988): Wir amüsieren uns zu Tode – Urteilsbildung im Zeitalter der Unterhaltungsindustrie. Fischer. 19. Auflage.
Ward, A. F., Duke, K., Gneezy, A., & Bos, M. W. (2017). Brain drain: The mere presence of one's own smartphone reduces available cognitive capacity. In: Journal of the Association for Consumer Research, 2(2), 140–154.
Zierer, K. (2015): Conditio Humana. Eine Einführung in pädagogisches Denken und Handeln. Schneider. 4. Auflage.
Zierer, K. (2017): Lernen 4.0 – Pädagogik vor Technik: Über Möglichkeiten und Grenzen einer Digitalisierung im Bildungsbereich. Schneider.

Michael Holzwarth

Vom Automobil zum Smartphone, von McDonald's zu Facebook

Das Smartphone ist heute allgegenwärtig. Für viele Menschen ist es eines der ersten Dinge, die sie morgens nach dem Aufstehen tun, ihr Smartphone vom Ladekabel zu nehmen und anzuschalten oder es vom Flugmodus auf Empfang umzustellen. Fast alle Jugendlichen haben ein Smartphone, nahezu alle Studenten, ebenso viele ältere Erwachsene auch. Es ist neben dem Portemonnaie und dem Schlüsselbund die dritte wichtige Sache, die man mitnimmt, wenn man das Haus verlässt. So wie das Geld im Portemonnaie Zugang zu verschiedenen Waren und Dienstleistungen verschafft und die Schlüssel Zugang zu Wohnungen, Räumen, Fahrrädern und Autos erlauben, so hat auch das Smartphone die Funktion eines Schlüssels. Es öffnet einerseits den Kontakt zu anderen Menschen, die nicht in unmittelbarer Nähe sind, andererseits öffnet es auch viele virtuelle Räume, Foren und Sphären, in denen man sich informiert, spielt, arbeitet, einkauft und sich unterhalten lässt.

Das erste iPhone kam im Sommer 2007 auf den Markt. Das Smartphone ist für viele junge Jugendliche heutzutage die erste teurere Sache, die sie sich kaufen oder geschenkt bekommen. Das iPhone hat Apple zum reichsten Unternehmen der Welt gemacht – etwa zwei Drittel seines Gewinns generiert Apple allein mit dem iPhone. Ebenso ist Facebook als drittreichstes Unternehmen, nach Alphabet, dem zweitreichsten Unternehmen und Mutterkonzern von Google, das zweitgrößte Werbeunternehmen der Welt.[1] Somit sind hier schon drei Konzerne genannt, die diese schöne neue Welt sehr wesentlich bestimmen.

Fettleibige Systeme

In der zweiten Hälfte des 20. Jahrhunderts haben Industrialisierung der Landwirtschaft und Globalisierung zu noch nie dagewesenem Überfluss und Verfügbarkeit an Nahrungsmitteln geführt. Auf der einen Seite eine effiziente Produktion, auf der anderen Seite eine effiziente Logistik. Der Supermarkt ist zum Standard des Bezugs, der Kühlschrank ist zum Standard der Aufbewahrung geworden, das Automobil zum Standard des Transports. Wem selbst der Einkauf im Supermarkt und die Aufbewahrung im Kühlschrank zu umständlich sind, dem bieten Fastfood-Ketten mit Lieferservice oder Drive-ins à la McDonald's die vollständige gastronomische Geborgenheit. Als Soziologe des 20. Jahrhunderts sprach Zygmunt Bauman vom *Leben als Konsum*, als Philosophe-Écrivain sprach Michel Houellebecq vom *Leben als Supermarkt*. Diese absolute Verfügbarkeit von Nahrungsmitteln hat auch zur Fettleibigkeit als breites gesellschaftliches Phänomen geführt. Es handelt sich bei dieser modernen Form der Fettleibigkeit nicht mehr um ein Wohlstandsphänomen, sondern um ein Phänomen neoliberaler Ideologie, die von Vernunft spricht, aber Verführung meint.

Der französische Kulturphilosoph Jean Baudrillard schrieb über jene aus der Form gelaufenen Fettleibigen, die er in den USA gesehen hat: „Diese Dicken sind deswegen faszinierend, weil sie die Verführung voll und ganz vergessen haben. Sie kümmern sich um nichts mehr, leben ohne Komplexe und in völliger Ungezwungenheit, als ob sie nicht einmal mehr ein Ich-Ideal hätten. Sie sind nicht lächerlich und sie wissen das. Sie streben nach einer Art von Wahrheit, und in der Tat stellen sie irgend etwas vom System, von seiner leeren Inflation zur Schau."[2] Jene adipösen Amerikaner sind das natürliche Ergebnis einer generell auf das *Über* ausgerichteten Kultur: Übermacht bedarf der Überproduktion – um zu überragen, zu überholen und zu überwältigen. Überproduktion fordert auch Überkonsumption, erzeugt Übermaß und Übergröße. Der Adipöse ist sozusagen die Menschwerdung des emanzipatorischen *Höher, Schneller, Weiter!* Die verbreitete Fettleibigkeit ist nicht mehr Zeichen individuellen Wohlstands (ganz im Gegenteil), jedoch Zeichen gesellschaftlicher Überlegenheit – es ist die demonstrative Fettleibigkeit eines Systems, welches damit auch kommuniziert, dass es so technisiert, technologisch so überlegen ist, dass es auf die Kraft und die Fähigkeiten eines mehr oder minder gesunden Körpers gar nicht mehr angewiesen ist.

Baudrillard, der das Fett der Menschen nicht nur als singuläres Phänomen, sondern auch als Symptom einer allgemeinen und vielschichtigen Entwicklung zu deuten wusste, sprach darüber hinaus folgernd von der „Fettleibigkeit aller gegenwärtigen Systeme" – des Informations-, des

Kommunikations-, und des Produktionssystems. Er nannte es „eine Fettleibigkeit der Simulation nach Art der gegenwärtigen Systeme, die so mit Informationen vollgestopft sind, dass sie sie niemals ausstoßen können. Das ist die charakteristische Fettleibigkeit der operationalen Modernität: in ihrem Delirium will sie alles speichern und alles aufzeichnen; ohne irgend einen Nutzen will sie selbst bis zur Inventarisierung der Welt und der Information vorstoßen [...], eine überflüssige Überfülle."[3] Warum sollte sich die Überproduktion – so folgerte Baudrillard – nur auf Nahrungsmittel und andere klassische Konsumgüter (Autos, Fernseher...) beschränken, warum sich nicht auf alle Bereiche und Formen der Produktion (Wissen, Nachrichten, Informationen) ausweiten? Dennoch hat Baudrillard mit seiner Kritik nicht ganz ins Schwarze getroffen, als er von einer „überflüssigen Überfülle" sprach, da er noch nicht geahnt hat, wie viel Macht – kommerzielle und politische Macht – in dieser Inventarisierung der Welt – in der Aufzeichnung der Welt – besonders aber in der Aufzeichnung der Äußerungen, Google-Anfragen und Konsum-Gewohnheiten der Menschheit liegt. Der Mitschnitt ermöglicht die Analyse – und die Analyse ermöglicht die Beeinflussung – es ist die konsequente technische Umsetzung des Diktums: *Wissen ist Macht*, wenngleich es sich zunächst meist nicht um Wissen, sondern nur um automatisierte Aufzeichnung handelt.

McDonald's und Automobil

Als einzelnes Beispiel, das jedoch für das System besonders repräsentativ ist, soll hier kurz auf einen Aspekt der Geschichte der modernen Fettleibigkeit eingegangen werden – Aufstieg und System des Fastfood-Konzerns McDonald's. Während der erste Erfolg des 1940 im südlichen Kalifornien gegründeten Restaurants nur mit einer effizienten Art der Zubereitung zusammen hing, entwickelte McDonald's sich seit der Ausgründung bzw. Klonung im Franchise-System seit den 1950er Jahren zu einem ganz eigenen sozialen Ort und Bezugspunkt in der amerikanischen Gesellschaft der zweiten Hälfte des 20. Jahrhunderts. McDonald's wurde nämlich zu einem wesentlichen Begleiter der mobilen, besonders automobilen Kultur. Ähnlich wie das Straßennetz sich durch die USA zog und Automobilität zum Alltag wurde, wurde McDonald's eine Art von Begleiter des automobilen Menschen, der für den Hunger seines

Autos zur Tankstelle und für seinen eigenen Hunger zum Drive-In fährt. Entsprechend hatten die ersten McDonald's-Filialen auch gar keine Sitzgelegenheiten – man bestellte vom Auto aus, wartete im Auto und aß dann auch im Auto. Das Automobil ist in den USA noch deutlich mehr Voraussetzung zur gesellschaftlichen Teilhabe als etwa in Deutschland. Laut deutscher Wikipedia lebt heutzutage die Hälfte aller US-Amerikaner weniger als drei Autominuten von einem der gut 14.000 McDonald's Restaurants in den USA entfernt, in Deutschland findet sich durchschnittlich alle 16 Kilometer eine der knapp 1.500 hiesigen McDonald's Filialen. Zählt man jene anderen Fastfood-Ketten wie Burger King (700 Filialen) und andere mit hinzu, kann man von einem flächendeckenden Fastfood-Netz sprechen. Nur Allgegenwart, ständige Verfügbarkeit und damit ständiger Zugriff auf die Psyche schaffen es, einen Common Sense zu etablieren und jeglichen seelischen Widerstand zu überwinden. Der Common Sense lautet dann: *Wo und wann immer* man Hunger oder Durst verspüren sollte, ein McDonald's wird nah und erreichbar sein – auf McDonald's *ist Verlass*!

Vom Auto zum Smartphone

Das Auto war das wesentliche soziale Gefährt der zweiten Hälfte des 20. Jahrhunderts. Das wesentliche soziale Gefährt der Gegenwart ist das Smartphone. Das Auto wird nicht unbedingt verschwinden, ist jedoch bei weitem nicht mehr so mit Träumen, Wünschen und Hoffnungen aufgeladen. Kinder haben bis in die frühen 2000er Jahre oft von Autos und Computern geträumt, heute träumen Kinder an erster Stelle von Smartphones. Dennoch ergänzen Auto und Smartphone sich geradezu symbiotisch. Lange Zeit war es das Manko der Autofahrt, des Unterwegs-Seins, dass man dabei ein gewisses Risiko eingegangen ist, die vereinbarte Zeit und den vereinbarten Ort nicht einhalten zu können und sich deshalb zu verpassen, jemanden zu enttäuschen und enttäuscht zu werden. Das Smartphone hat sich als Bedingung der Möglichkeit in die Hierarchie der sozialen Technologien über das Automobil eingefügt. Es ist näher am Menschen dran, intimer, weiß mehr über ihn und wirkt entsprechend intelligenter.

Für jüngere Kinder ist das Smartphone oft noch die tragbare Spielekonsole, Gameboy-Ersatz. In einer einheitlicher, uniformer und glatter werdenden Welt sind Reisen in fiktive, virtuelle oder simulierte Welten oft interessanter und abwechslungsreicher, besonders für Kinder, denen die um Besitz und Erotik konstruierten Spielregeln der Erwachsenen fremd sind und im Wege stehen. Das Smartphone-Spiel Pokemon-Go war ja nur deshalb so populär, weil es die für Kinder und Kindsköpfe so langweilige, abweisende, vielerorts geradezu tote Stadt virtuell aufpeppte. Das Smartphone ermöglicht eine Flucht vor einer durchreglementierten, lauten, chaotischen und zugleich uniformen Welt. In *Ausweitung der Kampfzone*, dem ersten und nach wie vor aktuellen Roman von Michel Houellebecq, stellt der etwa 30-Jährige Informatiker und Protagonist Ende der 1990er Jahre fest: „Vor unseren Augen uniformiert sich die Welt, die Telekommunikation schreitet unaufhaltsam voran, neue Apparaturen bereichern das Wohnungsinventar. Zwischenmenschliche Beziehungen werden zunehmend unmöglich, was die Zahl der Geschichten, aus denen sich ein Leben zusammensetzt, entsprechend verringert."[4]

Das Smartphone hat inzwischen, entgegen dieser Feststellung, zu einer Reduktion der Apparaturen beigetragen, doch nur deshalb, weil es die verschiedenen Funktionen einzelner Geräte in sich vereint: Es ist nach wie vor Telefon, doch auch Kamera, MP3-Spieler, Gameboy bzw. Spielkonsole, Fernseher, Radio, Diktiergerät, Kalender, Taschenlampe, Notizbuch, Wörterbuch, Navigationsgerät und einiges mehr. Die von Houellebecq gezogene Schlussfolgerung im zweiten Teil dieses Zitats erscheint mir jedoch sehr zutreffend.

Auto und Smartphone als Kapsel

Um Chaos und Tristesse der Welt auszublenden, nutzen viele Menschen das Smartphone sehr gerne auch zum Musikhören. Dabei geht es manchen mehr um den Schwung oder die Gefühle, welche die Musik erzeugen kann, anderen hingegen um ein akustisches Übertönen, Ausblenden und Abkapseln. Kapsel ist übrigens auch die Übersetzung für *pod* in iPod – ein weiteres Gerät, welches das Smartphone relativ überflüssig gemacht hat. Auch hier findet sich eine Parallele zwischen Smartphone und Automobil – beide sollen verbinden, beim Auto physisch, beim Smartphone per Telekommunikation, und gleichzeitig kapseln beide ab. Die Rede von der Kapsel stammt von Jean Baudrillard, der in Bezug auf das Auto lapidar feststellte: „Heute gilt folgendes Gesetz: Jedem seine Kapsel."[5]

Eine naheliegende Assoziation ist sicher die Kapsel des Raumschiffs: ein kleines Gefährt, mit dem man in der Weite, Bedrohlichkeit und Einsamkeit des Alls vor dieser bedrohlichen Weite durch eine dünne Hülle gerade ausreichend geschützt ist, nicht jedoch vor der Erfahrung der Einsamkeit. Wer sich in seine Kapsel – Automobil oder Smartphone – begibt, tut dies oft, um zu anderen Menschen zu gelangen, um Distanz zu überwinden und Nähe herzustellen, mit dem Auto physisch, vielleicht auch psychisch, mit dem Smartphone genau umgedreht: eventuell auch physisch, zunächst jedoch psychisch.

Sich in seine Kapsel begebend, drückt man zuallererst jedoch ein Desinteresse an seiner unmittelbaren Umgebung aus, vielleicht auch eine Furcht vor ihr. Zugleich hilft die Kapsel als Gefährt den jeweiligen Ort hinter sich zu lassen. Es ist nicht der Ort, auf den man sich einlässt, an dem man verweilen will.

Einen ähnlichen Vergleich zwischen Smartphone und Automobil stellte auch Steve Jobs an in der Zeit als Tablet-Computer und Smartphones sich durchsetzten. Den PC verglich er mit einem Lastwagen, den Arbeiter benutzen, die meisten Verbraucher würden jedoch sicher ein Auto bevorzugen – ein schickes Auto. Diese Anekdote zu Steve Jobs findet sich bei Jaron Lanier, der dazu feststellt, dass „die wirklich attraktiven Kunden den oberflächlichen Glanz von Status und Entertainment der Möglichkeit Einfluss zu nehmen, oder Selbstbestimmung zu erlangen, offensichtlich vorziehen." Lanier nannte es einen Sieg der Passivität über die aktive [gesellschaftliche] Mitbestimmung.[6]

Kapsel und Nicht-Orte

Der französische Ethnologe Marc Augé hat sich in den 1990er Jahren mit solchen Orten beschäftigt, an denen wir nicht verweilen: Flughäfen, Autobahnen, U-Bahnen, Flüchtlingslager, Supermärkte etc. Oft sind es Orte des Transits, Augé nannte sie *Nicht-Orte*. Im Nachwort zur Neuauflage dieses Buches vor wenigen Jahren schrieb Augé, dass der Einzelne inzwischen „mit Instrumenten ausgerüstet ist, die ihn ständig in Kontakt zur fernsten Außenwelt bringen. Sein Handy ist zugleich auch Fotoapparat, Fernsehgerät und Computer. So kann er als Vereinzelter in einer intellektuellen, musikalischen oder visuellen Umwelt leben, die vollkommen unabhängig von seiner aktuellen physischen Umgebung ist. Dieser dreifachen Dezentrierung entspricht eine beispiellose Erweiterung der ‚empirischen Nicht-Orte'."[7] Augé relativiert diese starke Unterscheidung von Ort und Nicht-Ort jedoch ein wenig und deutet an, dass Orte sich auch da bilden können, „wo andere weiterhin einen Nicht-Ort erblicken".[8]

Mit dem Smartphone als Kapsel verweigert man sich dem konkreten Ort, wie man sich einer Wüstenei und Ödnis verweigert; man macht den konkreten physischen Ort abweisender und unattraktiver, erzeugt dabei jedoch teilweise erst die soziale Wüstenei. Wer sich in seine Kapsel begibt, entscheidet sich gegen den Ort und verwandelt folglich einen Ort in einen Nicht-Ort. Gleichzeitig kommuniziert der Nutzer des Smartphones eine Mischung aus Unabhängigkeit, Selbstgenügsamkeit und Desinteresse – kulturell stärker konnotierte Begriffe dafür sind Coolness und Blasiertheit.

Ein Grund für diese Attraktivität der Abkapselung ist, dass für viele Menschen die Distanz zwischen dem ihnen physisch nahen Raum und jenen ihnen sozial nahen Personen vielleicht noch nie so groß war wie heutzutage. Anders ausgedrückt: jene Menschen zu denen man eine soziale und emotionale Verbindung hat, sind heutzutage nicht selten in der ganzen Welt verstreut. Man ist aus irgend einem Grund, was Freunde angeht, sehr wählerisch geworden. Das liegt einerseits an einer außerordentlichen Mobilität à la Generation Easyjet, Erasmus, Schengen etc. und andererseits an der Leichtigkeit, mit der man einen gewissen Kontakt halten kann, also eine Kombination aus vereinfachter globaler Mobilität und vereinfachter globaler Telekommunikation. Vielleicht liegt es auch daran, dass man die Nähe gar nicht aushält.

Ein letzter Hinweis noch zur Kapsel: Seit dem Jahr 2014 ist die häufigste Haushaltsform in Deutschland der Single-Haushalt und die häufigste Familienform die Ein-Kind-Familie – auch eine Form von sozialer Kapsel, für das Kind ebenso wie für die Eltern. Diese Form der Familie ist keine Sozialform, die sich zur Einübung der Nähe eignet. Und damit noch einmal zurück zu den Kindern. Ab der Pubertät fangen Kinder bzw. Jugendliche auch an, wie ihre erwachsenen Vorbilder, sich einerseits für Erotik und Besitz zu interessieren und andererseits neue Freundschaften zu suchen. Dabei nutzen sie das Smartphone entsprechend weniger zum Spielen, mehr hingegen zu Kommunikation und Selbstdarstellung. Ein Begriff für diese telekommunikative Selbstdarstellung mittels Smartphone und Social Media wäre die *Telerepräsentation*.

Telerepräsentation für das kleine Selbst

Mit Telerepräsentation ist die Erzeugung einer eigenen Sichtbarkeit im Internet gemeint, was – wenn man die zeitgenössische Ausrichtung menschlicher Aufmerksamkeit studiert – der Herstellung von Sichtbarkeit überhaupt sehr nahe kommt. Den meisten Nutzern von Social Media geht es darum, mit ihrem Freundes- und Bekanntenkreis in Kontakt zu bleiben, für sie sichtbar zu sein, von ihnen wahrgenommen zu werden. Es geht um die *Herstellung der Möglichkeit der Wahrnehmung*. Im Rahmen einer gesellschaftlichen Entwicklung von zunehmender Desynchronisierung und Mobilität – man könnte auch Zeitlosigkeit und Ortlosigkeit sagen – muss man sich in diese Sphäre, in diesen Über-Ort und diese Über-Zeit des Internets begeben, um überhaupt wahrgenommen werden zu können. Statt Über-Zeit könnte man auch von einer Unzeit oder einer permanenten Gegenwart sprechen. Das Internet als Überort und permanente Gegenwart ist der letzte feste Bezugspunkt in einer mobilisierten und desynchronisierten Gesellschaft. Social Media werden zur *Bedingung der Möglichkeit der sozialen Wahrnehmung*. Auch die E-Mail ist ein zwar relativ privat geführter Austausch, jedoch mit der gleichen örtlichen und zeitlichen Ungebundenheit ausgestattet, wie sie das Internet ermöglicht. Über das Soziale hinaus wird entsprechend das Internet an sich Bedingung der Möglichkeit der Wahrnehmung.

Mobilität verbindet – jedoch erst dann, wenn sie aufhört, wenn man ankommt, zunächst aber kapselt sie ab. Ebenso erzeugt auch die konsequente Individualität und Autonomie nicht nur Abnabelung, sondern auch Abkapselung. Autonomie bedeutet als Selbstherrschaft auch Einzelner zu sein, sich auf niemanden verlassen zu müssen. Der Wahlspruch des Humanismus: „Verwirkliche dich selbst!" wird in unserer Gesellschaft meist als Nachrangigkeit sozialer Verbindung und Entscheidung verstanden. Bei näherer Betrachtung entpuppt er sich jedoch auch als Empfehlung der Distanz gegenüber allem, was diese Verwirklichung verhindern könnte. In dieser Logik erscheint die Entscheidung für etwas oder für jemanden als eher verhindernd als die Hinauszögerung der Entscheidung. „Verwirkliche dich selbst!" wird zur Aufrechterhaltung des Potentials der Verwirklichung – zum „Entscheide dich nicht!" und zum „Bleibe allein!" Der schon erwähnte Schriftsteller Michel Houellebecq hat sich dieser zeitgenössischen Interpretation des Humanismus entgegen den Wahlspruch „fuck you, autonomy!" gewählt. Autonomie bedeutet in der gegenwärtigen gesellschaftlichen Konfiguration das kleine Selbst des Einzelnen – genauer: des Vereinzelten.

Nach der Emanzipation von alten, eher lokalen und physischen Machtstrukturen (die Familie, die Nachbarschaft, das Dorf) rutscht der zeitgenössische Städter in neue subtilere, weniger fassbare, psychische Machtstrukturen. In diesen Strukturen prallt man nicht gegen physische Wände oder Mauern, wird nicht geschlagen oder festgehalten, es sind Machtstrukturen, die gewisse Optionen bieten und dabei verschleiern, dass sie schon eine Vorauswahl getroffen haben. Es sind Machtstrukturen, die nicht unterdrücken, sondern ermuntern – zu posten, zu liken, zu kommentieren – sich zu äußern, sich zu entäußern, sich auszuziehen, vielleicht körperlich, in jedem Fall jedoch seelisch. Im Gegensatz zum Gespräch, das erklingt und verhallt, sind die Äußerungen in den Social Media sowohl von anderer Zeitlichkeit (die Dauer, das Immer – absolute Gegenwart) als auch von anderer Sichtbarkeit – sichtbar nicht nur für den eigenen Freundeskreis, sondern auch für einen Konzern, genauer gesagt für ein Oligopol – eine Handvoll quasi-monopolistischer Konzerne. Was für den einzelnen bequem ist, führt in der Masse zu einer extremen Umverteilung von Macht: "Individually you don't know what you are doing collectively!" nannte Dave Eggers das in seinem dystopischen Roman „The Circle".[9]

Facebook als Katalog der Menschheit

Facebook ist zu so einer Art Katalog der Menschheit geworden – mit immerhin 2 Milliarden Nutzern nicht komplett, aber sehr umfassend. Wie in einem Warenkatalog gibt es jeweils ein Bild oder auch mehrere Bilder und eine Beschreibung. Die Interaktivität und Bearbeitung des Katalogeintrags macht das Ganze natürlich etwas komplexer – so könnte man Facebook nicht mit einem gedruckten Katalog, wie den der Versandhändler Otto, Quelle und Neckermann vergleichen, sondern eher mit einem Katalog, wie Amazon ihn bietet: Facebook als Katalog der Menschen der Welt und Amazon als Katalog der Produkte der Welt. Ein Like bei Facebook entspricht einer guten Produktbewertung bei Amazon. Hinzu kommen noch die ausführlichen Rezensionen der Produkte – ob sie ihr Versprechen halten, was man so alles mit ihnen machen kann und dergleichen mehr. Facebook, das ist anzunehmen, teilt intern seine

126 *Michael Holzwarth*

Mitglieder bzw. *seine Produkte* in verschiedene Kategorien ein, unterscheidet etwa zwischen Ramschware und edler Ware. Den Kunden von Facebook, Unternehmen, die Werbung schalten wollen, wird die Ramschware sicher günstiger angeboten als jene etwas edleren bzw. kaufkräftigeren Profile. In der Struktur und Transparenz der Social Media fügen sich Menschen in kapitalistische Schemata der Produkt- und Konsumwelt, sie werden zur Ware.

Suche nach Aufmerksamkeit

Zurück noch einmal zu den Jugendlichen, die sich in ihrer Pubertät oft fragen, wer sie sind und sich von verschiedenen Menschen dazu eine Rückmeldung wünschen – zu jenen Jugendlichen, die nicht selten als Einzelkinder aufwachsen. Quasi-Einzelkinder sind es noch deutlich mehr, wenn man bei einem Altersunterschied von fünf oder mehr Jahren zwischen Geschwistern von einem Aufwachsen wie ein Einzelkind sprechen darf. Der Soziologe Ulrich Beck nannte die Familie übrigens soziologisch eine „Zombie-Kategorie"– eine Institution also, die eigentlich schon tot ist und dennoch irgendwie noch weiter lebt. Folgende Begebenheit zur Zombie-Institution in einem Regionalzug: Eine Mutter fragte ihre sichtlich genervte Tochter danach, wie es ihr so geht, wie die Schule läuft, was für Pläne sie für den Sommer hat. Irgendwann explodierte die Tochter und vorwurfsvoll brach es aus hier heraus – wenn ihre Mutter sich wirklich für sie interessiere, solle sie doch auf ihr Facebook-Profil schauen und nun endlich die Klappe halten.

Vor Smartphone und Facebook funktionierte die jugendliche Suche nach dem Selbst irgendwie anders, doch inzwischen scheint es nur noch mit einem solchen zu gehen. Verschiedene geteilte und gepostete Fotos stellen unausgesprochen die Fragen: Wie sehe ich aus? Sehe ich gut aus? Bin ich so in Ordnung? Werde ich so akzeptiert? Seit der Verbindung von Smartphone und Social Media erreichen uns diese Mitteilungen und Fragen augenblicklich. Die Übertragungsgeschwindigkeit nehmen wir nicht mehr als Geschwindigkeit wahr, sondern als Augenblicklichkeit. Die Intimität, die prothetische Verschmelzung von Mensch und am Körper getragenen Smartphone macht die plötzliche Annäherung sogleich spürbar als distanzlose Nähe. Ein entfernt klingelndes Telefon hat etwas von einem Rufen, ein am Körper vibrierendes Smartphone eher etwas von einer Hand, die sich einem plötzlich auf die Schulter legt; jegliche Annäherung fällt weg, nicht umsonst nennt Facebook eine kleine Kontaktaufnahme mit einem anderen Nutzer ein Anstupsen (to poke).

Absolute Abwesenheit und absolute Anwesenheit – Tantalusqualen

Das Plötzliche verursacht oft einen Schreck oder Schock. Ein Bild oder ein Satz erscheint auf dem Smartphone und erzeugt spontan eine Nähe, ruft plötzlich in Erinnerung. Es ist eine Nähe, die auf Zeichen, auf Symbolen und auf unserem Gedächtnis beruht. Die Nachricht einer Person – und sei es nur ein „Hallo!" oder ein „Wie geht's?" ruft in uns die Vorstellung dieser Person wach. Sie erscheint uns zugewandt und nah, jedoch ist es nur ein kurzes Auftauchen und Aufscheinen. Ebenso plötzlich, wie sie da war, ist sie wieder verschwunden. Die eigentliche Telefonfunktion des Smartphones wird von vielen Jugendlichen nur noch selten genutzt, viel verbreiteter sind Textnachrichten und Fotografien. Gerade mit jemandem zu kommunizieren, den man begehrt, oder der einen begehrt, gerade hier birgt das Smartphone eine enorme Macht und kann dadurch schnell libidinös besetzt werden. Die Ausdehnung der Psyche auf die uns umgebende Umwelt findet in einer transitorischen Umwelt, wie sie Marc Augé beschrieben hat, sicher weniger statt, dafür umso mehr auf jenen Geräten, auf die wir uns bei der Durchquerung dieser Umwelt verlassen.

Ich will diesem eben angesprochenen Vexierspiel aus Annäherung und Entzug ein Bild geben – in Form des griechischen Mythos von Tantalos. Tantalos war ein sehr mächtiger, reicher und von den Göttern geschätzter König. Die Götter waren der Einladung Tantalos' zu einem Gastmahl gefolgt, eine Ehre, die sonst kaum einem anderen König der Menschen zuteil kam. Tantalos hatte, um das Allwissen der Götter auf die Probe zu stellen, seinen jüngsten Sohn Pelops getötet und anstelle des sonst üblichen Fleisches diesen grillen und auftischen lassen. Außer Demeter hatten alle Götter diesen Frevel zugleich bemerkt. Nur sie hatte, um ihre geraubte Tochter Persephone trauernd, gedankenverloren in ein Stück der Schulter Pelops' gebissen. Die Götter warfen alle Stücke Pelops in einen Kessel und erweckten ihn zu neuem Leben. Tantalos hingegen verbannten sie in den Tartaros, einen besonders tiefen Ort des Hades. Dort wurde ihm eine besondere Strafe zuteil. Auf ewig stand er bis zum Hals im Wasser, doch wann immer er sich danach bückte, es zu trinken, verschwand es augenblicklich und war trotz der Nähe für ihn unerreichbar. Auch seinen Hunger konnte Tantalos nie stillen, obwohl zahlreich reife Früchte in greifbarer Nähe über ihm prangten und glänzten. Wann immer er die Hand nach ihnen ausstreckte, riß ein Wind sie in für ihn unerreichbare Höhe. Odysseus berichtet von seiner Begegnung mit diesem Elendigen:

> In einem Teiche stand, der ihm mit dem Wasser ans Kinn schlug.
> Dürstend schien er und konnte zum Trinken es doch nicht erreichen;
> Denn sooft er sich bückte, der Greis, im Wunsche zu trinken,
> So oft schwand es hinweg, verschluckt, und die Erde, die schwarze,
> Kam um die Füße hervor; ein Dämon machte sie trocken.
> Hochbelaubte Bäume gossen ihm Frucht übers Haupt hin,
> Apfelbäume mit glänzenden Früchten, Granaten und Birnen
> Und süß schmeckende Feigen und prangende grüne Oliven;
> Aber sooft er sich reckte, der Greis, sie mit Händen zu greifen,
> Schnellte sie immer der Wind empor zu den schattigen Wolken.[10]

In der deutschen Sprache hat dieser Mythos zum Begriff der *Tantalusqualen* geführt. Im Englischen hingegen wurde er zu einer weniger drastischen Metapher geformt. *To tantalize* ist hier das metaphorische Synonym von *to tease* – kein Quälen, sondern ein oft auch erotisch konnotiertes, manchmal auch spielerisches Reizen, bekannt schon durch den Begriff des *Strip-tease*.

Dieses Reizspiel, welches Werbeindustrie, Hollywood und Starpresse perfektioniert haben, ist mit dem Smartphone ein Spiel für jedermann geworden. Es lebt davon, ein Bild mit hohem Vexierwert zu produzieren. Auf der einen Seite erzeugen diese Begehren weckende Bilder beim Betrachter eine Erregtheit und Aufregung. Auf der anderen Seite fordern sie von jenem, der sein Bild zeigt, der sein Bild publiziert, sein Bild auch zu sein, seinem Bild auch zu entsprechen. Diese visuelle Vorprägung – jemanden zu kennen, ohne ihm je begegnet zu sein – erzeugt eine Erwartungshaltung: zu sein, wie auf dem Bild.

Sein Bild sein

Die spezifische Darstellungsform im Bild führt zu Erfahrungen, die man vielleicht Tinder-Effekt oder auch Tinder-Täuschung nennen könnte (Tinder ist eine Dating-Anwendung, die in der Auswahl nur nach dem Profilfoto einer Person geht). Tinder-Effekt wäre also wie folgt zu beschreiben: Auf dem Foto fand man jemanden schön oder attraktiv, in der Begegnung wird der hohe Ausstellungswert der Person jedoch von einer unangenehmen Stimme, einem irritierenden Körpergeruch, unerträglichem Verhalten oder dergleichen eher zunichte gemacht. Die Telekommunikation und Telerepräsentation mit Fotografien führen zu visuellen Vorprägungen und Erwartungen, die Enttäuschung dieser Erwartungen wäre dann der Tinder-Effekt.

Was vor dem Smartphone nur für Stars galt, nur sie waren ständig von Journalisten und Fotografen umlagert, gilt heute für zahlreiche Menschen. Heute kann man mehr und mehr davon ausgehen, dass wo immer auch jemand ist, auch mindestens eine Kamera anwesend ist. Im Gegensatz zum Star, dessen gut bezahlter Job es ist, für Bilder herzuhalten, werden gewöhnliche Menschen nicht für ihre Bilder bezahlt. Das Ansehen ist jedoch in jedem sozialen Zusammenhang von Bedeutung und kann, auf andere Art und Weise als Geld, Zugang zu gewissen sozialen Sphären ermöglichen, also umgemünzt werden. In einer Gesellschaft, in der das Ansehen sich auch nach dem Aussehen richtet – nicht nur nach dem leibhaftigen Aussehen, sondern auch nach dem Aussehen im Bild – macht es Sinn, die Produktion des Aussehens und damit des Ansehens nicht nur anderen zu überlassen. Das Selfie ist dementsprechend auch ein Zeichen der Initiative. Man überlässt es nicht nur anderen, das Ansehen zu produzieren, sondern hält den mitunter unglücklichen Fotos etwas gelungenere Bilder entgegen. Die inzwischen üblicherweise mit dem Smartphone aufgenommenen Selfies sind dementsprechend die pro-aktive und handliche Teilnahme an der visuellen Kultur. Die Güte der Kamera im Smartphone ist inzwischen ein wesentliches Kaufkriterium. Die Werbung von Apple für das iPhone 6 erwähnte gar nicht die telefonischen Qualitäten, sondern basierte einzig darauf, Fotos zu zeigen, die damit aufgenommen wurden. Auf den Plakaten, die diese Fotos zeigten, stand lediglich am Rand der Hinweis: „Shot on an iPhone 6". Da diese Kampagne so erfolgreich war, hat Apple sie später noch weitere Male aufgelegt.

Empfänger und Ausgeschlossener

Noch lange vor der alltäglichen Praxis, sich Fotos, Selfies und andere Bilder zuzusenden, verglich der französische Philosoph Roland Barthes das Bild mit dem Brief aus der Ferne, mit dem Brief, der von einer Sache berichtet, die ohne einen stattgefunden hat:

> Das Bild hebt sich heraus; es ist klar und deutlich wie ein Brief: es ist der Brief über das, was mir wehtut. Genau, vollständig, ausgefeilt, endgültig lässt er mir nicht den geringsten Raum: ich bin davon ausgeschlossen wie von der Urszene, die wahrscheinlich nur insoweit existiert, wie sie sich vor dem Umriss des Schlüssellochs abzeichnet. Und das ergibt denn auch endlich die Definition des Bildes: das Bild ist das, von dem ich ausgeschlossen bin.[11]

Mit der neuen Praxis wandelt Barthes' Definition sich von einer metaphorischen hin zu einer beinahe wörtlichen Bedeutung. Das Smartphone des Selfie-Senders holt den Empfänger des Bildes an das Schlüsselloch des Raumes, von dem er ausgeschlossen ist. Das *Tantalizing* wird mit dem Smartphone zu einem alltäglichen Spiel, nicht nur mit Selfies im Sinne eines Begehrens der Person, sondern auch in der weiteren Definition des Bildes von Roland Barthes, nach der das gepostete oder verschickte Bild der abwesenden Person zeigt, wo sie gerade nicht ist und was sie gerade verpasst. Eine ähnliche Funktion hatten früher auch Postkarten. Man stelle sich vor, man bekäme täglich mehrere solcher Postkarten zugestellt – etwa mit dem Text: „Hier ist alles schön, wir erleben tolle Sachen – schade, dass Du nicht dabei bist." Nun, Postkarten sind es nicht, aber viele jener Bildnachrichten auf dem Smartphone, oft ein Einzel- oder Gruppen-Selfie mit vielleicht noch einem erklärenden Satz dabei, sagen einem im Metatext genau dies: „Du hast schon wieder etwas verpasst!"

Man mag diese Nachricht zwar vielleicht mit einem „Oh, wie toll!" kommentieren, die eigentliche Reaktion scheint jedoch eher dissonant mit einem leichten seelischen Schmerz verbunden.

Psychologische Studien zum Wohlbefinden von Facebook-Nutzern deuten darauf hin, dass das Gros jener, die dort unterwegs sind, sich dadurch schlechter fühlt, sind sie doch eher passiv-reagierend – sie reagieren auf Mitteilungen anderer durch Kommentare und Gefallensklicks. Besser fühlen sich jene, die dort aktiv unterwegs sind und sehr viel posten (sehr zum Gefallen des Unternehmens Facebook). Dies führt zu einer starken Umverteilung von Aufmerksamkeit. Einige wenige werden aufmerksamkeitsreich, viele, die Aufmerksamkeit geben, erhalten jedoch keine Aufmerksamkeit zurück und werden aufmerksamkeitsarm.

Vom Automobil zum Smartphone, von McDonald's zu Facebook 131

Zerfasertes Selbst und zerhackte Zeit

Harmut Rosa hat sein Buch über Resonanz als Folge und Antwort zu seiner These der Beschleunigung geschrieben – Resonanz als Therapeutikum gegen Beschleunigung.[12] Der erste größere Theoretiker der Beschleunigung war jedoch der französische Philosoph Paul Virilio. Seine Arbeiten zum Thema schrieb Virilio in den 1970er und 1980er Jahren, als physische Beschleunigung tatsächlich ein jüngeres und neueres Thema war. Er reagierte auf jene Beschleunigung, die Autos, Züge und Flugzeuge in dieser Zeit einem größer werdenden Kreis der Gesellschaft ermöglicht haben und befasste sich mit den damals neuen Phänomenen des beschleunigten Transports von Menschen, wie etwa die erste TGV-Strecke zwischen Paris und Lyon 1981 und schon 1969 der erste Flug des Überschall-Passagierflugzeugs Concorde. Dass Hartmut Rosa nun in den 2000er und 2010er Jahren über Beschleunigung schreibt und eine Art Therapie vorschlägt, lässt vermuten, dass er die tatsächlichen gesellschaftlichen Entwicklungen nicht ganz erfasst hat, oder zumindest versucht, sie mit einer älteren, nicht mehr passenden Terminologie zu beschreiben. In Reaktion auf diese jüngere Mode der Beschleunigungstheorien von Rosa und anderen in den 2000er Jahren schrieb der Kulturphilosoph Byung-Chul Han: „Die Zeitkrise von heute heißt nicht Beschleunigung. Das Zeitalter der Beschleunigung ist bereits vorbei. Was wir derzeit als Beschleunigung empfinden, ist nur eines der Symptome der temporalen Zerstreuung. Die heutige Zeitkrise geht auf eine Dyschronie zurück [...] Der Zeit fehlt ein ordnender Rhythmus. Dadurch gerät sie außer Takt. Die Dyschronie lässt die Zeit gleichsam schwirren. Das Gefühl, das Leben beschleunige sich, ist in Wirklichkeit eine Empfindung der Zeit, die richtungslos schwirrt. [...] Verantwortlich für die Dyschronie ist vor allem die Atomisierung der Zeit [...] Aufgrund der temporalen Zerstreuung ist keine Erfahrung der Dauer möglich [...] So wird man selbst radikal vergänglich. Die Atomisierung des Lebens geht mit einer atomistischen Identität einher. Man hat nur sich selbst, das kleine Ich. Man nimmt gleichsam radikal ab an Raum und Zeit, ja an Welt, an Mitsein. Die Weltarmut ist eine dyschronische Erscheinung. Sie lässt den Menschen auf seinen kleinen Körper zusammen schrumpfen, den er mit allen Mitteln gesund zu erhalten sucht. Sonst hat man ja gar nichts. Die Gesundheit seines fragilen Körpers ersetzt Welt und Gott."[13]

Han widerspricht also der Beschleunigungsthese von Hartmut Rosa und betont, dass die Zeitkrise der Gegenwart nicht mit Beschleunigung, sondern mit einer Atomisierung und Zerstreuung der Zeit zu tun hat. Zeitkrise wäre demnach eine Krise der Ausrichtung und des Fokus. Sie entsteht nicht in der Linearität unseres Tuns, sondern in der Parallelität des Tuns, das, was man auch Multitasking nennt. Zeitkrise und ihre Begleiterscheinungen wie Burnout und Depression entstehen nicht im zielgerichteten Tun, sondern im Hin- und Herspringen und in einer zerhackten Zeit. Dieses Zerhacken der Zeit hat auch mit dem Verlust von Raum als Nähe und Distanz, als Verfügbarkeit und Unverfügbarkeit zu tun. Viele vereinzelte Menschen wollen eigentlich nicht alleine sein und wollen sich deshalb eher verfügbar als unverfügbar machen. Am einfachsten erscheint dies in den Social Media – man muss sich dafür weder zeitlich noch örtlich binden. In dieser Vereinzelung wendet man sich gerne jeder sozialen oder potentiell sozialen Hinwendung zu – und sei es nur einem Like auf Facebook oder Youtube oder eine andere aus der Ferne kommende telekommunikative Nachricht.

Noch einmal zurück zu Byung-Chul Hans Rede vom Rhythmus. – Der Zeit fehle ein ordnender Rhythmus. Doch was sind die Voraussetzungen für einen Rhythmus? Rhythmus ist ein spezifischer Wechsel von Tönen oder Geräuschen und Stille. Auf den Ton folgt eine Stille, auf die Bewegung ein Innehalten. Rhythmus bedeutet auch Regelmäßigkeit, Wiederholung, Rückkehr zu einem Anfang. Die Schwierigkeit dabei erscheint speziell die Abstimmung eines Rhythmus auf einen anderen Rhythmus oder mehrere Rhythmen. In einer Gesellschaft, deren Wahlsprüche sind: „Werde du selbst!" oder „Verwirkliche dich selbst!" und „Bleibe individuell!" gilt es als unpassend in der eigenen Selbstverwirklichung aufgrund der Wünsche anderer irgendwelche Kompromisse einzugehen.

Wie kann Zeit stabilisiert werden? Zum Beispiel mit einem Versprechen. Han schreibt: „Versprechen, Verbindlichkeit oder Treue z.B. sind genuin temporale Praktiken. Sie binden die Zukunft, indem sie die Gegenwart in die Zukunft kontinuieren und sie verschränken. Dadurch erzeugen sie eine temporale Kontinuität, die stabilisierend wirkt. [...] Wo die Praxis eines langfristigen Sich-Bindens, das auch eine Form des Schlusses wäre, der zunehmenden Kurzfristigkeit weicht, steigt auch die Unzeitigkeit, die sich auf der psychologischen Ebene als Angst und Unruhe widerspiegelt."[14]

Nach Nietzsche ist der Mensch das Tier, „das versprechen darf"[15]. Ein Tier, das so stark ist, dass es, obwohl es nicht Herr der Zukunft ist, sich dennoch herausnehmen kann, eine Vorhersage zu machen, der Ungewissheit eine Gewissheit entgegen zu setzen. Praktiken, die ein Versprechen beinhalten und sich damit der beängstigenden Ungewissheit der Zukunft entgegen stellen, sind Routinen und Rituale, aber auch andere Formen des koordinierten und abgestimmten Handelns – eines Handelns, das an einem Ort zu einer Zeit stattfindet. Für all solches Tun, soll es symphonisch und nicht kakophonisch sein (also abgestimmt und nicht chaotisch), sind Übung und Konzentration notwendig. Konzentration erfordert Bündelung der Aufmerksamkeit, Ausrichtung auf eine oder zumindest wenige Dinge. Ebenso erfordert das symphonische Tun, wie auch die symphonische Musik, eine Abstimmung des Tuns, wie des Innehaltens, des Sprechens, wie auch des Schweigens. Es gibt kaum eine feinere Synchronie als jene beim gemeinsamen Musizieren und Tanzen. Smartphone und Social Media bedeuten in den meisten Fällen eine eingefrorene, gebeugte Körperhaltung, eine Erstarrung und ein Starren und dabei eine Reduktion des Menschen auf das Sehen und Denken. Musizieren und Tanzen hingegen bedeuten eine Wiederbelebung der Nahsinne, eine Bewegung und ein Spüren der eigenen und anderer Leiblichkeit. Im Gegensatz zur Reduktion der Begegnung auf Bericht und Kommentar, Meldung und Rückmeldung, wie in den Social Media, sind Musizieren und Tanzen mit die intensivsten Formen eines gemeinsamen Handelns und somit vielleicht auch Keimzelle für ein neues Bewusstsein und Gefühl für Nähe wie auch für Distanz.

Anmerkungen

[1] Hier beziehe ich mich auf den Börsenwert der Unternehmen im Jahr 2017.
[2] Jean Baudrillard: Die fatalen Strategien, München 1991, S. 32.
[3] Ebd.
[4] Michel Houellebecq: Ausweitung der Kampfzone, Berlin 2006, S. 18.
[5] Jean Baudrillard: Das andere Selbst, Wien 1987, S. 32.
[6] Jaron Lanier: Wem gehört die Zukunft, Hamburg 2014, S. 23.
[7] Marc Augé: Nicht-Orte, München 2010, S. 124.
[8] Ebd.
[9] Dave Eggers: The Circle, New York 2013, S. 261.

[10] Homer: Odyssee, 11. Gesang, 583-592, Übersetzung Roland Hampe.
[11] Roland Barthes: Fragmente einer Sprache der Liebe, Frankfurt 1988, S. 63.
[12] Harmut Rosa: Resonanz – Eine Soziologie der Weltbeziehung, Berlin 2016.
[13] Byung-Chul Han: Duft der Zeit, Bielefeld 2009, S. 7.
[14] Ebd., S. 14.
[15] Friedrich Nietzsche: KSA Band 5: Jenseits von Gut und Böse, München 1999, S. 291.

Gerhard Fitzthum

Ohne Orientierung

Anmerkungen zum Verschwinden des Wegweisers

Der Medienhype um die modernen Jakobspilger hat die Formel vom „Auf dem Weg-Sein" so populär gemacht, dass sie auch für jenen wahrlich großen Anteil des Lebens verwendet wird, den man *nicht* in Wanderschuhen verbringt. Wer im Blick auf seinen Lebenswandel davon spricht, „auf dem Weg" zu sein, kann deshalb mit freundlichem Zuspruch, wenn nicht gar mit offener Bewunderung rechnen – in jenen Kreisen zumindest, in denen man hinter allem Tun und Lassen einen metaphysischen Mehrwert zu entdecken pflegt. Die besagte Redewendung erscheint hier als Ausdruck des Willens zur Authentizität, als Kennzeichen existenziellen Tiefgangs, als Dokument einer Kultur der Achtsamkeit. Menschen, die mit solchen Sprachspielen auf Kriegsfuss stehen, gehen da natürlich auf Distanz. Für ihren kritischen Realismus ist das alles nur Geschwafel und Selbstbeschwörung – billige Ausrede dafür, dass der Betreffende seine Ziele nicht konsequent genug verfolgt und deshalb kaum jemals dort ankommen wird, wohin er angeblich unterwegs ist.
Unter esoterischen Generalverdacht gehört die Wegmetapher aber trotzdem nicht gestellt. Immerhin transportiert sie die lebensphilosophische Grundeinsicht, dass der Verlauf unseres Daseins weder vorherbestimmt noch das Resultat klarer Richtungsentscheidungen ist, uns ein innerer Kompass fehlt, der uns zielsicher durchs Leben leitet, wir immer wieder an Punkte kommen, die uns zur Neuorientierung oder gar zu Kurskorrekturen zwingen. Das Sinnbild vom Auf dem Weg-Sein ist also mehr als Ausflucht und Alibi: Es hält in Erinnerung, dass wir zeitlebens auf Abzweigungen und Sackgassen achten müssen *und* dass wir selbst bei größter Aufmerksamkeit nicht dagegen gefeit sind, auch mal vom Weg abzukommen, die Peilung zu verlieren, in die Irre zu gehen.

Warum dies hier von Belang ist? Zum einen wegen der Ironie der Geschichte, dass die Metapher vom Lebensweg selbst dort noch munter fortlebt, wo gar keine Wege mehr beschritten werden: im Zeitalter der technischen Mobilität nämlich, in dem man zwar gewaltige Strecken zurücklegt, aber kaum noch solche, bei denen es Schritt für Schritt vorwärts geht, langsam genug, um auf situative Herausforderungen bedachtsam reagieren zu können. Und zweitens, weil das vertrauteste aller alltagspraktischen Elemente für die alte Dialektik von Wegefinden und Sichverlaufen gerade außer Gebrauch gerät: der am Weg- und Straßenrand stehenden Wegweiser. So unverzichtbar es für die räumliche Orientierung vor wenigen Jahren noch gewesen sein mag, die Zahl derer, die dieses wohlerprobten Hilfsmittels heute noch bedürften, nimmt rapide ab. Denn wer besäße es nicht, das technische Wunderwerk, das zur Serienausstattung der aktuellen Autogeneration gehört und abgekürzt Navi genannt wird? Anwenderfreundlich wie die im Handel befindlichen Navigationsprogramme inzwischen sind, machen sie Orientierung zum Kinderspiel, versprechen also nichts Geringeres als die Möglichkeit des Verirrens ein für allemal aus der Welt zu schaffen (und damit auch der Wegmetapher das Fundament zu nehmen).

Und damit sind wir beim Thema: Nahezu unbemerkt haben sich die zahllosen Richtungsschilder vor und an unseren Straßenkreuzungen in Restbestände einer untergehenden Mobilitätsepoche verwandelt, die allenfalls noch von Fahrschülern, hochbetagten Senioren und Fortschrittsverweigerern zur Kenntnis genommen werden. Dergleichen braucht einfach nicht mehr, wer über die Früchte des *Global Positioning Systems* verfügt, das die Menschheit den US-Militärs verdankt. Und erst recht nicht der, der sich eines jener selbstfahrenden Autos kauft, die seit neuestem unsere Straßen unsicher machen.

Ein ähnlicher Absturz droht den Wegzeigern an den Fuß- und Radwegen, die im Hinterland der motorisierten Zivilisation für Orientierung sorgen – im Flusstal, im Wald, im Gebirge. Statt sie zur Unterstützung ihres Raumbewusstseins zu nutzen und die gewiesene Richtung mit der wahrgenommenen Landschaft abzugleichen, schaut die digitale Avantgarde nur noch auf das Display eines GPS-Geräts, womit virtualisiert wird, was immer schon und eben noch als Kardinalmerkmal des menschlichen In der Welt Seins firmierte: die räumliche Orientierung.

Ein aktuelles Beispiel aus dem Kreis Recklinghausen: Findige Touristiker haben sich hier ein sogenanntes „Halden-Hügel-Hopping" ausgedacht, zwölf Themenwanderungen zu natürlichen und künstlichen Erhebungen im ehemaligen Zechenrevier. Auf den ersten Blick nichts Besonderes, hätte man sich nicht dafür entschieden, auf eine analoge Beschilderung zu verzichten und die Kulturwanderer über eine App zu leiten, die sie sich kostenlos herunterladen können. Die Gründe für diesen Schritt sind klar: Schilder aus Metall oder Holz sind teuer und schwer zu sichern: Souvenirjäger lassen das eine oder andere Täfelchen einfach mitgehen und jugendliche Vandalen ihre Wut an ihnen aus. Zum anderen meint man erwarten zu können, dass heute jedermann mit einem Smartphone ausgestattet ist. Warum das lästige Geschäft des Wegezeigens also nicht gleich an jenes Allzweckgerät delegieren, das moderne Menschen nicht nur irgendwo in der Tasche, sondern auch im buchstäblichen Sinne griffbereit haben?

Dass das Beispiel aus dem Ruhrgebiet Schule machen wird, darf als sicher gelten. Ob sich die Entwicklung zur digitalen Fernsteuerung ungebremst weiter fortschreiben wird, weiß aber niemand. Zwar eröffnen die zu Minicomputern mutierten Mobiltelefone ungeahnte Möglichkeiten, deren praktischer Nutzen außer Zweifel steht und deren Faszination sich kaum jemand entziehen kann. Doch womöglich ist man es irgendwann leid, vor jedem Ortswechsel erstmal auf einem Display herumzuwischen, das Hier und Jetzt des konkreten Draußenseins dem Rausch der virtuellen Omnipräsenz zu opfern, ein verkapseltes Leben zu führen, in dem das, was einmal Wirklichkeit genannt wurde, nur noch Kulisse und Epiphänomen ist. Wer will kann sogar erste Anzeichen einer Gegenbewegung ausmachen: Im Zuge der grassierenden Zertifizierung von Freizeitangeboten werden in den deutschen Mittelgebirgen seit einigen Jahren mit einer nie dagewesenen Akribie Wanderwege markiert – in erster Linie natürlich, damit sich nicht einmal mehr der größte Trottel verlaufen kann, aber auch, damit Genusswanderer nicht durch die Nutzung technischer Hilfsmittel wie Kompass, Karte und GPS aus ihrer kontemplativen Stimmung gerissen werden. Ganz ohne Zweifel wächst die Zahl derer, die es in ihrer Freizeit nach einer sinnlichen Gegenwelt zum Reich der Apparate und Simulationen verlangt. (Wobei freilich nach wie vor der Trend zur Totalverkapselung dominiert: Jogger mit Kopfhörer und Multifunktionschronometer etwa, in den sie ihren Wunschpuls und ihre Trainingsprogramme einspeisen – und denen man unterwegs besser aus dem Weg geht.)

Für einen Nachruf auf die Institution des Wegweisers ist es also noch zu früh. Trotzdem ist es höchste Zeit, sich seine Geschichte vor Augen zu führen und diese mit der gesamtgesellschaftlichen Entwicklung in Beziehung zu setzen. Schließlich haben gut positionierte Orientierungshilfen wie Steinmännchen, Grenzsteine und Farbtupfer Jahrhunderte lang auch den weltfernsten Gegenden ein menschliches Antlitz verschafft, Ortsunkundigen lebenswichtige Botschaften gegeben, die Terra incognita begehbar gemacht und damit besänftigt – ohne sie vollständig zu domestizieren, wohlgemerkt. Denn es waren Zeichen *in* der Natur, für die es ein eigenes, durch Erfahrung entstandenes Raumbewusstsein brauchte – Zeichen, die zu einer Welt gehörten, deren Teil man war, indem man sie durchschritt.

„Das war einmal!", werden Technikfreunde milde lächeln. Unter den Bedingungen der Satelliten-Navigation und der „Augmented Reality" sind die Wegmarken der alten Welt doch überflüssig geworden! So überflüssig wie Festnetzanschlüsse heute für die Fernkommunikation sind, oder Eimer, mit denen man das Wasser vom Dorfbrunnen nach Hause schleppt!

Doch in welcher Welt lebt, wer frei von sinnengestützten Interaktionen jene Räume durchmisst, die wir als ‚real' zu bezeichnen gewohnt sind? Was wird aus unserer Integrität als autonome, selbstbewusste, eigenmächtig sich selbst bewegende Leibwesen, wenn das Orientierungsproblem externalisiert wird? Wenn Hightech die Möglichkeit des Verirrens, und damit auch die des Wegfindens ausschließt? Wenn der von uns zurückgelegte Weg nicht dadurch entsteht, dass wir uns unserer Position im Raum besinnend für ihn entscheiden, sondern wir nur noch Anweisungen befolgen, die auf dem Display erscheinen oder über Lautsprecher an unser Ohr dringen? Angenommen, sie könnte uns überhaupt noch gelingen: Wäre die Rückkehr zur Selbststeuerung im Raum ein Baustein zur Persönlichkeitsstabilisierung oder ein Akt der Nostalgie, mit dem man sich für das Kuriositätenkabinett empfiehlt?

Beginnen wir mit dem Anfang: In der sprichwörtlichen Wildnis, gleich ob im Dschungel des Amazonasgebietes oder in den undurchdringlichen Wäldern Germaniens, von denen Tacitus sprach. Und konstruieren wir eine Situation, in der sich einer unserer bereits sesshaften Vorfahren in eine niemals zuvor betretene Gegend vorwagte. Was musste er tun, um wieder in sein Dorf zurückzufinden? – Nun, erstmal musste er tun, was er ohnehin tat: sich zum Lauf der Sonne in Beziehung setzen, die Landschaft nach Referenzpunkten abscannen und sich durch die geschulte Interpretation sinnlicher Wahrnehmungen ein Bild der topographischen Gesamtsituation machen. Darüber hinaus dürfte er sich markante Steine und Bäume eingeprägt oder vielleicht sogar Zweige abgeknickt haben. Das Ausstreuen von Kieseln und das Auslegen eines Fadens gehört dagegen dorthin, wo solche Geschichten tatsächlich zu finden sind: in die Märchen der Gebrüder Grimm oder in den Ariadne-Mythos der griechischen Antike.

Ganz bewusst Spuren zu hinterlassen ist eine einleuchtende Strategie, zumindest aus der Perspektive des modernen Zeitgenossen, der sich ja bereits im Stadtpark verirrt, keine Karten mehr lesen und kaum noch die Himmelsrichtungen auseinanderhalten kann. Wie realistisch ist aber dieser Blick auf unsere Urahnen? Könnte bei sogenannten Naturvölkern das Bewusstsein für die geomorphologischen Details ihres Aktionsraums nicht so geschärft gewesen sein, dass sie gar keine Markierungen mehr setzen mussten?

Dass wir Spätgeborenen nichts über deren Raumgefühl wissen, lässt uns für gewöhnlich zu den Lehrsätzen der philosophischen Anthropologie greifen, die in der ersten Hälfte des 20. Jahrhunderts formuliert wurden. Max Scheler und Arnold Gehlen definierten den Menschen als Mängelwesen, das von der Natur in Sachen Milieusicherheit und Instinktausstattung hoffnungslos vernachlässigt wurde – ein Befund, der nicht etwa beklagt, sondern als Garant unseres beispiellosen Erfolgs interpretiert wird. Schließlich ist es gerade die biologische Unterversorgung, die den Homo sapiens zum evolutionären Genie macht: Er muss seine angeborenen Mängel durch technisch-praktische Intelligenz kompensieren, was ihm perfekt gelingt, ihm einen im Naturreich sonst unbekannten Grad der Unabhängigkeit von der konkreten Umwelt verschafft – einer Umwelt, die ihm immer fremder wird, je mehr er sich von ihr emanzipiert. Die Verwendung des Navis wäre demnach die konsequenteste und arriviertste Kompensation eines gattungsspezifischen Defekts, ein weiterer Markstein auf dem Königsweg des Fortschritts, ein deutlicher Hinweis, dem Endziel der Weltgeschichte, der Herrschaft über die Natur in und außer uns, einen großen Schritt näher gekommen zu sein.

Doch waren die Menschen der sogenannten Vorgeschichte wirklich so hilflos? Mussten sie in eng abgesteckten Territorien bleiben, weil sie sich sonst heillos verirrt hätten? Waren sie also nur zu blöd, sich ein System der Selbstortung aufzubauen, wie es in den letzten zweihundert Jahren entstand, oder hatten sie ein solches gar nicht nötig? Folgt aus der

Tatsache, dass uns Heutigen die instinktive Souveränität der Bewegung im Raum fehlt, wirklich, dass die Ursache dafür in einem desolaten Sinnesapparat zu suchen wäre? Viel naheliegender wäre es doch anzunehmen, dass unsere Orientierungsschwäche keine anthropologische Konstante, sondern ein kulturelles Produkt ist – dass also die Fähigkeit, sich in der realen Umgebungswelt zu recht zu finden, von der jeweiligen Mobilitätspraxis abhängig ist. Wie sonst wären die Polynesier in der Lage, mit schlafwandlerischer Sicherheit bei Nacht und Nebel zwischen ihren Inseln hin- und her zu paddeln, ohne dafür Sextant und Kompass zu benötigen?

Wer sich immer schon ohne technische Hilfsmittel in freier Natur zurechtfinden muss, dürfte sich in dieser seiner Umwelt so gut auskennen wie der Digital Native des 21. Jahrhunderts im Paralleluniversum der Virtualität, in der er sich wie ein Fisch im Wasser zu bewegen gelernt hat. Am ehesten verkümmert die geographische Orientierung wohl dort, wo man sie für unwichtig hält, sie bereits durch spezifische Techniken ersetzt oder seinen Aktionsraum so sehr erweitert und seine Bewegungsgeschwindigkeit so sehr vergrößert hat, dass das erfahrungsgestützte, an körperliche Selbstbewegung zurückgebundene Raumbewusstsein leer läuft, im Gravitationsfeld der maschinengestützten Fortbewegung also. Polemisch gesagt: Jede Gesellschaft und jede Epoche bekommt das Orientierungsbewusstsein, das sie verdient. Ist dieses unterentwickelt, so lässt das nicht auf im Wesen des Menschen gründende Ausstattungsdefizite schließen, sondern auf den zivilisatorisch bedingten Mobilitätswandel, der den sinnlich gegebenen Umgebungsraum mehr und mehr zur Kulisse werden ließ.

Zugegeben: Die Frage, ob der Mensch immer schon gravierende Probleme mit der Orientierung hatte, oder ob er sie nur verlernt hat, ist nicht nur nicht sonderlich wichtig, sie kann auch nicht endgültig beantwortet werden. Eine Spekulation steht hier gegen die andere. Es ist nicht mal sicher, ob die zahllosen Schalensteine aus der Bronzezeit Relikte eines frühen Wegweisersystems sind, oder gerade umgekehrt, ein Indiz dafür, dass die Menschen dieser Epoche eines solchen gar nicht bedurften, weil ihnen das dichte Netz ihrer astronomischer Peilungen eine heute nicht mehr begriffliche Selbstortungskompetenz verschafft hatte.

Sicher ist indes, dass sich im Laufe der letzten 2000 Jahre verschiedenste Kulturtechniken gegen das Verirren heraus gebildet haben. Die Römer konnten jedenfalls bereits auf grobe Landkarten und Wegeverzeichnisse sowie ein zentral organisiertes Orientierungssystem zurückgreifen. Sie hatten 80 000 Kilometer Heer- und Versorgungsstraßen bauen lassen, auf denen neben Legionären auch Verwaltungsbeamte, Händler und Boten unterwegs waren. Die *viae publicae* und *viae militares* waren gut fünf Meter breit, mit Kies- oder Sandoberflächen oder sogar mit Steinpflasterung befestigt und schon von weitem erkennbar, weil beiderseits der Trasse sechzig Meter breite Sicht- und Sicherheitsstreifen gerodet worden waren. Für das straßentechnisch unerschlossene Hinterland hatte sich das städtisch geprägte Kulturvolk freilich weniger interessiert. Man darf davon ausgehen, dass sich die Römer immer dann, wenn sie die vertraute *urbs* verlassen mussten, entlang der besagten *viae* bewegten und die abseits gelegenen Gegenden den unterworfenen Völkern überließen, die wiederum genug Ortskenntnisse hatten, um auf ein eigenes Markierungssystem zu verzichten.

Mit dem Zusammenbruch des römischen Reichs kollabierte dann auch dessen Wegenetz und die Trassen verfielen. All denen, die sich in diesen unsicher gewordenen Zeiten noch aus ihrem unmittelbaren Lebensraum fort trauten, blieb nun nichts anderes übrig, als Einheimische oder Passanten nach dem Weg zu fragen. Unter den Bedingungen agrarischerer Gesellschaften war das auch kein Problem. Bis ins frühe 20. Jahrhundert hinein war die durchquerte Landschaft ja voll mit Menschen – mit Bauern, die ihre Felder bestellten, mit Hirten, die ihre Tiere von einer Weide zur nächsten trieben, und mit Händlern, Scholaren, Handwerkern, Tagelöhnern, Hausierern und Bettlern, die einem auf den Saumpfaden und Landstraßen entgegen kamen. Noch im 18. Jahrhundert bestand ein geschätztes Zehntel der Bevölkerung aus Vaganten – aus Zeitgenossen ohne festen Wohnsitz, die sich tagein, tagaus von einem Ort zum anderen bewegten. Reisen im engeren Sinne war hingegen ein Luxus, den sich die wenigsten leisten konnten. Schließlich musste man in der Lage sein, einen jener lokalen Führer zu bezahlen, die naturgemäß nicht das geringste Interesse daran hatten, Wegweiser aufzustellen, die ihre Dienstleistungen überflüssig gemacht hätten. Auskunftsgebern aus Fleisch und Blut bedienten sich auch die deutschen Könige, die mit hunderten von Reitern und stattlichem Fußvolk zur Kaiserkrönung über die Alpen nach Rom zogen, sowie die päpstlichen und weltlichen Gesandtschaften, die zu Konzilen und Bundestagen durch ganz Europa reisten.

An dieser *dialogischen* Art des Wegfindens sollte sich über viele Jahrhunderte nichts ändern: Wer sich in die Fremde aufmachte, war auf die

Informationen begegnender Menschen angewiesen, auf die er sich in aller Regel auch verlassen konnte.

Der prominenteste Typ des vormodernen Reisenden war der Pilger. Er war über Wochen und Monate zu Fuß unterwegs nach Rom, Jerusalem oder Santiago di Compostella. Nur Bessergestellte legten die Strecken zu Pferd zurück oder nutzten, wo immer es ging, den Seeweg. Angesichts der großen Menge der Wallfahrer war die Orientierung im Gelände kein großes Problem. Nicht nur aus Gründen der Geselligkeit, sondern auch um Überfällen vorzubeugen, zog man es vor, sich einer Gruppe anzuschließen. Zusätzlich erleichtert wurde die Unternehmung durch zahllose religiöse Wegbegleiter wie Feldkreuze, Wegkapellen und Brückenheilige. Sie gaben geographische *und* spirituelle Sicherheit zugleich, garantierten dem Pilger, unter göttlicher Obhut zu stehen und damit im doppelten Sinne auf dem richtigen Weg zu sein.

Wegweiser im eigentlichen Sinn werden die Wallfahrer des Mittelalters aber wohl kaum vorgefunden haben. Schließlich hätten sie die Ortsangaben gar nicht lesen können. Noch um das Jahr 1500 waren 95 Prozent der Bevölkerung Analphabeten.

Trotzdem taucht der Protoptyp des klassischen Wegweisers genau in dieser Zeit auf – ein senkrechter Holzpfahl, der mit einem waagrecht abstehenden Zeiger versehen war. Davon geht jedenfalls Martin Scharfe aus, der ein lesenswertes Buch über die Wegweiser und das Verirren geschrieben hat.[1] Das älteste Dokument, das der Marburger Ethnologe und Volkskundler aufgespürt hat, ist das „Narrenschiff" von Sebastian Brant aus dem Jahr 1494. Der berühmte Holzschnitt zeigt eine Art Bildstock, an dem ein ausgestreckter menschlicher Arm auf einen steinigen Weg weist, der sich in Richtung Horizont schlängelt. Zwei Jahrzehnte später folgt eine Zeichnung von Hans Holbein dem Jüngeren. Zu sehen ist hier ein in Pilgerkluft gekleideter vollbärtiger Mann, der auf ein dem Brant'schen Vorbild sehr ähnlich sehendes Marterl zugeht, aus dem eine hölzerne Hand mit gestreckten Zeigefinger ragt und ihm den Weg zu seinem Pilgerziel weist. Ob reale lebensweltliche Szenerien dargestellt wurden, ist bei beiden Kunstwerken unsicher. Frei erfunden dürfte die Gestalt dieser frühen Wegweiser aber wohl auch nicht gewesen sein.

Ein eigentliches Wegzeigersystem dürfte sich aber erst im Laufe des 18. Jahrhunderts entwickelt haben, als Landesregierungen wie die preußische und die württembergische das Aufstellen von solchen Leitmedien anordneten und das Beschädigen und Abmontieren unter Strafe stellten.

Ohne Orientierung 143

Geschichtliche Voraussetzung der infrastrukturellen Maßnahmen war, dass die *Not-* und *Kriegs*mobilität des Mittelalters und der frühen Neuzeit bereits durch die *Zirkulations*mobilität ersetzt worden war, die die moderne Welt kennzeichnet. Wege wurden zwar noch nicht zu Freizeitzwecken begangen, für einen erheblichen Teil der Passanten ging es aber weder um Fragen des Seelenheils noch um das nackte Überleben. Zwischen den europäischen Städten hatten sich nämlich Handelsbeziehungen mit den dazugehörigen Transportachsen etabliert und für ein gewisses Verkehrsaufkommen gesorgt. Es war dieser Warenaustausch, der eine Verbesserung der Straßen und eine Systematisierung des Markierungswesens erforderte. Von den abstrakten Wegezeigersystemen des 20. und 21. Jahrhunderts war man freilich noch weit entfernt, so Martin Scharfe:

„Die frühen Wegzeigerbeispiele, die wir kennen, sind wohl allesamt mehr oder minder naturgetreue Abbildungen des wegweisenden menschlichen Arms und der menschlichen Hand mit dem ausgestreckten Zeigefinger, entweder in Stein eingemeißelt oder aus Eisen geschmiedet, in Blech geschnitten, in Holz gesägt oder geschnitzt. ... Diese Hand-Zeichen waren aber nichts anderes als die fixierte Kommunikationssituation, die auf materielle Dauer gestellte Antwort auf die Frage: „Wo geht's nach A-Dorf und B-Stadt?" Die Institutionalisierung bedeutet natürlich, als unendlich oft reproduzierte Antwort, als Antwort auf Vorrat sozusagen, eine gewisse Emanzipation von der wirklichen Situation; aber die stumme Geste des Wegzeigers ist doch immer noch, paradox gesagt, eine *sprechende* Geste und keineswegs ein von der realen Frage-und-Antwort-Situation abgezogenes, keineswegs ein abstraktes Zeichen. [...] Der Wegzeigerpfahl mit der Hand [gehörte] noch voll und ganz einer Epoche und Kultur an, die durch mündliche und direkte Kommunikation gekennzeichnet war und zusammengehalten wurde."[2]

August der Starke war einer der ersten, die sich an einer flächendeckenden Systematisierung versuchten. In seinem Hoheitsgebiet, dem Kurfürstentum Sachsen, ließ er ab 1695 tausende dieser „Armsäulen" entlang der wichtigsten Post- und Handelsstraßen aufstellen. Weil sie sich als wenig haltbar erwiesen, sollten sie noch während seiner Amtszeit durch stabilere und repräsentativere Wegmarken aus behauenem Naturstein ersetzt werden. Da der Erlass von 1721 die Kosten für die bis viereinhalb Meter hohen kursächsischen Postsäulen den Gemeinden aufbürdete, gab es erheblichen Widerstand. Trotzdem wurden in den Folgejahren etwa 300 Distanzsäulen und etwa 1200 Straßensäulen aufgestellt. Man darf aber davon ausgehen, dass der Bedarf damit bei weitem nicht gedeckt war, die hölzernen Vorgänger mit der ausgestreckten Hand also weiterhin in Gebrauch blieben, vor allem natürlich außerhalb Kursachsens.

Die vollständige Ablösung von der archetypischen Kommunikationssituation deutete sich erst Ende des 19. Jahrhunderts an. Das aufklärerische Funktionsethos verlangte nun immer nachdrücklicher, dass der Irrtum, und damit auch das Verirren aus der Welt geschafft werden. Und es tat dies deshalb, weil sich die aufkommende Industriegesellschaft über Prozesse definierte, die sich vom zwischenmenschlichen Kontakt emanzipiert hatten. Um Warenaustausch und Personenverkehr effektiver zu machen, mussten die überkommenen Widerstände beseitigt werden, zu denen neben Territorialgrenzen und Zollgesetzen auch die Beschaffenheit der Straßen und ihre Beschilderung gehörten.

Wann immer von Karikaturisten der Zeit die vorsintflutlichen Mobilitätsverhältnisse gegeißelt werden sollten, stand als Chiffre des Nichtzeitgemäßen deshalb ein abgehalfterter Holzpfahl im Bild, der die Richtung noch per Handzeichen vorgab. Obwohl er Jahrhunderte lang gute Dienste geleistet hatte, erschien er nun als Dokument einer beschämenden Rückständigkeit, verwies er doch auch auf die anachronistische Kreatürlichkeit des Menschen, der mit Armen, Händen und Fingern die Epoche der Nichteffektivität versinnbildlichte und damit auch dann, wenn ein solcher Wegzeiger seinen praktischen Zweck erfüllte, an die dunkle Vergangenheit erinnerte, statt ins helle Licht der Zukunft zu weisen. Der menschliche Leib, den schon die christliche Theologie als Bürde und Zumutung ausgemacht hatte, galt fortan als limitierender Faktor auf dem Weg zum Fortschritt – als lästiges Anhängsel der vom menschlichen Geist geschaffenen Infrastrukturen, als Zeichen von Unzuverlässigkeit und Nichteffektivität, die es zu überwinden galt.

Um diesem Paradigmenwechsel sichtbaren Ausdruck zu verleihen, bedurfte es einer ganz neuen Signatur. Ein *abstraktes* Zeichen musste an die Stelle des anthropomorphen treten, ein Zeichen aus der gerade in Anwendung gekommenen Vektorlehre, ein Zeichen, das in der Lage war, die neue Zeit sichtbar zu machen – der *Richtungspfeil*. Eine gewisse Kuriosität liegt für Martin Scharfe aber darin, dass der Aufbruch zu neuen Ufern von einem ganz und gar archaischen Gegenstand illustriert wird:

„Es ist ja ganz merkwürdig, dass ein uraltes und frühzeitliches Artefakt – nämlich der Pfeil – eine neue und große symbolische Bedeutung erhält in einer Zeit, da es im täglichen Leben real keine Rolle mehr spielt; das Symbol steinzeitlicher Waffentechnik passt nun zu einer elaborierten, zur spätkapitalistischen Ökonomie."[3] „Es ist dieser Markt, der sich die Hindernisse aus dem Weg räumt und die modernen Verkehrsmittel schafft – die Eisenbahn, die Kunststraße, das Automobil – und die Hilfsmittel zur reibungslosen Regulation des Verkehrs."[4]

Deshalb ist es wohl kein Zufall, dass die ersten noch mit Schwanzfedern versehenen Richtungs*pfeile* um das Jahr 1900 auftauchten, just in der Phase der Verkehrsgeschichte, in der die Motorfahrzeuge die Straße zu erobern begannen:

„Es sind die Pfeile, mit denen man Beute macht […] Indem der Pfeil nun – statt der Hand – zur heiligen Hieroglyphe des Verkehrs wird, zeigt er an, dass dieser Verkehr ganz dem Kapitalismus unterworfen ist."[5]

Für Scharfe ist der Wege-Pfeil die „vielleicht bezeichnendste Gebärde der Zeit: Zeichen der Richtung, Zeichen der Ordnung, Zeichen der Eile, Zeichen der Ungeduld, Zeichen der Aggression."[6]

In der Tat zielt das neue Zeichensystem nicht länger auf die Gleichberechtigung zwischen den Verkehrsteilnehmern, sondern ergreift Partei – für diejenigen, die sich mit menschlichen Maßen nicht mehr aufhalten, die ohne Rücksicht auf Verluste durchstarten, keine Zeit mehr verlieren wollen. Es wendet sich also in erster Linie an den Autofahrer, jenen Protagonisten des Fortschritts, der mit seinem tonnenschweren Gefährt tatsächlich zur Bedrohung für seine Umwelt, zur „Waffe", wurde, einer „Waffe", der weltweit jedes Jahr mehr als eine Million Menschen zum Opfer fallen.

Damit kommt es zu einem durchgreifenden Bedeutungswandel der Örtlichkeiten, an denen sich die Wege verzweigen: Markierte das ortsfeste Artefakt mit der wegweisenden menschlichen Hand einen Ort des Innehaltens, des Nachdenkens und der wohlbedachten Entscheidung, vielleicht sogar der Umkehr, so ist der neue Richtungspfeil dieser menschlich-allzumenschlichen Basis entkleidet. Von einer Rat gebenden, zur Besinnung aufrufenden Instanz ist er zum Agenten der Beschleunigung geworden, zum Symbol eines Effektivitätsdrucks, der quer liegt zu den Kategorien des Humanen und auf die Nachzügler des Fortschritts, die zu Verkehrshindernissen gewordenen Fußgänger und Radfahrer, keine Rücksicht mehr nimmt. Wegkreuzungen sind seither nicht mehr Plätze des Verschnaufens, des Sichumschauens und der Gesprächsbereitschaft, sondern die des angehaltenen Atems, der sekundenschnellen Informationsverarbeitung, jenes auf Dauer gestellten Handlungsdrucks, den man heute Stress nennt.

Natürlich wird man einwenden, dass das Verhalten an der Kreuzung vor allem vom Charakter des Fahrenden abhängig ist. Schwer zu leugnen, gewiss, gleichwohl liegt die Unrast aber *auch* in der Natur der neuen Technik bzw. ihrer Anwendungslogik: Wer in seinem fahrbaren Untersatz daherbraust, würde ja selber zum Verkehrshindernis werden, wenn er vor den Straßenschildern stehenbliebe, um sich zu überlegen, wohin er eigentlich will. Nur ein Rowdy, der ihm die Vorfahrt nimmt, macht einen Autolenker des 21. Jahrhunderts aggressiver als ein mitten auf der Kreuzung anhaltender Verkehrsteilnehmer. Bedachtsamkeit gilt jetzt als Effektivitätsverlust, Durchatmen als Zeitverschwendung. In der Leistungsgesellschaft ist die Zeit eine betriebswirtschaftliche Größe und damit ganz anders getaktet, oder anders gesagt: Die räumliche Orientierung der mittelalterlichen und frühneuzeitlichen Mobilität ist durch eine raum*zeitliche* ersetzt – eine Orientierung, in der Zeit Geld ist.

Paradoxerweise wirkt die mit der Eile verbundene Nervenanspannung aber auch als psychische Entlastung, wodurch sie dem Einzelnen als Gewinn erscheinen kann. Die gehetzte Zielfixierung der modernen Mobilität verspricht nichts Geringeres als gleich zwei Ängste zu besänftigen: die Furcht vor dem Verirren im realen Raum und die Angst vor dem Stillstand, davor also, mit den Abgründen des eigenen Unterbewusstseins alleine gelassen zu werden.

Der Pfeil deutet gleichsam an diesen Abgründen vorbei, er suggeriert, dass es immer weiter geht, es keine Besinnung und keine Unterbrechung braucht, dass es nicht einmal einer Reflexion über das Ziel bedarf. Er lenkt von dem Gedanken ab, dass man dort ankommen könnte, wo das eigene Leben nun mal ankommt, an seinem Ende, dem Tod. Philosophisch gesprochen ist der die menschliche Hand ersetzende Richtungspfeil die Chiffre der Seinsvergessenheit, Vorzeichen der Freizeit-, Konsum- und Unterhaltungsgesellschaft, aus der jedes Innehalten und jede Bedenklichkeit getilgt ist. „Vorwärts!" lautet das Credo, egal wohin, denn Stillstand wäre Rückschritt, wäre Tod.

Mittlerweile ist das Fortschrittssymbol aber selber vom Fortschritt überholt worden, zumindest jener Pfeil, der auf im Gelände stehenden Schildern in irgendeine Richtung zeigt. Die Mehrheit der Autofahrer ist nämlich dazu übergegangen, sich von einem Gerät durch den Raum dirigieren zu lassen, das ihnen in Form einer menschlichen Stimme Anweisungen gibt. Bei der klassischen „Turn by turn"- Navigation erfährt der Verkehrsteilnehmer rein gar nichts mehr über den geomorphologischen Kontext seiner Unternehmung. Im richtigen Moment über den jeweils nächsten Schritt informiert werdend, muss er nur noch den Unterschied zwischen rechts, links und geradeaus kennen und bis drei zählen können: erste Ausfahrt aus dem Kreisel, zweite Ausfahrt, dritte Ausfahrt, „Biegen Sie jetzt ab!" Das Moment des Zweifelns, des Sich-entscheiden-Müssens zwischen zwei oder mehreren Alternativen ist eliminiert, das Be-Denken des eigenen Tuns unmöglich, die Gefahr des Sichvertuns unsichtbar geworden, alle Irritation ausgeschlossen. Orientierung ist folglich keine persönliche Herausforderung mehr, der man sich jeweils neu stellen muss, sondern Produkt einer hochentwickelten Dienstleistungsindustrie – ein käuflicher Service, über den man unterwegs so sicher verfügt wie daheim über die sich selbst regelnde Zentralheizung.

Damit scheint sich eine uralte Menschheitsgeißel, das Problem des Verirrens, in Nichts aufgelöst zu haben. Warum sollte man sich die Mühe machen, ein Raumbewusstsein zu entwickeln, wenn ausgereifte Navigationsprogramme überall zuhause sind, das erforderliche Orientierungswissen gleichsam aus dem Ärmel schütteln, über ein vollends geschlossenes Weltbild verfügen? Wäre das Beharren auf selbständige Richtungsentscheidungen da nicht ein Zeichen von Rückwärtsgewandtheit und falsch verstandenem Stolz, ja eine Form von Masochismus?

Wer so denkt, kann sich für aufgeklärt und illusionsresistent halten, macht es sich aber doch ein wenig zu leicht. Denn so sehr die Verwendung von Navigationsgeräten frei zu machen verspricht, macht sie auch abhängig – in erster Linie natürlich von den Global Positioning-Signalen aus dem Weltall, für deren Übertragung Satelliten zuständig sind. Und natürlich vom Funktionieren des Empfängergeräts. Fällt irgend etwas davon aus, gleich ob durch Versagen des Akkus oder durch einen

Hackerangriff, so ist man heillos verloren. Besonders folgenschwer ist das in Gegenden, die bislang ein Höchstmaß an Selbstorientierung verlangten – bei Bergwanderern beispielsweise, die sich voll und ganz auf ihr IT-Produkt verlassen haben und nun nicht mehr wissen, wie sie in die Zivilisation zurückfinden sollen. Doch auch im Straßenverkehr sind höchst unangenehme Pannen möglich. Ein Beispiel: Eine Busreise von Italien nach Frankreich. Zwei Fahrer, Italiener, eine Reiseleiterin, Italienerin. Keiner von ihnen war jemals an dem Ort, den wir ansteuern. Klar, dass der im Cockpit eingebaute Navigator aktiviert wird und alles seinen gewohnten Gang geht. Nach einer halben Stunde biegen wir dann nach Süden ab. Seltsam, denn auf der Karte sah das alles ganz anders aus. Dem Chauffeur scheint jedoch nichts aufzufallen, munter gibt er Gas. Doch dann passiert das, was man den GAU der technischen Navigation nennen könnte: Wir fahren auf eine markante Abzweigung zu, aber das Gerät bleibt stumm. Fahrer und Co-Pilot starren sich entsetzt an, auch die Reiseleiterin weiß keinen Rat. Sekunden später steht der Bus auf dem Randstreifen und die Katastrophe ist perfekt: Kein Mensch weiß, wo wir jetzt sind. Und das in einem radikalen Sinne des Wortes: Niemand weiß, wie das Dorf heißt, nach dessen Durchquerung wir eben abgebogen sind, wo wir eigentlich hergekommen sind und schon gar nicht, in welcher Richtung unser Reiseziel liegt. Wir sind also plötzlich aus der Welt gestürzt – oder genauer, in sie zurückgefallen, in jene alte Welt, in der man sich einmal nach Himmelsrichtungen, Landkarten und Ausschilderungen zu orientieren pflegte. Von wo sind wir aber zurückgekehrt? Wo waren wir bis zu diesem Zwischenfall? Was ist das für ein Zustand, in dem wir uns befunden hatten, jener Zustand, in dem wir uns durch das Tal der Arve bewegten, als ob es sich um eine dekorative Fototapete handelte?

Dass uns, den Fahrgästen, der geographische Überblick fehlt, ist erstmal nichts Ungewöhnliches. Sich eines öffentlichen Verkehrsmittels zu bedienen, heißt ja nichts anderes als sich die Mühen der Eigen-Orientierung zu sparen. Wer sich mit Hilfe moderner Transportsysteme durch den Raum schießen lässt, weiß nur noch im Idealfall, an welcher Stelle er sich jeweils genau befindet. Beim schnellsten der gegenwärtigen Verkehrsmittel, dem Flugzeug, weiß er es im Grunde nicht einmal am Ziel der Reise. Der Name für das Nichtangekommen-Sein, obwohl man körperlich bereits da ist, lautet Jetlag. Jedenfalls ist das Phänomen so alt wie die Eisenbahn, selbst im Postkutschenzeitalter wurde räumliche Orientierung schon delegiert, aus der Verantwortung und damit auch aus der Kontrolle des Reisenden genommen.

Der Unterschied zur geschilderten Überlandfahrt liegt jedoch auf der Hand. War das raumzeitliche Delirium in der Vergangenheit immer nur für die Passagiere reserviert, so sind es in unserem Fall die Fahrer selbst, die keine Orientierung mehr haben – sie, die von Berufs wegen genau dafür zuständig sind – sie, die aufzupassen versprechen, damit der Fahrgast nicht aufpassen muss. Indem sie die nötige Navigationsleistung von einem Computerprogramm erbringen lassen, wird dieses zum Subjekt der Orientierung, während die Akteure von einst zu bloßen Vollstreckern verkümmern, die sich diktieren lassen, was sie vor wenigen Jahren noch selbst gestaltet hatten. Freiheit und Versklavung erweisen sich so als zwei Seiten ein und derselben Medaille. Fällt die Technik aus, bricht auch die Welt der Befehlsempfänger zusammen, es öffnet sich jenes Nichts, von dem unsere Reisegruppe verschlungen zu werden drohte.

Von einem selbstverschuldeten Aufmerksamkeitsdefizit kann aber keine Rede sein! Wäre das Chauffeur-Duo einfach nur geistesabwesend gewesen, so wäre es an der besagten Kreuzung schlagartig in den Raum zurück katapultiert worden, aus dem es sich zuvor träumend oder multitaskend verabschiedet hatte. Beide hätten sich nun erinnert, wo sie zuletzt vorbeigefahren sind, die Route blitzschnell rekonstruiert und auf dieser Basis ein Fehlermanagement in Gang setzen, die verlorene Orientierung also wiederfinden können. Eben dies war aber unmöglich – Fahrer und Co-Pilot waren absolut hilflos, und sie waren dies, weil ihnen die sich in selbst-bewusster Fortbewegung konstituierende Raumbeziehung fehlte, an die sie hätten andocken können. Bezogen auf die konkretweltliche Umgebung waren sie die ganze Zeit schon gleichsam nirgendwo gewesen und waren deshalb auch jetzt, im Moment des Scheiterns, nirgends – Wesen aus Fleisch und Blut, die sich nicht im Gravitationsfeld ihrer dreidimensionalen Körper, sondern in einem ganz anderen, unsichtbaren Universum verortet hatten. Von den Fahrgästen unbemerkt, hatten sie sich in Bewohner einer virtuellen Parallelwelt verwandelt, die so lange nicht als solche erkannt (und damit auffällig) wurde, wie alles funktionierte, die digitale Kopie also mit dem Original – der realen, räumlichen Welt – deckungsgleich schien.

Eine solche Panne mag äußerst selten vorkommen, ist aber dennoch symptomatisch. Wer sich dafür entschieden hat, ungeprüften Instruktionen zu folgen, statt bewusst mit dem realen Umfeld zu interagieren, fühlt sich entlastet und läuft gerade dadurch Gefahr, Fehler zu machen, die ihm im Modus der Aufmerksamkeit erspart bleiben würden. Er fährt – wie drastische Einzelbeispiele zeigen – an einer Verkehrsinsel auch mal auf die Gegenfahrbahn, ungebremst in eine Garageneinfahrt oder sogar in den Fluss, wenn sich die vom Programm vorgesehene Fähre gerade am anderen Ufer befindet.

Doch es braucht gar keine derart spektakulären Missgeschicke. Die Navigation über GPS-Informationen auslesende Geräte ist schon im Normalfall fatal, nicht obwohl, sondern gerade weil sie das Verirren ausschließen. Das Verirren ist nämlich nicht nur die Fehlleistung, die sie auch ist, sie ist die conditio sine qua non jeglicher Orientierung. Unser Raumbewusstsein konstituiert sich nicht zuletzt aus den Fehlern, die wir gelegentlich machen. Erst durch diese erfahren wir, was richtig gewesen wäre, erst sie motivieren uns, mit der nötigen Sorgfalt nach Referenzpunkten Ausschau zu halten, erst durch sie lernen wir, welche Fallstricke der Fehldeutung auf uns lauern, erst durch sie entsteht jenes Grundmaß an Orientierungssicherheit, die verhindert, dass das Ankommen am gewünschten Ziel zum Glücksfall wird. Am nachhaltigsten lernt man eine fremde Stadt nun mal dadurch kennen, dass man sich einmal tüchtig in ihr verfährt. Niemals sonst ist die topographische Aufmerksamkeit derart geschärft, niemals sonst prägt sich das am Straßenrand Gesehene so tief ein, niemals sonst zeigt sich so klar, dass man eine Stadt *erkunden* muss, wenn man mit ihr vertraut werden will.

Doch kann man nicht auch durch Navi-Pannen etwas lernen? Über den dreidimensionalen Raum, in dem man soeben gescheitert ist, sicher nicht. Lerneffekte bleiben schon deshalb aus, weil man sich gar nicht verirrt hat. Wer bei der Selbstauslieferung an digitale Datenströme verschollen geht, kann dies nur deshalb mit dem herkömmlichen Sich-Verirren verwechseln, weil er auch in diesem Fall nicht mehr weiß, wo er ist. Das eine hat mit dem anderen aber nur wenig zu tun: Denn die uralte, Menschen aller Kulturen und Epochen bekannte Fehlleistung hebt stets mit ihrem Gegenteil, mit gespürter Orientierungssicherheit an: Man startet im Hier und Jetzt einer sinnlich gegebenen Umwelt und dehnt den vertrauten Raum durch die bewusste, zielgerichtete Fortbewegung aus, wobei der mitlaufende innere Kompass sicherstellt, dass man nicht verlorengeht. In diese Kontinuität der kontrollierten Selbststeuerung bricht *dann* überraschend das Chaos ein: mit symptomatischem Zeitverzug fällt einem auf, dass man in eine geomorphologische Konstellation geraten ist, die keine Positionsbestimmung mehr erlaubt. Dies, das spontane Bewusstwerden des Ortungsdefizits, die plötzliche Verwirrung der Sinne, das Entsetzen darüber, dass die mentale Karte im Kopf keine Entsprechung in der Außenwelt mehr findet, nennt man Verirren.

Dem Navi bleibt dergleichen fremd. Gegen jeden Irrtum gefeit, ist es gleichsam immer dort, wo es hin will, erweist sich also als immun gegen die Erfahrung des Verirrens, gegen das es erfunden wurde. Um zu realisieren, dass die Situation außer Kontrolle geraten ist, braucht es ausgerechnet die Instanz, deren Leistungen eben noch als überflüssig betrachtet wurden – das Selbst-Bewusstsein des menschlichen Nutzers. Einzig hier, im Sinneseindrücke verarbeitenden Gehirn, blitzt die Erkenntnis auf, dass der erreichte Ort nicht mit dem identisch ist, den man erreichen will, dass man hier „falsch" ist, wie die Alltagssprache das nennt. Von „Verirren" kann dennoch keine Rede sein: Wer sich gleich beim Losfahren einer Software überantwortet, driftet in ein gespenstisches Nowhereland hinaus, in dem er von Anfang an im vollen Wortsinne orientierungslos ist. Wer aber keine Orientierung hat, kann sich unmöglich verirren!

Aus eben diesem Grund wird eigentlich auch kein Weg zurückgelegt, so lange die zu überwindende Distanz auch sein mag. Zu einem Weg wird die zurückzulegende Strecke erst durch ein Subjekt, das sich zu dieser in Beziehung setzt, das also den gelegentlichen Wechsel des Anforderungsprofils registriert. Tut es dies, so unterteilt sich die Gesamtstrecke in mentale Durststrecken, in denen alles klar ist und man vor sich hindämmern kann, und in Schlüsselstellen, in deren Gravitationsfeld man höllisch aufpassen muss. Das Navigationsprogramm nivelliert diesen Unterschied, die Passagen mit erhöhter Grundspannung verschwinden komplett, die Fortbewegung wird entkontextualisiert. Was die innere Beteiligung anbelangt, so verflacht sich das Mobilitätsgeschehen zu einer Art Wachkoma, das keine Situationen der persönlichen Bewährung und damit auch kein Subjekt der Orientierung mehr kennt. In diesem gespenstisch leeren Kosmos ist nun alles eins – und alles Nichts.

Natürlich kann man sagen: Macht doch nichts – wie bescheuert müsste sein, wer heute noch auf das Knowhow pocht, das sich dem Verirren verdankt? Dank der Allgegenwart technischer Assistenzsysteme sind wir doch längst in der komfortablen Situation, auf das persönliche Lernfeld des Irrtums verzichten zu können! Wenn es beim Navigebrauch zu Situationen kommt, die uns als dysfunktional erscheinen, lässt sich das verfehlte Ziel ja wieder neu eingeben bzw. die Zielvorgabe nachjustieren. Auch dann, wenn man 100 Kilometer in die entgegengesetzte Richtung gefahren ist, wird einen das Navi früher oder später ans Ziel bringen. Wenn man genug Geld zum Nachtanken dabei hat jedenfalls.

Doch selbst wenn es stimmte, dass persönliche Orientierungsleistungen inzwischen *objektiv* unnötig wären, erspart dies nicht die Frage nach der mentalen Zuträglichkeit dieser Entlastung. Schließlich etabliert die digitale Navigationstechnik ein System von Befehl und Gehorsam, das Eigenmächtigkeit und Selbstverantwortung außer Kraft setzt, den Fahrzeuglenker zum Hund degradiert. Dass die Demontage der Handlungssouveränität nicht nur hin und wieder bemerkt, sondern auch als schmerzlich erfahren wird, leidet keinen Zweifel. Wer hätte nicht schon einmal einen Autofahrer beobachtet, der den Aufstand probt, eine Art zivilen Ungehorsam leistet? Er tut das, indem er hintersinnig grinsend an einem bestimmten Punkt einfach nicht mehr macht, was das Gerät von ihm verlangt. Damit meint er, der Versklavung zu entkommen und den elektronischen Befehlsgeber aus der Fassung zu bringen, zwingt er das Programm auf diese Weise doch dazu, die Durchsetzungsversuche der errechneten Route aufzugeben und einen neuen Vorschlag zu machen, über die Landstraße etwa, statt über die Autobahn.

Dass die verlorengegangene Entscheidungshoheit damit zurück gewonnen wäre, ist freilich eine Illusion. Denn auch der erzwungene Routenwechsel folgt der Logik des Systems, dem man ein Schnippchen geschlagen zu haben glaubt. Man hat ja nur die Vorgabe geändert, auf die das Programm stets wieder mit einer neuen Vorgabe reagiert. Die einzig wirkungsvolle Strategie gegen die Selbstentwürdigung ist und bleibt nun mal der Ehrenkodex, auf den sich die Londoner Taxifahrer am Ende ihrer dreijährigen Ausbildung verpflichten: grundsätzlich *ohne* Navi zu fahren.

Freilich unterwerfen sich nicht alle der neuen Technik so bedingungslos wie der 68-jährige Mercedesfahrer, der sich auf dem Weg zu seinem Hotel derart tief in eine immer schmaler werdende Sackgasse der Villacher Fußgängerzone lotsen ließ, dass er nur noch durch den Kofferraum ins Freie kriechen konnte. Viele von denen, die noch auf analoge Orientierungserfahrungen zurückgreifen können, lassen das Gerät nur nebenbei mitlaufen, während sie sich ganz konventionell nach Schildern orientieren und sie folgen gerade nicht den Umleitungsvorschlägen der Stauwarnungsapp, weil sie klug genug sind zu wissen, dass man damit jenen Stillstand provoziert, dem man zu entgehen hoffte. Trotzdem ändert sich auch beim selbstbewussten Navi-Nutzer die Welt, durch die er sich bewegt. Gerhild B. etwa weiß den praktischen Nutzen des kleinen Helfers durchaus zu würdigen, erlebt die damit entstandene Abhängigkeit aber auch als Verarmung. Die Pharmareferentin ist seit 25 Jahren im Außendienst und fährt seit langem Firmenwagen mit eingebauten Navigationsgeräten.

„Auf Strecken, die ich mir in den lang zurückliegenden Jahren erfahren habe, als die Karte die einzige Orientierungshilfe war, fühle ich mich noch heute wie Zuhause. Strecken, die ich von Anfang an mit Navi ansteuere, bleiben mir hingegen so fremd, als ob ich hier das erste mal fahren würde."

Wohin diese Abhängigkeit zuletzt führe, sehe sie bei ihren jüngeren Arbeitskollegen. Die eine nehme sich drei Tage Urlaub, wenn ihr Auto zur Reparatur sei und ihr kein Leihwagen mit Navi zur Verfügung gestellt werde. Der andere scheitere immer wieder daran, sinnvolle Tagestouren zusammenzustellen, weil das Navi zwar Einzelorte zuverlässig findet, die für die Vorab-Planung nötige geographische Übersicht aber nicht liefern kann. Für die braucht es nun mal eigene Welterfahrung, ein wenigstens rudimentäres Koordinatensystem im Kopf und die Fähigkeit Karten zu lesen. Wer permanent ohne Eigenorientierung unterwegs ist, gerät in einen unendlichen Regress der Abhängigkeiten, braucht immer mehr technische Unterstützung und eher früher als später auch die App, mit der er sein abgestelltes Auto wiederfindet.

Die Sehnsucht nach dem verlorenen Überblick scheint inzwischen aber erkannt. So hat eine interdisziplinäre Forschungsgruppe an der Universität Münster eine grundlegende Reformierung der Navigationsprogramme vorgeschlagen und eine ganz neue Version entwickelt. Die entsprechende Software gibt nicht länger einfach nur abstrakte Richtungsanweisungen, sondern beschreibt auch die Örtlichkeiten, an denen die Richtungswechsel stattfinden sollen. Statt „Biegen Sie nach 300 Metern rechts ab!", heißt es nun „Fahren Sie direkt vor dem Gewerbegebiet nach rechts! " oder „Nehmen sie am Ende der Altstadt die neue Brücke." Auf diese Weise soll ein Bewusstsein für die Eigenheiten des Raums geschaffen werden, durch den man gelenkt wird. Am Ende des Tages weiß man dann, dass Stadt X ein historisches Zentrum, ein Gewerbegebiet und einen Fluss besitzt und das nette kleine Hotel auf seinem anderen Ufer liegt. Man hat also ein grobes Bild von der dreidimensionalen Szenerie im Kopf, die man ansonsten blind durchquert hätte. Das sich zunehmend entleerende Raumbewusstsein erhält auf diese Weise ein paar Anhaltspunkte zurück.

Der Vorschlag ist bedenkenswert, kein Zweifel. Immerhin wird der Autofahrer auf diese Weise daran erinnert, dass er ein körperliches Wesen ist, das sich nicht in einer digitalen Simulation bewegt, sondern in jener Welt, die man als „real" zu bezeichnen gewohnt ist. Über bloße Schadensbegrenzung kommt das aber wohl nicht hinaus. Denn nun hat man zwar die einzelnen Dinge wieder gewonnen, nicht aber den Raum, der sie zusammenhält.

Aber ist das Verlangen nach Mobilitätsautonomie, nach Unabhängigkeit von digitalen Orientierungshilfen, nicht vielleicht ein gänzlich falscher Ehrgeiz, ein wirklichkeitsferner Anspruch? Tut, wer die totale Selbstmächtigkeit verlangt, nicht so, als könne man die Geschichte zurückdrehen – in die unvordenklichen Zeiten, in denen jeder noch alles selbst machen konnte, zumindest noch ohne die Assistenz ausgefeilter kultureller Systeme auskam? Ist es nicht eine historische Notwendigkeit, dass uns immer mehr jener ursprünglichen Fähigkeiten und Fertigkeiten abhanden kommen, die unseren Urahnen das Überleben sicherten?

In der Tat taugen Verweise auf das, was uns in der Frühphase der Gattungsgeschichte geprägt hat, wenig für die heutige Alltagspraxis. Wir leben nun mal in einer technisch abgesicherten, arbeitsteilig organisierten Welt, in der wir vom Selbermachen und Selberkönnen nachhaltig entlastet sind. Entlastet sein heißt dabei, dass der Einzelne von Vorleistungen anderer profitiert, er sich im Alltag Menschen, Institutionen und Geräten anvertrauen kann, die etwas schneller und besser können als er selbst. Zumindest in den modernen Industriestaaten ist die Entfremdung so weit fortgeschritten, dass kaum noch jemand in der Lage wäre, sich ohne fremde Hilfe zu versorgen, seine Nahrungsmittel selbst anzubauen, in Wald und Flur Essbares von Nichtessbarem zu unterscheiden oder Tiere zu jagen, zu töten und zu zerlegen.

Wäre es vor diesem Hintergrund nicht grotesk, die instrumentelle Autarkie des Einzelnen zu beschwören, auf jenen archaischen Kampf ums Dasein zu pochen, der uns glücklicherweise erspart bleibt? Was machte es für einen Sinn dagegen aufzubegehren, dass inzwischen auch das räumliche Manövrieren unserer Körper von Geräten abgesichert wird, wenn wir uns doch ohnehin nur noch in Geräten sitzend vorwärtsbewegen? Ist die Degeneration unserer Selbstortungsfähigkeiten nicht der notwendige Preis für das Leben in Wohlstand und Mühelosigkeit, das wir alle so schätzen?

Dass der Freiheitszugewinn durch technisch-praktische Errungenschaften ohne Autonomieverlust des Einzelnen nicht zu haben ist, gehört zu den Dialektiken des Fortschritts, mit denen man sich wohl tatsächlich abfinden muss! Aber wird mit der Veräußerung der räumlichen Orientierung nicht vielleicht doch eine Grenze überschritten? Ist es nicht etwas *fundamental* Anderes, ob jemand beim Zubereiten eines Rebhuhns keine Ahnung hat, wie er die Federn aus der Haut des geschossenen Vogels bekommt, oder ob er nicht mehr weiß, wie er aus dem Wald herausfindet, in dem er das Tier gejagt hat? Im ersten Fall ist eine bestimmte Technik in Vergessenheit geraten, im zweiten das In der Welt Sein insgesamt fragil geworden. Ist das Wissen, wo man sich befindet, wirklich nur ein Randphänomen der persönlichen Realitätstüchtigkeit, oder nicht geradezu umgekehrt deren Grundlage und Vorraussetzung – unhintergehbare Basis der je eigenen Selbst-Gewissheit, Garant eines Identitätsbewusstseins, das diesen Namen noch verdient?

Die Frage ist ohnehin nicht, ob jemand, der zwei Stunden bewusstlos seinem Navi folgte, nach dem Abstellen seines Fahrzeugs noch aus der Tiefgarage herausfindet. Davon darf man ausgehen, weil die Selbstbefreiung aus den Neonlabyrinthen des Parkhauses ja täglich geübt und zudem ganz anachronistisch mit Richtungspfeilen abgesichert wird. Die Frage ist vielmehr, welchen ontologischen Status die analoge Welt für die künftigen Generationen noch haben wird, wenn das selbstbewusste Draußensein nicht länger zu den biographischen Primär- und Grunderfahrungen zählt?

Die heute 20- bis 30-jährigen dürften dieser Welt schon ein Stück weit abhanden gekommen sein. Damit sie nicht einem Verkehrsunfall zum Opfer fallen konnten, wurden sie im Kinder- und Jugendlichenalter von ihren besorgten Müttern Tag für Tag mit dem Auto in Kindergarten und Schule chauffiert, womit ihnen jene elementare Raumerfahrung genommen wurde, mit der wir Älteren uns einst noch als Bewohner eines raumzeitlich bestimmten Mikrokosmos stabilisieren, Umweltvertrauen und damit auch Selbstvertrauen aufbauen konnten. Auch das

Fenster nach Draußen, auf das sich Schulkinder früherer Zeiten noch unbändig gefreut hatten, bleibt heutzutage zumeist verschlossen. Statt nach Mittagessen und Schulaufgaben zum Spielen an die frische Luft zu gehen, tauchen die Kids in die Intermundien der Playstations, der Smartphones und des Fernsehens ab – in virtuelle Paralleluniversen, in denen es naturgemäß keine Berührungspunkte mehr gibt mit jener alten Welt, deren Erscheinen weder auf Mausklicks noch auf Tastenbefehle angewiesen ist, die vielmehr aus sich selbst heraus besteht – eigendynamisch, selbstgesetzlich, mit jener Schwerkraft ausgestattet, die die deutsche Sprache Wirklichkeit nennt. Dieses mit Elementen der Natur durchsetzte Reich der Dinge, das ehedem noch laufend, springend, kletternd, also unmittelbar, mit allen Sinnen erfahren wurde, ist drauf und dran, hinter seinen medialen Vermittlungen unsichtbar zu werden. Statt mit Haut und Haaren erlebt und erschlossen zu werden, wird es in erster Linie durch Windschutzscheiben oder auf Displays und Bildschirmen gesehen – wo es selbst dann nicht real wird, wenn man auf der Suche nach Pokémons in die wahre Welt hinauszieht.

Das alles wäre vielleicht nur eine kulturgeschichtliche Marginalie, verlören wir mit dem ganzheitlichen Erfahrungsraum nicht auch die Beziehungen, die wir über unseren Sinnesapparat zu den Eigenheiten und Gegenständen der Natur unterhalten – den letzten Rest an ‚Erdung', wenn man so will. Unter den Bedingungen solch frei schwebender Selbstbezüglichkeit verstärkt sich zwangsläufig der Eindruck, nicht mehr dem materiellen Universum anzugehören, aus dem wir hervorgegangen sind – eine Wahnvorstellung, die uns nur deshalb nicht als monströs erscheint, weil sie mit den weltanschaulichen Grundfesten unserer Kultur im Einklang steht. Zum christlich-abendländischen Selbstverständnis gehört es nun mal, von einer letztlichen Unzugehörigkeit zur Natur auszugehen, von einem menschlichen Sonderstatus, der uns dieser gegenüber ins Recht setzt, sie zum unbedachten Verbrauch freigibt. Bis zu Francis Bacon und René Descartes waren das intellektuelle Spiegelfechtereien, die für die Alltagspraxis keine Auswirkungen hatten. Seit der Entfesselung der modernen Wissenschaft disponiert der kategorische Autonomieanspruch dann aber dazu, das Andere in seinem Anderssein aufzulösen, sich die Natur einzuverleiben, sie vollends in eine Menschenwelt umbauen zu wollen – in eine Welt, in der uns nichts Fremdes mehr begegnet. In gewisser Weise erfüllt sich damit das weltgeschichtliche Programm der christlichen Zivilisation. An seinem Ende steht das monadenhaft verkapselte, nur noch mit seinesgleichen kommunizierende Ego, gibt es nur noch Menschen, deren Produkte und Simulationen, gilt nur noch als real, was wenigstens verfilmt wurde.

Wäre die Ablösung von unserem ureigensten lebensweltlichen Biotop mit wachsendem Wohlbefinden verbunden, so spräche vielleicht auch gar nichts dagegen. Die Kollateralschäden dürften sich jedoch als schmerzhaft erweisen. Die Transformation einer Welt, *in* der wir leben, zu einer Welt, deren primärer Referenzpunkt das Universum des Selbstgemachten ist, droht nichts Geringeres als einen vollständig entwurzelten Leib zu hinterlassen. Obwohl Bedingung der Möglichkeit jedes Selbstseins erscheint dieser jetzt vornehmlich als Fremdkörper und Störfaktor, wird also nicht länger als integraler Bestandteil, eigentliche Basis und letzte Sicherheit unserer Existenz begriffen, denn als böse Erinnerung daran, dass wir Teil jener Natur sind, die ‚draußen' zu halten wir uns soviel Mühe geben – als böse Erinnerung, dass wir dem Lauf alles Irdischen unterworfen bleiben, alt und krank und schließlich sterben werden. Dass wir all jenen unschönen Dingen überantwortet sind, von denen wir in den aseptischen Schutzräumen des Worldwideweb nicht erreicht werden können.

Ein natürlicher Organismus, der mit Denk- und Reflexionsfähigkeit begabt ist, sich der Natur aber nicht mehr zugehörig fühlt, wird sich nirgendwo mehr heimisch fühlen, kann auf die neue conditio humana nur mit Angst reagieren, wird das Reich des Werdens und Vergehens immer nachhaltiger aus dem Bewusstsein verdrängen müssen. Er wird die verlorene Bodenhaftung also dadurch wiederzugewinnen versuchen, dass er zur natürlichen Umgebungswelt und damit auch zur Natur in sich selbst noch weiter auf Distanz geht. Unnötig zu erwähnen, dass jeder Terraingewinn hier nur ein Pyrrhussieg sein kann, uns weiter und weiter von dem wegführt, das uns Halt und Orientierung geben könnte – weiter weg vom gesunden Fatalismus, jener belebten und belebenden Welt anzugehören, die uns auch dann umgibt, wenn wir unsere Augen vor ihr verschließen. Wo der irdische Kontext unserer Existenz verblasst, öffnet sich nicht das Reich der Freiheit, sondern der Abgrund der Omnipräsenz – das wahrhaft unheimliche Gefühl überall und nirgends zugleich zu sein.

In der Frage der modernen Navigationssysteme geht es also um mehr als um den Verlust einer spezifischen instrumentellen Kompetenz. Es geht um die Frage des Menschseins überhaupt, die Frage, ob sich der multimedial vernetzte Zeitgenosse noch als Teil der durch Werden und Vergehen bestimmten Welt erlebt, wenn er den PC herunterfährt und die Wohnung verlässt, oder ob er sich in einer überdimensionierten Computersimulation wähnt, in der man immer wieder auf ‚Start' gehen kann – in einem zwischen Sein und Nichtsein oszillierenden Gebilde, in dem man ihm durch Leuchtdioden an der Bordsteinkante signalisieren muss, dass er *wirklich* tot ist, wenn er beim Überqueren der Straße nicht auf die Ampel schaut.

Anmerkungen

[1] Scharfe, Martin: Wegzeiger. Zur Kulturgeschichte des Verirrens und Wegfindens. Jonas Verlag, Marburg 1998.
[2] a.a.O., S. 56 ff.
[3] Ebd., S. 70.
[4] Ebd., S. 72.
[5] Ebd., S. 74.
[6] Scharfe, Martin: Pfeil-Wut. Das Piktogramm als ‚Gebärde der Zeit', in: Bricolage, Innsbrucker Zeitschrift für Europäische Ethnologie, Heft 6, innsbruck university press, 2010, S. 227.

Hans-Martin Schönherr-Mann

Die apokalyptische Wiederkehr der Geschichtsphilosophie

Zur Aktualität des Denkens von Karl Marx

Dass Marx in aller Munde sei, lässt sich nicht gerade behaupten. Aber seit der Finanzkrise um das Jahr 2008 finden jene wieder mehr Gehör, die sich nach wie vor an Marx orientieren.

Zudem ballen sich 2017 und 2018 die Gedenktage. 1867 erschien sein Hauptwerk *Das Kapital*, genauer Band 1, der jedoch auch der einzige blieb, den Marx selber publizierte. Die beiden anderen wurden von Engels aus dem Nachlass von Marx zusammengestellt.

Letztes Jahr am 6. und 7. November jährte sich die Oktoberrevolution zum 100sten Mal. Dabei kamen nur etwa acht Menschen ums Leben – ein historischer Glücksfall, der indes nicht lange anhielt. Danach artete die Umwälzung der Produktionsverhältnisse erst in einen jahrelangen blutigen Bürgerkrieg aus, dann in eine Kollektivierung, die Millionen Menschen das Leben kostete, an die sich eine forcierte Industrialisierung anschloss, die auf Bedürfnisse der Bürger überhaupt keine Rücksicht nahm.

Und dieses Jahr am 5. Mai 2018 ist Marx 200ster Geburtstag. Man könnte noch auf den Mord an Rosa Luxemburg und Karl Liebknecht am 15. Januar 1919 hinweisen nach der Niederschlagung des Spartakus-Aufstandes.

Warum aber wird Marx ansonsten wieder häufiger erwähnt? Was ist an seinem Denken noch aktuell, was ist es nicht? Das ist gar nicht so einfach zu beantworten.

Die Magie der Geschichtsphilosophie

Wenn etwas im Denken von Marx out sein sollte, dann ist es eigentlich seine Geschichtsphilosophie, weil sich allein aus logischen Gründen die

Zukunft nicht voraussagen lässt. Allemal hilft dabei auch kein Blick zurück. Trotzdem hat Marx' Geschichtsphilosophie das Bewusstsein der Menschen nicht nur bis weit ins 20. Jahrhundert hinein geprägt.

Kehrt die Geschichtsphilosophie heute wieder, beispielsweise beim innovativsten Rezipienten von Marx in den letzten Jahren, nämlich beim britischen Fernsehjournalisten Paul Mason und seinem umfänglichen Buch *Postkapitalismus*, 2015 in England erschienen? Denn Mason bemerkt: „Die ursprüngliche Analyse von Marx, der in *Das Kapital* beschrieb, wie die Marktmechanismen zum Zusammenbruch führen, ist jedoch weiterhin gültig und unverzichtbar für das Verständnis der Mutationen des Kapitalismus."[1]

Bereits in den *Ökonomisch-philosophischen Manuskripten* von 1844 entdeckt Marx die Ökonomie als die Grundlage aller gesellschaftlichen Entwicklungen. Hegel gründet den historischen Prozess noch primär auf die Ausdifferenzierung des Rechts, in der sich die Idee des Rechts realisiert. Daraus leitet er seine berühmte Bestimmung ab: „Die Weltgeschichte ist der Fortschritt im Bewusstsein der Freiheit – ein Fortschritt, den wir in seiner Notwendigkeit zu erkennen haben."[2]

Dass ein geistiges Prinzip wie das Recht zum Maßstab des Fortschritts erhoben wird, ist für Marx einfach Idealismus. Daher möchte er Hegel vom Kopf auf die Füße stellen. So fragt Marx nicht nach dem Begriff, sondern nach dem Motor des Fortschritts bzw. den materiellen Bedingungen der historischen Entwicklung. Das ist die Ökonomie! Wie drückt sich das historisch aus? In einer in der Geschichte immer wiederkehrenden Konfrontation! Daher formulieren Marx und Engels das Gesetz, das dem historischen Geschehen eine Richtung gibt, folgendermaßen: „Die Geschichte aller bisherigen Gesellschaft ist die Geschichte von Klassenkämpfen. (...) Unterdrücker und Unterdrückte standen in stetem Gegensatz zueinander, führten einen ununterbrochenen, bald versteckten, bald offenen Kampf, einen Kampf, der jedes Mal mit einer revolutionären Umgestaltung der ganzen Gesellschaft endete oder mit dem gemeinsamen Untergang der kämpfenden Klassen."[3] Klassen bestimmen sich durch ihre jeweilige wirtschaftliche Lage, die die fundamentale Triebfeder des historischen Prozesses immer schon war, nur als solche nicht erkannt wurde, bzw. verdrängt werden musste. Klassen oder sonstige soziale Gruppen bekämpfen sich um wirtschaftlicher Vorteile willen, nicht aus religiösen, ideologischen oder sonstigen Motiven – Marx' Grundgesetz der Geschichte.

Dieses Grundgesetz zeigt sich in der Französischen Revolution, erhebt Marx die Revolution zum Modell des gesellschaftlichen Fortschritts. Eine Revolution findet nach Marx dann statt, wenn eine unterdrückte Klasse die herrschende ablöst und die Produktionsverhältnisse strukturell verändert, genauer sie dem Stand der Produktivkräfte anpasst, deren Entwicklung durch die zuvor herrschende Klasse behindert wird. Wie das Bürgertum den Adel in der Französischen Revolution von der politischen Macht verdrängte, den Merkantilismus durch den Kapitalismus ersetzte, so würde das Proletariat in gar nicht ferner Zukunft durch eine Revolution die Macht von der Bourgeoisie übernehmen. Der Sozialismus, der die Produktionsverhältnisse dem Stand der Produktivkräfte anpasst, sei der historische Nachfolger des Kapitalismus.

Millionen von Menschen glaubten an diese Weissagung und opferten ihre Tatkraft und ihr Leben. Selbst die Antikommunisten fielen auf diese Prophezeiung herein: noch gemäß der berühmten Dominotheorie aus den sechziger Jahren würde in Südostasien ein Land nach dem anderen sozialistisch werden. Und heute darf Mason zwar etwas hypothetisch, aber letztlich geschichtsphilosophisch feststellen, dass „die Geschichte des Kapitalismus einen Anfang, eine Mitte und ein Ende haben muss".[4]

Der Marxschen Theorie widersprach dagegen bereits Pierre Bourdieu vor einem Vierteljahrhundert, mit einem ganz anderen Blick auf die Geschichte: Für Bourdieu hat es die Revolution, wie sie Marx beschrieb, in der Französischen Revolution gerade nicht gegeben. Bourdieu analysiert die politische Entwicklung in Frankreich, England und Japan sehr genau und skizziert eine andere Entfaltung des Staates. Die Monarchie greift immer stärker auf Juristen zurück, um die ursprünglich dynastisch abgesicherte Macht unabhängig von der Familie zu gestalten, in der dem Monarchen häufig auch Konkurrenten und Feinde erwachsen. Dabei aber verliert die Monarchie ihre Macht zunehmend an die Juristen.

In der Französischen Revolution setzt sich nicht das ökonomisch erstarkte Bürgertum durch, sondern der *Staatsadel*, so der Titel eines seiner wichtigen Bücher aus dem Jahr 1989. Vor allem Juristen und Beamte, deren Aufstieg bereits im 12. Jahrhundert beginnt, erweiterten sukzessive ihre Macht, bis sie in der Französischen Revolution sich des Königs entledigten und damit die Macht alleine innehatten. Sie entwickelten die Institutionen, die man gemeinhin als Staat bezeichnet, indem sie ihre eigene Macht ausdehnten.

Daher distanziert sich Bourdieu auch vehement von marxistischen Vorstellungen der Revolution, der geschichtlichen Entwicklung und des Staates als Diener von Kapital- und Finanzinteressen. Er schreibt: „All die Debatten über die Französische Revolution als bürgerliche Revolution sind falsche Debatten. Ich denke, dass die Probleme, die Marx zum Staat, zur Französischen Revolution, zur Revolution von 1848 gestellt hat, katastrophale Folgen hatten, weil sie sich allen aufgezwungen haben, die in allen Ländern über den Staat nachdachten."[5]

Geschichtswissenschaft aber auch Geschichtsphilosophie gehören im 19. Jahrhundert zu den geisteswissenschaftlichen Leitmodellen. Nicht nur Hegel und Marx, die beiden führenden Vertreter der Geschichtsphilosophie, sondern viele Wissenschaften dachten im 19. Jahrhundert historisch und fragten nach Gesetzen der Geschichte vergleichbar mit den Naturgesetzen.

Die ökonomisch begründete Geschichtsphilosophie

Zunächst hatte Marx' geschichtsphilosophische Konzeption indes keinen antreibenden Charakter. Im Gegenteil, er riet heißspornigen Revolutionären davon ab, die Revolution erzwingen zu wollen. Die Zeit müsse für die Revolution erst reif sein, also vor allem die ökonomischen Bedingungen sollten erst vorliegen, der Kapitalismus also in eine tiefe Krise geraten sein. Nachdem aber in den Jahren nach 1848 die Revolution ausblieb, bemühte sich Marx zunehmend darum, sein geschichtsphilosophisches Szenario ökonomisch zu begründen.

Marx folgt den Vordenkern der liberalen Wirtschaftstheorie Adam Smith und David Ricardo darin, dass Werte und Preise von der aufgewendeten Arbeit abhängen, die ihrerseits wiederum durch die Länge der Zeit gemessen wird. Wie aber lässt sich der Preis der Arbeit bestimmen? Dazu stellt sich Marx die folgende Frage: Was kauft der Arbeitgeber? Etwa die Arbeit? Nein, er kauft die Arbeitskraft! Wie aber lässt sich der Preis der Arbeitskraft bestimmen? Dafür hat Marx eine galante Lösung. Der Preis der Arbeitskraft bestimmt sich nämlich durch das Geld, das der Arbeiter zum Leben braucht, wozu natürlich die Kosten der Kinder gehören, damit es auch in Zukunft genügend Arbeiter gibt.

Aber an welchem Lebensstandard misst sich der Lohn, also der Preis der Arbeitskraft? Nun, schlicht an einem ortsüblichen, möglichst niedrigen, gerade noch erträgbaren Lebensstandard. In der heutigen Debatte um Mindestlohn soll der Arbeiter doch von seinem Lohn leben können, ohne Zusatzleistungen des Staates in Anspruch nehmen zu müssen.

Weil der Lohn nicht die Arbeit, sondern die Arbeitskraft bezahlt, erarbeitet der Arbeiter einen höheren Wert als seinen Lohn, was Marx den Mehrwert nennt, aus dem sich der Gewinn ergibt, der dem Beschäftigten vorenthalten wird und in die Taschen des Arbeitgebers fließt. Marx schreibt in *Das Kapital* Band 1: „Die Entwicklung der Produktivkraft der Arbeit, innerhalb der kapitalistischen Produktion bezweckt, den Teil des Arbeitstags, den der Arbeiter für sich selbst arbeiten muss, zu verkürzen, um grade dadurch den andren Teil des Arbeitstags, den er für den Kapitalisten umsonst arbeiten kann, zu verlängern."[6]

Dabei entwickelt Marx noch eine weitere, bis heute rezipierte Idee: Während die Physiokraten im 18. Jahrhundert der Landarbeit nur wenig Wertschöpfung attestierten, vielmehr den Wert im Boden diagnostizierten, geht Marx in seiner berühmten Arbeitswertlehre davon aus, dass jede Wertschöpfung, damit vor allem jede Form der Mehrwertproduktion, allein durch die lebendige Arbeit des Arbeiter erfolgt, und nicht durch das eingesetzte Kapital: Die Maschine allein schafft keine Werte, sondern ausschließlich der Arbeiter. Die Kosten der Maschine gehen in das Produkt ein. Aber daraus steigert sich nicht dessen Wert.

An der Arbeitswertlehre halten nicht nur Paul Mason oder der Kölner Soziologe Wolfgang Streeck fest, sondern auch Jürgen Neffe in seiner Marx-Biografie aus dem Jahr 2017: „Das ist des Pudels Kern. (...) Danach gibt es nur diese eine Ware als Energiequelle hinter dem scheinbaren Perpetuum mobile permanenter Geldvermehrung. Der Arbeiter als lebendige Maschine verbraucht weniger Treibstoff, als er erzeugt."[7]

Das hat weniger ethische Konsequenzen, von denen der reife Marx gar nicht viel wissen will. Der junge Marx hatte noch 1844 seinen eigenen berühmt gewordenen kategorischen Imperativ formuliert, nach dem es darum geht, *„alle Verhältnisse umzuwerfen*, in denen der Mensch ein erniedrigtes, ein geknechtetes, ein verlassenes, ein verächtliches Wesen ist, (...)."[8]

Solche Fragestellungen spielen in den späteren Schriften kaum noch eine Rolle. Denn wenn allein der Arbeiter Werte schafft, diese aber nicht ihm, sondern dem Kapitalisten zufallen, dann wird der Arbeiter zwar ausgebeutet. Doch das ist kein ethisches Problem, sondern ein ökonomisches. So bemerkt Marx: „Der Umstand, dass die tägliche Erhaltung der

Arbeitskraft nur einen halben Arbeitstag kostet, obgleich die Arbeitskraft einen ganzen Tag wirken, arbeiten kann, dass daher der Wert, den ihr Gebrauch während eines Tages schafft, doppelt so groß ist als ihr eigner Tageswert, ist ein besonderes Glück für den Käufer, aber durchaus kein Unrecht gegen den Verkäufer."[9] Marx widerspricht denn auch der These, dass Eigentum Diebstahl sei, was der Begründer des Anarchismus Pierre-Joseph Proudhon propagierte. Eigentum ist für Marx vielmehr das Produkt bestimmter historisch entwickelter Rechtsverhältnisse.

Der ursprünglich moralischen Kategorie der Ausbeutung, die schlechte Bezahlung unter unwürdigen Bedingungen anklagt, wie sie Marx noch in seinen Frühschriften analysierte, verleiht er mit der Arbeitswertlehre einen rein ökonomischen Sinn als Trennung des Produzenten von seinem Produkt. Im Kapitalismus kann es für Marx keinen gerechten Lohn geben, da der wesentliche Teil des Mehrwerts als Profit immer in die Taschen des Kapitaleigners fließt, somit die Ausbeutung unaufhebbar ist.

Umgekehrt aber, wenn der Arbeiter der einzige ist, der Werte produziert, dann ist er auch in einer mächtigen Position. Deshalb kann er beispielsweise streiken. Wie dichtete doch der Marx-Freund Georg Herwegh: „Mann der Arbeit aufgewacht! / Und erkenne deine Macht! / Alle Räder stehen still, / Wenn dein starker Arm es will."[10] Das ist letztlich auch die Grundlage von Marx' Revolutionstheorie, wenn die untere Klasse die höhere stürzt, nicht weil erstere arm, sondern ökonomisch stark ist und daraus politisches Kapital zu schlagen versteht.

Der Marxschen Arbeitswertlehre hat indes jüngst der Leipziger Philosoph Christoph Türcke in seiner *Philosophie des Geldes* widersprochen und zwar mit ausgewählten Beispielen aus der IT-Branche. 2012 wurde die Firma Instagram mit 12 Mitarbeitern für eine Milliarde Dollar von Facebook übernommen. 2014 bezahlte Facebook für die Firma Whatsapp mit 60 Mitarbeitern fast 20 Milliarden Dollar. So schreibt Türcke: „Angesichts von Firmen wie Whatsapp wird die Behauptung, dass der Profit einzig aus menschlicher Arbeitskraft quillt und der Zuwachs von Maschinen notwendig die Profitrate senkt, einigermaßen absurd. Sie ist aber nicht erst im Zeitalter der Mikroelektronik falsch geworden. Sie war es von Anfang an. Schon die ‚einfache' Arbeitskraft konnte Marx nie nur quantitativ bestimmen. Immer musste sie bei ihrer ‚Verausgabung von Hirn, Nerv, Muskel, Sinnesorgan' auch ein Mindestmaß an Aufmerksamkeit und motorischer Koordination, also an Geschicklichkeit, walten lassen. (…) Maschinerie aber ist automatisierte und potenzierte Geschicklichkeit."[11]

Doch nicht etwa weil die Arbeiter im Kapitalismus immer ausgebeutet werden, sie sich also irgendwann dagegen auflehnen werden, prophezeien Marx' Theorien über den Mehrwert dem Kapitalismus den Weg in den Untergang. Das wäre für Marx in der Tat eine idealistische Argumentation. So stark sind die Arbeiter denn auch wieder nicht. Seine vermeintliche Ungerechtigkeit gräbt dem Kapitalismus nicht das Grab. Daher täuscht sich Neffe, wenn er Marx zum Kronzeugen der heutigen Entwicklung machen möchte: „Den Gravitationskräften der Bereicherung arbeiten die Zentrifugalkräfte der Gesellschaft entgegen. Bis die sinnlose Armut dem sinnlosen Reichtum ein Ende macht. Marx hat als Erster den Zusammenhang zwischen sinkenden Renditen und der sich weitenden Schere von Arm und Reich benannt, der sich in Überproduktion und Unterkonsumption zeigt – und zu unbeherrschbaren Aufständen führen könnte."[12] Hunger- und Armutsaufstände aber ebnen keinen Weg in eine neue oder sozialistische Gesellschaft. Auch die sich weiter öffnende Schere zwischen Arm und Reich führt weder zu einem Zusammenbruch des Kapitalismus, schon gar nicht in eine Revolution. Bevor das Proletariat die Revolution durchsetzt, muss die Magenfrage gelöst sein – dessen war sich Marx bewusst.

Nein, nicht weil der Kapitalismus auf einer ungerechten Ausbeutung beruht, wird er durch eine Revolution untergehen, sondern allein auf Grund seiner ökonomischen Logik, die das Proletariat stärkt und den Kapitalismus schwächt: nämlich – das sieht Neffe richtig – durch sinkende Renditen bzw. Profitraten. Dazu führt nämlich die Konkurrenz der Kapitale. Das hat Marx sowohl auf nationaler Ebene wie auf globaler durchgerechnet, so dass man ihn als frühen Theoretiker der Globalisierung bezeichnen kann, die es ja durch Kolonialismus und Imperialismus im 19. Jahrhundert längst gab, also im Zeitalter der Eisenbahn, des Dampfschiffes und des Telegraphen.

Einerseits kann Marx mit seiner Theorie vom tendenziellen Fall der Profitrate Konjunkturzyklen erklären. Darauf weist Neffe zurecht hin. Andererseits beruht darauf in Verbindung mit seiner Theorie vom Fortschritt der Produktivkräfte seine Vision vom Untergang des Kapitalismus. Konkurrierende Unternehmen erhöhen ständig durch technische Innovationen die Produktivität, um sich gegenseitig unterbieten zu können. Alle technischen Geräte werden tendenziell billiger. Daher halten Unternehmen den internationalen Konkurrenzkampf nicht durch und gehen Bankrott.

Einerseits wächst mit der steigenden Produktivität der Berg der angebotenen Produkte. Doch andererseits fehlen zunehmend die Käufer, wenn immer mehr Firmen zusammenbrechen und ihre Beschäftigten in die Arbeitslosigkeit verabschieden. Mit dadurch steigender Arbeitslosigkeit lassen sich auch die Löhne senken, so dass selbst der Lebensstandard derer sinkt, die noch Arbeit haben – der Kern von Marx' Verelendungstheorie. Somit fehlen zunehmend die Käufer für die angebotenen Waren. Die kapitalistischen Produktionsverhältnisse bremsen das weitere Wachstum der Produktivkräfte, also die weitere Entwicklung der Technologien und Fertigkeiten wie der Maschinenparks, die zunehmend stillgelegt werden. Die Krisen – so Marx – werden immer heftiger mit globalen Auswirkungen, bis das ganze System zusammenbricht und die Arbeiter durch eine Revolution die Macht übernehmen und mit ihrer Tatkraft die stillstehenden Fabriken wieder anwerfen: Die Produktivkräfte – so Marx – lehnen sich gegen die Produktionsverhältnisse auf. Damit untermauert er seine Geschichtsphilosophie!

So folgern auch heutige Marxisten aus den Theorien über den Mehrwert und dem tendenziellen Fall der Profitrate immer noch den Untergang des Kapitalismus. In diesem Sinn schreibt Wolfgang Streeck: „Damit der Kapitalismus sein Ende findet, muss er selbst für seine Zerstörung sorgen – und genau das erleben wir gerade."[13] Und Jürgen Neffe verbindet das mit der sich öffnenden Schere zwischen Arm und Reich: „Wer nach Zeichen für den möglichen Zusammenbruch sucht, wird gleich mehrfach fündig. Als Hauptursache wird heute gemeinhin die wachsende Ungleichheit genannt."[14]

Dabei darf man letzteres bezweifeln. Warum sollte Ungleichheit zum Zusammenbruch des Kapitalismus führen. Er ist aus der Ungleichheit entstanden und hat sich ihrer fleißig bedient. Wenn er sie weiter verschärft – global auf jeden Fall – so hat er doch überall ökonomische und soziale Eliten, die seine Nutznießer sind. Und von den Schwachen erwartete Marx die Revolution ja gerade nicht.

Postdemokratie oder Revolution

Wenn jedoch in der zweiten Hälfte des 20. Jahrhunderts das Proletariat an ökonomischem Gewicht verliert – André Gorz konstatierte 1980 einen *Abschied vom Proletariat* – bleibt nur noch der Niedergang des Kapitalismus. Wer aber soll dann die Revolution machen? Wer soll nach dem Ende des Kapitalismus den Sozialismus aufbauen? Kommt nach dem Zusammenbruch des Kapitalismus womöglich ein neuer Faschismus? Ein neues System von Nationalstaaten, die sich wie im 19. Jahrhundert gegenseitig bekämpfen? Ist das das Ende der Marxschen Geschichtsphilosophie? Oder eventuell auch ihre Wiederkehr?

Michael Hardt und Antonio Negri hoffen in ihrem Buch *Empire – die neue Weltordnung* aus dem Jahr 2000 auf eine diffuse Menge, die gegenüber einem grenzenlosen Kapitalismus einen neuen Kommunismus durchsetzen soll. Dem Kapital wird gleichzeitig Allgegenwart wie mangelnde Kreativität bescheinigt, was die Türe zur Veränderung öffnen soll. Ähnliche Hoffnungen beseelt auch Paul Mason.

Slavoj Žižek antwortet mit einer Verdrehung von Realismus und Utopismus, der im Marxismus ja sowieso keinen guten Ruf genießt, wenn er 2008 schreibt: „Die wahre Utopie ist der Glaube daran, dass es zum existierenden Weltsystem keine Alternativen gibt. Der einzige Weg realistisch zu sein besteht darin, sich etwas auszudenken, das innerhalb der Koordinaten des bestehenden Systems unmöglich erscheint."[15] Solche Ideen zeugen denn eher von verzweifelten Bemühungen, doch an der Marxschen Geschichtsphilosophie bzw. seiner historischen Fortschrittsperspektive festzuhalten.

Daher verlagert sich in den letzten Jahrzehnten der Diskurs, der von linken Intellektuellen über Kapitalismus und Politik geführt wird. Es geht nicht mehr um die abwegig gewordene Revolution, sondern um den Erhalt des Sozialstaates wie der Demokratie, die beide vom Neoliberalismus bedroht werden. Ton und Begriff hat 2004 der britische Politologe Colin Crouch vorgegeben, der die momentane politische Lage in der westlichen Welt mit dem Begriff *Postdemokratie* beschreibt. In den letzten Jahrzehnten ist für Crouch der Einfluss der Konzerne, des Finanzsektors und der Medien auf die Politik massiv gestiegen. Im Zuge einer globalen Neoliberalisierung der Wirtschaft wurde dabei der zwischen den fünfziger und siebziger Jahren aufgebaute Sozialstaat drastisch reduziert. Das hat zu einer massiven Entdemokratisierung geführt. So bemerkt Crouch: „Die Idee, aber auch die praktische Umsetzung des öffentlichen Diensts und des Wohlfahrtsstaats, die während des 20. Jahrhunderts verfolgt wurden, war ein wesentlicher Bestandteil der Demokratisierung der Politik. (...) Die Beziehungen zwischen Sozialstaat und Markt waren immer komplex, von Land zu Land unterscheiden sie sich beträchtlich; dennoch hatte sich beinahe überall die Überzeugung durchgesetzt, dass die sozialen Rechte der Bürger sehr wichtig seien und man Wege finden müsse, sie vor dem von Konkurrenz und Profitstreben dominierten Marktgeschehen zu schützen."[16]

Mit der Bezeichnung *Postdemokratie* will Crouch allerdings nicht das Ende aller Demokratie bezeichnen, sondern einen Abbau demokratischer Strukturen. Also die westliche Welt lässt sich weiterhin noch als demokratisch bezeichnen, allerdings weniger demokratisch, als sie es seit den fünfziger Jahren für einige Jahrzehnte war. Denn das Zusammenspiel zwischen Sozial-Abbau und Neoliberalisierung frustrierte viele Zeitgenossen, insbesondere jene, die nicht zu den Nutznießern des Systems gehören. So schreibt Crouch: „Je mehr sich der Staat aus der Fürsorge für das Leben der normalen Menschen zurückzieht und zulässt, dass diese in politische Apathie versinken, desto leichter können Wirtschaftsverbände ihn – mehr oder minder unbemerkt – zu einem Selbstbedienungsladen machen."[17] Diese Entwicklungen führten um 2000 zu Politikverdrossenheit und Desinteresse am politischen Geschehen in einem größer werdenden Teil der Bevölkerung einerseits und andererseits zu einer verschärften medialen Boulevardisierung der Politik.

Diese These vom Demokratie-Abbau durch Sozial-Abbau greift dann 2013 Wolfgang Streeck auf. Vor dem Hintergrund des damals stärker gewordenen rechten Populismus verschärft Streeck die These von Crouch noch: „Mit einem demokratischen Staat dagegen ist der Neoliberalismus unvereinbar, sofern unter Demokratie ein Regime verstanden wird, das im Namen seiner Bürger mit öffentlicher Gewalt in die sich aus dem Marktgeschehen ergebende Verteilung wirtschaftlicher Güter eingreift."[18] Dann könnte man daraus folgern, dass die Demokratie längst an ein Ende gekommen sei. Da Streeck mit den populistischen Bewegungen durchaus eine Wiederkehr des Nationalstaats verbindet und damit eine Wiederkehr der durch EU oder WTO etc. aufgehobenen Politik, könnte eine neue nationalstaatliche Politik auch den Sozialstaates wiederaufbauen – eine höchst ambivalente Hoffnung, denkt man an die Protagonisten dieser Entwicklung.

Aber einen ähnlichen Gedanken entwickelt auch Slavoj Žižek bereits 1998, wenn er in einem Radiogespräch bemerkt: „Paradoxerweise sind es rechte Politiker, natürlich im Rahmen einer populistischen Manipulation, aber dennoch sind sie die einzigen, die die Ökonomie zumindest auf eine gewisse Weise politisieren. Und ich denke, dass das wirklich eine linksradikale politische Dimension eröffnet, dass das der einzige eigentliche Akt ist, Ökonomie wirklich zu politisieren."[19] Rettet der Nationalismus den historischen Fortschritt?

Denn das lässt sich an Marx ja durchaus anschließen, für den die Ökonomie die Grundlage der sozialen und politischen Entwicklung darstellt. Ansonsten darf man bezweifeln, dass es Marx um einen Sozialstaat ging, den es zu seinen Lebzeiten ja auch höchstens rudimentär gab. Marx setzt auf die Revolution, wenn er noch im Angesicht der Niederschlagung der Pariser *Commune* Ende Mai 1871 in seiner Schrift *Der Bürgerkrieg in Frankreich* schreibt: „Nach Pfingstsonntag 1871 kann es keinen Frieden und keine Waffenruhe mehr geben zwischen den Arbeitern Frankreichs und den Aneignern ihrer Arbeitserzeugnisse. Die eiserne Hand einer gemieteten Soldateska mag beide Klassen, für eine Zeitlang, in gemeinsamer Unterdrückung niederhalten. Aber der Kampf muss aber und abermals ausbrechen, in stets wachsender Ausbreitung, und es kann kein Zweifel sein, wer der endliche Sieger sein wird – die wenigen Aneigner oder die ungeheure arbeitende Majorität. Und die französischen Arbeiter bilden nur die Vorhut des ganzen modernen Proletariats."[20]

Zwar möchte Jürgen Neffe aus Marx einen Demokraten machen. Doch Marx geht es weder um einen Sozialstaat im Kapitalismus noch um die Demokratie im Kapitalismus. Der Sozialismus ist für ihn die Diktatur des Proletariats. Die Revolution darf man zwar nicht vom Zaun brechen, sie kommt ja historisch auch notwendigerweise mit dem Zusammenbruch des Kapitalismus. Und was danach passiert, sieht nicht gerade demokratisch aus, abgesehen von den wenigen Bemerkungen über das spätere Stadium des Kommunismus – die Spitze seiner Geschichtsphilosophie.

So schließt die Postdemokratie-Debatte jedenfalls negativ an Marx an, und zwar angesichts des Niedergangs des Proletariats. Zudem erscheint es auch ein wenig ironisch, wie die Postdemokratie-Debattierer den Sozialstaat heute umschreiben, insbesondere dass für sie der Sozialstaat eines Ludwig Erhard quasi zu einem demokratischen Vorbild avanciert, dessen Niedergang sie heute als Ende der Demokratie beklagen.

Die Neomarxisten der fünfziger und sechziger Jahre – man denke besonders an Herbert Marcuse – sahen das anders. Auch dass die großen Kapitale und die Medien in jeder Form manipulierend operieren, das war damals auch schon eine häufig vorgebrachte Kritik, so dass man fragen darf, was sich heute in dieser Hinsicht wirklich postdemokratisch verändert hat.

Zudem hat der Politologe Jan-Werner Müller 2013 der Postdemokratie-These von Crouch dezidiert widersprochen. Der Sozialstaat des Nachkriegs wurde außer in England nicht von Sozialdemokraten organisiert, sondern von Christdemokraten, die dabei wenig demokratische Intentionen hegten. So schreibt Müller: „Man sollte gleichwohl in Erinnerung behalten, dass die Vorzeichen, unter denen diese Modernisierung stattfand, alles andere als modern wirkten. Denn sie wurde mittels einer paternalistischen Politik vorangetrieben, (...)."[21]

Dass sich also Crouch, Streeck und auch Mason auf ein autoritäres Sozialstaatsmodell beziehen, auf dem die Demokratie beruhen soll, wirft auf dieses Demokratie-Verständnis ein eigenartiges Licht. Der Sozialstaat erscheint wichtiger als die Demokratie – bei Marx hätte das Sozialismus geheißen, der nicht primär demokratisch gedacht war. Dieser Sozialismus, wie ihn Marx skizzierte und wie ihn sich die Sozialisten des 19. Jahrhunderts bis hin zu Lenin vorstellten, hatte selbstredend einen autoritären, wenn nicht sogar diktatorischen Charakter. Insofern muss es denn auch nicht verwundern, wenn sich heutige an Marx orientierte Soziologen nicht daran stören, dass der Sozialstaat der fünfziger Jahre einen patriarchalischen Charakter trägt.

Da andererseits die Neoliberalisierung der letzten Jahrzehnte den Sozialstaat entweder massiv demontierte oder ihm zumindest Grenzen setzte, die sich im demokratischen System nicht so leicht überschreiten lassen, das löst insbesondere bei Streeck und bei Mason gewisse revolutionäre Reflexe aus. So schreibt Streeck vor dem Hintergrund der Staatsschulden- und Euro-Krise: „Wenn demokratisch organisierte Staatsvölker sich nur noch dadurch verantwortlich verhalten können, dass sie von ihrer nationalen Souveränität keinen Gebrauch mehr machen und sich für Generationen darauf beschränken, ihre Zahlungsfähigkeit gegenüber ihren Kreditgebern zu sichern, könnte es verantwortlicher erscheinen, es auch einmal mit unverantwortlichem Verhalten zu versuchen. Wenn Vernunft heißt vorauszusetzen, dass die Forderung der ‚Märkte' an die Gesellschaft erfüllt werden müssen, und zwar auf Kosten ebenjener Mehrheit der Gesellschaft, der nach Jahrzehnten neoliberaler Marktexpansion nichts bleibt als Verluste, dann könnte in der Tat das Unvernünftige das einzig Vernünftige sein."[22]

Zwar geht es in der Postdemokratie-Debatte als einer der großen von links initiierten intellektuellen Auseinandersetzungen der letzten Jahrzehnte primär um das Verhältnis von Sozialstaat und Demokratie. Doch

Die apokalyptische Wiederkehr der Geschichtsphilosophie 171

gerade derartige damit verbundene revolutionäre Hoffnungen belegen, dass viele ihrer Protagonisten weiterhin aus dem Horizont von Marx denken. Sie versuchen, Marx an die aktuelle ökonomische, soziale und politische Situation anzupassen, um diese Lage aus Marx' Theorien heraus zu verstehen. Auch Mason, der sich gleichfalls bewusst ist, dass das heutige Proletariat keine revolutionäre Rolle mehr spielt, hält am revolutionären Impetus fest wenn er einerseits schreibt: „Entweder wir beseitigen die Marktwirtschaft geordnet, oder sie wird in abrupten Schüben ungeordnet zusammenbrechen."[23]

Von der Überproduktionskrise zur globalen Finanzkrise?

Mason interpretiert denn die Weltfinanzkrise wie die Euro- und Staatsschuldenkrise im Stil von Marx' Zusammenbruchstheorien des Kapitalismus, die er auch mit vielfältigen weiteren späteren Theorien zu bestätigen trachtet. Der Habitus ist ebenfalls ähnlich wie bei Marx, der nach der Revolution von 1848 auf die baldige proletarische Revolution wartete. Jede gescheiterte Rebellion oder jede überwundene Wirtschaftskrise gilt dann nur noch als Wegbereiter der baldigen großen, vor allem finalen. So kehrt bei Mason die Marxsche Geschichtsphilosophie aus dem *Kommunistischen Manifest* wieder, wenn er warnt: „Die Krise im Jahr 2008 war (...) nur eine erste Erschütterung, die das große Beben ankündigte."[24]

Ein fundamentales Problem bleibt indes, wenn man die heutige Situation mit den Theorien von Marx interpretieren will: Die aktuellen Dimensionen der Kredit- und Finanzwirtschaft konnte Marx noch nicht erahnen. Er erlebt primär Überproduktionskrisen. Der technische Fortschritt lässt die Produktivität so ansteigen, dass es für die gefertigten Waren keine Käufer gibt. Schon bei Marx und bei den späteren Theorien des Imperialismus der europäischen Mächte im ausgehenden 19. Jahrhundert verführt diese Überproduktion die Nationalstaaten dazu, sich Kolonien als Absatzmärkte zu verschaffen. Die Globalisierung, wie sie Marx beschreibt, verschafft für eine Weile Linderung. Doch sie kommt schnell an ihre Grenzen. Bereits im *Kommunistischen Manifest* heißt es: „Das Bedürfnis nach einem stets ausgedehnteren Absatz für ihre Produkte jagt die Bourgeoisie über die ganze Erdkugel."[25]

In diesem Sinn überträgt auch Jürgen Neffe die Krisentheorie von Marx auf die heutige Situation. Nicht nur dass dadurch Marx bestätigt werden soll. Vor allem lässt sich dann mit Marx die Gegenwart immer noch verstehen. Neffe schreibt: „Sollte er recht behalten, stünde die Weltwirtschaft nicht aus Mangel, sondern aus Überfluss an Kapital vor dem Kollaps. Das sehen angesehene Ökonomen inzwischen ähnlich. Die im Zuge der Bankenkrise erfolgte Vergemeinschaftung der Schulden hätte Marx nicht überrascht – in seiner Lesart eine weitere gigantische Enteignung der eigentlichen ‚Leistungsträger', die den Mehrwert mit ihrer Arbeit erst geschaffen haben."[26]

Überfluss an Kapital gab es bereits im 19. Jahrhundert. So passt es durchaus zum Modell von Marx, wenn auch heute zu viel Kapital unterwegs ist. Sicherlich ergeben sich daraus auch immer wieder postkoloniale Situationen, wenn Konzerne auf Staaten Druck ausüben. Heute verfügt das Kapital aber über eine reichhaltigere Auswahl an Anlage- bzw. Spekulationsmöglichkeiten, wie ja die Finanzkrise von 2008 entbarg. Daher lässt sie sich indes nicht mehr als Überproduktionskrise bezeichnen. Denn das Ausufern der Finanzwirtschaft, vor allem die Kreditfinanzierung von Staaten wie privaten Haushalten hat die Anlagemöglichkeiten von überschüssigem Kapital so erweitert, dass Kolonialismus längst nicht mehr so dringend benötigt wird, wie es zu Marx' Zeiten der Fall war. Fehlentwicklungen, die bei der Kreditfinanzierung eintraten, begegneten die Banken im Vorfeld der Krise von 2008 mit riskanten Manövern, die schließlich viele Banken in Schieflage brachten.

Dass es bei jenen massiven staatlichen Eingriffen nach 2008 zu einer Vergemeinschaftung von Schulden kam, ist sicherlich nicht zu leugnen. Die Alternative im Anschluss an Marx wäre eventuell eine Verstaatlichung von Banken wie von Industrien und als Voraussetzung eine Wiederherstellung des Nationalstaates, wie es vor allem Nationalliberale vorschlagen. Ähnliches erscheint auch als implizite Hoffnung von Wolfgang Streeck, wenn er bemerkt: „Die ersatzlose Zerstörung nationaler Institutionen wirtschaftlicher Umverteilung und die aus ihr resultierende Überforderung der Geld- und Zentralbankpolitik als letztinstanzliche Wirtschaftspolitik haben den Kapitalismus unregierbar gemacht, ‚populistisch' ebenso wie technokratisch."[27]

Dagegen begegnet John Rawls in seinem Werk *Eine Theorie der Gerechtigkeit* von 1971 dem Modell der Sozialisierung der Produktionsmittel, wie es speziell in der Sowjetunion vorherrschte, mit dem Argument, dass der kühl kalkulierende Bürger bei einer Wahl zwischen einem egalitären Wirtschaftsmodell und einem liberalen letzteres wählen würde, da es ihm in ersterem noch schlechter ginge. Neffe wendet gegen einen solchen Vergleich ein, dass Marx' Vorstellung von Sozialismus nicht die Staatswirtschaft gewesen wäre. Wenn man aber wie Streeck davon ausgeht, dass das liberale Modell gar nicht funktioniert, wäre es natürlich vernünftiger das egalitäre zu wählen, das dann nationalstaatlich und staatswirtschaftlich organisiert werden muss. Ob Marx das heute anders sehen würde, darf man bezweifeln.

Wie Mason erscheint Streeck gemäß seines Buchtitels *Gekaufte Zeit* nicht erst die damalige staatliche Rettungspolitik nur als ein Aufschub des finalen Zusammenbruchs des neoliberalen Kapitalismus. Er schreibt: „‚Zeit kaufen' ist die wörtliche Übersetzung einer englischen Wendung: *buying time* – was so viel heißt wie ein bevorstehendes Ereignis hinauszögern, um versuchen zu können, es noch zu verhindern."[28] Dann lässt sich mit Marx das Ausufern der Kreditwirtschaft spätestens seit den siebziger Jahren überhaupt nur als eine andere Form jener imperialen Kolonialpolitik im 19. Jahrhundert interpretieren, Anlagemöglichkeiten für überschüssiges Kaptal zu schaffen, damals um den Zusammenbruch des nationalstaatlich organisierten Kapitalismus zu verhindern. Heute geht es der Politik aus der Perspektive von Streeck und Mason im Anschluss an Marx darum, durch gekaufte Zeit den Zusammenbruch des globalen Marktes zu verhindern.

Dabei darf man allerdings bezweifeln, ob die Methode, Zeit zu gewinnen, wirklich zum finalen Zusammenbruch führt. Denn vielleicht wird die Krise durch Verzögerung nicht schwerer, sondern leichter, so dass die Weltwirtschaft daran nun mal nicht zugrunde geht, sondern damit zu leben lernt.

Die apokalyptische Transformation der Geschichtsphilosophie

Man sollte daher annehmen, dass geschichtsphilosophisches Denken zwischen *Postdemokratie* und der Wiederkehr des Nationalstaates doch weitgehend an ein Ende gekommen wäre. Ein Fortschritt zur Humanität erscheint im Marxschen Sinn kaum noch haltbar. Das erkannten viele Neomarxisten bereits, allen voran Adorno und Horkheimer. Ernst Bloch musste auf die Utopie ausweichen. Vor allem sollte man gegenüber dem 19. Jahrhundert gelernt haben, dass die Geschichte nicht nach festen Regeln abläuft, geschweige denn dass man aus ihr konkrete Ratschläge für das Handeln ableiten kann. Gar das Ende der Geschichte konstatiert Francis Fukuyama 1992 angesichts des Untergangs der Sowjetunion in seinem Buch *The end of history and the last man*: Nach dem Sieg des Westens über den Osten setzt sich die Demokratie weltweit durch, so dass man im systemischen Sinn nicht mehr von Fortschritt und Geschichte reden kann.

So richtig geschichtsphilosophisch will man zwar auch bei jüngeren Marxisten nicht mehr unbedingt denken. Wenn aber vor allem durch die Schwäche des Proletariats nicht mehr klar ist, wohin die revolutionäre Reise führt, wenn jeder Proletariatersatz dunkel bleibt, tritt an die Stelle der Revolution der bloße Zusammenbruch des Kapitalismus, der zu einer Katastrophe ausartet, der selbst diejenigen nicht mehr entgehen, die sie prophezeit und vor allem auf sie gehofft haben.

Trotzdem hält man dabei an einer geschichtsphilosophischen Perspektive fest, die sich gegenüber dem Fortschrittsmodell von Marx allerdings strukturell wandelt. Marx' Revolutionsmodell entspricht noch in etwa dem jüdischen Denken, das einen göttlichen Gerichtstag kennt, bei dem ein Höllenfeuer genau diejenigen verbrennt, die gegen Gottes Gebote verstoßen haben. Danach geht das Leben messianisch neu geordnet weiter. Walter Benjamin vergleicht 1921 in seiner Schrift *Zur Kritik der Gewalt* die Revolution dementsprechend mit dem Eingriff Gottes.

Der jüdische Schmelzofen für die Sünder transformiert sich dagegen im Christentum in ein umfassendes Feuer, das die ganze Erde verbrennt, geht alles diesseitige Leben final zu Ende. Denn das Christentum lebte bereits an seinen Anfängen mit der Erwartung, dass die Wiederkehr Christi bald bevorstünde, der die Christen erretten würde. Diese Erwartungshaltung steigert sich mit der Zerstörung des Tempels und dem Brand von Jerusalem im Jahre 70 in die Vorstellung eines umfassenden Weltgerichts als einem finalen Ende der Welt als ganzer, wie es das letzte Buch des NT, *Die Offenbarung des Johannes* prophezeit, ein kleinasiatischer Wanderprediger um 100 herum, den viele Leser für den Evangelisten Johannes hielten. So entwickelt sich im Christentum seit seinen Anfängen ein apokalyptisches Denken, das weder die anderen antiken Religionen noch heute die ostasiatischen kennen.

Mit der Aufklärung indes verblasst das apokalyptische Denken im Christentum, spielt es in den großen Kirchen heute praktisch keine Rolle. Aber die neuen Wissenschaften übernehmen es und schreiben es bis heute zunehmend fort. So konstatiert der Historiker Johannes Fried:

„Astronomen, Physiker, Biologen oder Chemiker erweisen sich als Kinder ihrer Zeit und sind der Herkunft ihrer Kultur verpflichtet, ständig auf der Suche nach Anfängen und Untergängen, und nun immer häufiger nach neuen Erden für den bevorstehenden Untergang der alten, vertrauten."[29]

Just auf apokalyptisches Denken greift insbesondere Paul Mason zurück. Zwar wird der neoliberale Kapitalismus primär aus technologischen und wirtschaftlichen Gründen untergehen, wie es sich Marx vorstellt. Doch dieses Schicksal erleidet der Kapitalismus außerdem ob der Klimakatastrophe, der Demographie und der Migration, Entwicklungen, die der Kapitalismus nach Mason nicht bewältigen kann. So gelangt er zur apokalyptischen Prophezeiung: „was uns bevorsteht: der Zusammenbruch unserer Welt"[30]. Damit versucht Mason vor allem seine Leser zu erschrecken, findet sich gut 10 Seiten weiter die Frage: „Sind Sie bereits in rational begründete Panik geraten? Warten Sie, das Erschreckendste kommt noch."[31]

So reiht sich Mason marxistisch in die Reihe mittelalterlicher Apokalyptiker ein, die mit dem drohenden Untergang die Zeitgenossen zum frommen Leben anhalten wollten. Nach dem eigenen Tod kann man zwar selbst nichts mehr für sein Seelenheil tun, aber doch Nahestehende oder die Kirche können im Gebet weiterhin Gnade für den Verstorbenen erbitten. Nach dem Weltuntergang gibt es das nicht mehr. Dass das moderne wissenschaftliche Denken bei seinen apokalyptischen Neigungen einen ähnlichen Sinn hat, das bestätigt der ökologische Apokalyptiker Hans Jonas: „Die Unheilsprophezeiung wird gemacht, um ihr Eintreffen zu verhüten"[32].

Wenn Mason beim Leser eine „rational begründete Panik" evozieren will, dann operiert er apokalyptisch, d.h. er möchte durch Furcht die Zeitgenossen zu einer Verhaltensänderung motivieren. Das apokalyptische Denken hatte von vorherein diese Motivation. Machiavelli erkennt, dass sich daraus ein Herrschaftsmittel machen lässt, wenn er schreibt: „Da Liebe zu den Menschen von ihrer Willkür und die Furcht von dem Betragen des Fürsten abhängt, darf ein kluger Fürst sich nur auf das, was in seiner Macht und nicht in der der andern steht, verlassen."[33]

Diese politische Methode hat sich längst epidemisch in allen politischen Lagern und bei sehr vielen Themen ausgebreitet. Sie wird heute gemeinhin durch wissenschaftliche Argumente unterfüttert, gleichgültig ob sie ökonomischer oder ökologischer Natur sind. Jedenfalls lässt sich konstatieren, dass sich im zeitgenössischen neo- oder postmarxistischen Lager die Marxsche Geschichtsphilosophie als ein apokalyptisches Denken fortschreibt, das freilich nicht der ursprünglichen Intention von Marx entspricht, das sich aber ironischerweise primär auf seine ökonomischen Analysen stützt: die Grundlage des Revolutionsmodells wie des zeitgenössischen Katastrophenszenarios. Man prophezeit einen Zusammenbruch des Kapitalismus und bezweckt, damit bei den meisten Zeitgenossen Gruseln auszulösen, kaum noch hoffnungsfrohe Erwartungen.

Dieses apokalyptische Muster hat sich seit den Anfängen der christlichen Religion dem abendländischen Denken eingeprägt und lässt sich daher heute nicht nur in den Medien wunderbar auflagensteigernd reproduzieren. Man darf vielmehr auch vermuten, dass sich die Popularität der Marxschen Geschichtsphilosophie ein Stück weit dieser quasi historisch angelegten psychischen Struktur verdankt.

Während jedoch im frühen 20. Jahrhundert die Geschichtsphilosophie auch unter Neomarxisten gerade verblasst, kehrt sie unter religiös beseelten Philosophen wieder, nicht nur um dem Marxismus, sondern auch dem naturwissenschaftlichen Fortschrittsdenken zu widerstreiten. Eric Voegelin entwirft um 1950 bis zu seinem Tod 1985 ein großes geschichtsphilosophisches Szenario, bei dem das Christentum im Mittelpunkt steht. Danach erlebt es seinen Höhepunkt in der Scholastik und erfährt dann einen Niedergang durch Protestantismus, Aufklärung, Liberalismus, Faschismus und Kommunismus. So bemerkt Voegelin: „Während in der griechisch-römischen Zivilisation die Spannung des Niedergangs durch Bewegungen verursacht wurde, die einen Fortschritt des Geistes darstellten, wurde in der westlich-christlichen Zivilisation die Spannung des Niedergangs durch Bewegungen verursacht, die geistig rückläufig sind."[34] Allerdings bleiben Hoffnungen auf eine Wiederkehr des Christentums dabei eher vage, beseelt Voegelin umso mehr die Angst vor einem apokalyptischen Untergang des Westens als Heimat des Christentums.

Karl Jaspers entwickelt 1949 einen geschichtsphilosophischen Begriff der Achsenzeit. Zwischen 800 und 200 vor Christus entstehen in Indien, China, Persien und im Judentum neue religiöse Vorstellungen sowie parallel dazu auch noch die antike griechische Philosophie. Alle zusammen verabschieden die bis dahin vorherrschenden Mythologien, in denen Götter- und Menschenwelt relativ eng miteinander verflochten sind. Stattdessen bemühen sie sich um ein distanzierteres Verhältnis zwischen den Menschen und Gott. Bereits für den Protestanten Jaspers ergibt sich daraus eine spirituelle geschichtsphilosophische Perspektive, die er wie Voegelin dem marxistischen Materialismus wie dem Positivismus entgegensetzt.

Jüngst, genauer 2017 schließt der Soziologe Hans Joas an Jaspers an. Seit der Achsenzeit breitet sich eine transzendente Religion aus, die nicht mehr wie die Mythologie unmittelbar im weltlichen Geschehen mitmischt. Aber aus einer transzendenten Beziehung zwischen dem Göttlichen und Gläubigen heraus avanciert die Religion zu einer von außen lenkenden Instanz. Joas schreibt: „Die Macht des Heiligen zeigt sich bei der Rechtfertigung wie bei der Infragestellung politischer und sozialer Macht, weil die Bindung der Menschen an das von ihnen erfahrene Heilige eine ihrer stärksten Motivationsquellen darstellt."[35]

Es entbehrt nicht einer gewissen Ironie, dass die Geschichtsphilosophie im religiösen Denken wiederkehrt. Marx und dem Marxismus haben seine Feinde immer vorgehalten, dass sich deren Geschichtsmodell der christlichen Eschatologie verdanken würde. Das wird von marxistischer Seite notorisch dementiert. Aber es lässt sich nicht leugnen, dass speziell das Christentum immer historisch dachte. Die frühen Christen erwarteten die baldige Wiederkehr ihres Heilands, ähnlich wie Marx nach 1848 die proletarische Revolution erwartete. Und nicht nur Joas bemüht wieder die Geschichtsphilosophie, um den säkularen Prophezeiungen zu widerstreiten, die Religion würde niedergehen.

Die Wiederkehr der Geschichtsphilosophie in der Informatisierung

Anders als Joas bedient man sich im zeitgenössischen an Marx orientierten Denken kräftig apokalyptischer Muster, durch die die Geschichtsphilosophie wiederkehrt, selbst wenn man meint, bloß ökonomisch und vielleicht noch ökologisch zu argumentieren. Kreativer als Crouch, Streeck oder Neffe denkt denn auch Mason, der nicht nur einen ökonomischen Grund für den bevorstehenden Untergang angibt, sondern eben noch drei weitere, nämlich Klimaerwärmung, demographische Entwicklung und weltweite Migrationsströme. So ganz möchte er sich auf seinen an Marx orientierten Grund offenbar doch nicht verlassen.

Den Hintergrund für die ökonomische Krise verlegt Mason sehr marxistisch in den technologischen Bereich. Denn damit bleibt er näher am

Marxschen Modell als Crouch und Streeck mit ihrer Kritik am Niedergang von Sozialstaat und Demokratie auf Grund der neoliberalen Ökonomie. In Marx' sowohl geschichtsphilosophischem wie ökonomischem Szenario hemmen die Produktionsverhältnisse die Entwicklung der Produktivkräfte, also die technologische Entwicklung. Mason entwickelt in seinem Buch *Postkapitalismus* just ein solches technologisches Szenario, das den Kapitalismus jetzt endlich in den lange prophezeiten Untergang treiben wird. Dementsprechend heißt der deutsche Untertitel *Grundrisse einer kommenden Ökonomie*. Damit schließt Mason an Marx' *Grundrisse der Kritik der politischen Ökonomie* aus den Jahren 1857/58 an. Nicht nur dass Marx das Manuskript nie veröffentlichte. Es wurde vor allem erst 100 Jahre später entdeckt und inspirierte die Neomarxisten rings um 1968.

Dieses Manuskript enthält nämlich einen Gedanken, den Marx im *Kapital* nicht mehr in dieser Form aufgreifen wird. Die zentrale Stelle lautet: „In dem Maße ..., wie die große Industrie sich entwickelt, wird die Schöpfung des wirklichen Reichtums abhängig weniger von der Arbeitszeit und dem Quantum angewandter Arbeit, als von der Macht der Agentien, die während der Arbeitszeit in Bewegung gesetzt werden und die selbst wieder – deren powerful effectiveness – selbst wieder in keinem Verhältnis steht zur unmittelbaren Arbeitszeit, die ihre Produktion kostet, sondern vielmehr abhängt vom allgemeinen Stand der Wissenschaft und dem Fortschritt der Technologie, oder der Anwendung dieser Wissenschaft auf die Produktion."[36] Damit lässt Marx für einen kurzen Augenblick seine Arbeitswertlehre auf, nach der ja nur die lebendige menschliche Arbeit Wert schöpft, und nicht welche Maschinerie auch immer. Das ist die Sensation dieses Textes.

Doch Mason deutet das Manuskript anders. Er hält an der Arbeitswertlehre fest, die allerdings von der Informationstechnologie derart unterwandert wird, dass dadurch die Profitrate immer schneller sinkt: „Es tauchen immer mehr Belege dafür auf, dass sich die Informationstechnologie keineswegs als Grundlage für einen neuartigen, stabilen Kapitalismus eignet. Ganz im Gegenteil: Sie löst ihn auf. Sie zersetzt die Marktmechanismen, höhlt die Eigentumsrechte aus und zerstört die Beziehung zwischen Einkommen, Arbeit und Profit."[37] Informationsgüter lassen sich beliebig vervielfältigen und zerstören dadurch klassische Eigentumsrechte – man denke an Musik und Filme, die man im Internet beliebig kopieren kann. Die in der Informationstechnologie aufgewendete Arbeit

Die apokalyptische Wiederkehr der Geschichtsphilosophie 179

produziert beliebig viele Produkte, die nicht mal verschleißen, so dass sich ihr Tauschwert immer weiter senkt und am Ende gegen Null geht. Daher versuchen Konzerne mit Monopolstellung mühsam Preise aufrechtzuerhalten. Ansonsten verweist Mason auf Linux, frei zugängliche Archive oder auf Wikipedia, das den Markt der Lexika zerstörte. Das Internetzeitalter senkt die Profitrate dramatisch – das ist Masons zentrale These –, das was Marx bereits kommen sah, was dem Kapitalismus den Boden entzieht. Dieser ist ja auf die Mehrwertproduktion angewiesen.

Daraus folgert Mason im Anschluss an Marx *Grundrisse*, dass sich durch die zunehmend wissensbasierte Produktion – Wissen, das gesellschaftlich generiert wird – eine neue Form einer gemeinschaftlichen Produktion entwickelt, die Mason *Postkapitalismus* nennt. Für Mason „bricht der Kapitalismus zusammen, weil seine Existenz nicht mit dem gesellschaftlichen Wissen vereinbar ist."[38] Die Produktivkräfte zerstören die Produktionsverhältnisse – Marx geschichtsphilosophische Kernaussage – garniert mit apokalyptischen Gesten.

Denn wer soll daraus noch eine Revolution machen? Nein, ganz gibt sich Mason der Apokalyptik nicht hin und bleibt doch biblisch. An die Stelle von Monopolen und gigantischen Konzernen treten Netzwerke von Benutzern, die verhindern, dass Konzerne weiterhin Geschäfte machen können. So entdeckt Mason einen Ersatz für das Proletariat, Marx' historisches Subjekt der Revolution und des Sozialismus. Denn wenn die Welt vor einem totalen Zusammenbruch bewahrt werden soll, muss es Menschen geben, die den Postkapitalismus human gestalten: „Es ist die vernetzte Menschheit."[39] Dazu zählt Mason die diversen Protestbewegungen in aller Welt, Umweltgruppen oder den vernetzten chinesischen Arbeiter. Allen ruft er apokalyptisch zu: „Ihr müsst handeln! Ihr müsst das Risiko unverzüglich verringern!"[40] Paulus spricht vom *Katechon*, der den Antichristen aufhält (2 Thess 2,6, 2,7) und damit den Weltuntergang verzögert, worauf sich unter anderem Karl der Große berufen wird.

Für Mason ist der *Katechon* die vernetzte Menschheit. Marx glaubte ja nicht nur, dass das Proletariat die Interessen der ganzen Menschheit vertritt, sondern dass kurz vor der Revolution im Zuge des Niedergangs des Kapitalismus der größte Teil proletarisiert sein wird und nur noch eine kleine Gruppe der Reichen bekehrt werden müsste – Marx' wie Masons geschichtsphilosophische Vision!

Am Ende wird es jedoch auf den Staat ankommen, weil Postkapitalismus für Mason nicht nur heißt, dass die Globalisierung zusammenbricht, dass vielmehr daher Nationalstaaten die Märkte und Konzerne kontrollieren und lenken müssen. Im Energiesektor beispielsweise hat der Markt gar nichts mehr zu suchen. Ansonsten wird durch die Informationstechnologie eine ökologisch und demographisch nachhaltige, sozial gerechte Überflussgesellschaft entstehen, die keinen Mangel kennt – der Kommunismus lässt grüßen.

Eine ähnliche Hoffnung einer umfänglich kontrollierten National- oder Weltwirtschaft beseelt auch Jürgen Neffe, wenn er bemerkt: „Mithilfe von Algorithmen, wie sie etwa globale Internet-Handelsriesen entwickeln und ständig verfeinern, lassen sich Nachfrage, Bedarf und Bedürfnisse immer besser voraussehen – und steuern."[41] Es sind die Hoffnungen des 19. Jahrhunderts, die vom Glauben an die Wissenschaften, an die Vernunft und an den historischen Fortschritt bestimmt werden. So innovativ manche Ansätze im Postmarxismus auch klingen, sie fallen doch ins alte geschichtsphilosophische Schema zurück, das sie mit einem apokalyptischen Oberton garnieren – auf der Suche nach dem *Katechon*.

Parallel zum Christentum im Sinn von Joas kehrt Marx wieder just ob jenes Teils seiner Lehre, der obsolet ist. Ist das absurd?

Anmerkungen

[1] Paul Mason, Postkapitalismus – Grundrisse einer kommenden Ökonomie, Berlin 2016, 85.
[2] G.W.F. Hegel, Vorlesungen über die Philosophie der Geschichte (1822-32), Theorie Werkausgabe Bd. 12, Frankfurt/M. 1970, 32.
[3] Karl Marx, Friedrich Engels, Manifest der Kommunistischen Partei (1848), Marx Engels Werke (MEW) Bd. 4, Berlin 1972, 462.
[4] Paul Mason, Postkapitalismus, 240.
[5] Pierre Bourdieu, Über den Staat – Vorlesungen am Collège de France 1989-1992, Berlin 2014, 600.
[6] Karl Marx, Das Kapital Bd. 1 (1867), MEW Bd. 23, Berlin 1979, 339.
[7] Jürgen Neffe, Marx – Der Unvollendete, München 2017, 421.
[8] Karl Marx, Zur Kritik der Hegelschen Rechtsphilosophie – Einleitung (1844), Marx Engels Werke (MEW) Bd. 1, Berlin 1972, 385.
[9] Karl Marx, Das Kapital Bd. 1 (1867), 208.
[10] Zit. bei: Jürgen Neffe, Marx – Der Unvollendete, 423.
[11] Christoph Türcke, Mehr – Philosophie des Geldes, München 2015, 413.
[12] Jürgen Neffe, Marx – Der Unvollendete, 467.

Die apokalyptische Wiederkehr der Geschichtsphilosophie 181

[13] Wolfgang Streeck, Wird der Kapitalismus enden? Teil I; in: Blätter für Deutsche und Internationale Politik, Nr. 3, 2015, 109.
[14] Jürgen Neffe, Marx – Der Unvollendete, 466.
[15] Slavoj Žižek, Das wahre Erbe des Jahres 1968; in: Süddeutsche Zeitung, 3.,4. Mai 2008, 17.
[16] Colin Crouch: Postdemokratie (2004), Bonn, 2008, 101.
[17] Ebd., 29.
[18] Wolfgang Streeck, Gekaufte Zeit – Die vertagte Krise des demokratischen Kapitalismus, Berlin 2013, 90.
[19] Slavoj Žižek, http://www.deutschlandfunk.de/das-unbehagen-im-subjekt.700.de.html?dram:article_id=79546, gesendet am 8.4.1998.
[20] Karl Marx, Der Bürgerkrieg in Frankreich (1871), Marx Engels Werke (MEW) Bd. 17, Berlin 1971, 361.
[21] Jan-Werner Müller, Das demokratische Zeitalter – Eine politische Ideengeschichte Europas im 20. Jahrhundert, Berlin 2013, 246.
[22] Wolfgang Streeck, Gekaufte Zeit, 218.
[23] Paul Mason, Postkapitalismus, 332.
[24] Ebd., 40.
[25] Karl Marx, Friedrich Engels, Manifest der Kommunistischen Partei (1848), 466.
[26] Jürgen Neffe, Marx – Der Unvollendete, 467.
[27] Wolfgang Streeck, Die Wiederkehr der Verdrängten als Anfang vom Ende des neoliberalen Kapitalismus; in: Geiselberger (Hrsg.), Die große Regression, Berlin 2017, 268.
[28] Wolfgang Streeck, Gekaufte Zeit, 15.
[29] Johannes Fried, Dies Irae – Eine Geschichte des Weltuntergangs, München 2016, 251.
[30] Paul Mason, Postkapitalismus, 316.
[31] Ebd., 328.
[32] Hans Jonas, Das Prinzip Verantwortung – Versuch einer Ethik für die technologische Zivilisation (1979), Frankfurt/M 1984, 218.
[33] Niccolò Machiavelli Der Fürst (1513/1532), Wiesbaden 1980, 70.
[34] Eric Voegelin, Das Volk Gottes – Sektenbewegungen und der Geist der Moderne (1940er), München 1994, 22.
[35] Hans Joas, Die Macht des Heiligen – Eine Alternative zur Geschichte von der Entzauberung, Berlin 2017, 20.
[36] Karl Marx, Grundrisse der Kritik der politischen Ökonomie (1857-58), MEW Bd. 42, Berlin 1983, 600.
[37] Paul Mason, Postkapitalismus, 158.
[38] Ebd., 188.
[39] Ebd., 279.
[40] Ebd., 335.
[41] Jürgen Neffe, Marx – Der Unvollendete, 472.

Peter Cornelius Mayer-Tasch

Von der Symbolnot unserer Zeit

Wir Alle haben sie gesehen – die Bilder von den Trauerfeiern für die dem Terroranschlag auf die *Twin Towers* in New York und dem Terroranschlag auf das Pentagon in Washington zum Opfer Gefallenen: Tausende von Leidtragenden, die Papierfähnchen mit den amerikanischen *Stars and Stripes* schwenkten. Und wir haben auch die anderen Bilder gesehen – die Bilder von radikalen Moslems in Pakistan, Palästina und Indonesien, die amerikanische Fahnen unter Haßgejohle verbrannten. Hier das Identifikationssymbol, in und an dem die Trauernden – nunmehr dem Anschein nach „ein einzig Volk von Brüdern" (Schiller) – Halt zu finden hofften, dort das alle Aggressionen und Ressentiments bündelnde Haßobjekt, mit dem alle Amerikaner, zumindest aber ihr sozioökonomischer und soziopolitischer Bewegungsstil, gewissermaßen *in effigie* verbrannt und vernichtet werden sollten. Und wir haben auch die Bilder nach den Terroranschlägen in Paris gesehen – das Beharrungswillen und Widerstandsmut signalisierende „Hissen" der Trikolore in vielfältigen Erscheinungsformen.

Strafen solche Bilder nicht das Wort von der Symbolnot Lügen? Zeigen sie nicht gerade, daß Symbole nach wie vor von großer Bedeutung sind?

Die Antwort auf diese – erkennbar rhetorische – Frage muß differenziert ausfallen. *Identifikations*symbole haben in der Vergangenheit stets eine mehr oder minder bedeutende Rolle gespielt – ob es sich nun um Familien-, Stadt- oder Länderwappen, um Vereins-, Gemeinde- oder Staatsfahnen, um religiöse oder philosophische Symbole handelte. Ihre Tragweite variierte je nach Beschaffenheit der historischen Situation, in der sie gebraucht wurden. Daß einer Fahne, die ein ethnisch hochkomplexes Volk wie das amerikanische, im Hinblick auf gemeinsame Werthaltungen zu repräsentieren hat schon wegen der ihr zwangsläufig obliegenden Integrationsfunktion hohe soziopolitische Bedeutung zukommen muß, liegt auf der Hand. Nicht zuletzt die Bilder aus New York, die

Von der Symbolnot unserer Zeit 183

bei den offiziellen Trauerfeiern Angehörige der verschiedensten ethnischen Gruppierungen im Zeichen des Sternenbanners solidarisch vereint zeigten, hat dies überdeutlich gemacht. Eine Situation dies, die für alle Länder gilt, in denen die Staatsfahne verschiedene Ethnien zusammenhalten und auf wachsende und gewachsene Gemeinsamkeiten einschwören soll.

Ähnliches gilt auch dort, wo die Fahne als markantes Integrations- und Aktionssymbol einer sozialen oder politischen Bewegung entstanden ist und dann als solches – nach dem Siegeszug dieser Bewegung – zum Staatssymbol wurde. In der Sowjetunion galt dies für die rote Fahne der Bolschewiken, in Deutschland für die Hakenkreuzfahne der Nationalsozialisten. Solche Symbole (die dann oft auch noch durch die allgegenwärtigen Big-Brother-Bilder und -Monumente ihrer Bannerträger ergänzt werden) liefern für die Vorkämpfer wie für die Mitläufer dieser Bewegungen in aller Regel ein hohes Energetisierungspotential. Bei den jeweiligen Opponenten hingegen pflegen solche soziopolitischen Bewegungssymbole ein nicht minder hohes Aggressionspotential freizusetzen, das dann nach dem Nieder- oder Untergang der bekämpften Bewegung zumeist in eine Ächtung des als Heilszeichen diskreditierten Symbols mündet, was auch in den beiden angeführten Beispielsfällen der Fall war. Daß die nachfolgenden Staatsfahnen zumeist weniger Begeisterung zu wecken pflegten, dürfte nicht zuletzt darauf zurückzuführen sein, daß den meisten Russen und den meisten Deutschen nicht mehr so recht klar ist, wofür eigentlich die im Rückgriff auf vergangene Zeiten wiederbelebte Fahne steht, was die – über die bloße Einheit von Staatsgebiet, Staatsvolk und Staatsgewalt hinausweisende – Bedeutung der National- und Staatsfarben sein könnte. Daß sich jedoch auch dies in Ausnahmesituationen rasch ändern kann, ist im zeitlichen und räumlichen Umkreis der deutschen Wiedervereinigung deutlich geworden. In den Jahren 1989/90 wurde die schwarz-rot-goldene Deutschlandfahne ohne Hammer und Sichel zu einem von den Ostdeutschen begeistert begrüßten Symbol der nationalen und staatlichen Wiedervereinigung. Und spätestens im Umkreis – keineswegs nur der gewonnenen – Fußball-Weltmeisterschaften konnte man dann angesichts der bald hoffnungsvollen, bald triumphierenden Allgegenwart von Schwarz-Rot-Gold durchaus den Eindruck gewinnen, dass auch die neuen deutschen Farben im ganzen Volk „angekommen" waren. Länder, die an ihrer Fahne trotz markanter Systemveränderungen festhielten – wie dies etwa bei Frankreich und der französischen Trikolore der Fall ist – kennen Akzeptanzprobleme ohnehin nicht. Schwankungen unterliegt die Ausstrahlung solcher Integrationssymbole einer nationalen und staatlichen Schicksalsgemeinschaft aber dennoch. In Zeiten nationaler Hochstimmung oder nationaler Krisen rückt man auch hier wie überall näher zusammen, berauscht oder tröstet man sich im Blick auf die Fahne. Sehr eindrucksvoll vor Augen geführt wurde uns dies jüngst wieder bei dem leidenschaftlich geführten Abstimmungskampf um das türkische Verfassungsreferendum, das der „türkischen Republik" nun ein tendenziell autokratisches Präsidialsystem beschert hat. Sowohl im Lande selbst als auch in der rheinischen und der Berliner Diaspora der (von ihren Landsleuten als „Deutschländer" bezeichneten) Deutsch-Türken ruderten die türkischen Polit-Troubadoure ihres konstitutionellen „Ermächtigungsgesetzes" durch ein Meer frenetisch geschwenkter roter „Mondstern"-Fähnchen. Und die Führer der sich diesen autokratischen Bestrebungen entgegenstemmenden türkischen Opposition taten es ihnen bei ihren Protestversammlungen und dem großen Protestmarsch von Ankara nach Istanbul gleich. Und wer genau hinschaute, dem konnte kaum entgehen, dass die Fernsehkameras das eurropäische Sternenbanner bei Zusammenkünften der nach dem Brexit zurückgebliebenen 27 Regierungschefs der Europäischen Union länger und (wie man vielleicht unterstellen mag) trotziger auf den Bildschirm bannten als je zuvor ...

All dies kann aber nicht eigentlich gemeint sein, wenn von der Symbolnot unserer Zeit die Rede ist. Die beschworenen Bilder eröffnen aber doch einen Blick in den Vorhof der Thematik.

Zum Begriff des Symbols und seiner Entstehung

Unter einem *symbolon* verstand man im antiken Griechenland etwas aus zwei Teilen zu einem Ganzen Zusammenfügbares. ‚Symballein' nämlich heißt ‚Zusammenwerfen' oder ‚Zusammenfügen'. Und zusammengefügt wurde bei der Wiederbegegnung von Freunden oder Liebenden der beim Abschied als Zeichen der Zusammengehörigkeit zerbrochene oder sonstwie geteilte Gegenstand – ein Tontäfelchen etwa, eine Medaille oder auch ein Ring. Zusammengefügt wurde zwar räumlich Getrenntes, jedoch kraft innerer Verbundenheit Zusammengehöriges. In Gestalt des Ringes wurde das Symbol zum Zeichen der Zusammengehörigkeit schlechthin.

Noch heute verweisen Freundschafts-, Verlobungs- und Ehering als sichtbare Zeichen auf ein Unsichtbares, das gleichwohl gegenwärtig ist, das „anwest" (wie es Martin Heidegger ausgedrückt hätte) – das Versprechen und die Erwartung steter Verbundenheit, den Zustand der Freundschaft, der Verlobung, der Ehe. Und genau dies ist das Charakteristikum eines Symbols: ein Unsichtbares zu repräsentieren und damit als anwesend zu imaginieren, ohne den – dem Vorstellungsvermögen weite Räume eröffnenden – Relationszauber im Wechselspiel von Sichtbarkeit und Unsichtbarkeit durch allzu detailhungrigen Abbildungseifer zu banalisieren.

Mit dieser auf die Entstehungsgeschichte des Symbolbegriffes zurückgreifenden Klarstellung soll nicht zuletzt der heute in der Umgangssprache allgegenwärtigen Verflachung des Begriffs entgegengewirkt werden. Triviale „Symbole" wie bloße Verkehrs- oder Orientierungszeichen (jene neckischen Bildchen etwa, die gewisse diskrete Türen zieren) verdienen diesen Namen allenfalls in einem sehr eingeschränkten Sinne. Auch hier steht ein Teil für etwas Umfassenderes, aber dieses Umfassendere ist nur ein vergleichsweise kleiner Lebensausschnitt. Ähnliches gilt auch für Zeichen, die zwar für einen grösseren Zusammenhang stehen, die aber doch noch nicht auf ein wirklich ganzheitliches Erfahrungspotential verweisen. Ein Lorbeerzweig oder -kranz etwa mag Ruhm signalisieren, ein Lamm oder eine Lilie von Reinheit künden; eine Zirbelnuß oder eine Ähre mag für Fruchtbarkeit stehen, ein Herz für Zuneigung und Liebe. Auf mehr als einen thematisch mehr oder minder klar umgrenzten Lebensbereich verweisen jedoch auch solche – auf mancherlei Art und Weise ins Brauchtum eingegangene – Symbole nicht.

Einen weiter gespannten Assoziationsraum eröffnen Zeichen, die innerhalb eines umfassenderen Sinngefüges – der Sterndeutung etwa – Charakteristika als *partes pro toto* zusammenfassen. Bei ihnen handelt es sich um Symbole einer mittleren Verdichtungsstufe.

Ebensowenig wie die Lokal-, Regional- und Nationalfahnen, die Gruppen- und Vereinsembleme, werden die zuletzt genannten Symbole niederer und mittlerer Verdichtungsstufe von der hier und heute thematisierten Problematik erfaßt. Solche Symbole wurden und werden (noch) immer genutzt, wenn vielleicht auch mit wechselnder Frequenz und Intensität. Ihr geistiges Potential ist jedoch mehr oder minder begrenzt. Begrenzt jedenfalls im Vergleich zum geistigen Potential der Symbole hoher und höchster Verdichtungsstufe, zu denen nur noch wenige Menschen eine nachhaltige innere Beziehung zu gewinnen vermögen. Gerade die eingangs angeführten Beispiele sind eher Indikatoren als Falsifikatoren für die hier zur Diskussion stehende Symbolnot. Recht besehen nämlich bedeutet das Schwenken der Fahnen und Fähnchen kaum mehr als den allgemeinen Rekurs auf das Kollektiv, auf die Gemeinschaft, auf die Horde, auf die Geborgenheit und den Trost, den sie verspricht. Je nach Anlaß kann dies mehr oder weniger plausibel sein, plausibler jedenfalls bei den Trauernden von New York als etwa bei – Siege wie Niederlagen zu Pöbeleien und Schlägereien im Zeichen ihrer jeweiligen Vereins- und Nationalflaggen nutzenden – Fußball-Hooligans. Daß der Rekurs auf das Kollektiv (und bestenfalls damit auch auf die Grund- und Leitwerte dieses Kollektivs) ein Weg sein kann, kritische oder euphorische Situationen heil zu überstehen, ist *ein* Ding. Ein ganz ander' 'Ding jedoch ist die geistig-seelische Hinwendung zu Symbolen, die mehr sein wollen und mehr sind als bloße Bezeichnungen für eine soziopolitische Schicksals- und Gesinnungseinheit. Gemeint ist die Hinwendung zu Ganzheitssymbolen, die auch die Dialektik des menschlichen Lebens und darüber hinaus des Lebens schlechthin sowohl spiegeln als auch fördern – Symbolen also der höchsten Verdichtungsstufe. Gemeint ist die Hinwendung zu Symbolen, die selbst dort kaum mehr wahrgenommen, geschweige denn verstanden werden, wo sie in der Bildersprache der je und je heimischen Kultur unverkennbare Spuren hinterlassen haben. Selbst Angehörige von Studienrichtungen und Berufen, bei denen man entsprechende Expertise voraussetzen könnte – Ethnologen, Theologen, Kunsthistoriker, Denkmal- und Heimatpfleger etwa – bleiben in ihrem Umgang mit Ganzheitssymbolen nicht selten an der Oberfläche eines bestenfalls intellektuellen Begreifens, oder aber – wie zumeist Priester – im Sinngefüge ihrer jeweiligen Religions- bzw. Konfessionsdogmatik befangen. Symbol-Lehrer, die den Weg zum Verständnis und zur ganzheitlichen Nutzung der großen Menschheitssymbole wieder freilegen könnten, sind selten – und wenn ja, dann am ehesten noch in kleinen esoterischen Zirkeln – anzutreffen. Und dies, obwohl in unseren Gesellschaften ein überaus großer, teils evidenter, teils latenter Bedarf an solchen spirituellen Wegweisern unverkennbar ist. Dieser Bedarf erwächst aus der allen Menschen gemeinsamen Aufgabe der materiellen und (mehr noch) spirituellen Lebensbewältigung. Den Menschen auf diesem lebenslangen Weg zu begleiten, vor allem aber, ihm an Scheidewegen, auf Hohl- und Holzwegen wie in Weglosigkeiten beizustehen, ist eine Aufgabe, die dem Symbol umso mehr zuwachsen mußte als es sich schon früh nicht nur auf der säkularen, sondern auch auf der mystisch-sakralen Ebene zu entfalten wußte. Im Zuge dieser Entwicklung nämlich konnte aus dem bloßen Kenn- und Erkennungszeichen ein *Wahr*zeichen und aus dem *Merk*mal ein *Denk*mal werden.

Zur Entwicklungs- und Verfallsgeschichte der Ganzheitssymbolik

In unserem Kulturkreis hat sich vor allem das Christentum des Symbols angenommen und zu dessen mystisch-sakraler Wendung beigetragen. Die griechische Antike kannte noch keinen ins Metaphysische gewendeten Symbol-Begriff, wie er etwa in der christlichen Lehre von den Sakramenten (d.h. also „Geheimnissen") zum Ausdruck kommt. Daß etwa Brot und Wein den Leib und das Blut eines als Gottmensch Verehrten bedeuten könnten, wäre aufgeklärten Griechen nicht in den Sinn gekommen und auch schwerlich zu vermitteln gewesen. Zwar deuteten sie wie ihre Vorfahren und übrigens auch ihre politischen Nachfahren, die Römer, aus zahllosen *omina* die Zukunft, ließen sich dabei jedoch noch von einer vergleichsweise rationalen Hermeneutik leiten, die sich vor allem an der erfahrungsgesättigten und traditionsbeglaubigten Koinzidenz von Mikro- und Makrokosmos orientierte, wie sie in dem berühmten Gesetz des Hermes Trismegistos zum Ausdruck kam. Soweit das – nicht zuletzt auch aus den geistigen Quellen orientalischer Mysterienkulte gespeiste – Christentum in seinen Frühzeiten einen Rückfall hinter die philosophischen Maßstäbe der griechisch-römischen Antike bedeutete und bedeuten mußte, war der Rückgriff auf das Symbolische durch eben dieses Christentum nur allzu verständlich. Im Symbol des Sakramentes erschloß sich den Gläubigen in sinnlich anschaulicher Weise das dunkle Geheimnis des Glaubens, die Heiligkeit Gottes und der von ihm geschaffenen Natur. Die mystische Verwandlung des Brotes in den Leib und des Weins in das Blut Christi vollzog sich in der Vorstellung eines unmittelbaren Miterlebens, als Teilhabe gewissermaßen an diesem symbolischen Akt der Vergöttlichung. Ob nun Brot und Wein tatsächlich im eucharistischen Wandlungs-Prozeß Leib und Blut Christi werden oder dies nur bedeuten – daran entzündete sich später ein Streit, der nicht nur mit Argumenten ausgetragen wurde. Für die Protestanten hat Luther diesen Streit dann dahingehend entschieden, daß er Brot und Wein als ein empirisches

Zeichen für einen empirisch nicht verifizierbaren Sachverhalt zu verstehen empfahl. Damit hat er einem moderneren Symbolverständnis den Weg bereitet.

Auch in dieser teilsäkularisierten Form aber ermöglicht das Symbol noch eine Kommunikation mit dem Numinosen, verleiht es einer vom Jenseits ins Diesseits herüberreichenden Wirklichkeit greifbare Gestalt, holt es das prinzipiell Unverfügbare in den Verfügungsbereich des Menschen hinein. Im religiösen Symbol treffen Wahrnehmbares und Nichtwahrnehmbares in einer Weise zusammen, die eine spezifische Kommunikation mit Numinosem ermöglicht – auch wenn sich dieses Jenseitige für den Einen oder Anderen im Sinne Spinozas als *Deus sive Natura*, als „Gott oder die Natur" darstellen sollte. Indem die profane Erscheinung des Symboles sich sakralisiert, mit religiösem Sinn auflädt, verwandelt sie sich in ein Medium, das dem Menschen die Gegenwart des Ganzheitlichen – und damit auch im Wortsinne des Heiligen – zu vermitteln vermag.

Daß mit der nachlassenden Überzeugungs- und Bindekraft der Religion im Verlauf der aufklärerischen Jahrhunderte auch die religiöse Zeichensprache an Autorität verlieren und das Symbol in seiner Eigenschaft als Medium der Kommunikation von der profanen Zeichenkultur überlagert werden mußte, liegt auf der Hand. Das aufklärerische 18. Jahrhundert wurde zu einem Jahrhundert der Symbolforschung, zugleich aber auch der Symbolkritik. Mit aufklärerischem Gestus befaßte man sich mit falschen Mythen und Priesterbetrug, mit den sozialen Ursprüngen von Moral und Religion, mit Demaskierungsversuchen des Heiligen in seinen vielfältigen Gewandungen. Konzentrierten sich einschlägige Untersuchungen bis dahin vor allem auf das Sammeln und die Interpretation des überlieferten symbolischen Kulturgutes, so wurden jetzt Verzeichnisse angelegt, Auslegungsanleitungen entwickelt und die Einzelsymbole in ein dichtes Netzwerk wechselseitiger Verweisungen und Abhängigkeiten eingeflochten. Im Grunde handelte es sich bei all dem um so etwas wie einen Feldzug der Vernunft gegen die religiösen Wurzeln und opaken Geheimnisse des Symbolischen. Die Symbolnot, von der hier die Rede ist, wird im Blick auf diesen Feldzug historisch zum ersten Mal greifbar. Es ist die Not einer nur scheinbar selbstsicheren Vernunft, die sich der angeblich vernunftwidrigen Bräuche, Kulte und Semantiken, Symbole und Symboliken nur durch Praktiken der Aus- und Einschließung, der Ein- und Unterordnung erwehren zu können glaubt.

Das religiöse Ganzheitssymbol, so könnte man sagen, irritierte die symbolische Religion der Vernunft und mußte daher demystifiziert, zurückgestutzt, entleert werden.

Inzwischen ist all dies kaum mehr nötig. Zwei weitere Jahrhunderte der Säkularisation haben mit der fortlaufenden Rationalisierung aller Lebensvollzüge und Weltverhältnisse gründlich entzaubert, was den religiösen Ganzheitssymbolen noch an Zauber verblieben war. Und der Entzauberung der Ganzheitssymbole entsprach dann auch die wachsende Überflutung des täglichen Lebens mit weitgehend sinnentleerten Zeichen – mit Zeichen jedenfalls, die nicht länger einen komplexen, tendenziell ganzheitlichen Bedeutungsraum erschließen. Der von Max Weber immer wieder beschriebene Übergang von der vormodernen zur modernen Gesellschaft läßt sich in gewisser Weise auch als Übergang vom bedeutungsschweren Symbol zum bedeutungsarmen Zeichen lesen, in der Terminologie Walter Benjamins als „Verlust der (symbolischen) Aura" deuten. Das Symbol wurde weithin zum bloßen, auf Beliebiges „zeigenden" Zeichen, das auf Beliebiges zeigende Zeichen mithin zum entleerten Symbol. Was auf der Strecke blieb, war der Reichtum und die Fülle, war das Netzwerk korrespondierender und zumeist auch mit einem Blick nach oben skandierter, zumindest aber vom ganzheitlichen Atem des Lebens durchwehter Verweisungen, in die viele Symbole (und damit auch der Umgang mit diesen Symbolen) einst verwoben waren. Jedes „Schrift- oder Bildzeichen mit verabredeter oder unmittelbar einsichtiger Bedeutung, das zu einer verkürzten oder bildhaften Kennzeichnung und Darstellung eines Begriffes, Objektes, Verfahrens, Sachverhaltes ... verwendet wird" (Brockhaus), gilt heute als Symbol. Angesichts dieser Inflation von „Symbolen" kann es nicht verwundern, daß sich so etwas wie ein Symbolbewußtsein (das immer auch ein Bewußtsein von der Notwendigkeit symbolischer Wahrnehmung und Erkenntnis zu sein hätte) nicht oder kaum mehr einstellen will. Gerade hierin liegt die Symbolnot unserer Zeit, daß sie keine Vorstellung mehr davon besitzt, wie dringend sie bzw. die in ihr lebenden Menschen ganzheitlicher Symbole und Symboliken bedürften, um die das Sichtbare mit dem Unsichtbaren verknüpfende Wirklichkeit der Welt wahrzunehmen und aus dieser Wahrnehmung heraus sich in diese Wirklichkeit der Welt sowohl materiell als auch spirituell einzufügen. Daß dies nicht mehr gelingen kann, wo man sich in virtuellen Zeichenwelten verliert und diese für das Eigentliche hält, liegt auf der Hand.

Peter Cornelius Mayer-Tasch

Zur Behebung der Symbolnot unserer Zeit

Behoben werden kann die Symbolnot unserer Zeit nur, wenn wir wieder den Weg zur Erkenntnis- und Heilkraft der Ganzheitssymbole finden, wenn solche – in unserem abendländischen wie im morgenländischen Formenschatz und Brauchtum allenthalben anzutreffenden – Symbole wieder als solche erkannt, umfassend verstanden und bewußt genutzt werden als Katalysatoren einer normativ verstandenen Menschwerdung – als Mentoren und Mediatoren, die uns helfen können, den uns je und je zwischen Himmel und Erde angewiesenen Stand- und Wirkort zu finden und einzunehmen.

Voraussetzung hierfür ist, daß wir das bis zur Unkenntlichkeit überlagerte und verfälschte Symbolgut wieder freilegen und zurechtrücken, daß wir ihren – sich vielen Zugangbedürfnissen öffnenden – Sinn wieder begreifen. Einige Beispiele mögen dies verdeutlichen: Das Kreuz etwa, das zu den gebräuchlichsten Zeichen vieler Kulturen gehört, wird im Abendland nahezu ausschließlich im Kontext der christlichen Dogmatiken gesehen, die zwar an ältere Bedeutungsinhalte anknüpfen, dann aber nurmehr ihre sehr eingeschränkte Sinngebung als Erlösungspotential gelten lassen. Spirale und Labyrinth sind Symbole, die – obzwar weit verbreitet – so gut wie überhaupt nicht mehr als spirituelle Initiationsmedien begriffen werden. Ähnliches gilt für die Lebens- und Weltbaumrune Hagal, die uns nicht zuletzt in der alpenländischen Formensprache, vor allem aber im Berchtesgadener Land in der Gestalt des Sechssterns als apotropäische, (nicht nur, aber insbesondere) auf Haustüren anzutreffende, Transfigurationsform begegnet.

Die größten Wirkchancen haben heute im Abendland paradoxerweise zwei Ganzeitssymbole, die nicht unserem kulturellen Kontext entwachsen sind – Lotos nämlich und YinYang. Die mit der New Age-Bewegung aufs Innigste verwobene, von Autoren wie William Somerset Maugham, Waldemar Bonsels, Hermann Hesse und anderen ‚Morgenlandfahrern' schon in den 20er und 30er Jahren des 20. Jahrhunderts durch ihre Romane geförderten, mit den Blumenkindern, Sai Baba- und Bhagwan-Anhängern, Tibet-Gläubigen und Feng-Shui-Seligen nach Westen geschwemmte Esoterik-Welle hat diesen Symbolen eine Hochkunjunktur beschert. Zahlreiche Groß- und Kleinadepten der orientalischen Initiations- und Therapiekünste – der Meditation, der Eurythmie, der Akupunktur, des Taiji, der Kinesiologie, des Kung Fu, des Tantra, etc.etc. –

versuchen, in ihren (teils spießig, teils schlicht, teils feudal gebetteten) Wochenend- und Gelegenheits-Ashrams gegen gutes, zuweilen auch allzu gutes, Geld mit ihrem Leben nicht mehr zurechtkommenden Menschen auf ihre Weise zu helfen.

Der in all diesen Lehren und Praktiken zu entdeckende Kern und Sinn steht in einer inneren Beziehung zu diesen Symbolen, die so als Katalysatoren der Selbsterkenntnis, als Initiationsmedien und als Gleichgewichtsmentoren wirken. Für Menschen, die über den skizzierten Umweg zu solchen Symbolen finden, mag ihre Nutzung tatsächlich die – zur Steigerung der je und je erforderlichen oder doch erstrebten Daseinshöhe unverzichtbaren – Wandlungskräfte freisetzen. Bemerkenswert und in gewissem Sinne auch bedauerlich ist jedoch, daß Symbole, die in unserem abendländischen Kulturerbe sehr viel tiefer verankert sind, aus den schon erwähnten Gründen diese Aufgabe nicht (oder doch kaum) mehr zu erfüllen vermögen, obwohl nicht zuletzt dies ihre Bestimmung wäre. Am Beispiel des Kreuzes, am Beispiel der Lebens- und Weltbaumrune Hagal und am Beispiel des Labyrinths mag dies noch verdeutlicht werden.

Was zunächst das Kreuz anbelangt, so wird es heute fast nur noch im Zeichen der christlichen Dogmatik gesehen – im Zeichen des die Erlösung nicht nur verheißenden, sondern auch bewirkenden Kreuzestodes Jesu. Der vor und hinter dieser christlichen Deutung des Symbols stehende kosmologische Sinn freilich (der in einem tieferen Sinne verständlich machen könnte, warum die christliche Lehre dieses Sterben so stark betont) wird völlig verdeckt. Zu allererst nämlich ist das Kreuz ein kosmologisches Symbol, den Kreislauf der Sonne bezeichnend. Dieser kosmologische Ursprung des Symbols wird nun spiritualisiert, die Kreuzung der Vertikalen mit der Horizontalen als Abbild der Ordnung der Welt interpretiert. Im Sinne des hermetischen Gesetzes der Entsprechung aus dem Makrokosmos auf den Mikrokosmos des Menschlichen übertragen, geschieht im Mittelpunkt des Kreuzes die große Wandlung – die Nabe des Sonnenrades wird für den Menschen zum Nabel auch seiner Welt. Die Körperlichkeit des Menschen muß im Kreuzungspunkt seiner Geistigkeit begegnen und insoweit auch stets aufs neue „gekreuzigt" werden. Auch das Christentum erzählt diese Geschichte der Wandlung – und dies so intensiv und suggestiv, daß sie in der Ikonographie des Abendlandes von dieser Erzählung kaum mehr lösbar ist. Für den Christen erfolgt die Wandlung stets „in Christo", obwohl das Phänomen der Wandlung kosmologisch und letztlich auch spirituell unausweichlich ist. Wo die

Wandlung verweigert wird, wo ‚auf Biegen und Brechen' am Status quo festgehalten wird, erfolgt sie dennoch, indem der Lauf der Welt – oft genug mehr oder minder gewaltsam – über diesen Beharrungswillen hinweggeht.

Mit der Symbolik des Kreuzes vergleichbar (und in der Gestalt des konstantinischen Christogramms sogar untrennbar mit ihm verbunden) ist die Symbolik der Lebens- und Weltbaumrune *Hagal*. Auch sie ist ein kosmologisches Symbol. Am Stamm der Rune *IS* wächst die Rune *Man* nach oben, gewissermaßen in den Himmel, während die Rune YR mit ihren Wurzeln in die Erde greift. Die vertikal deutbare Komponente *Man* begegnet der horizontal deutbaren Komponente YR in jener Mitte, aus deren Wandlungskraft heraus das individuelle wie das kollektive Leben stets aufs neue erstehen kann und muß. Gelingt die Wandlung, so wird das Zeichen zum Heilszeichen, zum ‚allumhegenden' Schutzsymbol *Hagal*, gelingt sie nicht, kann sie zum *Hagel*schlag werden, der den nicht Wandlungsfähigen oder Wandlungsbereiten zerschmettert. Für den Kundigen hat sich die ‚Kraft und die Herrlichkeit' dieses Zeichens erhalten. Im Sechsstern taucht es in unserem ikonographischen Kulturgut in mancherlei Verkleidung immer wieder auf. Wer es zu lesen versteht, wird seine Freude daran haben.

Ein Symbol schließlich, das dieselbe Zielrichtung zeigt, ist das Labyrinth. Auch seine Ursprünge haben kosmologische Bezüge, da es sich aus der Naturform der Spirale entwickelt hat. Das Symbolbild des Labyrinths erzählt die Geschichte der Irrungen und Wirrungen auf dem schicksalhaft vorgezeichneten Weg ins Zentrum – das Elend der Um- und Irrwege und das Glück aus der Wandlungs- und Erlösungskraft der Mitte. Besonders augenfällig wird diese Lineatur und Dialektik im Bodenlabyrinth von Chartres, wo das Glück der Mitte durch eine – ihrerseits die Erleuchtungsrune *Man* transfigurierende – Blume dargestellt wird. Die Weisheitsbotschaft des Labyrinths ist unüberhörbar: Wer fähig und bereit ist, Sackgassen als Sackgassen zu erkennen und seinen Weg dennoch (im wahrsten Sinn des Wortes) „unentwegt" und wandlungsbereit fortzusetzen, nähert sich Schritt um Schritt seiner Bestimmung, kommt zum inneren Gleichgewicht, erfährt schließlich auch das Glück der Mitte. Kein Wunder jedenfalls, daß das Ganzheitssymbol des Labyrinths auch in unserer abendländischen Kultur immer wieder Gestalt angenommen hat. Heute begegnet es uns noch in Barockgärten, als begehbares Graslabyrinth oder auch als harmonisierendes Kugelspiel.

Das in Ganzheitssymbolen der hier vorgestellten Art geborgene Weisheitswissen der Menschheit wieder auf- und anzunehmen, könnte sowohl Individuen als auch soziale und politische Kollektive vor vielen Fehlentwicklungen bewahren, zumal es ikonologisch nicht zwangsläufig mit den zum Teil jahrtausendealten Rivalitäten der etablierten Religionen und Konfessionen belastet ist, die sich – wie wir gerade heute im Zeichen eines von des Ganzheitlichsgedankens Blässe gänzlich unangekränkelten, aggressiven Islamismus wieder erfahren – auch heute noch so unheilvoll auswirken wie eh und je. Die einzelnen Menschen wie die menschlichen Gemeinschaften jeglicher Größenordnung hatten und haben stets so etwas wie einen Erleuchtungs- und Erlösungsbedarf, um ihr individuelles oder kollektives Leben in Frieden, Freiheit, Verbundenheit und Zufriedenheit leben zu können. Die Nichtbefriedigung dieses – teils evidenten, teils latenten – Bedarfs war allerdings nie gefährlicher als in einer sich mit atemberaubender Geschwindigkeit globalisierenden Welt. Individuelle und kollektive Fehlentwicklungen können heute zu einem Weltbrand führen, wo sie gestern nur einzelne Regionen zu entzünden vermochten. Spätestens das am 11. September 2001 und bei seinen zahlreichen terroristischen Nachbeben bis auf den heutigen Tag Erfahrene hat dies dem ganzen Erdball deutlich gemacht. Die Behebung der hier thematisierten Symbolnot unserer Zeit könnte vielleicht einen nicht unerheblichen Beitrag zur Entschärfung dieser damokleischen Situation leisten, wenn sie von einer einflußreichen und verantwortungsvollen geistigen Elite nachhaltig in den Mittelpunkt jener Verhaltenserwartungen gerückt würde, die wir heute unter dem Leitbild eines teils sich bildenden, teils nur erhofften Weltethos (Küng) zu fassen pflegen.

Literaturhinweise

Wolfgang Bauer/Irmtraud Dümotz/Sergius Golowin, Lexikon der Symbole, 20. Aufl. 2004, Wiesbaden.
J. C. Cooper, Illustriertes Lexikon der traditionellen Symbole, Leipzig 1986 [London 1978]
Gerd Heinz-Mohr (Hrsg.), Lexikon der Symbole. Bilder und Zeichen der christlichen Kunst, Düsseldorf 1971.
Manfred Lurker, Wörterbuch der Symbolik, 5. Aufl. Stuttgart 1991.
Peter Cornelius Mayer-Tasch (Hrsg.), Die Zeichen der Natur. Natursymbolik und Ganzheitserfahrung, Frankfurt a.M./Leipzig 1998 (als Insel-TB unter dem Titel „Die Zeichen der Natur – Sieben Ursymbole der Menschheit, Frankfurt und Leipzig 2001).

Ulrich Hägele

Frontfotografie

Walter Kleinfeldts Bilder, 1915 bis 1918

Als sich Walter Kleinfeldt (1899–1945) am 17. Mai 1915 im Reutlinger Rathaus freiwillig an die Front meldet, ist er kaum 16 Jahre alt – ein Kindersoldat: „Meine Mutter musste dafür ihre schriftliche Einwilligung geben", erinnert sich Schwester Hertha (1905–2016). Der Bub liebt die Natur und das Abenteuer. Bereits als Zehnjähriger zieht er alleine los, um die Schwäbische Alb zu erkunden. Der Vater war früh gestorben. Die Mutter musste alleine für die vier Kinder sorgen. Bei seinen Touren übernachtet Walter im Freien oder bei Bauern im Heuschober. Mit seiner offenen Art fällt ihm der Kontakt zu den Leuten leicht.

„Walter war begeistert! Er befürchtete, der Krieg könne zu Ende sein, bevor er dabei ist", sagt Hertha im Rückblick auf ein ganzes Jahrhundert erinnerte Geschichte. Zunächst muss der Rekrut allerdings für einige Wochen zur Grundausbildung nach Ulm in die Garnison. Dann folgt der Marschbefehl. Richtkanonier Kleinfeldt fährt gemeinsam mit zwei Reutlinger Freunden mit der Bahn direkt an die nordfranzösische Front nach Bapaume an der Somme. Wie für die meisten Soldaten ist es für Kleinfeldt die erste Reise des Lebens. Es sollte ein grauenvoller Trip direkt ins Auge des ersten modernen Krieges sein.

„Jetzt begann eine Beschießung (...). Da fuhren die Sprengstücke umeinander. Ein großer starker Kessel, der im Hof stand, wurde vom Luftdruck vollständig zusammengedrückt und an eine Wand geschleudert" – schreibt Walter Kleinfeldt im November 1915 an seine Mutter. Zugleich bittet er, sie möge ihm eine einfache Plattenkamera schicken, damit er „alles, was hier passiert, aufnehmen" könne. Mit der kleinen Plattenkamera, Modell Contessa-Ola, fotografiert er seine Kameraden im Schützengraben, zerschossene Gebäude, von vom Dauerbeschuss geschundene Landschaften und immer wieder Verletzte und Tote aus den eigenen und aus den fremden Reihen.

Von 1915 bis Ende 1918 entstehen 149 Bilder. Kleinfeldt notiert jeweils akribisch Titel, Brennweite, Datum und Ort in sein Tagebuch – ein kleines, dünnes Heftchen in der Größe einer Postkarte. Jedes belichtete Negativ muss er zur Entwicklung mit der Feldpost nach Reutlingen senden. Dort entstehen im Labor Kontaktabzüge im Format 6 mal 9 Zentimeter. Die Mutter schickt ihrem Walter die fertigen Bilder an die Front, wo dieser damit einen bescheidenen Handel unter den Angehörigen seines Bataillons beginnt. Letztlich dürften sich die Fixkosten für das Filmmaterial wieder eingespielt haben. 1920 auf 6 mal 9 cm Diapositive umkopiert, überdauerten 134 Fotografien die Wirren der Zeit.

Wie bei den anderen Kriegsparteien herrscht auch in den deutschen Reihen Briefzensur. Offiziell darf man nicht fotografieren. Doch das Verbot wird relativ lax oder gar nicht befolgt. Anders ist es in den englischen Schützengräben – hier müssen die Soldaten 1915/16 alle Kameras abgeben. Das Oberkommando befürchtet, die Fotos vom Krieg könnten die Menschen an der Heimatfront zu sehr demoralisieren.

In der Kriegsfotografie ist zwischen privater und offizieller Fotografie, aber auch zwischen sichtbarem und unsichtbarem Tod zu unterscheiden. Hinter den deutschen Linien waren rund zwei Dutzend Fotografen tätig. Im Auftrag der Militärs sollten sie den Krieg mit ihren Kameras festhalten. Die Bilder erschienen als Propagandafotos in der Tagespresse oder in Illustrierten. Sie durften keine Kriegsgräuel und auch keine toten oder schwer verletzten Soldaten aus den eigenen Reihen zeigen. Die Bilder dieser frühen Form der *embedded journalists* sind denn auch in fast allen Fällen nicht authentisch, zumal kaum Bilder vom direkten Kampfgeschehen überliefert sind: Die Fotografen hätten dafür ganz nach vorne gemusst, was wiederum lebensgefährlich gewesen wäre.

Im Frühjahr und Sommer 1916 liegt Walter Kleinfeldt mit seiner Einheit im Zentrum der fürchterlichsten Schlacht der Geschichte. Allein bei der Somme-Offensive der Alliierten am 1. Juli sterben auf englischer Seite über 20.000 Soldaten – an einem einzigen Tag.

Walter Kleinfeldt ist ein Naturtalent. Er besitzt den fotojournalistischen Blick und begibt sich mit seiner Kamera – vielleicht aus jugendlichem Leichtsinn – mitten ins Getöse. Kaum eines seiner Bilder misslingt. Momentaufnahmen aus der Hand sind technisch noch nicht möglich. Für jede Aufnahme muss er eine neue Filmkassette einlegen, den Apparat auf ein Stativ stellen, währenddessen pfeifen ringsum die Kugeln und Granaten, tausendfache Detonationen im Trommelfeuer.

Kleinfeldt bedient beide Formen der Kriegsfotografie, ohne das sonst übliche Pathos. Der sichtbare Tod erscheint in einer Aufnahme mit einem Verwundeten. Die Augen des unter einer zeltartigen Decke Liegenden sind geschlossen. Sein Kopf ist zur Seite geneigt, er hat offenbar keine Beine mehr. Der Sanitäter blickt über den Sterbenden hinweg ins Leere. Im Hintergrund: die Flagge mit dem Roten Kreuz; ein sehr eindrucksvolles Beispiel für den im Bild unsichtbaren Kriegstod ist die Fotografie des zerschossenen Baumes, dessen Stamm sich durch die ungeheure Wucht des Volltreffers in einen sehnenartigen Fächer verwandelt hat. Walter Kleinfeldt schreibt am 4. Juli 1916 an seine Mutter: „Unsere Geschütze stehen unter freiem Himmel. Alles zusammengeschossen. Die Kirche hier ist auch mit dem Erdboden eben. Ich könnte jetzt vom Kampf erzählen, aber die Zeit reicht nicht und dann würdet Ihr Euch doch auch zu sehr aufregen." Die stetige Lebensgefahr, der Anblick der getöteten Soldaten und die grauenhaften Verstümmelungen, sind für die meisten Überlebenden ein einziges Trauma, das sie bis ans Ende ihrer Tage verfolgen sollte. Die 134 Fotografien von Walter Kleinfeldt sind einzigartige Zeugnisse, weil sie der Wahrheit des Krieges zumindest in visueller Hinsicht nahe kommen – indem sie das für den jungen Mann Unaussprechbare im Bild festgehalten haben.

Frontfotografie 197

Walter Kleinfeldt (1899–1945) in Pozières bei Albert (Somme), März 1916.

„Windmühle bei Pozières", *Feldtagebuch von Walter Kleinfeldt, 21. Juni 1916.*

„Volltreffer in einem Haus in Puisieux (Pas-de-Calais)", *Feldtagebuch von Walter Kleinfeldt, 13. Juni 1916.*

200 Ulrich Hägele

„Liebe Mutter! Gestern erhielten wir ein hochinteressantes Schauspiel. Direkt über unserem Hof (spielte sich) ein Fliegerkampf ab. Leider konnte ich meinen Apparat nicht gleich holen. Das hätte sicherlich interessante Aufnahmen gegeben. Ich habe schon 7 Aufnahmen gemacht auf dem Filmpack." *Feldpostbrief von Walter Kleinfeldt an seine Mutter, 15. Januar 1916.*

Frontfotografie 201

„Abgeschossener Baum im Wald von Adinfer (Pas-de-Calais)", *Feldtagebuch von Walter Kleinfeldt, 10. März 1917.*

„Nie kann ich genau unterscheiden, was in diesem Krieg Recht und was Unrecht ist. Ich schreie hurra über unsere Siege und bin außer mir, weil es Tote und Verwundete gibt. Gestern hörte ich, dass es, ganz im Wald versteckt, ein Lazarett geben soll, in dem Soldaten mit weggeschossenen Gesichtern leben. Sie sollen so furchtbar aussehen, dass normale Menschen sie nicht ansehen können. So was bringt mich zur Verzweiflung." *Schneidemühl, Dienstag, 25. April 1916. Erinnerungen von Elfriede Kuhr, deutsches Schulmädchen. Heute 14 Jahre alt geworden. Aus: Peter Englund: Schönheit und Schrecken. Eine Geschichte des Ersten Weltkriegs, erzählt in neunzehn Schicksalen. (Rowohlt) Berlin 2011.*

„Ungefähr 30 m hinter der Batterie steht ein einzelner hoher Obstbaum. Von hier aus kann man die feindlichen Schützengräben beobachten. Die Ortschaft Pozières (Somme) ist selbstverständlich nicht mehr bewohnt, nicht mal Infanterie konnte sich hier mehr aufhalten." *Feldpostbrief von Walter Kleinfeldt an seine Mutter, 1. Januar 1916.*

„Nachts über lebhaftes Feuer aus allen Richtungen. Morgens lebhafter Feuerüberfall auf Pozières (circa 3.000 Schuss). Ich konnte mich mit 4 Kameraden gerade noch in den Keller retten. Nachdem kamen sämtliche Dörfer so dran."
Tagebuch von Walter Kleinfeldt, 25. Juni 1916.

Walter Kleinfeldts zerstörter Geschützstand, Somme, 1. Juli 1916.

„Morgens 7 Uhr Massenangriff auf der ganzen Front, von Serre bis Perronne. (...) Zahlreiche engl. Flieger ganz nieder zum Einschießen. Wir schossen von Anfang an Schnellfeuer. (...) Unser 3tes Geschütz bekam Volltreffer mit Munitionsexplosion. Nachher Kabelflicken bei der Windmühle. Uffz. gefallen durch Herzschuss. Wir sind noch die einzige Batterie, alle anderen sind zusammengeschossen." *Tagebuch von Walter Kleinfeldt, 1. Juli 1916.*

„Ich bin noch immer kerngesund, allerdings durch die Aufreg. und Anstreng. ziemlich heruntergekommen. Das war heute ein heißer Tag; ein richtiges Höllenfeuer. Jetzt kann ich wenigstens noch mal sagen, daß ich im Krieg war. Seid nur unbesorgt um mich und regt Euch nicht auf! Die engl. Offensive ist überall zum Stehen gebracht. Es grüßt Euch herzlich Euer Walter!" *Feldpostbrief von Walter Kleinfeldt an seine Mutter, 1. Juli 1916.*

„Von den ehemaligen Dörfern sieht man keinen Stein mehr. Nur eine Unmasse zerschossener Tanks liegt noch herum." *Feldpostbrief von Walter Kleinfeldt an seine Mutter, 2. April 1918.*

„Rückkehr zur Batterie durch mörderisches Artilleriefeuer." *Feldtagebuch von Walter Kleinfeldt, 15. Juli 1916.*

„Körper um Körper wird auf ein Stück Persenning gehoben, das als behelfsmäßige Bahre dient, und dann zu dem improvisierten Grab geschleppt. Obwohl die Leichen schon im Zerfall begriffen sind, erkennen sie jeden Einzelnen von ihnen: Bonheure (der Melder, der den Wein so liebte), Sergeant Vidal (mit seinem schwarzen Bart und seinen traurigen Augen, der vorgestern, als sie einen deutschen Angriff abwehrten, von einem Schuss mitten in die Stirn getroffen wurde), Mallard (der aus der Vendée, der verblutete, als ihm seine eigene Handgranate einen Fuß abriss). Und so weiter. Und so weiter. Die Tage waren warm. Der Verwesungsgestank kommt in Wellen, während die Leichen aufgehoben und fortgetragen werden. Dann und wann müssen sie eine Pause einlegen und frische Luft atmen." *Verdun, Samstag, 10. Juni 1916. Erinnerungen von René Archaud, Infanterist in der französischen Armee, 21 Jahre. Aus: Peter Englund: Schönheit und Schrecken. Eine Geschichte des Ersten Weltkriegs, erzählt in neunzehn Schicksalen. (Rowohlt) Berlin 2011.*

„Wir sehen auf seine Decke. Sein Bein liegt unter einem Drahtkorb, das Deckbett wölbt sich dick darüber. Ich trete Müller gegen das Schienbein, denn er brächte es fertig, Kemmerich zu sagen, was uns die Sanitäter draußen schon erzählt haben: dass Kemmerich keinen Fuß mehr hat. Das Bein ist amputiert. (...)
Eine Stunde vergeht. Ich sitze angespannt und beobachte jede seiner Mienen, ob er vielleicht noch etwas sagen möchte. Wenn er doch den Mund auftun und schreien wollte! Aber er weint nur, den Kopf zur Seite gewandt. Er spricht nicht von seiner Mutter und seinen Geschwistern, er sagt nichts, es liegt wohl schon hinter ihm; – er ist jetzt allein mit seinem kleinen neunzehnjährigen Leben und weint, weil es ihn verlässt." *Erich Maria Remarque: Im Westen nichts Neues [1929]. (Kiepenheuer & Witsch) Köln 2014, S. 22, 35–36.*

„Baden im Kanal bei Iseghem (Flandern)." *Feldtagebuch von Walter Kleinfeldt, 14. Juni 1917.*

„Ich blicke auf meine Stiefel. Sie sind groß und klobig, die Hose ist hineingeschoben; wenn man aufsteht, sieht man dick und kräftig in diesen breiten Röhren aus. Aber, wenn wir baden gehen und uns ausziehen, haben wir plötzlich wieder schmale Beine und schmale Schultern. Wir sind keine Soldaten mehr, sondern beinahe Knaben, man würde auch nicht glauben, dass wir Tornister schleppen können. Es ist ein sonderbarer Augenblick, wenn wir nackt sind, dann sind wir Zivilisten und fühlen uns auch beinahe so." *Erich Maria Remarque: Im Westen nichts Neues [1929]. (Kiepenheuer & Witsch) Köln 2014, S. 37.*

„Planmässige Beschiessung unserer Batterien. (...) Das 3te Geschütz bekommt einen Volltreffer, der das Geschütz rauswarf. Uffz. Kopp wurde in einem einzelnen Stollen in kleine Stücke zerrissen. 1 Uhr 30 wahnsinniges Trommelfeuer auf unsere Batterie sowie auf Thiepval und Umgebung. In der Batterie wurde der 8–9 m tiefe Stollen vom 1ten und 8ten Geschütz eingeschlagen. Somit Uffz. Geiger und Näher sind verschüttet. Nachher wurde Näher ausgegraben. Er ist erstickt." *Tagebuch von Walter Kleinfeldt, 25. August 1916.*

Frontfotografie 211

Zwartemolenhoek (Flandern), 14./15. April 1918.

Burkhard Liebsch

„Ich empöre mich, also sind wir"?

Zur fragwürdigen Politisierbarkeit einer ‚rebellischen' Energie – mit Blick auf Albert Camus' *Der Mensch in der Revolte*.[1]

> Ich will nicht *ich,* ich will *wir* sein.
> Michail Bakunin[2]
> Gefährlich ist nur das *unterdrückte* Wort,
> das verachtete rächt sich [...].
> Ludwig Börne[3]

1. Hiobs Erbe

Wie die Hiob-Fabel beweist, ist Empörung ein uralter und radikaler, aber auch zweischneidiger Affekt, der schließlich alles und jeden in Mitleidenschaft ziehen kann. Entzündet er sich zunächst an der Bitternis durch nichts zu rechtfertigender Gewalt, mag dieser Affekt seinerseits als gerechtfertigt erscheinen. Weitet er sich aber auf alle Lebensbedingungen aus, denen man selbst und jeder Andere wehrlos ausgeliefert ist, kann er in eine Auflehnung gegen die Natur, die Geschichte und das Sein als Inbegriffe dieser Bedingungen selbst münden, die unterschiedslos jeden zum Untergang bestimmen, Gerechte wie Ungerechte, Schuldige wie vollkommen Unschuldige, Täter wie Opfer und alle, deren Schicksal sich mit Hilfe derart grober Dichotomien nicht begreifen lässt.[4] Der Fall Hiob beweist allerdings auch, warum solche, letztlich ‚metaphysische' Auflehnung von Anfang an im Verdacht unendlicher Selbstgerechtigkeit steht. Mag Hiob auch stellvertretend für Andere protestieren, um „der Ungerechtigkeit den Prozeß" zu machen, wie Ernst Bloch meint[5], läuft er doch Gefahr, sich selbstgerecht zum absoluten Richter dieses Verfahrens aufzuwerfen. Im Wissen um die entsprechenden Anmaßungen utopischer Projekte, die in der Moderne zutage getreten sind, plädiert Bloch (wenn ich ihn richtig verstanden habe) gleichwohl für eine gerade *nicht selbstgerechte* Empörung, die zur Hoffnung auf ein „neues Sein" Anlass gebe, und zwar für alle „Erniedrigten und Beleidigten", wie man mit Fjodor Dostojewski sagen könnte.

Demgegenüber erleben wir gegenwärtig eine Renaissance politischer Affekte, von denen man behauptet, sie machten geradezu die ‚thymotische' Vitalität des Politischen aus – ohne dabei allerdings deren fragwürdige Selbstgerechtigkeit zu bedenken. So hat es den Anschein, als genüge es bereits, sich beleidigt zu fühlen, um Grund zu politischer Empörung zu haben – sei es in der Form von *riots*, also Krawallen, wie sie 2005 in Paris, 2011 in London und 2017 in Hamburg zu beobachten waren, sei es in der Form von *émeutes*, die in eine veritable Rebellion, Revolte oder Revolution münden können. Mehr noch: nicht selten wird ‚das Volk' (oder die „99%", die Subalternen, die Prekären oder eine globale *multitude*) dazu aufgefordert, sich zu empören, offenbar mit der Aussicht, die Energien dieses Affekts wie Wasser auf die eigenen politischen Mühlen leiten zu können. So hofft man, mit Hilfe einer notfalls auch herbeigeredeten Empörung selbst politisch überleben und Karriere machen zu können. Offenbar hat man erkannt, dass man sich im Rekurs auf die ‚thymotische', bei Bedarf eigens anzuheizende Vitalität des Politischen seiner eigenen politischen Existenz versichern kann[6], wobei es manchen gleichgültig zu sein scheint, ob es sich jeweils um bloßen Zorn, um cholerische Wut oder um berechtigte Empörung handelt.[7]

Letzteres hatte Albert Camus im Sinn, als er einem Sklaven die rebellischen Worte in den Mund legte: „ich empöre mich, also sind wir".[8] Dabei ging es ihm gerade nicht um die Nobilitierung eines *prä-politischen* Beleidigtseins, bloßer Wut oder selbstgerechten Zorns, sondern um die Frage *originärer Politisierbarkeit* dieser Affekte – allerdings vor dem Hintergrund einer metaphysischen, insofern zugleich *transpolitischen* Revolte gegen die Auslieferung aller Menschen an gewaltsame Lebensbedingungen, die kein utopisches Projekt je aufzuheben vermag, wie er glaubte. So hoffte er, rebellische Energien politisch fruchtbar zu machen, die noch für Thomas Hobbes nur auf die „Erneuerung" eines vorpolitischen Kriegszustands hinauslaufen konnten, der seit je her und von Natur aus zwischen den Menschen zu herrschen schien.[9]

Im Folgenden geht es mir demgegenüber genau darum: unter welchen Bedingungen die politische Fruchtbarkeit speziell der Empörung denkbar ist – vorausgesetzt, dieser Affekt kann nicht *eo ipso* als politischer gelten, sondern muss *eigens politisiert* werden; und zwar in *nicht selbstgerechter* Art und Weise und so, dass dabei nicht in Aussicht gestellt wird, das Empörende als solches werde sich eines Tages ganz und gar aus der Welt schaffen lassen. Das wäre schlechte Utopie – so wie selbstgerechte

Empörung nur auf schlechte Politik hinauslaufen kann. Lässt sich demgegenüber ein dritter Weg denken, auf dem Empörung politisch fruchtbar werden kann, ohne falsche und anmaßende Hoffnungen zu wecken?

Die viel zitierten ‚thymotischen' Affekte können leicht erregbaren Cholerikern, sog. Wutbürgern und Querulanten ohne weiteres auch zum Selbstzweck werden, wenn es ihnen nicht so sehr darauf ankommt, wogegen sich ihre Erregung eigentlich richtet und wofür sie zum Ausdruck gebracht wird. Irgendein Anlass mag ihnen dann genügen, um es zur Empörung kommen zu lassen, Hauptsache, man kann *sich* empören. Anders verhält es sich mit einer Empörung, die sich an Empörendem selbst entzündet (oder wenigstens daran glaubt) und danach verlangt, politisch zur Geltung zu kommen, weil letzteres Dritte, Mitbürger, Zeitgenossen und vielleicht alle Menschen betrifft. In diesem Verlangen liegt das Potenzial der ‚rebellischen' Energie einer Leidenschaft, auf deren Politisierbarkeit es mir hier ankommt. Indem ich im Folgenden auf die Quellen dieser Energie zu sprechen komme, geht es mir nicht um deren fragwürdige, vielfach anmaßende pathetisch-rhetorische Ausdrucksform, sondern um ihren Widerfahrnischarakter im altgriechischen Sinne des Wortes *páthos*. In diesem Sinne ziehen wir uns Empörung als ein Widerfahrnis zu; wir geraten in Empörung, statt uns sozusagen aus eigener Initiative zu empören, wie es die Grammatik des reflexiven Verbs *sich empören* nahe legt. Und im angedeuteten Sinne steht die Leidenschaft dem Leiden an etwas, was uns widerfährt[10], weit näher als dem übertriebenen Pathos einer Leidenschaft, der wir huldigen oder in der wir uns in für Andere schwer zu ertragender Art und Weise aufführen wie Geltungssüchtige.

Derartige Pathologien beiseite lassend, gehe ich im Folgenden davon aus, dass die Leidenschaft der Empörung nicht von sich aus schon eine politische *ist*, dass sie aber durchaus politisch *werden* kann. Wie das *so* geschehen kann, dass es dem Politischen zugute kommt und dieses nicht unterminiert, ist die Frage – die uns zugleich auf Grenzen des Politischen selbst aufmerksam macht. Denn es ist zweifelhaft, ob das Politische die rebellischen Energien, aus denen es sich speist, überhaupt auffangen und ihnen Rechnung zu tragen vermag. Mit dieser über das Politische hinausweisenden Frage werde ich schließen, zunächst aber mit Vorüberlegungen mit Bezug auf aktuelle Rebellionen einsetzen, dann auf Empörung als Quelle politischer Negativität zur Sprache kommen, deren politische Dimension ich anschließend beleuchte.

2. Erinnerung an aktuelle Rebellionen

Majdan, Gezi-Park, Taksim-Platz, das sind die Namen öffentlicher Plätze, die in den letzten Jahren Anlass zu nicht selten überschwänglichen politischen Hoffnungen gegeben haben – auch auf deutschem Boden, wo man in Plauen, Leipzig und Berlin erlebt hatte, wie sich Massen zu rebellischem Protest[11] versammelt haben, um schließlich eine „friedliche Revolution" anzustoßen[12], die ihre anfänglichen Erwartungen inzwischen teils enttäuscht, teils aber auch weit übertroffen hat. Am Anfang stand ein kollektiver Widerstand, der nach der ihm angemessenen Sprache noch suchte und nicht wusste, worauf er genau hinaus wollte. Dann skandierte die Menge „Wir sind das Volk", um schließlich selbst von der Wiedervereinigung überrascht zu werden, die rückblickend vor allem *diese Frage selbst* ins politische Bewusstsein gehoben hat: Wer ist überhaupt dazu befugt, zu sagen „Wir sind das Volk"? Wer ist „wir"? Wer spricht hier – mit welchem Recht – für wen? Wie verhalten sich Anwesenheit (politisch Protestierender) und Abwesenheit (derer, in deren Namen protestiert wird) zu einander?

Soviel dürfte inzwischen immerhin klar sein: Kein Volk ‚ist' je einfach *ein* oder *das* Volk, sofern man darunter sein schlichtes Vorhandensein versteht. Es entsteht, stets nur vorübergehend, allenfalls aus rhetorischen Formen der Inanspruchnahme ‚im Namen des Volkes', die niemals jegliche Distanz zum derart Inanspruchgenommenen aufheben können, wie es sich offenbar Jean-Jacques Rousseau vorgestellt hat. Niemals kann es als fertig gegebene Entität seiner politischen Repräsentation eindeutig vorausliegen; und letztere wird durch *turba*, Rottieren („die gesetzwidrige Vereinigung" des Pöbels [*vulgus*][13]), Insurrektion, Aufstände und Rebellionen immer bedroht werden können, zumal sich kein Volk denken lässt, das nicht auch Formen inneren Ausschlusses heraufbeschwört, die gerade diejenigen rufen lässt „Wir sind das Volk", die sich bislang am wenigsten zu ihm zählen konnten. So kann ein Volk nur eine notorisch instabile Angelegenheit sein, ein ständiges Kommen und Gehen, in dem vor allem auf dem Spiel steht, ob diejenigen, die es für sich in Anspruch nehmen, dabei zugleich Andere mehr oder weniger durchgreifend ausschließen. Kann man überhaupt ‚im Namen des Volkes' sprechen, ohne diese Gefahr heraufzubeschwören?[14]

Heute sehen wir, wie eine Minderheit aus der Inklusionsformel jenes „Wir" einen Mechanismus der Exklusion zu destillieren versucht, nach dem Schema: „Wir sind das Volk" – und ihr nicht, ihr, die Verräter, angefangen bei der amtierenden Kanzlerin und der gewählten Vertretung, die in Berlin in einem Gebäude tagt, das die Inschrift trägt: „Dem deutschen Volke".[15] So hat die politisch legitime Rebellion revolutionäre Energien freigesetzt, aber auch eine zähe Masse von Ressentiments und Aggressionen zum Vorschein gebracht, die überhaupt nicht mehr *für etwas* artikuliert werden und einstehen, sondern *nur noch gegen Andere*, vor allem Fremde, sich richten – um uns auf diese Weise das eigene Land fremd werden zu lassen. Niemand stellt gemeinsam geteiltes Zusammenleben derart in Frage wie diejenigen, die immerzu „das Volk" exklusiv für sich in Anspruch nehmen. Hier wie dort hat sich bestätigt, was auch die Rebellionen und Revolutionen der weiter zurückliegenden Vergangenheit lehren: nie kommt mittel- oder gar langfristig das heraus, was sich diejenigen unter ihnen vorgestellt haben, die vorübergehend geglaubt haben mögen, sie steuern zu können. Auch die jüngste friedliche, überwiegend nachträglich gut geheißene, aber auch vielfach ernüchternde Revolution auf deutschem Boden war so nicht von Anfang an gedacht.

Noch tief greifender ist die Ernüchterung nach den Ereignissen der tunesischen Jasminrevolution, zu der es nach der Selbstverbrennung des Gemüsehändlers Mohamed Bouazizi am 17. Dezember 2010 in *Sidi Bouzid* kam, und nach den Ereignissen auf dem Kairoer Tahrir-Platz. Wer gehofft hatte, dass es infolge der sog. *Arabellions* in der islamischen Welt zu einem weiter um sich greifenden demokratischen Frühling kommen wird, sieht sich inzwischen mit Phänomenen innerer Zerrüttung der betroffenen Staaten und mit autokratischen Tendenzen konfrontiert, die in der Türkei – seit dem sonderbaren, immer noch nicht wirklich aufgeklärten Putschversuch des Jahres 2016 und infolge der darauf folgenden massiven Repression gegen Andersdenkende aller Art – in eine veritable Diktatur zu münden drohen. Und die politisch äußerst heterogenen (pro-europäischen, aber auch nationalistischen und faschistischen) Energien, die auf dem Maidan-Platz im ukrainischen Kiew zutage getreten sind, scheinen in der Zwischenzeit von einem innerukrainischen und zugleich ukrainisch-russischen Zerwürfnis vollkommen absorbiert worden zu sein.

Soll man aus all dem nun den Schluss ziehen, dass es gar keinen Sinn hat, auf Rebellionen und Revolutionen hinaus zu wollen, da es ‚immer anders kommt' als beabsichtigt war, sei es aufgrund puren Zufalls, geschichtlicher Kontingenz und Heterogonie oder aufgrund einer uns vorläufig unerklärlichen „List der Vernunft"? Liefe das in Anbetracht der vielfach artikulierten Unumgänglichkeit und Dringlichkeit politischen Protests nicht auf schieren Zynismus oder Defätismus hinaus? Auf genau diese Frage möchte ich im Folgenden näher eingehen: Woher empfangen ‚rebellische' politische Initiativen eigentlich ihre Energie, woraus entspringen sie, und warum gewinnen sie an Kraft, obgleich diejenigen, die sie sich zu eigen zu machen versuchen, niemals im Vorhinein wissen können, wohin sie das führen wird, und obgleich sie sich zunächst aus einer Position der Schwäche heraus radikal exponieren müssen und nicht selten Gefahr laufen, brutal niedergeschlagen zu werden? Ich werde wenig zur Zukunft solcher Energien sagen und stattdessen genauer auf deren Ursprünge eingehen.

Der Übersichtlichkeit halber schicke ich Thesen voraus: Ich behaupte, dass sich solche Energien aus der Negativität[16] von Erfahrungsansprüchen speisen. Das bedeutet: zur Rebellion anstiftende Erfahrungen ‚machen' wir nicht; sie widerfahren uns vielmehr; und zwar so, dass sie uns in Anspruch nehmen.[17] Das tun sie, indem sie uns abverlangen, sie zu *artikulieren*, sie an Andere zu *adressieren* und es dabei auf eine *politisch fruchtbare Erwiderung* anzulegen. Und zwar auch dann, wenn rebellischer Protest zunächst gewaltsam erfolgen muss, wenn ihm ‚normale' politische Wege verbaut sind. Aus einer Position politischer Schwäche heraus muss sich solcher Protest unweigerlich selbst exponieren, ohne im Vorhinein wissen zu können, ob er den geringsten Erfolg haben wird. Man sieht sich zu rebellischem Protest genötigt, weil im fraglichen Widerfahrnis ein Moment der Negativität liegt, das besagt: das Erfahrene soll nicht sein, es ist (in erst näher zu bestimmender Art und Weise) widerwärtig, falsch, abzulehnen... Das ist scheinbar evident, wenn wir sagen: das... *ist* niederträchtig, ungerecht, demütigend...

In diesen Fällen widerfährt uns am eigenen Leib Ungerechtigkeit, Demütigung oder andere Gewalt, *die wir nicht indifferent hinnehmen können bzw. wollen*, so dass uns das entsprechende Widerfahrnis dazu bestimmt, uns *gegen das Erfahrene auszusprechen*, uns *gegen dessen Wiederholung zu wenden* und *ihr praktisch entgegenzutreten*. Das gilt auch dann, wenn die am eigenen Leib erfahrene Ungerechtigkeit, Demütigung oder andere Gewalt eigentlich *Andere betrifft*, so dass wir *für sie*, an ihrer Stelle bzw. advokatorisch, feststellen und beklagen: das... sei nicht hinnehmbar, nicht länger zu dulden, nicht weiter zu verantworten usw. In ‚eklatanten' Fällen nimmt uns die entsprechende Erfahrung ganz und gar in

Anspruch, indem sie in das ‚kategorische' bzw. ‚unbedingte' Verlangen mündet, die fragliche Ungerechtigkeit, Demütigung und Gewalt abzustellen; und zwar ‚ohne Wenn und Aber', d.h. sofort bzw. auf schnellstmöglichem Wege.

So resultiert aus der Negativität von politischen Erfahrungsansprüchen eine Energie, die sich nicht selten mit *kategorischer Unbedingtheit* und *absoluter Dringlichkeit* artikuliert. Das geschieht, wenn wir uns über Missstände empören, in Zorn und Wut geraten angesichts schlimmster Ungerechtigkeit, verantwortungslosesten Tuns und brutalster Gewalt – von der ökonomischen Ausbeutung von Kindern, die man unsere importierten Kleider färben lässt, über ökologische Desaster, wie sie die niederländische Firma *Shell* in Nigeria anrichtet, bis hin zur Folter in den Verliesen zahlloser Machthaber, die sich schamlos auf internationalen Konferenzen tummeln.

In fast allen diesen Fällen gehen aber Empörung, Wut und Zorn mit Erfahrungen der Hilflosigkeit einher, denn kaum je sind die jeweiligen Ursachen von uns selbst und ohne weiteres abzustellen. Die kategorische Unbedingtheit der entsprechenden Forderungen erweist sich als vielfach bedingt, insofern sie zu ‚vermitteln' ist mit einer Vielzahl von Umständen, unter denen sie allenfalls umzusetzen sind. Und der Dringlichkeit unserer Forderungen können wir niemals ohne Umschweife nachkommen; schon gar nicht, wenn wir dazu der Unterstützung und Mitwirkung Anderer bedürfen.[18] Wer das Gegenteil glauben macht, gerät – bei besten eigenen Absichten – sehr schnell in die Nähe einer terroristischen Logik, die besagt: was mich empört, ist unbedingt und sofort abzustellen; und zwar durch mich selbst, auf einen Schlag, kompromisslos und endgültig …

Diese Logik ist geradezu anti-politisch, wenn politisch zu koexistieren bedeutet anzuerkennen, dass die eigenen Gefühle, die wie Empörung, Zorn und Wut rebellische Energien speisen können, nicht *per se* auch mit den Gefühlen Anderer zusammen gehen; d.h. dass sie die – offene – *politische Frage* aufwerfen, ob und wie sie überhaupt mit Anderen zu teilen sind; und zwar mit Rücksicht darauf, *worüber* man empört, zornig oder aufgebracht ist. Dieses ‚Worüber' ist der *Gehalt* der Gefühle, die nicht *eo ipso* politischer Natur sind. Sie können aber *politisiert* werden, vorausgesetzt, man begibt sich überhaupt in eine Form der Abstimmung zunächst einmal verschiedener Gefühlslagen und versucht zu klären, worin sie übereinstimmen. In diesem Sinne muss man seine Stimme erheben, um Stimmungen Ausdruck zu verleihen, die eine politische Befindlichkeit anzeigen, welche *als politische* jedoch problematisch bleibt.[19]

Zur originären Politisierung unserer Gefühle, Stimmungen und Befindlichkeiten gehört weiterhin, dass eine entsprechende Übereinstimmung artikuliert, d.h. sprachlich zum Vorschein gebracht und an Andere adressiert wird; und zwar, wie gesagt, auf Erwiderung hin, die Anderen allemal Antwortspielräume einräumen muss. Selbst wenn aus der gewonnenen Übereinstimmung kategorische, unbedingte und absolut dringlich erscheinende Forderungen abgeleitet werden, müssen diese paradoxerweise mit einer Vielzahl von Bedingungen und Gründen für einen Aufschub der Einlösung des Geforderten vermittelt werden. Antipolitisch und tendenziell geradezu terroristisch denkt, wer das Gegenteil für richtig hält und glaubt, man könne allein aufgrund eigener Gefühle, Stimmungen und Befindlichkeiten zu kategorischen Forderungen gelangen, die bedingungslos und unvermittelt umzusetzen wären. Ich nenne das anti-politische Selbstgerechtigkeit.

Das Politische ist demgegenüber geradezu der Inbegriff der Negation solcher Selbstgerechtigkeit. Politisch handeln können wir demnach nur, wenn wir akzeptieren, dass unsere Gefühle, Stimmungen und Befindlichkeiten nicht eo ipso ‚politische' sind, sondern selbst dann, wenn sie mit negativen Erfahrungsansprüchen wie den beschriebenen einhergehen, einer *originären Politisierung* bedürfen, die der Klärung dessen Rechnung tragen muss, worin man mit Anderen ggf. übereinstimmt (worüber man sich empört, Wut und Zorn empfindet), wie das (öffentlich) zu artikulieren und an Dritte so zu adressieren ist, dass ihnen die Freiheit bleibt, so oder so darauf Antwort zu geben.

Politisch ist der Ausdruck von negativen Erfahrungsansprüchen nur dann, wenn deren Kommunikation in dem Bewusstsein erfolgt, dass Andere meine/unsere Gefühle, Stimmungen und Befindlichkeiten *nicht teilen* (müssen) und selbst dann, wenn diese in unbedingte und absolut dringliche Forderungen münden, deren Vermittlung und Aufschub verlangen können. Genau deshalb leiden wir auch am Politischen selbst. Weit entfernt, versprechen zu können, aus politischem Leiden gespeisten negativen Erfahrungsansprüchen gerecht zu werden, die wir artikuliert und an Andere adressiert haben, um sie ihnen als unbedingte und absolut dringliche verständlich zu machen, verlangt uns das Politische *Unmögliches* ab: das Unbedingte Bedingungen zu unterwerfen und das Dringlichste aufzuschieben. Aber wäre die Alternative nicht eine gefährliche anti-politische Selbstgerechtigkeit, die noch weitaus schlimmere Konsequenzen hätte?

3. Empörung und politische (Ko-) Existenz. Zur Aktualität von Albert Camus' Schrift über die Revolte

Möglicherweise habe ich die hier zur Diskussion stehende Problematik auch unnötig verkompliziert. Dieser Eindruck drängt sich auf, wenn wir eines der Schlüsselwerke zum Verständnis rebellischer Energien zu Rate ziehen, Albert Camus' *L'homme révolté* aus dem Jahre 1951, wo der eingangs zitierte Satz zweimal zu finden ist. „Ich empöre mich, also sind wir."[20] Das ist ein auf den ersten Blick verwirrender Schluss. Im französischen Kontext ist man geneigt, ihn nach cartesianischem Vorbild zu interpretieren: *cogito (ergo) sum*. Ich denke, also bin ich. Eigentlich meinte Descartes allerdings keinen logischen Schluss, sondern: ich bin denkend, ich existiere denkend; darin, dass ich denke, liegt bereits, dass ich auch existiere. Wobei Descartes einen sehr weiten Begriff von Denken hatte, der auch die Emotionen, Affekte und Leidenschaften bzw. das einschloss, was in ihnen bewusst wird. Insofern hätte es für ihn gar nicht so fern gelegen, wie es auf den ersten Blick den Anschein hat, zu sagen: ich fühle, also bin ich. Ich bin empört, also existiere ich. Ich existiere empört. Gewiss aber hat Descartes indessen nicht sagen wollen: ich existiere nur in dieser spezifischen Art und Weise des Denkens bzw. der *cogitatio* – zumal der der Empörung am meisten verwandte Affekt, der Zorn, für ihn zu den Erfahrungen der Passivität der *passions de l'âme* zählte, die er dem aktiven Denken gegenüberstellte.

Sehr weit von Descartes scheint sich Camus allerdings nicht zu entfernen[21], wenn man seinen Satz folgendermaßen eingeschränkt liest: ich existiere *spezifisch politisch*, insofern ich empört bin. Empörung wäre dann der politische Affekt *par excellence*, durch den sich zeigt, dass wir ein politisches Leben leben. Das tun wir demzufolge, weil wir gewissen Dingen, Verhältnissen, Verhaltensweisen und Un-Taten gegenüber nicht nur nicht gleichgültig bleiben, sondern durch sie in Empörung geraten. Dabei bleibt der ‚Gegenstand' der Empörung, also *worüber* man sich empört, vielfach unklar. Auch wenn sie sich zunächst spezifisch an etwas Empörendem entzündet, kann sie sich unversehens ausweiten zur Empörung über die Bedingungen, die das Empörende hervorgebracht haben. Und wenn sich diese Bedingungen, deren Inbegriff *die Geschichte* ist, nicht ohne weiteres oder sogar niemals als abschaffbar erweisen, kann sich die zunächst begrenzte rebellische Energie der Empörung zur Haltung einer veritablen metaphysischen Revolte, wie sie Camus beschrieben hat, steigern oder auch abschwächen.

Nun hat sich hier unversehens eine fragwürdige Verallgemeinerung eingeschlichen, die auf das Kernproblem meiner Überlegungen hindeutet. Eines ist es zu sagen, ich existiere überhaupt nur politisch, sofern ich mich über etwas empöre – oder vielmehr: wir alle existieren nur politisch, sofern sich jeder von uns – und zunächst einmal für sich – über etwas empört. Wobei wir schon gesehen haben, wie wenig es ausreichen kann, die spezifisch politische Dimension der Empörung aus dem Empörtsein selbst ableiten zu wollen. Etwas anderes ist es aber, wenn ich aus meiner Empörung folgere, dass ‚wir' (politisch) existieren. Genau aus diesem *prima facie* so überaus unplausiblen Übergang vom ‚ich' zum ‚wir' scheint Camus an der zitierten Stelle das politische Moment der Empörung abzuleiten. Wahrscheinlich meinte allerdings auch er so wenig wie Descartes im *cogito sum* eine Art logischen Schluss, sondern: darin, dass ich mich empöre, liegt bereits, dass wir politisch existieren.

Das kann m. E. nur so zu verstehen sein, dass in der Empörung selbst die Ko-existenz Anderer gewissermaßen impliziert ist, sofern ich mich über etwas empöre, was ich von ganzem Herzen und mit aller Kraft zurückweise als etwas Nicht-sein-Sollendes, das als solches *auch niemand anderem zuzumuten* sein soll.[22] Mit anderen Worten: worüber ich mich empöre, das regt mich nicht bloß deshalb auf, weil es mich betrifft; vielmehr halte ich es für ‚an sich' empörend. Dieser Missbrauch von Minderjährigen (man denke an die Rekrutierung von Kindersoldaten durch *warlords*), diese Gewalt gegen Frauen (man denke an Beschneidungspraktiken), diese Ausbeutung von Machtlosen (man denke an die Gewinnung Seltener Erden) usw. halte ich für allgemein ‚unannehmbar', ‚inakzeptabel', ‚untragbar' usw.

Fraglos sind das Urteile, die auf Universalisierung angelegt sind. Aber wenn ich mich empöre, beginne ich erst durch diesen Affekt zu entdecken, dass und wie ich mit Anderen, selbst Fremden weltweit verbunden bin, insofern ich etwas zurückweise, was ich vermutlich auch niemand anderem zugemutet sehen will. Ob ein entsprechendes Urteil wirklich dem Anspruch der Universalisierbarkeit standhält, kann ich zunächst nicht wissen. Der politische Affekt muss in diesem Sinne immer erst auf die Probe gestellt werden, indem man Andere mit ihm konfrontiert und ihnen die Frage ansinnt, ob sie nicht beipflichten müssen: dies... *ist* empörend. Politisch bleibt aber der entsprechende affektive Befund, der uns in Wut und Zorn stürzen kann, immer etwas Problematisches. D.h. er bedarf der Artikulation, der Adressierung und schließlich der Validierung durch die Kommunikation mit Anderen. Nur wer im Wissen darum seine Empörung Anderen zumutet (statt sie einfach mit ihr anstecken zu wollen), betreibt eine *offene Politisierung* seiner Gefühle, statt sie ohne weiteres zur Berufungsinstanz eigener Urteile und Überzeugungen zu erheben.

Genau das kann Camus' Satz *nicht* rechtfertigen. In Wahrheit kann er nur bedeuten: ich empöre mich und entdecke in diesem Affekt, was mich mit Anderen verbindet, die über das Gleiche empört sein müssten. In Folge dessen müsste ich mich *mit ihnen* empören können; und zwar mit guten Gründen, mit Recht, wie wir sagen. Ob es so ist und ob das fragliche ‚wir' nur einige Schicksalsgenossen, eine Gruppe oder gleich ein ganzes Volk, eine Klasse oder gar alle Menschen mit einschließt (oder ob es Andere im gleichen Zuge ausschließt), ist gerade die Frage. Entzündet sich die Empörung als potenziell rebellische Energie nicht gerade daran, dass wir es mit Anderen zu tun haben, die das Empörende gar nicht als solches wahrnehmen oder sogar ungerührt für es verantwortlich sind? Liegt in der Empörung über etwas (einen Sachverhalt, Zustände, ‚das Bestehende' oder das ‚Ganze' im Sinne der sog. Kritischen Theorie) nicht *immer auch die Empörung über die Nicht-Empörung Anderer?*

Wir empören uns in einer Welt, in der Andere das Empörende übersehen, mit Gleichgültigkeit quittieren oder sogar in Kauf nehmen und Profit aus ihm schlagen. Dann verstehen wir nicht: ‚wie kann man nur'? Wir (ver-) verzweifeln an unserem Verstand, an unserer Urteilskraft und an unseren Sinnen. „Ist das nicht haarsträubend?" „Ist das nicht empörend?" Mit solchen Fragen, die unterstellen, es genüge, hinzusehen, um zu wissen, was man wissen muss, wenden wir uns an Andere, in der Erwartung oder Hoffnung, sie mögen unser Gefühl, unsere Wahrnehmung, unser auf sie gestütztes Urteilsvermögen und schließlich unseren (politischen) Verstand validieren helfen, *eben weil wir insgeheim fürchten, selbst das sicherste Gefühl und die vermeintlich eindeutigste Wahrnehmung (das ‚ist' zweifellos ungerecht...) könnten am Ende nicht dazu ausreichen, uns politischer Koexistenz zu versichern* – d. h. der Einbindung in ein ‚Wir', in dem man doppelsinnig *gemeinsam teilt*, was das politisch Wichtigste ist – und sich praktisch danach richtet, zum Beispiel dadurch, dass man mit dem Empörenden jegliche Geduld verliert, insofern es bedingungslos und ohne Aufschub ‚abzustellen' ist.

4. Vom Negativismus zum Politischen

Ist das Wichtigste nicht das unbedingt zu Vermeidende? Genau so haben politische Negativisten geantwortet, die politisches Zusammenleben nicht primär auf das Gute und auf das Gerechte verpflichtet sehen (wie es die platonisch-aristotelische Überlieferung wie auch das utopische Denken nahe legt), sondern auf die Vermeidung des Schlimmsten. In diesem Sinne verlangte die Bostoner politische Theoretikerin Judith N. Shklar politischen Lebensformen jeglicher Couleur ab, sich wenigstens manifester Grausamkeit entgegenzustellen.[23]

Wer würde dem nicht beipflichten: Was auch immer man in solchen Lebensformen anstrebt (das Gute, das Gerechte, kollektive Nutzenmaximierung, Wohlstand usw.), sie sollten wenigstens nicht Grausamkeit zulassen oder gar selbst (systematisch/institutionell) grausam eingerichtet sein. Allerdings: auch darin, was als grausam und infolge dessen als unbedingt zu vermeiden gelten muss, stimmen die Menschen nicht überein. Ist die systematische (aber vermeidbare) Vernachlässigung Kranker, die sich nicht versichern können, grausam? (Man denke an die Diskussion um die sog. *Obamacare* in den USA.) Führt mangelnde oder gänzlich fehlende Pflegeversicherung alter Menschen zu grausamen (aber vermeidbaren) Zuständen in deren Versorgung? Hat unser Wohlstand nicht (vermeidbare) grausame Kehrseiten wie die massenhafte Versklavung ökonomisch Abhängiger, die Plünderung von Fanggründen anderswo, den Ruin lokaler Märkte, die nachhaltige Verschmutzung ganzer Ökologien usw.?

Mit solchen Aufzählungen kommt man so schnell an kein Ende, derart gewaltsam funktioniert bislang, was manche, optimistisch, bereits als eine Welt-Bürger-Gesellschaft verstehen wollen, als eine globale Gesellschaft, die jeden wenigstens seiner politischen Existenz versichern müsste. Diese liegt nicht nur in einer Reihe von Rechten, sondern vor allem darin, sich überhaupt an Andere auf Erwiderung hin wenden zu können, um wenigstens das Empörendste beklagen und auf Abhilfe dringen zu können.

Davon, dass jeder Mensch in diesem Sinne im Horizont einer globalen Welt-Bürger-Gesellschaft politisch existiert, sind wir allerdings weit entfernt. Bis es so weit ist (und vorausgesetzt, es wird je dahin kommen), müssen Andere advokatorisch für Fremde ihre Stimme erheben und ihren Einfluss geltend machen. Und zwar in dem Wissen, dass Leiden keine Rechte verleiht, um Camus noch einmal zu zitieren.[24] Weder aus eigenem Leiden noch aus dem advokatorisch beklagten Leiden Anderer, das man sich oft in fragwürdiger Art und Weise zu eigen macht, ergeben sich unmittelbar bestimmte politische Ansprüche, die gewaltsam gegen Dritte durchgesetzt werden dürften – jedenfalls dann nicht, wenn man sich *anti-politischer Selbstgerechtigkeit widersetzen* will. Gerade mit solcher Selbstgerechtigkeit sind wir aber gegenwärtig massiv konfrontiert, vor allem in Verbindung mit diversen Erscheinungsformen politischen Populismus. Häufig erwecken sie den Eindruck, dass man nicht etwa *über etwas* in Empörung geraten ist, um dann nach einem ‚Wir' zu fragen, das sich als politische Einheit gegen das Empörende stellen könnte, sondern dass man umgekehrt nur die Empörung ‚braucht' und instrumentalisiert, um sich der eigenen politischen Existenz zu versichern.

Es hieße aber die Empörung und das, was Camus über sie schreibt, gründlich misszuverstehen, wenn man sie so verstehen wollte, als könnte sie je mit der eigenen politischen Existenz unmittelbar zusammenfallen und sie geradezu manifestieren. Es gibt auch ein im Grunde anti-politisches, selbst-gerechtes Empörtsein, dem weder an einer problematischen Artikulation noch an einer Adressierung an Andere, denen man responsive Freiheitsspielräume einräumt, viel gelegen ist. Nur im Verhältnis zu diesen Spielräumen ist aber überhaupt politische Existenz möglich. Dessen ungeachtet gibt sich selbst-gerechtes Empörtsein politisch, unterminiert aber die Logik des Politischen selbst – und empört gerade diejenigen, die daran festhalten, dass Gefühle der Empörung, des Zorns und der Wut, so berechtigt sie sich *prima facie* auch darstellen mögen, *niemals von sich aus politisch sind*, sondern allemal einer problematischen *Politisierung* bedürfen; d.h. – zusammengefasst – der Artikulation, der Adressierung und Relativierung selbst unbedingter und dringlichster Ansprüche auf die Antwortspielräume Anderer sowie auf konfligierende Ansprüche und Bedingungen des Aufschubs selbst des im Grunde Unaufschiebbaren. Als Arbeit an einer Vielzahl von ‚Vermittlungen' dieser Art ist das Politische unverzichtbar zur Regelung eines gemeinsam geteilten Zusammenlebens. Und gerade deshalb genügt es sich niemals selbst.

Zum einen, weil es seine Energien tatsächlich aus der prä-politischen Negativität des Unannehmbaren, des nicht zu Tolerierenden, des Leidens an Zuständen bezieht, die vermeidbar wären. Diese Negativität stellt sich nicht von sich aus als genuin politische dar. Sie kann und muss aber *politisiert* werden im Horizont einer Koexistenz mit zahllosen Anderen, von denen niemand im Vorhinein wissen kann, was er/sie mit ihnen teilt. Vielleicht nicht einmal ‚elementarste‘ Gefühle wie die der Empörung über das Grausamste, oder das seit langem umstrittene Mitleid oder wenigstens in Notfällen sich bewährende Solidarität.

Zum anderen genügt sich das Politische niemals selbst, weil wir auch an ihm selbst leiden, angesichts seiner offenbar unaufhebbaren Mängel, die es überall aufweist, wo es unbedingte Ansprüche zu relativieren und selbst das Dringlichste aufzuschieben zwingt.

Rebellische Energien, die ihre Quelle in negativen Erfahrungsansprüchen haben, mag man erfolgreich politisieren, vorausgesetzt, man widersetzt sich jeglicher im Grunde anti-politischen Selbstgerechtigkeit, die uns in Rage versetzt und emotional Sturm laufen lässt gegen ‚die Verantwortlichen‘ (intriganter Korruption, betrügerischer Machenschaften großer Industrien, finanzkapitalistischer Zinsmanipulationen, neo-liberaler bzw. anti-sozialer Globalisierung usw.). Aber die Aussicht, diese Energien könnten im Politischen selbst aufgehen, wenn endlich die Gründe für eigene Empörung beseitigt wären, ist trügerisch angesichts der Mangelhaftigkeit des Politischen selbst.

Wir verteidigen das Politische gegen die anti-politische Selbstgerechtigkeit der Empörten nicht deshalb, weil es eine ideale politische Gerechtigkeit in Aussicht stellen würde. (Was nur auf eine neue Form der Selbstgerechtigkeit, diesmal im Namen des Politischen selbst, hinauslaufen würde.) Wir verteidigen es und mobilisieren unsere artikulierten, an Andere adressierten und ihrer Freiheit zugemuteten Gefühle der Empörung umwillen einer Politik, die paradoxerweise besser sein müsste als sie selbst. Deshalb treten wir für das Politische ein, weil wir am ihm leiden, nicht als gnadenlose politische ‚Realisten‘, die uns seit Napoleon unaufhörlich einschärfen, was wir bislang als Politik kennen gelernt haben sei "unser Schicksal" und Besseres sei in sublunaren Sphären schlechterdings nicht zu haben.[25] Am Ende gibt gerade dieser vermeintliche Realismus das Politische preis, weil er ihm nicht *mehr* abverlangt als bloß ‚Politik‘, d.h. weil er jeglichen Geist der Revolte gegen eben dieses Sichabfinden ausgetrieben zu haben scheint.

Mit dieser Konsequenz komme ich zum Schluss: rebellische Energien speisen sich aus unserem prä-politischen Widerstand gegen die Negativität des Unannehmbaren; erst im zweiten Schritt gehen sie – idealiter unter Verzicht auf jegliche Selbstgerechtigkeit – als politisierte in konkrete Widerstandsformen ein. Sie sollten dabei aber nicht die Illusion nähren, sich derart, als politisierte, selbst zu genügen. Als allzu mangelhaft erweist sich das Politische selbst, so dass wir es nicht verteidigen können, ohne gegen die Zumutung zu rebellieren, uns mit bloßer ‚Politik' abfinden zu sollen, sei sie auch noch so ‚realistisch'. So gesehen wird sich der ‚metaphysische Überschuss' nicht selbstgerechter rebellischer Energie niemals ganz tilgen lassen.

Anmerkungen

[1] Dieser Aufsatz geht zurück auf einen Vortrag zum Begriff der Rebellion im Rahmen des Promovierendentreffens des Evangelischen Studienwerks Villigst, Schwerte, am 2. Dezember 2017.
[2] Zit. n. K. H. Bohrer, *Die Ästhetik des Schreckens. Die pessimistische Romantik in Ernst Jüngers Frühwerk*, Frankfurt/M., Berlin, Wien 1983, S. 318.
[3] L. Börne, *Lichtstrahlen aus seinen Werken*, Leipzig, 1870, S. 57.
[4] Siehe dazu P. Levi, *Die Untergegangenen und die Geretteten*, München, Wien 1990, S. 57.
[5] E. Bloch, *Atheismus im Christentum*, Frankfurt/M. ²1977, S. 129 f., 133.
[6] Vgl. „We are only remembered when we riot" (Stafford Scott), kann in dieser Perspektive die politische Devise lauten; vgl. L. Bassel, *The Politics of Listening – Possibilities and Challenges for Democratic Life*, London 2017, S. 4 f.
[7] http://www.faz.net/aktuell/politik/inland/marc-jongen-ist-afd-politiker-und-philosoph-14005731-p2.html?printPagedArticle=true#pageIndex_3
[8] A. Camus, *Der Mensch in der Revolte*, Reinbek 1969, S. 203.
[9] T. Hobbes, *Leviathan oder Stoff, Form und Gewalt eines kirchlichen und bürgerlichen Staates*, Frankfurt/M. 1984, S. 242.
[10] Vgl. E. Renault, *Souffrances sociales. Philosophie, psychologie, et politique*, Paris 2009, S. 32.
[11] Im Gegensatz zur tradierten konventionellen Bedeutung von Rebellion oder Aufstand gegen die Staatsmacht oder eine jeweilige Regierung spreche ich im Folgenden in einem viel weiteren Sinne von rebellischen Energien als Kräften der Auflehnung, die aus vor-politischen Gefühlen entstehen und ihren politischen Adressaten erst suchen müssen. Erst recht in Zeiten vielfach grenzüberschreitenden Handelns, wo jede transnational agierende Instanz (wie etwa ein global aufgestelltes Unternehmen) entsprechend in Betracht kommt. Die Proteste der sog. Globalisierungsgegner, ATTAC, Greenpeace, *Médecins sans frontières* und viele andere NGOs machen das deutlich.

[12] Traditionell wird die Revolte als vorläufige politische Unruhe der erfolgreichen Revolution gegenübergestellt, wobei letztere geschichtsphilosophisch finalisiert und als ‚fortschrittliche' vorgestellt wird. Vgl. bspw. K. Griewank, *Der neuzeitliche Revolutionsbegriff*, Hamburg 1992, S. 178, 189. Der entsprechende geschichtsphilosophische Horizont ist allerdings inzwischen weitgehend verblasst. Das erklärt auch, warum sich Albert Camus, auf den ich weiter unten eingehe, in diesem Kontext auf einen Begriff der Revolte stützt, der auf den ersten Blick überhaupt keinen Zusammenhang mit ‚fortschrittlichem' politischem Handeln mehr aufweist.

[13] I. Kant, „Anthropologie in pragmatischer Hinsicht", in: *Werkausgabe Bd. XII* (Hg. W. Weischedel), Frankfurt/M. 1977, S. 648 f.

[14] Vgl. zu diesen Fragen v.a. É. Balibar, *Der Schauplatz des Anderen. Formen der Gewalt und Grenzen der Zivilität*, Hamburg 2006.

[15] https://de.wikipedia.org/wiki/Dem_deutschen_Volke

[16] Vgl. zu diesem Begriff E. Angehrn, J. Küchenhoff (Hg.), *Die Arbeit des Negativen. Negativität als philosophisch-psychoanalytisches Problem*, Weilerswist 2014.

[17] Vgl. dazu ausführlicher Vf., *Prekäre Selbst-Bezeugung. Die erschütterte Wer-Frage im Horizont der Moderne*, Weilerswist 2012, Kap. IX; *Unaufhebbare Gewalt. Umrisse einer Anti-Geschichte des Politischen. Leipziger Vorlesungen zur Politischen Theorie und Sozialphilosophie*, Weilerswist 2015.

[18] Vgl. Vf., M. Staudigl (Hg.), *Bedingungslos? Zum Gewaltpotenzial unbedingter Ansprüche im Kontext politischer Theorie*, Baden-Baden 2014.

[19] Vf., „Perspektivität, Pluralität, geteilte Welt: Ästhetik, Politik und menschliche Sensibilisierbarkeit in der Philosophie Jacques Rancières", in: *Zeitschrift für Ästhetik und allgemeine Kunstwissenschaft 61*, Nr. 1 (2016), S. 11–38.

[20] Camus, *Der Mensch in der Revolte*, S. 21, 203. Allerdings legt der Autor jenen Satz einem Sklaven in den Mund, um dann so fortzufahren: „die metaphysische Revolte fügt dann das ‚Wir' hinzu, von dem wir noch heute leben".

[21] Camus sucht selbst die Nähe zu Descartes; s. ebd., S. 21.

[22] Genau das hat auch Camus im Sinn, wo er schreibt, der Geist der Revolte stifte eine Gemeinschaft „mit allen Menschen, auch […] Unterdrückern und Beleidigern" (ebd., S. 16).

[23] J. Shklar, *Ordinary Vices*, Cambridge, London 1984, S. 224, 237; dies., *Liberalismus der Furcht*, Berlin 2013, S. 31; Vf., H. Bajohr, „Schwerpunkt: Judith N. Shklars politische Philosophie", in: *Deutsche Zeitschrift für Philosophie 62*, Nr. 4 (2014), S. 626–746.

[24] A. Camus, *Tagebücher 1935-1951*, Reinbek 1972, S. 22.

[25] Vgl. G. Eckermann, *Gespräche mit Goethe*, Stuttgart 2006, S. 525.

Friedrich Pohlmann

Stolz und Zorn

Als vor mittlerweile mehr als einem Vierteljahrhundert in einer Kette weitgehend unblutiger Revolutionen mit dem Zusammenbruch des kommunistischen Weltsystems ein ganzes Zeitalter aus der Geschichte verschwand, entstanden vielfältige Deutungen zur Zukunft der liberaldemokratischen „westlichen" Ordnungen, unter denen zwei herausragten: Samuel Huntingtons wohlbegründete These von einem sich verschärfenden „Kampf der Kulturen", die vor allem den Antagonismus des Islam zum „Westen" in den Fokus rückte, und ein Werk mit dem merkwürdigen Titel „Das Ende der Geschichte" von Francis Fukuyama. Beide Titel avancierten sehr schnell zu wohlfeilen Topoi im Streite öffentlicher Meinungen, was vor allem ihrer Griffigkeit zu verdanken war, jener Schlagwort-Attraktivität, die vorgibt, komplexe Sinnzusammenhänge treffgenau auf den berühmten Punkt zu bringen. Nun führte allerdings die Suggestivkraft beider Titel viele ihrer Benutzer gehörig in die Irre, und weil man die Mühe scheute, sich die damit bezeichneten dickleibigen und anspruchsvollen Schriften wirklich anzueignen, zirkulierte sehr bald Mißverstandenes – gedankliches Falschgeld gewissermaßen – auch in den Diskursen der Wissenschaft und führte zur Verfestigung ganz unangemessener Vorstellungen, die mit den Intentionen der Autoren kaum mehr etwas gemein hatten. Das gilt ganz besonders für Fukuyamas Werk, das Peter Sloterdijk zu Recht als „ungelesenen Bestseller" bezeichnet hat, als eine der „gedankenreichsten" sozialphilosophischen Gegenwartsdeutungen der jüngeren Zeit. Worum ging es Fukuyama 1992 im „Ende der Geschichte"? Ich verstehe die Schrift als eine Philosophie der liberaldemokratischen Ordnung, die im wesentlichen um zwei große Themenkomplexe kreist. Das ist zum einen das Gedankenspiel mit einer Grundfigur der hegelschen Geschichtsphilosophie, der Annahme eines zielgerichteten Geschichtsprozesses, als dessen finaler Bezugspunkt sich nunmehr – nach der Implosion des sowjetkommunistischen Diktatursystems – möglicherweise die liberaldemokratische Ordnung herausstelle, die weltweit mehr und mehr zum unangefochtenen Ideal menschlichen Wollens geworden sei. Der weitaus größere und interessantere Teil von Fukuyamas Überlegungen besteht nun aber gerade in einer hintergründigen Problematisierung und stellenweise sogar ganz offenen Infragestellung einer derartigen Geschichtsphilosophie. Fukuyama erweist sich nämlich als alles andere als ein kurzsichtiger Apologet der liberaldemokratischen Ordnung, und gerade weil er in höchster Grundsätzlichkeit philosophische Basisprinzipien dieser Ordnung kritisch unter die Lupe nimmt, gelingt ihm auch der Aufweis von anthropologischen Schwächen, die die Fragilität dieses Systems enthüllen. Sie lassen sich für ihn in einem Wort, einem *griechischen* Wort, zusammenfassen: dem Wort *Thymos*. Es geht zurück auf Platons *Politeia* und bezeichnet dort eine von drei Seelenprovinzen des Menschen, und zwar die höchste. Die menschliche Seele umschließe einen *begehrenden* – auf *Selbsterhaltung* im weitesten Sinn gerichteten – Teil; sodann eine Region der *Vernunft* und drittens den *Thymos*, alle jene Gefühlspotenzen, die für die *menschliche Selbstachtung* konstitutiv sind, wie Stolz, Zorn, Scham, Empörung, Ruhmesverlangen, Opferbereitschaft oder Würde. Diese Gefühlspotenzen seien für die Konstruktion des gerechten Staates entscheidend, aber da sie als „menschlicher Naturstoff" moralisch ambivalent sind, bedürfen sie der *Kultivierung* und *Zähmung* durch eine *politische Tugendlehre*, um als Fundament des gerechten Staates, den Platon zu entwerfen versucht, tauglich werden zu können. Bereits Fukuyamas Bezug auf das platonische Menschenbild ist höchst verdienstvoll, denn dieses ist vielen neuzeitlichen philosophischen Konzeptionen vom Menschen deutlich überlegen. Wenn Platon den Menschen *nicht* als ein primär an Sicherheit, Lusterfüllung oder Rationalität orientiertes Wesen denkt, sondern stattdessen sein *Gefühlsleben* in den Vordergrund rückt, und in jenen Gefühlen, die die Selbstachtung nähren, das eigentliche anthropologische Privileg des Menschen erblickt, dann ist damit eine tiefe Wahrheit ausgesprochen, mit der verglichen viele neuzeitliche Menschenbilder – beispielsweise auch dasjenige der Freudschen Psychoanalyse – vulgär erscheinen. Nur dem Thymos verdankt der Mensch die Kraft zur Transzendierung von Imperativen der Selbsterhaltung, die er mit dem Tiere teilt, und von Maximen der Lustmaximierung oder einer lediglich utilitaristischen Vernunft; nur aus dieser Quelle schöpft er den Mut zu einem „Nein", das die Selbstachtung höher als den Tod zu stellen vermag; zu einem Mut, der bereit macht, sich für einen Fetzen Stoff, eine Fahne, zu opfern. Ein Defizit an thymotischer Potenz erkennt Fukuyama bereits in philosophischen Gründungsdokumenten des Liberalismus, bei dessen „ersten Menschen", wie er manchmal sagt. Bei Hobbes etwa wird gerade der *Verzicht* der Bürger auf alle thymotischen Energien als eine conditio sine qua non der Staatsgründung begriffen – zentraler Staatszweck ist bei ihm die *Selbsterhaltung,* die Sicherheit seiner Bürger, was vor dem Hintergrund der religiösen Bürgerkriege seiner Zeit voll verständlich ist. Bei John Locke tritt dann der Schutz des *Eigentums* an erste Stelle, und Fukuyama betont zu Recht, dass man Locke's Staatstheorie als das eigentliche Gründungsdokument der amerikanischen Demokratie auffassen könne, das dann von Thomas Jefferson in den Menschenrechten auf Leben, Freiheit und dem Streben nach Glück – dem berühmten „pursuit of happiness" – nur noch ausformuliert wurde. Nimmt man nun aber die Formeln dieser Gründungsdokumente aus platonischer Perspektive oder aus derjenigen deutscher Denker wie Hegel oder Nietzsche in den Blick, dann verliert sich doch manches vom Glanze jener behaupteten „Selbstevidenz" und Fraglosigkeit, mit dem sie sich schmückten. Bei Hegel ist es keineswegs an erster Stelle der Wunsch nach Sicherheit, Wohlstand und privatem Glück, der die politische Geschichte prägt, sondern ein auf die Erlangung bestimmter Gefühlsressourcen wie Stolz gerichteter „*Kampf um Anerkennung*"; – ein Gedanke, den Nietzsche in einem Bonmot, dessen witziger Hintersinn wohl jedem Streiter für politische Korrektheit komplett verborgen bleiben muss, so pointiert hat: „Der Mensch strebt *nicht* nach Glück; nur der Engländer tut das". Es war die Kraft der vom Verlangen nach *Selbstachtung* befeuerten *Empörung* über Kränkungen und Demütigungen und erst an zweiter oder dritter Stelle das private Glücksverlangen, die die kommunistischen Diktaturen zum Einsturz brachte, und dabei spielte die westliche Demokratie als Projektionsfläche eigener Gefühls-Hoffnungen eine entscheidende Rolle. Denn „der Westen" wurde keineswegs nur als Wohlstandszone wahrgenommen, sondern zuvörderst als ein System, das der wechselseitigen Anerkennung der Menschen als freier und gleicher Staatsbürger – also ihrem Streben nach Achtung ihrer Würde – eine institutionalisierte politisch-rechtliche Form gegeben hatte und deswegen wie eine weltgeschichtlich singuläre Verwirklichung der Bedürfnisse aller *drei* Potenzen der platonischen Seele – der materiellen und erotischen *Begierde,* der *Vernunft* und des *Thymos* – erscheinen konnte. Dieses idealistisch getönte Bild der liberalen Demokratie wird nun aber von Fukuyama im letzten Kapitel seines

Werks, das nicht umsonst „Der letzte Mensch" überschrieben ist, mehr oder weniger offen in Frage gestellt. Die Überschrift spielt natürlich auf Nietzsches Zarathustra an, dem nach zehnjähriger Einsamkeit im Gebirge als erstes Menschen begegnen, deren Lebensziel sich vollständig im privaten Glücksverlangen – also dem Begierdestreben von Platons erster Seelenprovinz – erschöpft. „Gieb uns diesen Menschen, oh Zarathustra, mache uns zu diesem letzten Menschen", riefen sie und „blinzelten", nachdem Zarathustra von diesem erzählt hatte. Fukuyamas Besorgnis im Jahre 1992, dass dieser Mensch zum Sinnbild des geschrumpften Telos der liberaldemokratischen Ordnung werden könne, lässt sich so pointieren: Mit dem Fortfall seines großen weltanschaulichen Antipoden ist diesem System auch eine vom Druck der Feindschaft erzeugte disziplinierende Kraft abhanden gekommen, die dessen innere Bindungskräfte zu stärken vermochte; bürgerliche Tugenden des Stolzes auf das übergeordnete politische Ganze und die Bereitschaft zu dessen Verteidigung – also jene Gefühlsenergien, die ein kommunitaristisches Gegengewicht gegen die atomisierenden Imperative seiner kapitalistischen Basis bilden. Entfällt aber dieses Gegengewicht, dann können die kapitalistischen Basiskräfte des Systems ungehindert einen Menschentyp als kulturelles Leitbild formen, der dem letzten Menschen Nietzsches weitgehend ähnelt. Fukuyama macht aber sehr deutlich, dass dieser Mensch eine höchst gefährdete Spezies ist. Durch das Übermaß des Konsumismus und ein Defizit kollektiven politischen Stolzes zu einer Weltanschauung der wertelosen Indifferenz verleitet, die sich als Tugend der Toleranz maskiert, ist auch seine Kraft zur Selbstbehauptung in neuartigen Bedrohungskonstellationen, die möglicherweise noch nicht einmal als solche erkannt werden, geschwächt, seine Wehrfähigkeit, die immer auch an die Mobilisierung der thymotischen Ressourcen kollektiven Stolzes und Zornes geknüpft ist. Ein *nur* auf den individualistischen Prinzipien des Liberalismus errichtetes System ist für Fukuyama, statt ein „Ende der Geschichte" einzuläuten, fragil und langfristig kaum überlebensfähig, und deswegen postulierte er – wie seinerzeit auch zahlreiche andere politische Denker -, dass der liberaldemokratischen Ordnung ganz bewusst *kommunitaristische* Korrektive implantiert werden müssen, Gemeinschaftsideale, die die Fliehkräfte des dominanten materialistischen Individualismus abzumildern vermögen.

Seit dem Erscheinen von Fukuyamas Schrift ist mittlerweile ein knappes Vierteljahrhundert vergangen, aber in dieser Zeit ist die liberaldemokratische Ordnung keineswegs kommunitaristisch veredelt worden, sondern hat eine Mutation zum sogenannten „Neoliberalismus" durchlaufen, der alle gesellschaftlichen Teilsysteme an der ungehemmten Funktionslogik der kapitalistischen Ökonomie auszurichten trachtet. Dadurch sind zumal in Europa ganz präzedenzlose politische Großexperimente angestoßen worden, die um einer tendenziell ungehinderten weltweiten Mobilität von Kapital, Waren, Dienstleistungen und vor allem Arbeitskraft willen sich in radikalen Postulaten einer „Grenzenlosigkeit" kristallisierten, deren zentrales Ziel die Auflösung der nationalstaatlichen politischen Ordnung ist. Nun sind allerdings in den letzten Jahren die vielfältigen Folgekosten der entfesselten neoliberalen Globalisierung für eine wachsende Zahl von Menschen in den westlichen Demokratien immer stärker spürbar geworden, und das hat zum Entstehen ganz neuartiger Oppositionsbewegungen geführt, mit denen eine noch beim Erscheinen von Fukuyamas Werk undenkbare Dimension thymotischer Spannung in den politischen Debattenstreit eines Systems eingedrungen ist, das auch weltweit seinen früher weitgehend unbestrittenen Vorbildcharakter verloren hat. Zugleich hat sich Samuel Huntingtons These vom „Kampf der Kulturen" vollauf bewahrheitet, und zwar auch in ihrer verschärften Variante eines zunehmenden „Kampfes der Kulturen" im *Inneren* der liberaldemokratischen Ordnungen selbst. Dieser Dreieckskonstellation – dem Gegeneinander von „Globalisten" und sogenannten „Populisten" und den kulturell-religiösen Spannungspolen zwischen Islam und „westlichen" Orientierungen – lassen sich alle zentralen Gegnerschaften im Inneren der liberaldemokratischen Ordnung letztlich zuordnen, Frontstellungen, die ganz neuartige „Kämpfe um Anerkennung" markieren und in einer früher kaum für möglich gehaltenen Schärfe und Unerbittlichkeit ausgefochten werden, die die Fundamente des Systems bedrohen. Diese Gegnerschaften brechen sich in allen Beziehungen der Dreieckskonstellation in einer Vielzahl beidseitig ungefilterter aggressiver Affekte Bahn, unter denen der Zorn, die Empörung, die Verachtung und auch der Hass besonders hervorstechen, was darauf zurückzuführen ist, dass man durch die jeweiligen „Anderen" nicht nur materielle Interessen, sondern weit mehr noch seine Selbstachtung substanziell bedroht sieht, den eigenen Stolz, jene nicht disponible Wertebasis, aus der Menschen ihre wie auch immer geartete Selbstaffirmation beziehen.

Um eines tieferen Verständnisses dieser neuartigen politischen Gegenwartskonstellationen willen erscheint es mir aber notwendig, die Ebene der politischen Philosophie und Gegenwartsanalyse im Folgenden weitgehend zu verlassen, und sich ganz grundsätzlich einmal auf das platonisch inspirierte Thymos-Konzept einzulassen. Wer in der Nachfolge Platons den Menschen an allererster Stelle als ein *Gefühls*-Wesen deutet, dessen Hauptbestreben auf die Erlangung und Maximierung der *Gefühlswerte der Selbstachtung* und die Abwehr solcher Gefühle gerichtet ist, die mit *Kränkungen* verbunden sind, wird zwangsläufig auf die Bahn einer *Philosophie der Gefühle* geleitet, deren zentrale Pole die Gefühle des Stolzes und des Zornes bilden. In allen Kämpfen um Anerkennung – gleichermaßen in solchen des Individuums wie sozialer Kollektive – sind sie die *Basisgefühle*, in denen sich die thymotischen Energien kristallisieren, wobei freilich gleich hervorzuheben ist, dass der Zorn gewissermaßen nur die *Urform* aller sozialen Aggressionsaffekte ist. *Mutationen des Zornes* führen unter anderem zu den Gefühlen der *Empörung*, des *Ressentiments* und des *Hasses*, – Emotionen, die im Gefühlshaushalt eines jeden Menschen aktivierbar sind und in allen Formen menschlicher Vergesellschaftung und Kämpfen um Anerkennung eine nicht wegzudenkende Rolle spielen. Entsprechend wird es in den folgenden Überlegungen nicht nur um eine phänomenologische Betrachtung der Basisgefühle des Stolzes und Zornes gehen, sondern insbesondere auch um die *Ableitung und Abgrenzung* der wichtigsten anderen menschlichen Aggressionsaffekte aus dem – und zum – Zorn. Eine *zweite* Ebene der Reflexion wird dann *typischen Sinntransformationen* zu gelten haben, die mit der Wandlung des Stolzes und Zornes samt seiner Verwandten von Individual- zu *Kollektiv*gefühlen verbunden sind. Kollektiver Stolz beispielsweise kann sich als Nationalismus, Patriotismus, aber auch als Schuldstolz äußern, und dabei kommen – wie auch bei der Transformation des individuellen zum kollektiven Hass – immer Ideologisierungen ins Spiel, die beim Individualgefühl fehlen. Und *drittens* ist auch der *moralisch ganz ambivalente* Charakter aller dieser Emotionen anzusprechen. Ihre moralische Bewertung ist unabhängig von den sozialen Konstellationen, in denen sie auftreten und ihren jeweils unterschiedlichen Formen und Intensitäten nicht möglich. Es gibt bewundernswerte und abstoßende Ausprägungen des Stolzes, und diese Doppeldeutigkeit eignet auch der Mehrzahl der Aggressionsgefühle, die ja keineswegs per se „schlecht sind". Ohne den Zorn und seine Verwandten sind menschliche Gesellschaften gar nicht denkbar, jeder Anti-Affekt erfüllt zugleich auch notwendige pro-soziale Funktionen, und auch und insbesondere das Stolzgefühl bedarf des Zornes als seines Komplements, um überhaupt entstehen und sich erhalten zu können. Kurz: Die thymotischen Energien des Menschen, die seine Kämpfe um Anerkennung antreiben, sind a priori weder gut noch schlecht. Auch Platon hat den Thymos nur als den *Rohstoff* der Tugenden aufgefasst. Worum es ihm ging, war dessen Kultivierung im Hinblick auf das *Gemeinwohl*, und genau dieser Kultivierung sollte seine Tugendlehre dienen, die ideelle Basis des gerechten Staates in seiner Politeia.

Konzentrieren wir uns als erstes auf das Gefühl des Stolzes.

Alle Kämpfe um Anerkennung – ob auf individueller oder kollektiver Ebene – haben einen Doppelsinn: Sie erstreben die Anerkennung durch *andere* zum Zwecke der *Selbst*-Anerkennung, des Selbst*wert*gefühls. Stolz ist ein Oberbegriff für unterschiedliche – und auch moralisch ganz divergente – Typen der Selbstaffirmation, deren Gemeinsamkeit sich am ehesten über einen *Umweg* erschließt, nämlich über eine Kurzcharakterisierung jener Gefühle, die den Gegenpol zum Stolz bilden, und das sind die *Angst* und vor allem die *Scham*. Dazu muss kurz vorausgeschickt werden, dass jedes Gefühl außer der Ebene kognitiver Interpretation sich für den von ihm Betroffenen immer zunächst als ein ihm ganz unverfügbares *leibliches Spüren* äußert; als ein leiblich gefühltes Widerfahrnis, das sich seinerseits in ganz bestimmten *körperlichen Ausdrucksmustern* kristallisiert – einer spezifischen Mimik, Gestik und Körperhaltung -, Ausdrucksmustern, die zwar auch der willentlichen Manipulation unterliegen können – man denke nur an die artifizielle Verstellungsfähigkeit des Schauspielers -, aber doch mit dem Gefühl ursprünglich in ungeteilter Einheit auftreten. Die *Leiblichkeit der Angst* nun wird primär als ein Gefühl der sich zusammenkrampfenden Enge erfahren, auf das das lateinische „angustia" anspielt, von dem sich unser Wort „Angst" ableitet. Es tritt zusammen mit dem Erleiden des Kontrollverlustes über den eigenen Atem und einem ganz unrhythmisch „klopfenden" Herzen auf, das die eigene Kehle „zusammenzuschnüren" scheint. Die Leiberfahrung des *Stolzes* ist vollkommen gegensätzlich zu diesem Engegefühl, das einen elementaren Machtverlust über das eigene Wollen einschließt. Es ist desjenige einer sich *spannenden inneren Weitung*, die, da vollständig der Kontrolle der Person über sich selbst unterliegend, als elementarer Souveränitätszuwachs erlebt wird. Am besten nähert man sich dem Stolz aber nicht über das Angstgefühl, sondern über den Umweg der *Scham* an, denn Scham ist im Hinblick auf *alle drei Ebenen*, die die Eigenart eines Gefühls konstituieren – die kognitive Selbstdeutung, das leibliche Fühlen und den körperlichen Ausdruck – exakt das *konträre Gegenbild* des Stolzes. Scham entsteht besonders intensiv und vor allem als Folge einer *Selbst-Verfehlung* der Person vor den Augen anderer, für sie *wichtiger* anderer; eines Mißlingens in einem für ihr Selbstwertgefühl wesentlichen Bereich. Dann kommt es zusammen mit den ganz unverfügbaren körperlichen Reaktionen des Errötens und des den Blick-zu-Boden-Senkens zu einer völligen *Passivierung* der Person, die, da durch die auf sie gerichteten Augen aller anderen am Orte ihrer Selbst-Verfehlung gleichsam festgebannt, ihren abgeblockten Fluchtimpuls nur noch durch Bewegungssuggestionen des Sich-Duckens und Schrumpfens, durch den absurden Versuch, sich in sich selbst hinein zu verkriechen, zu ersetzen vermag. Scham ist die brennendste Erfahrung eines *Souveränitätsverlustes* über das eigene Selbst, die Extremform eines vor den Augen anderer gegen die eigene Person sich kehrenden *Minder*- bzw. *Wertlosig*keitsgefühls, wodurch sie den *polaren Gegensatz* zum Stolz bildet. Denn Stolz nährt sich durch Selbstanerkennung und soziale Anerkennung bei *Erlebnissen des Gelingens* auf selbstwertrelevanten Feldern und wird auf der Ebene der Leiblichkeit als schwellende Weitung erfahren, die sich körperlich in allen jenen Merkmalen ausdrückt, die in der Redewendung vom „aufrechten Gang" sinnbildlich zusammengefasst sind: im erhobenen Kopf, im klar-eindeutigen – auch ins Auge des anderen – gerichteten Blick, und in einer Körperhaltung und einem Gang, die Initiative und Souveränität ausstrahlen, die Fähigkeit zur Entscheidung, auch gegen den Willen anderer. Wenn sich Stolz zu einem Habitusmerkmal der Person verfestigt hat, dann verschwistert er sich mit dem Gefühl der *Ehre*. Ehre – das sind die gewissermaßen als Schatz verwahrten Substanzen des Selbstwertgefühls, an die in kränkender Absicht zu rühren niemandem – unter gar keinen Umständen – erlaubt ist. Eine *nicht erwehrte* Verletzung dieser Gefühlssubstanzen würde das Gegengefühl zum Stolz, die Scham, entbinden, und zur *Abwehr dieser Katastrophe* gibt es nur eine Möglichkeit: die *zorndurchwallte* Attacke gegen den Verletzer. Somit ist Ehre ein Gefühl verdichteten Stolzes, das die latente Präsenz der Scham und des Zorns umschließt.

Stolz als Bezeichnung eines Habitusmerkmals ist der Oberbegriff für eine Vielzahl sehr unterschiedlicher Dispositionen, von denen die *moralisch negativ konnotierten* wie Eitelkeit, Arroganz oder Dünkelhaftigkeit alle Varianten der *superbia* sind, des *Hoch*mutes, einer anti-sozialen Dominanzattitüde ohne persönliche Wertsubstanz. Die Deutung des Stolzes als einer *Tugend*, der Tugend eines *souveränen Ich*, ist von zwei Voraussetzungen abhängig: Dass er sich in seiner sichtbaren Akzentuierung des Eigenwertgefühls der Person mit einer Haltung des *Anstandes und der Großherzigkeit* anderen – insbesondere Schwächeren – gegenüber paart, worauf die heutzutage etwas antiqiert klingenden Worte vom Groß- oder Edelmut anspielen; und dass er sich, zweitens, von *besonderen Verdiensten* und Fähigkeiten herleitet, die Durchschnittserwartungen überragen. Historisch besonders prominent als Quellen des Stolzes waren natürlich die kriegerischen Tugenden des Mutes und der Opferbereitschaft im Dienste eines Herren oder eines Landes, auf die das Standesethos des Adels zurückging. Aber auch für unsere postheroische, individualistische Gegenwartsgesellschaft gilt, dass nur der *erarbeitete* Stolz als ein Wert erscheint, der mit sozialer Anerkennung rechnen kann.

Im christlichen Abendland haben sich, anders als in der Antike, dem Stolze mächtige Gegner entgegengestellt und ihm komplett den Tugendcharakter abgesprochen. Das war an erster Stelle die Kirche selbst, die, angeleitet durch die christliche Lehre von der Erbsünde, den Stolz in allen seinen Formen als *superbia* – Hochmut – verdammte, als eine von sieben Kardinalsünden, der man die Tugend der Demut, der *humilitas* entgegenstellte: Nicht das souveräne Ich, sondern der gehorsame Diener, der Mensch des gesenkten Hauptes, ist das christliche Leitbild. Auch in der Philosophie dominierte das humilitas-Ideal, das erst Nietzsche kompromisslos in seinen Lobgesängen auf den Stolz des nur sich selbst verantwortlichen, des souveränen Ich, das vollständig aus dem Bannkreis des Christentums herausgetreten ist, bekämpft hat. Peter Sloterdijk hat scharfzüngig analysiert, wie sehr auch in unserer Gegenwart ganz divergent erscheinende Geistesströmungen doch in einem Punkte – ihrer Stolzfeindschaft – konvergieren. Da sind zum einen die verwässerten christlichen humilitas-Werte, denen man allüberall in verschiedensten Kostümierungen begegnet, und die im Namen von „Toleranz" nicht auf die Stärkung, sondern Schwächung des Eigenwertbewusstseins und der Selbstbehauptungskräfte hinauslaufen; da ist zweitens der Druck des kapitalistischen Konsumismus, der den *homo oeconomicus* in Gestalt der kümmerlichen Figur des postmodernen Verbrauchers als einzig respektable Verkörperung menschlichen Wollens anpreist – also Nietzsches „blinzelnden" „letzten Menschen"; und da sind drittens die Imperative des Menschenbildes einer in alle Ritzen der Gesellschaft eingedrungenen therapeutischen Kultur, dessen weitgehend fraglos übernommenen anthropologichen Grundaxiome am besten an der Psychonalyse exemplifiziert werden können. In ihr erscheint der Mensch primär als Getriebener seiner Libido, während seine thymotischen Energien – insbesondere sein Stolzverlangen – weitgehend unterbelichtet bleiben. Mit diesem „erotologisch halbierten Menschenbild" kann leicht, so Sloterdijk, eine Brücke zum kapitalistischen Konsumismus gelingen, während sich in der Neurosenlehre der Psychoanalyse, in der der Mensch primär als Patient – also als Mensch ohne Stolz – erscheint, Affinitäten zur *humilitas* verbergen.

Natürlich streben Menschen nie nur als Einzelindividuen nach einer Stabilisierung ihres Selbstwertgefühls im Stolz, sondern genauso – und oftmals unauflöslich damit verknüpft – nach einem Stolzgefühl, das sich auf sie als *Mitglied einer sozialen Einheit* – einer Familie oder eines Volkes beispielsweise – richtet. Grundvoraussetzung dafür ist natürlich die Existenz einer *Grenze*, die ein „Wir" von einem „Ihr" scheidet; von einem Anderen, einem Fremden, vor dessen Hintergrund sich allein ein affirmierbares Selbst, ein Eigenes zu profilieren vermag. Die Abhängigkeit der Kollektivvariante des Stolzes von Grenzen erklärt auch, weshalb Menschen aus ihrem Status als *Nur*-Menschen, als Angehörige der umfassendsten sozialen Einheit – der ganzen Menschheit – keinen Stolz beziehen können: Ihnen fehlt das dafür notwendige Gegenüber eines „Ihr". Stolz auf die Zugehörigkeit zur Menschheit ist nur möglich, wenn es Demagogen gelingt, Menschengruppen eben diese Zugehörigkeit abzusprechen. Dann freilich entsteht, wie Carl Schmitt subtil erläutert hat, der gefährlichste Freund-Feind-Antagonismus überhaupt – derjenige zwischen dem Menschen und dem „Unmenschen", dem „Menschenfeind" -, ein Anatagonismus, der sich im Hintergrund vieler politischer Bezüge auf „die Menschheit" verbirgt und deswegen Ideologien des politischen Universalismus oftmals so fragwürdig macht. Wer in der Arena des politischen Kampfes „Menschheit" sagt, will betrügen, hat Carl Schmitt zu Recht angemerkt. Unterhalb der Menschheit jedenfalls stabilisiert jede soziale Einheit ihr Eigenwertbewusstsein durch Abgrenzungsstrategien, ein wie auch immer geartetes „Gegen", das vollkommen unterschiedliche Schattierungen und Intensitätsgrade aufweisen kann. Dabei braucht die Abgrenzung keineswegs die Abwertung einzuschließen, sondern ist mit einer besonderen Form der Anerkennung – der positiven Anerkennung gerade der Andersartigkeit des Anderen, die sich im Respekt äußert – vollkommen vereinbar. Freilich: Je konfliktuöser sich die

Beziehungen kollektiver Akteure gestalten und je mehr sie einen auf Entscheidung zielenden Kampfcharakter annehmen, desto mehr speist sich doch der Kollektivstolz typischerweise auch aus Abwertungen des kollektiven Gegners. Im Moment des „Sieges" kristallisiert er dann zur extremsten Steigerungsform kollektiver Verdichtung, dem auf der Verliererseite sein temporäres gänzliches Zerspringen entsprechen kann, aber während der Sieg auch später noch lange als Bezugsquelle positiver thymotischer Energie weiterwirken kann, muss der Verlierer sein Selbstwertgefühl erst behutsam wieder aufrichten. Kampfbeziehungen, die durch Sieg und Niederlage entschieden werden, wirken auf der individuellen und kollektiven Ebene im Hinblick auf den Stolz ganz gleichartig, und die Faszination des sportlichen Wettkampfes rührt letztlich aus nichts anderem als aus der Simulation eines Kampfgeschehens, dessen Psychodynamik um nichts anderes kreist als um den Erhalt der knappen Ressource „Stolz".

In der Mitte zwischen dem Einzelindividuum und der Menschheit steht die Nation, auf die sich zwei zwar miteinander verwandte, aber doch klar voneinander zu unterscheidende Formen des Kollektivstolzes richten können: der Nationalismus und der Patriotismus. Der Nationalismus ist die kollektive Entsprechung zur individuellen *superbia*, dem Hochmut, während der Patriotismus sich immer auch aus einer erarbeiteten Affirmation von Zugehörigkeit – Zugehörigkeit zu einem in seiner historisch-kulturellen Besonderheit gewussten „Wir" speist. Gerade daraus bezieht er den Willen und die Kraft zur positiven Anerkennung der Andersartigkeit des „Ihr". Ohne Patriotismus sind jene wehrhaften Tugenden undenkbar, die in Platons Politeia im Stande der „Wächter" Gestalt angenommen haben und ohne die langfristig kein politisches Kollektiv überlebensfähig ist.

Es gibt pathologische Formen des *gekränkten* Nationalstolzes, die typischerweise nach Kriegsniederlagen aufzutreten pflegen. In Deutschland hat sich eine merkwürdige Sonderform etabliert, deren Grundmerkmal Peter Sloterdijk treffend als „Beschluss eines gekränkten Kollektivs" charakterisiert hat, sich in die „Kränkung fallen zu lassen, als ob sie eine Erwählung sei". Günter Grass hat diese Sonderform „Schuldstolz" genannt. Sie kündet vom paradoxen Versuch, eine aus singulärer Schuld abgeleitete kollektive Selbstverurteilung zur Quelle kollektiver Selbstachtung umzudeuten, womit sie sich eigentlich nur als „negativer" Nationalismus erweist, als Umdrehung seiner Vulgärform. Freilich gibt es den „negativen" Nationalismus keineswegs nur in Deutschland, sondern er hat sich in milderen Formen schon seit längerer Zeit auch in anderen westlichen Ländern entfaltet, wofür man als Hauptursache die vom neoliberalen globalistischen Kapitalismus geförderten politischen Tendenzen in Richtung auf eine Auflösung der Nationalstaaten veranschlagen kann. Mit dem Fortfall der Nationalstaaten würde ein zentrales Bezugsobjekt sowohl für den Nationalismus als auch den Patriotismus verschwinden, und wer diesen Fortfall anstrebt, hat verständlicherweise großes Interesse an der Propagierung von Ideologieformen mit negativ nationalistischer und positiv globalistischer Ausrichtung. Gegenwärtig verstärkt sich aber überall der Widerstand gegen die sozialen Folgen der neoliberalen Globalisierung, und es zeigt sich, welch fundamentale Bedeutung soziale Einheiten oberhalb des Einzelnen wie Familie und Nation für die Verankerung kollektiver Selbstwertbedürfnisse nach wie vor besitzen.

Rücken wir nun den *Zorn* ins Zentrum der Betrachtung, jene thymotische Energie, deren enge Verknüpfung mit der selbstwertstabilisierenden Kraft des Stolzes bereits kurz angedeutet wurde. Zunächst eine Kurzcharakterisierung. Zorn in seiner Reinform ist ein von einer kurzen heftigen Wallung angetriebener aggressiver Gefühlsausbruch gegen einen *bestimmten Anderen* in einer sozialen Nahbeziehung – face to face –, dessen Energie sich mit seiner Äußerung *vollständig verbraucht*, der also für den Zornigen selbst eine *kathartische* Wirkung hat; der seinen Gefühlshaushalt reinigt wie das Gewitter, mit dem er gern verglichen wird, die schwüle Luft. Die Heftigkeit seiner Wallung macht eine selbst-reflexive Beobachtung des Zornes durch den Zornigen während des Zorngeschehens unmöglich, aber wenn dem Zorne durch die Eigenart der sozialen Situation die Chance seiner offen-eruptiven Äußerung zu lange oder prinzipiell verwehrt wird, dann verliert er sein Zornprofil und verwandelt sich in eine andersgeartete Aggressionsform – Groll, Ressentiment oder Hass an erster Stelle –, der auch andere soziale Konstellationen zugeordnet sind. Die Entladung des Zornes, die zu seiner vollgültigen Erscheinung dazugehört, ist nur in einer Beziehung unter Gleichen oder in einer solchen der Über- und Unterordnung – von oben nach unten, aber nicht umgekehrt – möglich. Zu Zeiten des homerischen Helden realisierte sie sich üblicherweise im körperlichen Angriff, der aber in der Moderne weitgehend durch die Verbalattacke ersetzt worden ist. Zur typischen sozialen Konstellation der Zornäußerung passt, dass der Zorn in der Antike als der Herrscheraffekt par excellence aufgefasst wurde und dass er im alten Testament das zentrale Attribut des Allerhöchsten, eines Gottes war, der seine Zornesmacht nicht nur gegen die Feinde seines Volkes, sondern mit großer Heftigkeit auch immer wieder gegen dieses selbst schleuderte. Zorn wird selten mit Ärger, aber häufig mit Wut verwechselt, aber tatsächlich fehlt beiden, dem Ärger und der Wut, jene nur dem Zorn eignende eindeutige Zielrichtung der Affektenergie gegen eine ganz bestimmte Person, die ihre Aufwallung verursacht hat: Ärger entsteht bei eher harmlosen Behinderungen von Verhaltensabläufen – durch die Tücke eines Objekts etwa, mit der man nicht gerechnet hatte – und äußert sich unspezifisch als kurzzeitige schlechte Laune gegen alles und jeden, und dieses unspezifische Wesen charakterisiert auch die Wut, die sich allerdings mit anfallsartiger Heftigkeit an allem austobt, was dem Wütenden vor die Nase und in die Hände gerät. Nur der Zorn aber besitzt jene Drehform, die die negative Affektenergie gebündelt gegen den Pol ihrer Auslösung – einen bestimmten Anderen – zurückschickt und damit den Zorn selbst zum Verschwinden bringt. Entsprechend äußert sich Zorn für den Zornigen auf der Ebene der *Leiblichkeit* als ein klar gerichteter, *zentrifugal* gerichteter Bewegungsimpuls; als ein gewissermaßen zielgenaues „Aus-der-Haut-Fahren-Wollen", von dem sich die Zentrifugalität der Wut dadurch unterscheidet, dass sich das Gefühl des „Platzens", das Wut umgangssprachlich charakterisiert, in einem ungerichteten „Nach-alle-Seiten-Sprühen" ihrer Energie fortsetzt. Die zielgenau gegen einen bestimmten Anderen geschleuderte Zornesenergie zeigt sich *körpersprachlich* und *mimisch* in ganz bestimmten, kulturübergreifend gleichen Ausdrucksmustern – als Stichwort möge hier der Verweis auf die berühmte „Zornesfalte" reichen -, die einen *Durchsetzungs- und Dominanzanspruch* signalisieren, als dessen exakte Negativkopie sich wie beim Stolz die Scham erweist: Der Aktivierung eines *Durchsetzungsanspruches* im Zorn korrespondiert die Passivierung der Person in der *Beugungs- und Unterwerfungs*neigung der Scham. Tatsächlich besteht affektdynamisch ein ganz enger Zusammenhang der Gegensatzgefühle von Zorn und Scham. Zorn kann durch Scham blockiert und aufgelöst werden, durch die Scham desjenigen, gegen den sich die Zorneswallung richtet: Lässt dieser die typischen körperlichen Ausdruckssignale der Scham – die Symptome des Sich-in-sich-selbst-Verkriechen-Wollens – erkennen, dann pflegt der Zorn schon vor seinem Ausbruch zu „verrauchen", wie man so schön sagt, weil sich seine Intention durch die Submission des anderen, die als Schuldeingeständnis oder Entschuldigung gewertet wird, bereits verwirklicht hat.

Wenn wir nun auf die typischen Anlässe schauen, die den Zorn entstehen lassen, dann zeigt sich bei einer Vielzahl seiner Varianten eine *Moralnähe*, die – im Gegensatz zu den häufig pauschalen Verurteilungen des Zornes in der Kulturgeschichte – sehr wohl auch positive Wertungen ermöglicht: Zorn entsteht oftmals als typische Reaktion auf Missachtung, Kränkung, Ehrverletzung und auch justiziables Unrecht, ist also ein Affekt, der für die Aufrechterhaltung des Selbstwertgefühls im Kampfe um Anerkennung und als Stabilisator moralischer und rechtlicher Normen eine exquisite Rolle spielt. Als Indiz für die Moralnähe des Zornes kann auch der Umstand gelten, dass Zorn trotz seiner Eruptivität sich nur selten in entfesselter Zügellosigkeit äußert. Fast immer ist er – und dies vollkommen ohne eine bewusste Reflexion des Zornigen – in seiner Form und Intensität auch *abgestimmt* auf die Eigenart der Handlung des Anderen, die ihn hervorrief; und wenn diese Abstimmung dem Zornigen aus der Hand gleitet, wenn sein Zorn *maßlos* wird, dann kommt es oft zu einem schamerfüllten Erschrecken beim Zornigen selbst. Positives moralisches Gewicht eignet dem Zorn mit Sicherheit aber in der schon skizzierten Konstellation, in der er sich mit der Scham desjenigen paart, gegen den er sich richtet. Denn ein derartiges *Zusammentreffen von Zorn und Scham* lässt den Rückschluss auf die Verletzung einer Norm zu, deren Geltung *beide Parteien* gutheißen. So liegt es nahe, mit dem Philosophen Hermann Schmitz in den antipodischen Affekten von Zorn und Scham die *Gefühlsbasis* zu vermuten, auf der in allen Gesellschaften letztlich die *rechtliche und die moralische Ordnung* ruht. *Wechselseitige Achtung* qua Einhaltung rechtlicher, moralischer und konventioneller Normen und Höflichkeit ist immer auch eine Strategie, den Gefühlen des Zornes und der Scham vorzubeugen. Als Hintergrundgefühle schlummern sie freilich latent in allen Ausdrucksformen der Achtung selbst.

Enge Verwandte des Zorns sind die *Entrüstung* und die *Empörung*. Die Entrüstung freilich ist ein Abkömmling mit degenerierten Zügen. Ihm fehlt die Spontaneität und geballt-gerichtete Energie des genuinen Zorns, und das hat seinen Grund darin, dass die Entrüstung keine typische Reaktion auf ein in seinem *substanziellen Kern* verletztes Selbstwertgefühl ist. Die Entrüstung zielt typischerweise auf Affirmation einer *Konventional*norm, einer Anstandsregel mit dürftiger moralischer Substanz, deren normatives Gewicht aus nicht viel mehr als der Tatsache ihrer bisherigen Geltung abgeleitet wird. Sie verschafft ihren Apologeten das Gefühl der Zugehörigkeit zu einer „anständigen Mehrheit", einer Gemeinschaft der Guten, das sich in der Entrüstung über den Abweichler bekräftigt. Die dürftige moralische Substanz der durch den Abweichler verletzten Regel bringt es mit sich, dass in die Entrüstung immer auch ein gehöriges Quantum *simulierten* Zornes und *simulierter* Empörung hinein gesteckt wird; dass sie von Attitüden eines künstlichen „Sich-Aufblasens", wie man so schön sagt, lebt, die häufig mit mimischen Anklängen ans „Naserümpfen" gepaart auftreten. Entrüstung ist ein spießbürgerliches Degenerationsprodukt des Zorns, dessen massenmedial vermittelte Gegenwartsvariante sich am präzisesten bei Verstößen gegen die sogenannte „Politische Korrektheit" studieren lässt. Die *Empörung* hingegen ist ein legitimer Spross des Zorns, ein Verwandter, in dem dessen Moralnähe eine Verdichtung und Veredelung erfahren hat – Empörung ist der *moralische Affekt par excellence*. Das hat vor allem zwei Gründe. Während der Zorn sich als Spontanreaktion auf Kränkungen des *eigenen* Selbstwertgefühls bildet, antwortet die Empörung darüber hinaus auch auf ein offenkundiges Unrecht, das *anderen* zugefügt wird: Empörung ist also ein aus dem *Mit*-Leiden hervorgegangener Affekt, eine Gefühls-Aufwallung gegen einen Täter, dessen Verletzung eines fremden Selbst wie diejenige des eigenen gespürt wird. Dass sich ein derartiges Mit-Leiden am intensivsten auf der *Basis eines gemeinsamen Zugehörigkeisgefühls* mit dem Opfer einstellen wird, ist evident, und deshalb ist auch gekränkter Kollektivstolz eine der stärksten Triebkräfte der Empörung. Zweiter Hauptgrund für die moralische Dignität der Empörung ist die Tatsache, dass sie sich oftmals gerade als ein Affekt gegen ein „von oben", von „den Herrschenden" verübtes Unrecht äußert, also von „unten nach oben" gerichtet ist, während genuiner Zorn nur aus einer Position der Überlegen- oder Gleichheit möglich ist. In der Empörung hat also der Zorn im sozialen Konstellationsgefüge gleichsam die Positionen vertauscht – Empörung ist jener Zornesstoff, der das Volk in revolutionäre Wallungen hineintreibt. Ohne die Fähigkeit zur Empörung bliebe der Mensch nur ein willfähriger Diener, und deshalb ist die Pflege der in einem Gefühl des kollektiven Stolzes verankerten Empörungs*bereitschaft* eine der Haupttugenden des kultivierten Thymos.

*Konversions*formen des Zornes sind das *Ressentiment*, das immer auch mit *Neid* durchsetzt auftritt, und der *Hass*. Zunächst zum Ressentiment. Grundvoraussetzung für die Entstehung des Ressentiments sind soziale

Konstellationen, die den Direktausdruck des Zornes verbieten; die aufgrund ihrer Beschaffenheit den Impuls, die Zorneswallung des verletzten Selbstwertgefühls unmittelbar gegen ihren Verursacher zu kehren, gewissermaßen in die Innensphäre des Gekränkten einsperren. Derartige Blockaden der Zornesenergie entstehen offenkundig am ehesten in ausgeprägten Machtbeziehungen, einem Strukturgefüge der Über- und Unterordnung, in dem Zornäußerungen „nach oben" Selbstgefährdungen implizieren würden. Dann beginnt für die eingesperrten Zornwallungen eine neue Gefühlskarriere als *rumorender Groll*, der Rachephantasien und die Schadenfreude nährt; die Imagination von Situationen der *Umkehrung* der Machtstruktur, die eine Befriedigung der Rachewünsche ermöglichen. Allerdings ist das Ressentiment keineswegs nur eine Folge des verhärteten Grolls des Abhängigen gegen den Mächtigen, sondern ein affektives *Misch*produkt, in dem immer auch eine gehörige Portion *Neid* gärt. Neid kann in ganz verschiedenen Formen auftreten, die von vulgärmaterialistischen bis zum quasi metaphysischen eines „Existenzialneides" reichen, der sich auf Andere in ihrem ganzheitlichen Wesen und Sein richtet, aber da der Neid in allen Gesellschaften mit vielfältigen Tabus belegt ist und Menschen dazu tendieren, auf bewusstwerdende Neidgefühle mit Scham zu reagieren, finden im Ressentiment gewöhnlich auch Rationalisierungen, *Umdeutungen seiner Basisgefühle* statt, die gestatten, die Selbstachtung zu wahren. Die berühmteste Analyse derartiger Umdeutungen stammt bekanntlich von Friedrich Nietzsche, der in seiner „Genealogie der Moral" die Gefühlsstoffe durchleuchtet hat, aus denen die erste und vor allem die zweite Form der monotheistischen Religionen fabriziert sind. In diesen Religionen hat, so Nietzsche, das Ressentiment eine besondere *schöpferische* Kraft entwickelt, indem es sich mit *moralischen Werten* ausstaffierte, die die zugrundliegenden Neid- und Racheimpulse zu überdecken vermochten. Diese Werte zielten auf Delegitimierung des Seinsstolzes der Mächtigen und auf die *moralische Überhöhung der Inferiorität* im Namen der Tugend der „humilitas". Aber dass es sich bei dieser humilitas auch um eine *neidgetriebene* und *rachsüchtige Demut* handelt, machen nicht zuletzt die Phantasien über die Strafhandlungen des zornigen Gottes am Tage des „Jüngsten Gerichts" offenkundig. Auch revolutionäre Bewegungen sind ohne das Ressentiment undenkbar. Auf das Ressentiment geht ein gehöriger Teil der Bösartigkeiten zurück, die Revolutionen immer begleiten, auch wenn das edle Gefühl der Empörung sie entzündet haben mag.

Auch der *Hass* lässt sich, wie das Ressentiment, als eine Form des *konvertierten* und damit zugleich *konservierten* Zornes denken, eine Form freilich, die im Gegensatz zu den untergründig nagenden Rache- und Neidimpulsen des Ressentiments zwar nicht immer, aber doch immer irgendwann *auch* in *offener Feindschaft* zu Tage tritt. Auf Feindschaft aber muss der Angefeindete *antworten*, und da der Hass Feindschaft mit Offensivkraft ausstattet und zugleich obsessiv fixiert, ist die typische Antwort auf hassgetriebene Feindschaft die Gegen-Feindschaft, und wahrscheinlich zusätzlich noch der Gegen-Hass. Derartige Interaktionsdynamiken des Hasses können hier aber nicht mehr untersucht werden. Ich muss mich mit einigen „einseitigen" Hinweisen auf Grundmerkmale dieses Gefühls begnügen. Grundvoraussetzung für die Konservierung und Umformung von Zorn zu Hass sind gewisse „Basisoperationen der Ideologiebildung" (Sloterdijk), die bewirken, im Anderen nicht nur einen Feind, sondern zugleich die *Verkörperung* eines irgendwie gearteten *„Bösen"* zu erblicken, das als *machtvolle, chronische Bedrohung des eigenen Selbst* erscheint. Durch den Bezug auf ein „Böses" wird eine objektivierende Legitimierung des Hassgefühls ermöglicht, während das Bedrohungselement es als eine conditio sine qua non der Selbsterhaltung aufzufassen gestattet. Dadurch bekommt der Hass eine existenzielle Dimension, die ihn bis in die Tiefenschichten des Selbst hineintreibt und den Hassenden an den Gehassten affektiv solange bindet, wie er als Quelle der Bedrohung wahrgenommen werden kann. Damit aber erhellt auch schon die psychologisch-energetische Doppelseitigkeit des Hasses: Hass erscheint dem Hassenden *einerseits* als ein *aufgenötigter* Affekt, als ein psychologisches *Defensiv*gefühl zur Abwehr einer Bedrohung durch ein „Böses". Aber zugleich ermöglicht der Hass durch die Bündelung und obsessive Fixierung aggressiver Energien auf einen bestimmten Anderen auch die *offensive* Feindschaft, eine vorwärtsgerichtete Kampfesbereitschaft bis zur Ausschaltung des Anderen. Dem Hass eignet in seiner stetigen intensiven Hinwendung auf einen bestimmten Anderen, den er zum Verschwinden bringen will, also das Merkmal einer *paradoxen soziologischen Kraft*, die dem Affekte der *Verachtung,* der an eine sehr andere soziale Konstellation als der Hass gebunden ist, vollständig abgeht. Der Verachtung fehlt als motivierender Kraft das Bedrohungsgefühl, das den Hassenden an den Gehassten bindet, Verachtung entbindet vielmehr Mechanismen der Abwertung, die in Kontakt*vermeidung, Auflösung der sozialen Beziehung* einmünden. Im ästhetischen und moralischen *Ekel* vor dem Anderen ist das dissoziative Moment der Verachtung noch einmal gesteigert, und deswegen sind Verachtung und Ekel in einer rein soziologischen Perspektive Gegenaffekte zum Hass. Hass kann zwar auch mit massiven Abwertungen des Gehassten einhergehen, aber der aggressiven Bindung an ihn, die dem Bedrohungsgefühl entspringt, eignet doch immer auch das Element einer *untergründigen Achtung*, die seiner vermuteten Macht gilt. Hass als konservierter und durch Ideologiebildung umgeformter Zorn ist mit ganz unterschiedlichen Gefühlstemperaturen vereinbar – auch mit kalt kalkulierender Rationalität -, und er kann sich auch, als Konsquenz spezifisch ideologisierter Feindbilder, in quasi schematisch vorgefertigter Gestalt äußern, die Menschen als primitive Parolendrescher erscheinen lässt. All dies sollte aber nicht zu einer Pauschalverurteilung des Hasses verleiten. Wer nicht grundsätzlich die Berechtigung von Revolutionen und Befreiungskriegen in Abrede stellen will, die doch immer auf Restitution beschädigter Selbstachtung und verletzten Stolzes zielen, kommt gar nicht umhin, auch dem Hasse eine gewisse –wenngleich in sich gebrochene – Reverenz zu erweisen, denn ohne ihn als Energiequelle wären die meisten Revolutionen gar nicht möglich gewesen. Weder das Ressentiment noch punktuelle Gefühle der Empörung erzeugen jene geballt-konzentrierte und insistierende Offensivkraft des Feindschaftsgefühls, die allein in der Revolution oder dem Befreiungskrieg die Chance zum Sieg eröffnet. Das vermag nur der Hass, die umgeformte und konservierte Variante des Zorns und der Empörung. Der weitgehend in Vergessenheit geratene anti-napoleonische Befreiungskampf der Deutschen böte dafür ein eindringliches Beispiel. Ernst Moritz Arndt, aber mehr noch Heinrich von Kleist haben kollektiven anti-napoleonischen Hassgefühlen Ausdruck und Form verliehen, die ihren Furor dem doch edlen Ziel der Abschüttelung der Fremdherrschaft verdankten, das sich ohne sie nie verwirklicht hätte. Der Germanist Friedrich Gundolf hat zu Recht gesagt, dass Kleists „Hermannsschlacht" nicht als ein „Hohelied des Patriotismus", sondern des „dämonischen Hasses" in der „Dichtung der Welt ragt" und hat hinzugefügt: „Das (aber) ist nichts Geringes, (denn) der Hass ist so gut eine positive Weltkraft wie die Liebe und das Leid, aber er hat viel seltener würdige und erhabene Dichterstimmen gefunden …".

Der Hass ist die abgründigste Kraft des Thymos, ein Gefühl, das weder in seiner individuellen noch kollektiven Erscheinungsform kultivierbar ist. Hass zieht die vollständige *Entgrenzung* des aggressiven Gegen-

Willens nach sich, denn Hass erschöpft sich nie in der Intention des puren Siegen-Wollens, sondern zielt darüber hinaus in letzter Instanz immer auch auf ein Erniedrigen, Zugrunderichten, ein metaphysisches Entweihen des Gegners. Deswegen darf Hass weder gewollt noch gutgeheißen werden. Es gibt aber im Leben des Einzelnen und in kollektiven Seinszusammenhängen immer wieder Situationen, in denen eine Wiederaufrichtung gekränkten Stolzes ohne Hass kaum zu haben ist. Somit ist der Hass auch ein Ursymbol für die tragische Dimension der menschlichen Existenz.

Heinz Theisen

Wege zu einer multipolaren Weltordnung

Das Scheitern des westlichen Universalismus und seine Folgen

Die außenpolitische Bilanz des Westens der letzten 15 Jahre ist so desaströs, weil seine Strategie der Universalisierung westlicher Werte und Strukturen weder mit seinen Möglichkeiten noch mit der Wirklichkeit anderer Kulturen übereinstimmt. Sie hat im Gegenzug weltweit, auch innerhalb des Westens, partikularistische Kräfte hervorgetrieben.

Grenzen der Universalität

Die nach dem Ende des Osmanischen Reiches von Frankreich und Großbritannien zwangsnationalisierten und zwangssäkularisierten neuen Staaten in der Levante konnten nur von brutalen Diktaturen zusammengehalten werden. Über ihre im 21. Jahrhundert von den USA vorangetriebene Demokratisierung zersplitterten sie entlang ihrer inneren partikularen Identitäten.

Auch die Gleichheit der Kulturen erweist sich als Täuschung. Je stärker der Westen sich in den Nahen Osten universalistisch engagierte, desto mehr kochte dort der religiöse Fundamentalismus hoch. Je mehr er Integration vorantreibt, desto stärker erblühen die Nebenkulturen.

Die Folgen dieser west-östlichen Verstrickungen fallen heute mit Terror und Migration insbesondere auf Europa zurück. Auf den politischen Universalismus des Westens antwortete ein religiöser islamischer Universalismus. Der „Kampf der Kulturen", den Samuel Huntington in den neunziger Jahren an den Rändern beider Kulturen verortet hatte, ist in beiden Welten angekommen. Zwei inkompatible Werteordnungen, die säkulare und individualistische des Okzidents und die sakrale und kollektivistische des Orients, ringen heute innerhalb beider Kulturen um Herzen und Köpfe.

Die Politik der Universalisierung hat den Westen in die Gegnerschaft zu vielen Mächten getrieben, die seinen Werten nicht gerecht werden können oder wollen. Militärisch sind die Karten des Westens erstaunlich schlecht gemischt. Trotz der gewaltigen Militärausgaben der USA hat der Westen seit 1991 weltweit keine militärische Auseinandersetzung mehr gewonnen. Von der Episode des Ersten Golfkrieges abgesehen sind westliche Staaten bei jedem Krieg geschlagen worden.

In asymmetrischen Kriegen hilft die überlegene Waffengewalt kaum weiter. Der israelische Militärhistoriker Martin van Crefeldt resümiert: alle Gegner des Westens haben gewonnen, weil sie besser waren. Sie machten bessere Propaganda, mobilisierten, organisierten, planten besser und motivierten stärker.[1]

Ambivalenz des Globalismus

Nach dem Scheitern des westlichen Universalismus sind viele Idealisten in ein globalistisches „Eine-Welt-Denken" geflohen, welches von der Befürwortung globalen Freihandels, der Offenheit gegenüber fremden Kulturen bis zu den Hoffnungen auf eine erfolgreiche „Global Governance" reicht.

Wie zuvor der normative Universalismus vernachlässigt der neue Globalismus wesentliche Aspekte der Realität, zu der immer auch die Partikularität der Interessen, die Ängste vor dem Fremden und der Wunsch nach schützenden Abgrenzungen gehören, sowohl gegenüber Finanzströmen und Dumpingprodukten als auch gegenüber Migranten. Von der seltsamen Paradoxie „offener Grenzen" fühlen sich viele Bürger nicht mehr geschützt.

Der vom Westen im Vertrauen auf seine Überlegenheit entfesselte globale Wettbewerb fällt oft schon zu Gunsten asiatischer Mächte aus.[2] Das merkantilistische Zusammenspiel von national-autoritärer Lenkung und der strategischen Eroberung globaler Märkte kann die Ideologie des Freihandels zum eigenen Vorteil ausnutzen.

Erfolgreich war der Westen mit der Globalisierung seiner technischen und ökonomischen Funktionssysteme. Sie verstärken in traditionalistischen Kulturen zunehmend individualistische Verhaltensweisen, die langfristig dazu beitragen könnten, konfliktträchtige kollektive Identitäten zu relativieren. Doch der westliche Individualismus ist janusköpfig.

Er entfesselt auch Konkurrenz, haltlose Mobilität und egozentrischen Hedonismus, treibt damit die Weltunordnung erneut voran, was wiederum neue autoritäre Tendenzen begünstigt. Ohne kontrollierende Grenzen werden sich offene Gesellschaften nicht behaupten können.

Illusion Interkulturalität

Die gemeinsame europäische Währung hat schon die Wirtschaftskulturen Südeuropas überfordert. Mit der Erweiterung der Europäischen Union in den orthodoxen Kulturraum wurden dann auch politisch-kulturelle Grenzen überschritten.

Die geplante EU-Erweiterung auf kleine, kaum lebensfähige Staaten des Westbalkans und die angedachte Aufnahme der Türkei oder der Ukraine würde die EU endgültig überdehnen. Zu welchen interkulturellen Verstrickungen dies führen würde, lässt sich am Beispiel Bosniens-Herzegowinas erkennen. Die Hälfte der Einwohner sind Muslime. Knapp ein Drittel der Bevölkerung gehört der serbisch-orthodoxen Kirche an. Fünfzehn Prozent sind Katholiken. In Sarajewo befinden wir uns gewissermaßen auf halbem Weg zwischen Orient und Okzident. In den entlang kollektiver Identitäten zersplitterten Strukturen werden westliche Strukturen wie Nationalstaat und Demokratie auf fratzenhafte Weise karikiert.

Die dort grassierende Korruption ist systemrelevant. Die fehlende Universalität der Werte und Gesetze in Clankulturen, seien diese ethnischer, religiöser oder stammesmäßiger Art, wird durch die Pflege von Nahbeziehungen kompensiert. Europäische Hilfsgelder gelten als Beute. Regierungsämter sind Pfründe, an der sich wechselnde Regierungen schon aufgrund einer drohenden Abwahl rechtzeitig zu bereichern trachten.

Die gescheiterte Universalisierung von Recht und Gesetz endet im nackten Kampf um Selbstbehauptung. Ehrgeizige junge Menschen, denen der Zugang zu Pfründen versperrt ist, fliehen aus den Clankulturen in offenere Gesellschaften. Aber dort stoßen sie auf eine erhebliche Jugendarbeitslosigkeit. Sie liegt in der EU bei 16,9 Prozent der 15- bis 24 jährigen. Jeder dritte erwerbstätige Jugendliche in der EU hat nur einen Teilzeitjob, 44 Prozent der Jugendlichen (12 Prozent der Erwachsenen), haben nur eine befristete Stelle.[3] Die Vorstellung, dass „das reiche Europa" arbeitslose Jugendliche aus seiner Peripherie, geschweige denn aus Afrika absorbieren kann, ist realitätsfern.

In den Straßen von Sarajevo wimmelt es von Juristen, Psychologen, Soziologen und Ökonomen. Handwerkliche Ausbildung wäre wesentlich besser in die lokalen Prozesse einzubinden gewesen. Knapp siebzig Prozent der Jugendlichen haben keine Arbeit oder gehen Beschäftigungen nach, die nicht ihrer Ausbildung entsprechen. Vier von fünf Jugendlichen wollen ihr Land verlassen.[4]

Gestrandete Jugendliche drohen in die Hände des totalitären Islamismus zu fallen. Der einstmals säkular geprägte bosnische Islam wird durch saudische Projekte in die Fundamentalisierung getrieben. Sarajewo ist eine neue Metropole der Minarette. Auf salafistische Prediger und Koranschulen folgen Sportstätten und ökonomische Projekte. Islamisten schnüren ein lukratives Gesamtpaket für Jugendliche.

Entgrenzung der westlichen Ideologien

Die Linke kann aufgrund ihrer universalistischen Ideale keinen Schutz vor dem weltweiten Wettbewerb propagieren. Sie hat als Ausweg aus dem Solidaritätsdilemma die Flucht aus dem Materialismus in den reinen Idealismus angetreten. Sie nimmt groteske materielle Ungleichheiten in Kauf, wenn nur die Gleichwertigkeit der Geschlechter und Kulturen gegeben ist. Was von der Kritik der politischen Ökonomie und der aufklärerischen Rationalität bleibt, ist Moralisierung: Erst kommt die Moral und dann erst kommen die Produktions- und Vermögensverhältnisse.

Mit der Verschiebung des Gleichheitsbegriffs in den Bereich der Kulturen errang die Linke die kulturelle Hegemonie bis in konservative Kreise hinein. Dafür zahlten sie allerdings den hohen Preis, radikalliberale Entgrenzungen und neokonservative Interventionen im Namen des ethischen Universalismus mittragen zu müssen. Mit ihrem „Sollen-Sein-Fehlschluss" (Armin G. Wildfeuer) hat sich die Linke aus den Zwängen der Ökonomie in die universalistischen Weiten der Moral geflüchtet. Ihre Diffamierung partikularistischer Alternativen droht in deren Radikalisierung zu enden.

Die Local Players, kleine Leute zumeist, wenden sich denen zu, die strengere Grenzen und höhere Hürden für alles Fremde versprechen.

Der neue Nationalismus verspricht Schutz vor dem grenzenlos agierenden Kapital, ubiquitärer Konkurrenz auf dem Arbeitsmarkt, transnationalem Verbrechen und vor der Ausnutzung durch Schwächere.

Über Donald Trumps Forderung nach einer Mauer zu Mexiko machen sich Globalisten gerne lustig, der Hintergrund ist aber denkbar ernst. Die amerikanische Gesundheitsbehörde CDC schätzt die Zahl der Drogentoten für 2016 auf 64.000 Opfer. 90 Prozent der Drogen kommen aus Mexiko. Der mexikanische Staat ist nicht in der Lage, den aus Südamerika nach Mexiko strömenden Drogenkartellen Herr zu werden. Es wird schon in weiten Teilen von diesen Kartellen beherrscht und die Mordrate wird nur noch von jener Syriens übertroffen.[5]

Ob als Nationalismus, Ethno-Konfessionalismus im Nahen Osten oder als Wohlstandsseparatismus im Westen – in allen Formen des Protektionismus geht es um die Behauptung des Eigenen. Aber sobald die Protektionisten wie nach dem Brexit und der Wahl von Donald Trump selbst Macht erlangt haben, verstricken sie sich ebenfalls in die Dilemmata der Globalisierung.

In den Interdependenzen des globalen Handels wird die Unterscheidung zwischen guten eigenen und bösen fremden Produkten zum Opfer der Interdependenz. Die Austrittsverhandlungen zwischen Großbritannien und der EU zeigen die ganze Ratlosigkeit einer Antibewegung. Seit der Unabhängigkeitserklärung der Katalanen haben bereits mehr als 2000 Unternehmen das Land verlassen.[6]

Mexikanische Zuliefererbetriebe machen die Endproduktion in den USA erst rentabel: ihre Ausgrenzung wäre weder im Interessen der Produzenten noch der Arbeiter und Konsumenten. Statt des utopischen Win-win droht nun die Regression in kriegstreiberische Nullsummenspiele. Weder Links noch Rechts finden sich brauchbare Strategien für die Bewältigung der Globalisierung.

Zur Dialektik von Offenheit und Begrenzung

Die linke Populismus- und Demokratiekritik ähnelt schon der konservativen Vernunftskepsis von einst. Konservative fordern wiederum die einst gefürchteten Volksbegehren und nähern sich mit ihrer Globalisierungskritik Karl Marx an. Solange beide Seiten ihren Rollentausch durch

Diffamierung der anderen Seite verdrängen, liegt der demokratische Diskurs darnieder.

Das Freihandelsabkommen NAFTA zwischen Mexiko und den USA hat sowohl Investitionen und Güteraustausch befördert als auch Drogenhandel und Menschenschmuggel. Dieses Dilemma kann nur dialektisch bewältigt werden, indem mehr Freihandel statt mit mehr Deregulierung durch mehr Kontrollen und mehr politischer Ordnung begleitet wird. Offene Märkte und kontrollierende Staaten müssen sich ergänzen.

Das Scheitern der Universalisierung westlicher Werte spricht nicht gegen westliche Werte, aber gegen die Fähigkeit, spezifische kulturelle und politische Werte zu universalisieren. Darauf sollten wir mit einer Differenzierung zwischen kultureller und politischer Selbstbegrenzung und der Globalisierung von Ausbildung, Technik und freiem Handel reagieren.

Die altliberale Gleichsetzung von Freiheit und Freihandel ignoriert die Bedeutung lokaler Interessen und kultureller Identitäten. Freiheit sollte nicht nur aus globalen Entgrenzungen, sondern auch aus der Bewahrung lokaler Räume definiert werden. Globale Bewegungsfreiheit und lokale Handlungsfreiheit sind daher gegeneinander abzuwägen. Die Bewahrung der freiheitlichen Ordnung vor neuen totalitären und autoritären Herausforderungen sollte für Liberale vorrangige Aufgabe sein.

Die Widersprüche des protektionistischen Partikularismus fordern statt dieser bloßen Antithesen neue Synthesen zwischen alter Linker und neuer Rechte. Die Dialektik von Freiheit und Ordnung erfordert sowohl offene Märkte als auch kontrollierbare Staatsgrenzen. Die Globalisierung braucht statt mehr Deregulierung mehr Ordnungs- und Strukturpolitik. Linke Hilfe und liberale Selbsthilfe, humanistisches Fördern und konservatives Fordern, durchlässige und kontrollierte Grenzen, die Synthesen liegen jenseits von These und Antithese.

Wer für liberale Frauenrechte kämpft, wird darüber konservativ. Die Bewahrung der Freiheitsrechte ist längst eine ebenso große Aufgabe, wie deren Erringung es war. Mit der Tradition schützt der Konservative noch vorhandene intakte Lebenswelten vor der Ökonomisierung. Das „rechte" Engagement für das Eigene könnte als Kommunitarismus gewürdigt werden. Der linke Humanismus bewährt sich wiederum in zivilgesellschaftlichen Prozessen. Indem alte Linke und neue Rechte ihre Ergänzungsbedürftigkeit erkennen, werden sie auch ihre Ergänzungsfähigkeiten entdecken.

Technische Chancen für Glokalisierung

Reichtum erwuchs früher aus dem Zugriff auf Ressourcen wie Weizenfeldern und Ölplattformen. Heute – so auch Yuval Noah Harari – sei die zentrale Quelle des Wohlstands Wissen. Während man Ölfelder mittels Krieg erobern könne, komme man auf diese Weise nicht zu mehr Wissen. Kriege lohnten sich immer weniger. Diese beschränken sich auf die Teile der Welt – wie den Mittleren Osten und Zentralafrika – wo noch materialbasierte Ökonomien vorherrschen.[7]

Eine wissensbasierte Ökonomie macht die alte Raum- und Expansionspolitik zum Anachronismus. Die derzeitige Annäherung zwischen Israel und der sie umgebenden sunnitischen Welt beruht jenseits aller kulturalistischen Aufwallungen und jenseits der territorialen Konflikte auf der für unterentwickelte Staaten notwendigen Kooperation mit einer wissensbasierten Volkswirtschaft.

Die digitale Anbindung von Unternehmern und Bürgern erlaubt eine stärkere individuelle Teilhabe an Dienstleistungen, zugleich auch mehr Transparenz und Kontrollen alter Eliten. Online-Lernen eröffnet globale Lernchancen.[8] Mit dem „Internet der Dinge" werden Arbeitsplätze eher zur Qualifikation als zum untersten Lohnniveau wandern. Wenn Unternehmen mit ihren Kunden online interagieren, wird ihre Reaktionsfähigkeit wichtiger als die Kosten.

Koexistenz statt Universalität

Die Versuche der USA, China in Ost- und Südostasien einzudämmen, werden von China als Einkreisung empfunden. Der Wettbewerb zwischen den USA und China, zwischen etablierten und aufstrebenden Mächten könnte in einem klassischen Hegemonialkrieg enden.

Die UNO kann bereits durch ein Veto einer der großen Mächte lahmgelegt werden. Wer Iran und Nord-Korea in Schach halten will, braucht tragfähige Beziehungen zu Russland und China. In einer multipolaren Weltordnung müssten Russland und China Sphären des privilegierten Einflusses zugestanden werden, frei nach dem Motto: „Jedem sein Mittelamerika". Welche Gefahren drohen, wenn dies nicht geschieht, zeigte die Kubakrise.

Der Übergang vom Universalismus einer Kultur zur Koexistenz der Kulturen und Mächte kann auf die Erfahrungen des Kalten Krieges zurückgreifen. In ihm war die Einhegung der Universalitätsansprüche im Nebeneinander der Mächte gelungen. In der Koexistenz der Mächte darf idealerweise keine die anderen dominieren wollen und deren Legitimität in Frage stellen. Dies erfordert nicht die völkerrechtliche, aber die faktische Anerkennung der Hemisphären. Wie wir die sowjetische Besetzung des Baltikums zwar nicht anerkannt, aber akzeptiert hatten, so wird dies auch im Fall der Krim kommen müssen.

Selbstbegrenzung zur Selbstbehauptung

In einer multipolaren Weltordnung darf sich der Westen nicht mehr für alle Weltregionen zuständig fühlen. Vielleicht wäre die Europäische Union mit der Stabilisierung des Balkans, des Nahen Ostens und Nordafrikas nicht so heillos überfordert, wenn sie ihre Entwicklungshilfe auf diese Regionen konzentriert hätte.

Eine Strategie der Selbstbegrenzung nach außen und der Selbstbehauptung nach innen wäre defensiv. Statt Nation Building in Afghanistan wäre mehr Grenzschutz im Mittelmeer und Hilfe für die Flüchtlingslager im Nahen Osten sinnvoll gewesen.[9] Zwielichtige Verbündete wie das Nato-Mitglied Türkei und das islamistische Saudi-Arabien verstricken uns in Querelen, die wir kaum verstehen, geschweige denn zu beeinflussen vermögen.

Während die USA Hunderte von Milliarden Dollar erfolglos in die Konflikte des Mittleren Ostens investierten, hat sie sich nahezu passiv gegenüber dem Failed State Mexiko an ihrer eigenen Grenze verhalten. Hätten sie ihre Energie und ihr Geld statt nach Afghanistan und in den Irak in die Stabilisierung Mexikos und Mittelamerikas investiert, wäre damit auch ihrer eigenen Stabilität gedient gewesen.

Das notwendige „Einsüden" der Nato sollte nicht der weiteren Verstrickung und Intervention dienen, sondern der Eindämmung, Abgrenzung und Koexistenz gegenüber der islamischen Welt. Die Probleme im Süden Europas sind grundsätzlicherer Natur als die im Osten. Der Autoritarismus Russlands ist gegenüber dem totalitären Islamismus das kleinere Übel.[10]

Längst ist die innere Schwäche der Staaten ihr Hauptproblem. Die Staaten sind heute weniger von anderen staatlichen Mächten als von einer Vielzahl kaum kontrollierbarer transnationaler Prozesse herausgefordert, von global agierendem Kapital, asymmetrisch kämpfenden Terroristen und Schleppern, Drogen- und Menschenhändlern, die sich jeder staatlichen Autorität zu entziehen trachten.

Der Kampf des dschihadistischen Islams ist nicht nur gegen die „Freiheit des Westens", sondern gegen die säkulare und ausdifferenzierte Zivilisation gerichtet. In der Bekämpfung des Islamismus findet sich ein Minimalkonsens zwischen säkularen Mächten, unabhängig von ihren politischen Strukturen. Das Militärregime in Ägypten, die Monarchisten Jordaniens oder auch autoritär regierende Konfuzianer in China stehen uns immer noch näher als demokratisch gewählte Muslimbrüder.

In einer multipolaren Weltordnung würden China und die USA, Russland und die EU zu „Frenemies", die trotz politischer Differenzen wirtschaftlich verschränkt und voneinander abhängig sind. Der Krieg in Syrien kann ohne die Kooperation von Russland und USA nicht beendet, der Islamismus ohne Russland nicht eingedämmt werden. Eine neue Weltordnung erfordert den Primat der Stabilität, multipolare Mächte wären Mittelwege zwischen Universalismus und Partikularismus.[11]

Zur Koexistenz der Mächte gehört die Neutralität. Der regionalen Stabilität wäre Tribut zu zollen. Es gibt keinen Grund, Saudi-Arabien als Freund und das ebenso antiliberale Regime in Teheran als Feind des Westens zu stilisieren. Der Iran stellt trotz seiner Aggressivität im eigenen Umfeld aufgrund der Minderheitsrolle der Schiiten keine globale Herausforderung dar.

Die Aggressionen im eigenen Umfeld könnten auch als Arrondierung und Selbstbehauptung gegenüber einer sunnitischen und amerikanischen Einkreisung des Landes interpretiert werden. Im Grunde schützt die innerislamische Rivalität Europa vor deren gemeinsamen Ausgriffen nach Europa. In Abstimmung mit anderen Weltmächten sollte statt zunehmend absurder moralischer Parteinahmen für eine der Seiten eine Politik des Gleichgewichts der Kräfte angestrebt werden.

Die Europäische Union zwischen Universalismus und Partikularismus

Globale Institutionen bieten nur Offenheit, aber keinen Schutz. Bei vielen Local Players werden sie als Teil der Bedrohung wahrgenommen. Das Ansehen der EU dürfte sich darüber entscheiden, ob sie als Agentur der Globalisierung oder als Schutz vor ihr wahrgenommen wird. Für letzteres wäre etwa eine europaweite Homogenisierung der Unternehmensbesteuerung gefordert, so dass Apple und Co. die europäischen Staaten nicht länger gegeneinander ausspielen können.

Die EU wäre mit ihren Mehrebenensystemen an sich gut geeignet, den falschen Gegensatz zwischen Internationalismus und Nationalismus in föderalen Gegenseitigkeiten aufzuheben. Ohne starke Nationalstaaten kann es keine erfolgreiche inter- oder supranationale Arbeit geben. Umgekehrt brauchen kleine europäische Nationalstaaten inter- und supranationale Agenturen.

In internationalen Systemen sollten sich Nationalstaaten oder Bündnisse statt nach fiktiven Gemeinsamkeiten nach dem Prinzip Gegenseitigkeit organisieren. Es hat keine Notwendigkeit zur überstürzten Schwächung des Nationalstaates gegeben, dem wir Entwicklungen zur Demokratie, Gleichberechtigung und sozialen Sicherheit verdanken. Nationen sind legitime moralische Einheiten, die ärmeren Bürgern Rechte verleihen, deren Interessen vom „globalen Nutzen" oft unberührt bleiben.[12]

Unterschiedliche Geschwindigkeiten werden die EU nicht retten. Diese haben wir längst beim Euro und bei Schengen. Die EU braucht eine Differenzierung ihrer Aufgaben bis hin zum Paradigmenwandel zu „mehr Europa" in der Außen-, Sicherheits- und Migrationspolitik, zu „weniger Europa" bei den Angleichungsprozessen nach Innen.

Zur europäischen Kunst, aus Gegensätzen Gegenseitigkeiten zu transformieren, gehören etwa Säkularität, Soziale Marktwirtschaft und die Gegenseitigkeit von individuellen Rechten und kollektiven Pflichten. Auch hinsichtlich der Gegensätze von universalistischem Utopismus und regressivem Partikularismus müssen neue Synthesen und Gegenseitigkeiten gefunden werden.

Anmerkungen

[1] Martin van Crefeld, Why the Rest Keeps Beating the West and What Can Be Done About It, London 2016.
[2] Zur sich anbahnenden Dominanz des Ostens gegenüber dem Westen vgl. Peter Frankopan, Licht aus dem Osten. Eine neue Geschichte der Welt, Berlin 2016.
[3] Vgl. DIW Wochenbericht 44/2017. www.diw.de
[4] Rolf Bauerdick, Die Jugend von Sarajewo, in: Christ in der Gegenwart Nr. 45/2017.

[5] Nicole Anliker, Die Drogenkönige von Amerika. Mexikos Drogenkartelle versorgen und kontrollieren den amerikanischen Rauschgiftmarkt fast vollständig, in: Neue Zürcher Zeitung v. 10.11.2017.
[6] Neue Zürcher Zeitung v. 8.11.2017, S. 5.
[7] Yuval Noah Harari, Homo Deus. Eine Geschichte von Morgen, München 6. Auflage 2017, S. 27.
[8] Parag Khanna, Digital demokratisch, in: Die Zeit v. 2.11.2017.
[9] Heinz Theisen, Selbstbegrenzung nach außen, Selbstbehauptung nach innen. Der Westen im Kampf der Kulturen, in: Die Neue Ordnung, Dezember 2016, S. 404ff.
[10] Anna Maria Kellner, Einsüden. Warum die NATO im Süden mehr gebraucht wird als im Norden, in: Internationale Politik und Gesellschaft, ipg-Journal. v. 5.7.2016.
[11] Vgl. Heinz Theisen, Der Westen in der neuen Weltordnung, Stuttgart 2017.
[12] Paul Collier, Exodus. Warum wir Einwanderung neu regeln müssen, Schriftenreihe der Bundeszentrale für politische Bildung, Bonn, 2014, S. 31f.

Ilse Onnasch

Das Fremde und das Eigene

Westpolen – da wo früher das deutsche Hinterpommern war. Ein Ferienhaus an der Ostsee. Im Wohnraum fühlen wir uns in die 50er Jahre in Westdeutschland versetzt: Dort, wo Wohnungseinrichtungen nicht durch Bomben vernichtet waren, hatte es die dunklen Kirschholzmöbel gegeben – Kredenzen, Vitrinen mit dekorativ platziertem Porzellan darin, große Wanduhren, deren Pendel sich mit der vergehenden Zeit ständig bewegten, in Holzrahmen eingefasste Spiegel.

In dieser heutigen polnischen Ferienwohnung, in einem Haus, das vermutlich in den 30er Jahren des 20. Jahrhunderts von Deutschen gebaut worden war, sah es ähnlich aus: die Vitrinen, die feines Porzellan vorzeigten, eine große dunkle Kredenz barg die Wäsche. Sofa, Sessel und Tisch waren aus einer späteren Zeit. Aber das ganz Besondere hing an der Wand: ein großes, leeres, hölzernes Uhrgehäuse und der alte dunkle Holzrahmen eines Spiegels. Was hatte es mit diesen beiden Relikten auf sich? Warum wurden sie so demonstrativ aufbewahrt? Sollten sie uns die Geschichten der von Zerstörungen begleiteten Enteignung und von der Aneignung des Fremden erzählen? Wie mögen sich die ehemals Ostpolen, die nach hier „umgesiedelt" wurden, wie es euphemistisch 40 Jahre lang heißen sollte, wie mögen sie sich damals gefühlt haben in Wohnungen und Häusern, die ihnen alles hinterließen: Besteck, Wäsche, Bilder, Bücher, vielleicht auch noch Kartoffeln und Kohlen im Keller und eben die Möbel. Sollten die beiden Gegenstände an der Wand Mahnungen sein? Vielleicht sogar die Solidarität der vertriebenen Polen und Deutschen demonstrieren, die es lange nicht geben durfte? Eine Solidarität, die die Grenzen des Fremden hätte sprengen können?

Der polnische Dichter Adam Zagajewski entstammt einer Familie, die aus dem heute ukrainischen Lemberg in das ehemals deutsche Schlesien „umgesiedelt" wurde. Er beschreibt das Gefühl der Fremdheit, das zumindest die ersten zwei Generationen der Vertriebenen erfüllte: „Die schlesische Stadt, die ihre eigene, bis ins Mittelalter reichende Geschichte hatte ... musste zu einem bestimmten Zeitpunkt Vertriebene aus Lemberg und Umgebung aufnehmen ... – und gleichzeitig musste sie die deutsche Bevölkerung verdrängen, hinauswerfen, beseitigen, die deutsche Grammatik, die deutsche Küche (wenn es so etwas gibt), die deutschen Ansichtskarten und Schulbücher loswerden." Und er fragt sich: „Wie soll man leben, wenn man über einen Abgrund gehen muss. Denn sie lebten am Abgrund. Sie erhoben sich über den Abgrund. Sie hatten nichts hier. Am Anfang gab es nichts, nur das schwarze Loch des Krieges, der soeben zuende gegangen war, und Straßen mit seltsamen Namen."[1] Sie hatten kleine Gegenstände mitgebracht, die sie hüteten und immer wieder auspackten und ansahen, die sie wie Fetische hielten. Und für all die kleinen Dinge stand die eiserne Pfanne der Großmutter, aus der die Bratkartoffeln am besten schmeckten. Ein pars pro toto für das Verlorene, für seinen Geschmack, für seinen Duft, sie wurde zu einer „magischen Pfanne".

Nachdem in den kommunistischen Zeiten das Andenken an die Vertreibungen verboten war, ist eine neue Generation dabei, sich die Geschichte anzueignen. Sie pflegen die Gräber der Deutschen einschließlich die der Juden, die einst dort heimisch waren – die letzten, die noch eines natürlichen Todes gestorben sind. Die Ausstattung polnischer Museen beginnt nun nicht erst 1945. Hier wie dort ist inzwischen eine Generation herangewachsen, die es als selbstverständlich ansieht, dort zu sein, wo sie ist. Die Zeit hat geholfen, sich den Raum und seine Geschichte anzueignen. Das Leben in der Vergangenheit mit den Sehnsüchten nach dem vergangenen „Besseren" ist dem Gegenwärtigen gewichen: das Fremde wurde zum Eigenen. Und hier und da gibt es vielleicht noch die alte Bratpfanne, aus der die Bratkartoffeln am besten schmecken, weil sie Erinnerungen birgt, die weit zurückliegen.

So ist es in der Menschheitsgeschichte der Wanderungen, der freiwilligen und unfreiwilligen oft, aber nicht immer gegangen. Wir erleben gerade jetzt in Polen auch wieder die gegenläufige Tendenz – Ausgrenzung und Fremdenfeindlichkeit – und müssen hoffen, dass die junge, europäisch orientierte Generation diesen Rückwärtsgang auf Dauer nicht zulässt.

Das Fremde als Bedrohung

Polen siedelten nach 1945 mit Polen in einem ihnen zwar fremden Land, in den Resten einer fremden Kultur, die jedoch immerhin europäische, d.h. verwandte Mentalitäten aufwies. Die deutschen Vertriebenen und Flüchtlinge landeten in einem Westdeutschland, das sie mehr – oder oft genug auch weniger – erfreut aufnahm, aber sie blieben in ihrer Sprache, und die Unterschiede in der Lebensweise waren nicht allzu groß.

Ganz anders ging es den sogenannten „Gastarbeitern", die in den 60er Jahren nach Deutschland kamen, um für das deutsche Wirtschaftswunder zu arbeiten. Die Parallelgesellschaften, die heute vielerorts beklagt werden, bildeten sich als Inseln der Vertrautheit: das gleiche Schicksal, das gleiche Gefühl des Fremdseins hält sie zusammen, sowie es deutsche Auswanderer in anderen Ländern und Kontinenten tun und darin auch von deutschen Regierungen unterstützt werden. Die erste Generation der Einwanderer spricht oft nur ein rudimentäres Deutsch, andere Moralvorstellungen und religiöse Prägungen führen zur Abgrenzung in dem Bewusstsein, nicht anerkannte Minderheit zu sein. Das Fremdheitsgefühl führt zur Abschottung, die wiederum zur geistigen Stagnation und damit zu Hass und Fanatismus führen kann. Die deutsche Gesellschaft hat nicht viel dafür getan, ihre „Gastarbeiter" über diese euphemistische Kategorisierung hinaus hier aufzunehmen. Bis die große Anzahl von Flüchtlingen 2015 nach Deutschland kam, gab es kaum Integrationsbemühungen, die den Namen verdienten. Die Weigerung, Deutschland als Einwanderungsland zu klassifizieren und damit Integration zu gestalten, führte zu der Verfestigung des Fremdfühlens auf beiden Seiten, denn auch die Integration der Deutschen in ein offenes, multikulturelles Land zeigt sich derzeit als längst überfällig.

Arbeitsmigranten lediglich in ihrer ökonomischen Funktion für ein aufsteigendes Land zu betrachten, war nicht nur eine deutsche Spezialität. Italienische Arbeitsmigranten, die sich in den Kohlenminen Belgiens verdingten, mussten ihre Kinder gleich mit zur Verfügung stellen. Sie waren verpflichtet, nach der Grundschule in den Minen zu arbeiten.[2]

Seit 2015 spricht man vermehrt von „Integration" – jedoch im Sinne der „Eingliederung". Das Wort kommt aus dem Militärischen – der einzelne soll verschwinden in den uniformiert angetretenen Reihen von vermeintlich Gleichen.

Wenn „sie" schon hierherkommen, sollen sie auch genauso werden wie wir. Und immer wieder bemüht sich irgendjemand, dieses WIR in Form einer Leitkultur zu definieren, die oftmals peinlich ist, indem sie an Verhaltensregeln im Kindergarten erinnert („Wir geben uns die Hand") und ausgerechnet die Kultur unserer Sprache missachtet („Wir sind nicht Burka").

Die Forderung nach Gleichheit, einer geschlossenen Identität, entspringt der tief eingewurzelten, archaischen Angst vor dem Fremden. Wir scheinen sie immer noch in uns zu haben, diese Fremdenangst. Sie ist in allen westlichen Ländern aufgebrochen, in die Flüchtlinge aus Afrika und dem Nahen Osten geflohen sind. Sie werden dargestellt, als diejenigen, die uns in unserer Substanz bedrohen. Gierig werden Verfehlungen der Flüchtlinge von den Medien aufgegriffen und damit die Furcht geschürt. Oder es werden abstrakte Diskussionen geführt zu der Frage, ob der Islam zu Deutschland gehöre oder nicht. Menschen islamischen Glaubens leben hier und verschiedene Auffassungen, religiöse Überzeugungen, Lebensweisen sind mit ihnen in „unser" Land gekommen. Das ist eine Herausforderung für beide Seiten. So zu tun, als seien homogene Gesellschaften ohne Migration herstellbar, als gäbe es eine unveränderbare ethnische Identität ist weder realistisch, noch hat es das historisch je gegeben. Die Versuche, sich gegen das Fremde zusammen zu tun, Grenzen wieder hoch zu ziehen, Mauern um sich herum zu bauen – wohin führt das? Nicht nur, dass damit zivilisatorische Errungenschaften, wie die universellen Menschenrechte, abgeschafft werden, sondern innerhalb der Mauern – ob es reale oder gedachte sind – führt das nach und nach zur Stagnation. Wir haben es hautnah in zwei deutschen Diktaturen erlebt.[3] Die Stagnation betrifft die Ökonomie genauso wie das Zusammenleben der Menschen, die Lebensfreude, die immer auch mit der Neugier auf das ausgesperrte Fremde zu tun hat. Es entsteht ebenso eine geistige Stagnation, weil das Fremde auch nicht die Gehirne erreichen darf. Statische Kultur ist ein Widerspruch in sich. Mauern tendieren zur Diktatur. Gleichheitsgebote, die über gleiche Rechte und Pflichten hinausgehen, führen zu Ausgrenzungen und Verfolgungen, wie wir sie derzeit in der Türkei und in Ungarn erleben. Reinheit, Sicherheit und Homogenität gibt es auch unter strengen Abschottungsdiktaturen nicht. Die Diktatoren wittern das Fremde unter ihresgleichen, die Anzahl derer, denen man traut, wird immer kleiner, und sie beginnen, ihre wirklichen oder angeblichen Gegner einzusperren, quälen und töten sie. „Die Axt der sich selbst zerhäckselnden Diktatur schlug in einem fort die Köpfe ab," resümiert der Mitarbeiter Gorbatschows, Alexander Jakowlew die sowjetische Diktatur. Jeder „Kopf" ist der „Andere", der potentielle Feind. Die Diktaturen des 20. Jahrhunderts sollten uns Mahnung sein und Warnung vor der Idee, dass eine komplexe Gesellschaft zu einer homogenen Gemeinschaft werden könnte. „Die bürgerliche Gesellschaft, die Fremde unter Verdacht stellt, nur weil sie Fremde sind, untergräbt letztlich auch das Fundament, auf dem sie selber ruht."[4]

Weltfremdheit

Der Uterus und das Paradies sind die Orte, in denen es Fremdsein nicht gibt. Es sind die einzigen. Seitdem wir beide verlassen mussten, existiert in den Menschen die Sehnsucht nach konfliktfreiem Einssein. Einssein mit der Welt, dem Miteinander, mit sich selbst und mit dem, das größer ist als wir selbst – dem Universum oder Gott.

Beide Bilder des vollkommenen Aufgehobenseins zeigen jedoch auch, dass die Menschwerdung erst mit dem Verlassen dieses Raums der Geborgenheit beginnt. Die Beseelung des Adam, wie sie Michelangelo in der Sixtinischen Kapelle dargestellt hat, ist nicht das Bild einer fröhlichen Menschwerdung. Adams Gesicht, seine Haltung in der einsamen Landschaft, zeigen den menschlichen Grundkonflikt. Die Beseelung ist gleichzeitig ein Loslassen. Die göttliche Hand ist diejenige, die sich nähert und die sich entfernt. Adam ist nun auf sich selbst gestellt, er ist befreit, aber auch aus der Geborgenheit entlassen. In seinem Gesicht scheint die Vorahnung menschlichen Leids auf, das mit dem Leben in dieser Spannung verbunden sein wird.

Der erste Schrei des aus dem Uterus entlassenen Säuglings erinnert ebenfalls an diesen Prozess. Er zeigt gleichzeitig in Richtung Offenheit. Der Schrei verwandelt sich im Lauf der Zeit in Sprache, der Artikulation der Verschiedenheit, der Ansprache, der Reflexion und Selbstreflexion. So liegt in diesem ersten Schrei bereits das Potential des Menschseins. Der Mensch, der „Ich" sagt, weiß, dass es den andern gibt. Er kann in der Unterscheidung die Verbindung schaffen. Die Aneignung der Welt kann beginnen, Neugier und Verstand können sich entwickeln. Bleiben wird das Schwanken zwischen den beiden Sehnsüchten: der nach dem

Einssein und der nach der Freiheit, dem Offenen, das wir erkennen und erkunden wollen.

Es ist nicht genug, dass wir aus Paradies und Mutterleib in die Fremde gesetzt wurden. Das ist nicht Vergangenheit, sondern ständige, sich weiterschreibende Erfahrung. Nicht umsonst sind Märchen und Mythen voll mit Fremdheitsgeschichten, auch in der angesprochenen Ambivalenz: aus dem geschützten Raum treibt die Neugier, das Erlebenwollen der Fremde, die Protagonisten hinaus ins Freie, und gleichzeitig sehnen sie sich nach der Heimat, die verbunden ist mit der Sehnsucht nach der Kindheit als einer vermeintlich heilen Welt. Die Prüfungen des Menschseins sind mit diesem Hinausgehen in die Fremde verbunden und oft genug auch mit der Wiederkehr – die Odyssee, die Joseph-Geschichten des Alten Testaments sind die großen Epen des Auszugs und der Heimkehr. Im deutschen, bzw. europäischen Mittelalter waren es die Märchen, in denen der Auszug in die Fremde der Glückssuche diente („Hans im Glück") und dann aber auch zum Fürchten war („Von einem, der auszog, das Fürchten zu lernen"). Immer waren diese Geschichten mit der Bewährung, dem Erwachsenwerden verbunden. Der „tumbe Tor" wird zum geläuterten Mann.

Unsere Märchen zeigen jedoch auch, dass der Auszug aus der Heimat zumeist nicht freiwillig war, oft mit existentieller Not zu tun hatte. Die Eltern wussten nicht, wie sie ihre Kinder ernähren sollten – Hänsel und Gretel gleich waren bis fast in die Mitte des 20. Jahrhunderts die Tiroler „Schwabenkinder", die sich in der Schweiz „verdingen" mussten.

Das Nomadentum ist ein Grundzug menschlicher Geschichte. Immer zogen Menschen dorthin, wo sie sich ernähren konnten – oft geschah das gewaltsam – und so vermischte sich die Menschheit von Beginn an. Immer und überall waren Menschen auch Fremde, und dort, wo sie bleiben konnten, entwickelten sich Kultur und Religion – der Kitt, der sie zusammenhielt, die Kompensation des Leids der Wanderungen und des Ausgeliefertseins.

Der Jude – der ewige Fremde

Nicht erst seit ihrer Vertreibung aus dem Stammland sind die Juden unterwegs; ihr Wandern und ihr Fremdsein, ihr Über-Leben in der Diaspora ist in den alten Mythen von Abraham an angelegt. Von Land zu

Land, von Kontinent zu Kontinent trugen sie ihre Erzählungen, ihre Sprache mit sich. Und diese Erzählungen handelten nicht nur von der Vergangenheit in einem Land, in dem Milch und Honig fließen, sondern auch von der Rückkehr in das mythische Jerusalem nach der Ankunft des Messias. Juden leben in einer Zwischenzeit zwischen dem verlorenen Paradies und der Erwartung kommenden Heils. Die Zeit dazwischen ist die des Leids, der Verfolgungen, der Bewährung.

Sie nahmen überallhin ihren in Sprache gefassten Glauben mit und sind damit ein Bespiel für die Spannung zwischen dem Erhalt des Eigenen und dem Leben in fremden Kulturen.

Auch hier gibt es von der Abschottung im eignen WIR-Gefühl bis zur Integration in fremde Welten ein breites Spektrum von Überlebensmöglichkeiten. Die Geschichte der Juden zeigt, wie jahrhundertelange gegenseitige Befruchtungen zu höchsten Kulturleistungen führen können. Die Vernichtung des europäischen Judentums zwischen 1933 und 1945 hat nicht nur die Menschen vernichtet, sondern auch einen Aderlass der europäischen Kultur – und Wissenschaft – verursacht, der bis heute nachwirkt.

Günther Anders' Satz „Wer z.B. heute über Novalis arbeiten will, muss nach Melbourne gehen" ist zwar nicht mehr ganz aktuell, fasst aber dennoch den Verlust, den Europa durch Vernichtung und Emigration der Juden erlitten hat, zusammen.[5]

Sowie die Juden Prototypen des Fremden sind, so ist der Antisemitismus die prototypische Antwort. Ahasver, der ewig wandernde Jude ist verdammt zur diesseitigen Unsterblichkeit, weil er Christus nicht anerkannt hat. Dieses Motiv zieht sich durch die christliche Geschichte seit dem Mittelalter. Der wandernde Fremde erscheint nicht als ein Freier, sondern als Verfluchter, dem man seine Freiheit neidet. Der Neid, gepaart mit Minderwertigkeitskomplexen als Folge der Furcht vor der Freiheit ist provinziellen Charakters in seinem Antiurbanismus, dem Anti-Intellektualismus. Der Vorwurf des Kosmopolitismus basiert auf der Blut- und Boden-Ideologie, die es allerdings auch verhindert hat, dass Juden durch Landerwerb sesshafte „Landmenschen" werden konnten.

Wie wir wissen, führte der Antisemitismus nach Auschwitz – für Imre Kertész steht Auschwitz für ein „Geworfensein in die Fremdheit als Lebensform". Dieser Fremdheit war nicht zu entkommen, es gab keine Identität mehr und – nach Kertész – kein eigenes Schicksal.

Und dabei hatten europäische Juden zu Beginn des 20. Jahrhunderts versucht, in Europa anzukommen, Teil der Gesellschaft zu sein. Sie

„dienten" im ersten Weltkrieg, sie wurden säkular. Das alles hat ihnen letztlich nichts genützt. So vielfältig jüdisches Leben und jüdische Identität sich äußerten, für den Antisemiten – und nur für ihn – ist Jude „eine eindeutige Kategorie" (Kertész).

Der Prototyp des Fremden, der Jude, ist die Projektionsfläche für alle niederen Triebe, die unzivilisiert sich austoben wollen – der Nationalsozialismus hat ihnen das gestattet und das Austoben befördert. Kertész beantwortet die Frage, ob man den Holocaust verstehen könne: „Wieso sollte er nicht zu verstehen sein? Die Sache ist schließlich ganz einfach. Ein monomanisch Besessener reißt die Staatsmacht an sich, die wahren Gebieter über Macht und Kapital sehen in ihm und seinen Prinzipien plötzlich die große Chance, und der Pöbel lebt seine eigentlichen Neigungen aus, seinen Hass, seinen mörderischen Sadismus, seinen Untertanengeist, seinen Pseudoheroismus, und vor allem kann er alles stehlen, was man ihn stehlen lässt. Und warum wurden gerade die Juden zu diesem Zweck ausgewählt? Nun, weil sie am besten dazu geeignet und am einfachsten zu benennen sind, nachdem die zweitausend Jahre anhaltende Hassarbeit der Kirche bereits alle Schablonen für die freie Entfaltung der mörderischen Triebe ihnen gegenüber geformt hat. Was ist daran nicht zu verstehen?"[6]

Kertész schrieb dies auch angesichts des neuen europäischen Antisemitismus, der sich besonders – aber leider nicht nur – in seinem Herkunftsland Ungarn ausbreitet.

„Zwischen dem Leben und mir ist eine dünne Glasscheibe" (Pessoa)

Das Empfinden, fremd in der Welt zu sein, teilen besonders Künstler, vor allem Dichter miteinander. Die aus der Reflexion entstehende Distanz, die erhöhte Empfindsamkeit kann zu einer Entfremdung führen, die zwar von Mitmenschen oder gesellschaftlichen Bedingungen befördert werden kann, aber wohl nicht genuin dort ihre Ursache hat.

Paart sich das Künstlersein mit dem Jude-Sein, so kulminiert die Fremdheit sowohl in künstlerischen Höhen als auch auf der Gegenseite in tiefsten menschlichen Abgründen.

Franz Kafka ist Meister im Fremdsein. Seiner großen Empfindsamkeit fehlt die Resonanz zuerst im Raum der Familie, später nahezu überall. Das Nicht-Verstanden-Sein führt in die existentielle Einsamkeit. In

„Heimkehr", einer kleinen Erzählung nach dem Vorbild des „Verlorenen Sohns" heißt es: „Je länger man vor der Tür zögert, desto fremder wird man."[7] Die dort drinnen im Vaterhaus zusammensitzen, haben ein Geheimnis, aus dem der Heimkommende ausgeschlossen ist, aber auch er selbst zögert, sein eigenes Geheimnis, das seiner Person, preiszugeben. So ist das Heimkommen nicht ein großes Fest der Wiedersehensfreude, sondern ein Bewusstwerden des Ausgeschlossenseins, der Einsamkeit, des Getrenntseins. Der Fremde versucht immer wieder seinem Fremdsein zu entkommen – irgendwo einen Zipfel Gemeinschaft zu erhaschen, oder – wie Kafka es ergebnislos versuchte – in bürgerliche Konventionen einzusteigen und zu heiraten. Wie wir wissen, war ihm die Verlobte Felice, mit der er einen jahrelangen, immer quälenderen Briefwechsel betrieb, ebenfalls zu fremd für ein Zusammenleben. In seinem Roman „Das Schloss" ist sogar die sexuelle Vereinigung, die ja als eine kurze Reminiszenz an die pränatale Geborgenheit erlebt werden kann, ein Höhepunkt des Fremdheitserlebnisses für Joseph K. Er hatte das Gefühl, „er sei soweit in der Fremde wie vor ihm noch kein Mensch."[8] Vielleicht wird die Wand zwischen Mensch und Mensch auch dort am intensivsten erlebt, wo die Sehnsucht nach deren Auflösung am stärksten ist.

So wie viele Künstler in den kollektiven Begeisterungsrausch zu Beginn des 1. Weltkriegs taumelten, hatte auch Kafka sehr kurz diesen Anflug. Die „Größe des patriotischen Massenerlebnisses" bei einer Demonstration hatte ihn überwältigt, so berichtet sein Schulfreund Ernst Popper. Sofort haben jedoch seine Distanz und seine Urteilskraft wiedereingesetzt und er schreibt in sein Tagebuch „Ich stand dabei mit meinem bösen Blick".[9]

Vor dem historischen Absturz in die Tiefe der Unmenschlichkeit hat Kafka bereits die Sprache gefunden für das Ausgeliefertsein des Einzelnen an ein totalitäres System – vertreten durch den Vater, durch Gerichte und Strafinstanzen. Imre Kertész hat den Faden nach 1945 aufgenommen, ja aufnehmen müssen. Aus dem der Vernichtung entronnenen Juden wurde der skeptische Beobachter des totalitären Systems in Ungarn, das sich Sozialismus nannte. Er konnte dem, was mit ihm geschah eine sprachliche Form geben – die einzige Möglichkeit, zu überleben, frei zu sein. „Diese Fremdheit, die er sogar sich selbst gegenüber spürt, lässt immer einen Spalt offen. Sie verhindert Identifikation, Identität, Idylle. Sie ist skeptisch, sie hinterfragt alles. Sie kennt keine Grenzen. Fremdheit ist ein anderes Wort für Offenheit."[10] Die Fremdheit als Freiheit zu

Das Fremde und das Eigene 267

verstehen, macht sie produktiv und beispielhaft – gleichzeitig lauern tiefe Abgründe, die nicht jeder dieser Einsamen, Danebenstehenden bezwingen kann. Wolfgang Hildesheimer betonte, dass seine Heimatlosigkeit „in der wir – Jude oder nicht – alle heimisch sind" letztlich die Quelle all seiner Aktivität sei. „Ich will auf Erden keine Heimat haben".[11] Er nahm sich schließlich das Leben – die Tat, die Kertész in seiner Phantasie zwar immer wieder bewegte, sie aber nicht realisierte.

Das ausgrenzende WIR – Sehnsucht nach Vereinigung

Aus Umbrüchen und Verunsicherungen lassen sich auch die uns heute bedrohenden einfachen Welterklärungen begreifen, die begleitet sind von der Erosion demokratischer Strukturen bis hin zum um sich greifenden Terrorismus. Es überlagern sich mehrere Schichten sozialer und ökonomischer Entwicklungen – archaische Clangesellschaften treffen auf moderne, individualistische. Innerhalb Deutschlands werden immer noch gewachsene Dörfer und mit ihnen uralte Dorfgemeinschaften vernichtet, um – in einem nicht nur historischen, sondern auch ökonomischen Anachronismus – Kohle abzubauen, wie vor 150 Jahren, während der eigentliche Umbruch mit der Rasanz der ökonomischen Globalisierung und der Digitalisierung zu tun hat. Während die Einen noch mit ihrem Dorf verbunden sind, sind die andern bereits ständig um die Welt fliegende Individualisten.

So haben immer wieder Menschen und Völker durch ökonomische und soziale Umbrüche, durch Kriege und deren Folgen – Zerstörungen, Vertreibungen – buchstäblich den Boden unter ihren Füßen verloren und damit zu spüren bekommen, wie unsicher und schwankend menschliches Dasein ist.

Wir brauchen einen bewohnbaren Ort zum Leben. Wir brauchen Zugehörigkeiten – zu Menschen, zu Räumen, in denen das „zu Hause" erlebt werden kann. Ein gewisses Maß des Sich-Auskennens in der Umgebung, in der man lebt, der menschlichen Akzeptanz scheint notwendig zu sein. Der Fremde Imre Kertész hat am Ende seines Lebens die Stadt Berlin geliebt, die ihm neben seinem Fremdsein auch Begegnungen mit Freunden bot.

Allzu schnelle Veränderungen zerstören das Sich-zu-Hause-Fühlen. In Europa war das 20. Jahrhundert eines der Zerstörungen durch zwei Kriege, Vertreibungen und einem Wiederaufbau, der vielerorts die Reste des Wiedererkennbaren überbaute. Immer wieder wurden Menschen in Situationen gebracht, in denen ihnen nichts blieb, außer vielleicht einer magischen Bratpfanne. Nach der russischen Revolution schrieb Ossip Mandelstam: „Die Zentrifugalkraft der Zeit hat unsere Wiener Stühle und die holländischen Teller mit ihren blauen Blümchen auseinandergefegt. Nichts ist geblieben."[12] Er zog völlig vogelfrei ohne jeglichen Besitz, ohne Aufenthaltsrecht in seiner Heimatstadt St. Petersburg durch die Weite Russlands in einer gnadenlosen Obdachlosigkeit. Der Verlust der Dinge des einstmals bürgerlichen Wohlstands steht für den Verlust der Verbindung zur europäischen Kultur, die er in Büchern und bei früheren Aufenthalten „geschmeckt" hatte.

Nach dem 2. Weltkrieg gab es in Deutschland eine große Sehnsucht nach Kultur, nach neuer Offenheit. Es trauten sich diejenigen wieder hervor, die ihre Fremdheit im eigenen Land schmerzlich gespürt hatten. Die Lust an der reduzierten völkischen Blut- und-Boden-Unkultur, auf Marschschritt und Uniformiertheit hatten einige nie besessen, aber auch manchem Mitläufer wurde die erlebte Enge bewusst. Die geistige Reduktion auf das, was der Nazi-Staat an Ausdrucksformen genehmigte, wurde aufgebrochen. In Ausstellungen, die „Befreite Kunst" hießen, wurden die verbotenen Künstler des Expressionismus gefeiert. In dem Maße, indem das ehemals „Artfremde" hereingelassen wurde, wurde Freiheit hineingelassen. Das verordnete WIR der uniformierten Massen löste sich auf, der Einzelne wurde wieder zur Person. Aber dennoch gab es bei Vielen weiterhin die Sehnsucht nach einer „Volksgemeinschaft", dem WIR, in dem man sich auflösen konnte.

In der kapitalistischen Konsumgesellschaft entwickelten sich andere Surrogate des WIR, die die Unsicherheiten und menschlichen Abgründe, die Fremde, die in uns selbst ist, zu verdrängen versuchen. Die Zahl der großen Events, Sportveranstaltungen und Identifikationen mit Moden aller Art, die die Möglichkeit bieten, sich in der Masse vermeintlich Gleichgesinnter aufzulösen, wächst an mit der Zuspitzung ungelöster gesellschaftlicher Konflikte. Das Prinzip „Brot und Spiele", das sich heute in immer größeren Arenen und Partymeilen austobt, scheint wirksamer denn je. Aber auch das Bedürfnis, sich unter eine Ideologie unterzuordnen, scheint anzuwachsen. Identität wird nach rückwärts buchstabiert und verbindet sich mit ethnischen Zuschreibungen und völkischen Ansprüchen. Werte eines in sich geschlossenen Abendlands werden proklamiert, das es so nie gegeben hat. Ein geschlossenes WIR, gegen den angeblich Fremden gerichtet, mit dem Selbstbewusstsein des Rechthabens wird aggressiv, sowie Religionen auch dort, wo sie sich als die einzig wahren von andern abgrenzen, in Gewalt münden. Die Gewalt der christlichen Missionsgeschichte steht in nichts der terroristischen Gewalt der modernen Islamisten nach. Und in so manchen „christlichen" Gemeinschaften, besonders in den USA, ist sie noch sehr lebendig und gefährlich.

Der „Rausch der Selbstaufgabe" (Kertész) kompensiert den Verlust von Paradies und Uterus und steht damit *vor* der Menschwerdung, *vor* dem Drang nach Erkenntnis, der Freiheit und Offenheit. Dieser Rausch ist immer eine Bedrohung der Menschlichkeit.

Exkurs in die Pubertät

Die Pubertät ist diejenige Phase der menschlichen Entwicklung, in der das Fremdsein wohl am stärksten gespürt wird. Die körperlichen Veränderungen, die erwachende Sexualität, die – bei jungen Männern – plötzlich fremd werdende Stimme machen die Jugendlichen zu sich selbst Fremden. Die Spannung zwischen heimatlicher Geborgenheit und Aufbruchsstreben ist eine emotionale Herausforderung. Auch nach einer stabilen Basis in der Kindheit, beginnt die Stabilität zu wanken. Die Versuchungen, dem Rausch eines WIR sich zu unterwerfen ist groß. Wir kennen die Auswüchse, die von ideologischem Fanatismus bis in den Terrorismus reichen. Unser Schulsystem bietet leider wenig Möglichkeiten, Resilienzen gegen die Verführungen zu entwickeln. Dazu würde gehören, die Lust an der Entdeckung fremder Welten zu wecken, Fragen statt Antworten in den Mittelpunkt zu stellen und vor allem Ausdrucksmöglichkeiten zu entwickeln, die den inner- und außerindividuellen Konflikten und Befindlichkeiten eine Form geben. Form bedeutet immer auch, in Distanz zu treten, in den Spiegel zu schauen, aber auch sich zu verbinden mit Verwandtem: ein Liebesgedicht finden, das die eigene Sehnsucht ausdrückt, eine Musik, in der die eigene Melancholie erklingt, ein Tanz, in dem die Aggressivität sich artikulieren und verändern kann. Formen und Reflexionen schaffen ein kritisches Bewusstsein gegenüber Surrogaten und Ideologien; sie verbinden mit dem großen WIR menschlicher Kultur.

Ein wunderbares, aber leider viel zu selten praktiziertes Beispiel ist in dem Film „Rhythm is it" dokumentiert. Junge Menschen aller sozialen Schichten und Schulformen, aus 25 verschiedenen Nationen, studieren das Ballett „Sacre du printemps" von Igor Strawinsky ein. Eine körperliche, seelische und geistige Herausforderung von hohem Niveau, das Schülern normalerweise nicht zugetraut wird. Das Eintauchen in ein großes Werk, seine Durchdringung mit dem ganzen Sein, die Begegnung mit großen Lehrern, dem Ballettlehrer Royston Maldoon, dem Dirigenten Simon Rattle und dem Orchester der Berliner Philharmoniker – das alles ist der Ernstfall des Sich-Aussetzens. Die Unsicherheit des sich verändernden Köpers, die Unbekanntheit klassischer Musik und des gesamten Milieus, werden in einem Prozess, der selbstverständlich nicht krisenfrei ist, überwunden und verwandelt in eine Form der Darstellung, die vermutlich mehr haltbare Orientierung und Identifikation bietet als ein üblicher Schulunterricht es könnte. Die Erfahrung kann lebensprägend sein und die Immunität gegen Hass und Fremdenfeindlichkeit zumindest erhöhen.

In einem ausdrücklichen Bezug zu Hannah Arendt plädierte Carolin Emcke für die Wiederentdeckung und Wiederinstandsetzung des Gemeinsinns, in dem sich „die radikale Subjektivität des sinnlich Gegebenen in ein objektiv Gemeinsames und darum eben Wirkliches fügt".[13] Die Welt ist unser aller Gemeinsames – wer sollte das nicht am ehesten erspüren und erkennen als Jugendliche, deren Sensorium noch nicht in Eindimensionalitäten verkümmert ist. Das Engagement für die res publica in dieser gemeinsamen einen Welt kann beginnen in sozialen, ökologischen, kulturellen Projekten, sowohl vor der Haustür als auch mittels Exkursionen in andere Länder und Kulturen. Viele junge Menschen nutzen die Möglichkeiten, die sich hier ergeben – hier können Identität und Solidarität zu einem WIR zusammenwachsen, das nichts mit rückwärtsgewandter Heimatidylle zu tun hat.

„Wir wollen fremd sein" (Günther Eich)

WIR stehen abseits – das ist ein WIR, das viele Menschen auf dieser Welt miteinander verbindet: Günther Eich mit Nelly Sachs, der diese Zeile gewidmet ist, Daniel Barenboim mit seinen israelischen und palästinensischen Musikern, Emigranten wie den Schriftsteller Said mit Brecht und Thomas Mann. Dazu gehört Ossip Mandelstam in seinem "fremden Pelz" und seiner "Sehnsucht nach Weltkultur". Es ist ein WIR der Fremden, eines, das sich weder ethnisch, noch religiös oder politisch definiert, ja noch nicht einmal historisch, in einer bestimmten Epoche existierend. Es ist das WIR, das jeden Einzelnen in seiner Verlorenheit in seinem Zustand jenseits aller Paradiese umfasst.

Immer wieder können wir uns in diesem WIR als Personen spiegeln, aus ihm heraustreten, uns wiederfinden und anderen Menschen begegnen. Dieses WIR gibt uns ein Wissen von der Welt, von unserer Fremdheit in ihr, das seit den alten Mythen, die es in Worte gefasst haben, die Welt überspannt. Ein Netzwerk, das nichts mit Überwachung und Kontrolle zu tun hat, nichts mit kapitalistischer Gewinnsucht und auch nichts mit autoritärem Machtgehabe. Dieses WIR stabilisiert das Rückgrat einzelner und bildet eine Weltkultur, die neben allem politisch notwendigen Widerstand gegen autokratische Machtsysteme, neben aller notwendigen direkten Hilfe für Menschen in Not, für Verfolgte und Flüchtlinge, ein Band ist, das die Welt zusammenhält. Hieraus hat sich die Universalität der Menschenrechte entwickelt, hier ist die Würde jedes Einzelnen verankert.

Innenminister de Maiziere hat in seinen Thesen zur Integration als Beispiel deutscher Kultur Goethe hervorgehoben. Aber gerade Goethe war es ja, der einen nationalen Kulturbegriff als zu eng empfunden hat und mit seinem West-Östlichen Diwan einen Brückenschlag aus der Nationalkultur in die östliche Welt geschlagen und darüber hinaus den Begriff der "Weltliteratur" geprägt hat.

Das WIR der Kultur ist immer Weltkultur, Offenheit. Es hat keine festgelegte Wahrheit, keinen geographischen Ort, es ist ein Gespinst von Worten, Tönen und Bildern, die Ausdruck des Menschseins sind.

In dem wunderbaren Gespräch zwischen Alexander Kluge und Ferdinand von Schirach, das sie unter dem Titel "Die Herzlichkeit der Vernunft" herausgegeben haben, gehen sie davon aus, dass das Blau unseres Planeten aus der Energie, aus den Spuren der Geistesgegenwart großer Geister leuchtet. "Solche Spuren, gleich ob tausende Jahre alt oder von heute bilden eine konsistente Geistesgegenwart. ... Um die Stand-, Sitz-, und Liegeflächen solcher Personen – gesehen vom Kosmos sind sie winzig – bildet sich in blassblauer Farbe ein Licht. (…) Wir glauben, anders als manche Meteorologen, Stratosphärenforscher und Physiker, dass die unverwechselbare Farbe unseres Planeten von dieser Geistestätigkeit und nicht bloß vom Wetter und einer besonderen Zusammensetzung der Elemente herrührt."[14]

Zu den blauen Lichtpunkten unserer Zeit gehört der Schriftsteller David Grossmann, der in seiner Rede „Gegen die Masse" im März 2017, angesichts des Erfolgs von Trump, angesichts der Gefahren für die Demokratien durch die Wiederkehr autoritärer Machthaber, sagte, dass sich Menschen in ihrem Land zu Hause fühlen müssen und fragt, was die Literatur dazu beitragen könne. „Dank einer Erzählung oder einer literarischen Figur dürfen wir das ganze Glück und das ganze Grauen, die Einsamkeit, die Zugehörigkeit und das Erbarmen erfahren, die dem menschlichen Dasein innewohnen." Und dieses Erleben sei sowohl ein ganz individuelles, als auch eins, das mit all denen verbindet, die es ebenfalls erleben. „In diesen Momenten spürt ein jeder von uns seine einzigartige Individualität, aber auch seine Zugehörigkeit zur gesamten Menschheit. Eines ist er in einem solchen Augenblick ganz sicher nicht: ein Teil der Masse."[15]

Anmerkungen

[1] Adam Zagajewski: „Die kleine Ewigkeit der Kunst", München 2014, S. 202f.
[2] Der Film „Marina", gesendet 11/2016 in ARTE, zeigt die Geschichte des italienischen Schlagersängers Rocco Granata, der als Jugendlicher in Belgien nur deshalb in Cafés auftreten konnte, weil er sich gefälschte Papiere besorgt hatte. Er hätte in der Mine arbeiten müssen.
[3] In seinem Buch „Das erste Jahr" zitiert Durs Grünbein den Lyriker Robert Frost: „Before I built a wall I'd ask to know / What I was walling in or walling out" und schreibt dazu: „Mit genau dieser Unentschiedenheit fing alles an, damals am 13. August 1961." Ffm 2001, S. 73.
[4] Karl Schlögel: „Planet der Nomaden", wjs-Verlag 2006, S. 92.
[5] Günther Anders in: „Mein Judentum", Stuttgart 1991, S. 66.
[6] Imre Kertész: „Letzte Einkehr", Hamburg 2013, S. 64.
[7] Franz Kafka: „Heimkehr" in: Sämtliche Erzählungen, Ffm 1974, S. 321.
[8] Franz Kafka: „Das Schloß" Ffm 1965, S. 517.
[9] Reiner Stach: „Kafka" Bd. 2, Ffm 2014, S. 532.
[10] Helga Leiprecht: „Imre Kertész. Der Fremde", in: DU, Juni 2005, S. 19.
[11] Wolfgang Hildesheimer in: „Mein Judentum", ebd. S. 265.
[12] Ossip Mandelstam: „Das Rauschen der Zeit", Ffm 1991, S. 187.
[13] Carolin Emcke: „Wir", in: Süddeutsche Zeitung, 17./18. Juni 2017.
[14] Ferdinand von Schirach, Alexander Kluge: „Die Herzlichkeit der Vernunft", München 2017, S. 5f.
[15] David Grossmann: „Gegen die Masse", in: ZEIT Nr. 11/2017.

Josef H. Reichholf

Neue Natur

Abzuwehren oder Alternative?

Eine „Schwarze Liste" unerwünschter Arten

Seit 3. August 2016 existiert eine von der EU-Kommission erlassene „Schwarze Liste" von Tier- und Pflanzenarten, die, weil „invasiv", innerhalb der Europäischen Union unerwünscht sind. Sie dürfen nicht weiter in Verkehr gebracht, müssen kontrolliert und sollten möglichst wieder ausgerottet werden. 2017 wurde die Liste auf 49 Arten erweitert. Unter ihnen befinden sich so genannte Problemarten des Artenschutzes, wie Riesenbärenklau und Drüsiges Springkraut, aber auch Tiere, wie Waschbär, Marderhund, Bisamratte und verschiedene Arten von Flusskrebsen. Die Mehrzahl der 49 Arten dürfte der Öffentlichkeit unbekannt sein. Manche erkennen sogar nur Spezialisten sicher. Andere würde man gewiss nicht in einer solchen Auflistung der „Bösewichte" vermuten, wie etwa den Heiligen Ibis oder die tropische Wasserhyazinthe. Grundlage der Negativbeurteilung war die Feststellung, dass sich diese Arten gebietsweise stark ausbreiten. Doch im Hintergrund steht die praktisch grundsätzliche Ablehnung gebietsfremder Arten; eine Haltung, die in Kreisen von Naturschützern und Naturschutzverbänden weit verbreitet und vorherrschend ist. Unabhängig von der (politischen) Frage, ob EU-Kommissionen dazu da sind, derartige Festlegungen zu erlassen, die allenfalls für einen Teilbereich der Europäischen Union, bei manchen Arten nur für die Überseegebiete der betreffenden Staaten und nicht für Kontinentaleuropa relevant sein können, hier aber Haltung dieser Tiere und Pflanzen in Zoologischen und Botanischen Gärten, Wildparks oder privat für Aquarianer und Terrarianern massiv einschränken bis unmöglich machen, geht es um die Einstellung, die dazu geführt hat. Und auch darum, wohin das führt. Wird uns bald behördlich vorgeschrieben, welche Pflanzen noch in Gärten wachsen, welche Tiere privat oder in für die

Öffentlichkeit bestimmten Einrichtungen gehalten werden dürfen? Ist eine EU-Kommission, sind Behörden ganz allgemein befugt, einfach über „Gut" und „Schlecht" zu entscheiden? Lebewesen werden dadurch der freien Vernichtung preisgeben, auch solche, die zu hoch entwickelten, leidensfähigen Arten gehören, wie der Waschbär und andere Säugetiere? Der Einstieg in diese Entwicklung erfolgte klammheimlich. Die gebotene, umfassende Einbindung der Öffentlichkeit fand nicht statt. Die Wortwahl, „invasive Fremde" und dergleichen, muss jedoch alarmieren. Und warum gibt sich der Naturschutz überhaupt für ein derartiges Vorgehen her? Auf welchen Befunden beruhen die Anschuldigungen, die zur Verdammung von derzeit knapp einem halben Hundert Tier- und Pflanzenarten geführt haben? Fragen dieser Art sollen nachfolgend etwas näher behandelt werden.

Fremd und invasiv

Die Fakten sehen zunächst eindeutig aus: Die aufgelisteten Arten kamen bis vor kurzem nicht im Gebiet der EU-Mitgliedsstaaten vor. Sie wurden unabsichtlich eingeschleppt oder früher absichtlich eingeführt. Und sie breiten sich aus, wurden häufig und damit auffällig. Daher ihre Einstufung als invasiv. Da sie fremd waren, gehören sie zu den „Neos", den neuen Tier- (= Neozoen) und Pflanzenarten (= Neophyten). Das sind zwar sehr viele andere Arten auch, die im Gebiet der EU leben, aber entweder hat man sich an sie längst gewöhnt (siehe unten), oder sie machen sich nicht sonderlich bemerkbar. Man ist mit den Invasoren von früher vertraut. So breitete sich die Türkentaube vom südöstlichen Balkan her in der ersten Hälfte des 20. Jahrhundert nach Mittel- und Westeuropa aus. Inzwischen ist sie wenn nicht die häufigste, so doch nach der Ringeltaube die zweithäufigste Taubenart in Europa. Andere blieben aufgrund ihrer Kleinheit unauffällig(er), wie der Persische Ehrenpreis. Der Riesenbärenklau wird in Deutschland demgegenüber, obgleich viel weniger häufig, sehr wohl beachtet. Denn die Berührung mit ihm löst bei Sonnenschein auf der Haut eine heftige allergische Reaktion aus. Man geht ihm also tunlichst aus dem Weg. Das in allen Farbschattierungen zwischen Weiß, Hellrosa und Dunkelrot blühende Drüsige Springkraut gilt vor allem deshalb als gefährlich, weil es große Bestände bildet, die im Sommer und Herbst auffallen. Wie der Riesenbärenklau lebt es schon mehr als doppelt so lange in Deutschland wie die Türkentaube. Die beiden scheinbar einfachen Kriterien „neu" und „invasiv" zu sein, bedingen also die Einstufung in die „Schwarze Liste" keineswegs allein. Eine genauere Betrachtung ist nötig.

Fremd ist eine Art, wenn sie in ein Gebiet gelangt, in dem sie vorher nicht vorkam. Wiederum wirkt die Definition kristallklar und überzeugend einfach. Doch sie verbirgt die alles entscheidende Frage nach der Zeit. Kommt die Art gerade jetzt nach Deutschland, ist sie hier neu. Aber bei der Ankunft kann sie noch nicht invasiv sein. Für eine Massenvermehrung und Ausbreitung benötigt sie Zeit. Viele, sehr viele Arten scheitern in den für sie neuen Gebieten, weil sie keine geeigneten Lebensbedingungen vorfinden oder einfach am neuen Ort viel zu lange zu selten sind, um sich erfolgreich zu etablieren. So werden alljährlich sehr unterschiedlichen Mengen Insekten aus Süd- und Südosteuropa mit den Winden und Luftströmungen nach Mitteleuropa getragen, ohne hier heimisch zu werden. Stürme verfrachten zahlreiche nordamerikanische Vögel nach Europa. Doch die Verdrifteten gehen zugrunde oder versuchen vielleicht, da vom Kurs abgekommen, zurückzufliegen, falls ihnen die verbliebene Kraft dies ermöglicht. Nur selten, höchst selten, kommt es zu Neuansiedlungen. Deren weiteres Schicksal ist ebenfalls sehr ungewiss und meistens ungünstig. All diese Vorgänge, auch solche unter unabsichtlicher Mitwirkung der Menschen, ergeben eine natürliche Dynamik von Ausbreitungen und – bei sich verschlechternden Lebensbedingungen – von Schrumpfungen der Areale der Arten. Infolgedessen bleiben die Arealgrenzen weder kurz-, noch langfristig konstant. Vielmehr fluktuieren sie, je nachdem, wie sich die Verhältnisse diesseits und jenseits der Grenzen ihrer Vorkommen verändern. Besonders ausgeprägt ist dieses Pulsieren in Mitteleuropa, weil hier großräumig die boreal-nördlichen, atlantisch-westlichen, mediterran-südlichen, pontisch-kaspisch-südöstlichen und die kontinentalasiatisch-östlichen Großräume des Pflanzen- und Tierlebens zusammentreffen und sich breitflächig überschneiden. Politische Grenzen bilden in solchen Mischgebieten ökologisch völlig bedeutungslose Festlegungen. Bedeutung erlangen sie darin lediglich über die Wirksamkeit von Gesetzen und Verordnungen. Eine Art kann in Deutschland selten oder gar „neu" sein, wenn sie eine typisch kontinentale Verbreitung hat, deren letzte Ränder gerade noch an das deutsche Staatsgebiet heran- oder in dieses hineinreichen. Gleiches gilt für nördliche und südliche und für die atlantisch-westlich verbreiteten Arten. Der gegenwärtige Zustand, und legen wir ihn großzügig für das ganze letzte Jahrhundert zugrunde, ist kein dauerhafter. Vielmehr veränderte sich die Natur Mitteleuropas seit Ende der letzten Eiszeit extrem stark und anhaltend. Zudem wurde sie durch die vom Ackerbau veränderte Landnutzung von den Menschen grundlegend neu gestaltet. Ein natürlicher Zustand der Vorkommen von wild wachsenden Pflanzen- und frei lebenden Tierarten sowie deren Häufigkeit kann daher für keinen Zeitpunkt der letzten zehntausend Jahre festgelegt werden. Die gesamte Fauna und Flora Mitteleuropas ist im Wesentlichen „neu". Der letzte eiszeitliche, d. h. kaltzeitliche Zustand ist längst passé.

Fremd zu sein, hat also sowohl eine räumliche, als auch eine zeitliche Dimension. Und da bekanntlich die politischen Landesgrenzen keineswegs hinreichend stabil bleiben, sind klare Abgrenzungen von „fremd" und „heimisch" unmöglich. Heimische Arten repräsentieren nur einen räumlich beliebigen Ausschnitt zu einem bestimmten, willkürlich gewählten Zeitpunkt. Die Hilflosigkeit, mit der sich der Naturschutz mit diesem Grundproblem auseinanderzusetzen versucht, drückt sich in der reichlich absurden Festlegung aus, die Trennung mit dem Jahr 1492 festzulegen. Alles was nach der „Entdeckung Amerikas" gekommen ist, soll zu den „Neos" zählen, was vorher schon da war, zu den alteingesessenen Arten, auch wenn viele gar nicht selbst eingewandert waren, sondern mit direkter Hilfe oder über indirekte Förderung durch die Menschen (Mittel)Europa erreichten. So stammen fast alle Ackerunkräuter, die inzwischen politisch korrekt Acker-Wildkräuter genannt werden, aus dem Südosten und Süden. Ohne das Vordringen des Ackerbaus nach Mitteleuropa würden sie nördlich der Alpen nicht existieren. Dass für viele dieser der Agrikultur folgenden Arten inzwischen die Städte Ersatzlebensraum geworden sind, weil sie auf der chemisch vergifteten, mechanisch zu intensiv behandelten Flur trotz spezieller EU-Agrarsubventionen für ihre Erhaltung nicht mehr überleben können, drückt zweierlei augenfällig aus. Erstens ihre enge Verbindung mit dem Wirken der Menschen und zweitens die Tatsache, dass man als Fremdling nur lange genug im Lande sein muss, um als heimisch akzeptiert zu werden. Ein dritter Aspekt kommt hinzu. Während die Ackerunkräuter in früheren Jahrhunderten tatsächlich erhebliche Einbußen an den Ernteerträgen verursachten, weil sie auf den von Hand und mit einfachem Ackergerät bearbeiteten Böden wucherten, unterliegen sie jetzt der Chemischen Keule. Sie wurden selten – und damit naturschutzfähig. Denn generell trifft zu, dass im Naturschutz und auch in der öffentlichen Wahrnehmung das Seltene schützens- und erhaltenswert erscheint, während alles, was sich massiv vermehrt, sich der Kontrolle durch die Menschen offenbar zu erfolgreich entzieht. Dieser Erfolg löst den Anfangsverdacht aus, Schäden zu verursachen.

Schädlichkeit der invasiven Neos

Wer das Unkraut im Garten nicht jätet, wird wenig(er) ernten. Wir pflegen da ganz ähnlich vorzugehen wie im Großen die Landwirtschaft, die von ihren Äckern das Höchstmaß an Erträgen ernten möchte und diese nicht mit anderen Nutzern teilen will. Grundsätzlich gleiche Ziele verfolgen die Jäger. Nach wie vor bekämpfen sie das von ihnen so genannte Raubwild und Raubzeug, weil sie nicht teilen wollen. Fuchs und Marder, Wiesel und Greifvögel sollten aus jägerischer Sicht lediglich in so geringen Beständen vorkommen, dass sie als „Beutegreifer" unbedeutend bleiben. Die Fischerei, insbesondere die Sportangler, stufen nach gleichem Prinzip die Fische fressenden Tierarten als Schädlinge ein, die kurz gehalten werden müssen. Alle Nutzer versuchen mit größtem Nachdruck und dem Gewicht ihres politischen Einflusses die Natur zu ihren alleinigen Gunsten zurückzudrängen. Möglichst nur das Gewünschte soll wachsen und gedeihen. Grundsätzlich trifft diese Haltung selbstverständlich auch für die Forstwirtschaft zu. Nur sind deren Ziele naturgemäß längerfristig angesetzt, weil die meisten Baumarten wenigstens ein halbes Jahrhundert oder mehr Zeit brauchen, bis sie „ernteneif" geworden sind.

Vor diesem Hintergrund sind nun die Einstufungen der (gebiets)fremden Arten, speziell der invasiven Neozoen und Neophyten zu sehen. Ihre Ausbreitung und ihr Wuchern suggerieren, ob zutreffend oder nicht, das spielt zunächst keine Rolle, dass sie den Naturnutzern etwas wegnehmen; vielleicht sogar viel, wie einst das Unkraut. Besonders verdächtig macht sie die Tatsache, dass auf den Fluren eigentlich fast alles bereits massiv mit Gift unterdrückt ist, was die Produktion mindern könnte, auch wenn noch gar keine Schäden ersichtlich sind. Daher mutmaßen manche Forscher sogar „genetisch bedingte" Eigenschaften, die diese Arten invasiv machen könnten. Jagd und Fischerei gehen ohnehin grundsätzlich gegen alles vor, was Jagdwild oder Fische verzehren könnte, ob heimisch oder fremd.

Die Neos sind somit allein aufgrund ihrer Ausbreitung verdächtig und wenn sie zudem häufig werden, wird ihnen automatisch unterstellt, dass sie Schäden verursachen. Welche Schadensformen können dies sein? An erster Stelle stehen die am leichtesten zu überprüfenden wirtschaftlichen Schäden. Wo es Ertragsausfälle gibt, zumal wenn die Betroffenen davon leben (müssen), lassen sich diese auch einigermaßen objektiv ermitteln. Haben etwa Biber vom Feld, das ans Wasser grenzt, so und so viele Quadratmeter Mais verzehrt, ergibt sich daraus ein Verlust in Euros. Biber sind (ur)heimisch und sie wurden sogar gewollt in der zweiten Hälfte des 20. Jahrhunderts wieder heimisch gemacht, wo sie vorher ausgerottet worden waren. Aber da sie nicht jagdbar sind, fallen sie nicht unter die Erstattung von Wildschäden, wie sie bei Reh und Hirsch und Wildschwein eingefordert werden. Ungleich schwieriger ist es, wenn überhaupt möglich, den Schaden zu beziffern, wenn Waschbären im Garten Obst von Bäumen holen. Waschbären sind fremd und, wie eingangs festgestellt, auf die „Schwarze Liste" der EU Kommission gesetzt. Da sie aus Nordamerika stammen, stellt sich für sie die Problematik nicht, etwa nur jenseits der Grenzen der EU (oder Deutschlands) vordem zu Hause gewesen zu sein. Zudem hat man sie in den 1930er Jahren in Hessen absichtlich ausgesetzt. Sind Äpfel, die Waschbären verspeisen, ein anderer und größerer Schaden als solche, die sich (heimische) Tierarten schmecken lassen? Und wie viele bleiben ohnehin ungenutzt!?

Halten wir fest, dass es wirtschaftliche Schäden gibt, die sich beziffern lassen, und solche, die in eine Grauzone fallen. Etwa wenn Stare (heimisch, im Bestand seit Jahren stark abnehmend) Kirschen oder Weintrauben miternten, kann das für die Besitzer des Kirschbaums nur ärgerlich, für einen Weinberg in bester Lage aber durchaus erheblich sein. Als besondere Schädlinge im Wald und auf den Fluren gelten Reh, Hirsch und Wildschwein. Ihre im Revier zulässigen Bestandsgrößen werden über behördliche Abschusspläne festgelegt. Ungleich mehr Schäden verursachen jedoch Insekten und Krankheitserreger. Invasive Neos bilden allenfalls einen geringen Anteil an der Gesamtheit der Schäden, die Tieren, Pflanzen und Mikroben zur Last gelegt werden. Ihr spezifischer Schaden fällt im Vergleich zu dem der heimischen Arten sehr gering aus. Höchstens lokal wird er bedeutsam, etwa über die Kosten vorsorglicher Bekämpfungen. Gleiches gilt für gesundheitliche Risiken und Schäden, die dementsprechend hier nicht weiter behandelt werden. Wer sich am Riesenbärenklau verbrannt hat, wird deshalb die heimischen Brennnesseln nicht lieben oder vorziehen von Wespen gestochen zu werden.

Störung des Landschaftsbildes

Somit verbleiben zwei andere Formen möglicher Schäden, nämlich das Verdrängen oder Ausrotten heimischer Arten durch die Fremden und das Verändern des gewohnten Landschaft- oder Naturbildes. Nur diese beiden Bereiche gehörten in die Domäne des Natur- und Landschaftsschutzes. Beginnen wir mit dem Einfacheren, der Veränderung des Anblicks von Landschaften. Wer sich daran gewöhnt hat, als Zeichen des Frühlings die strahlend goldgelbe Löwenzahnwiese und das hellere Schwefelgelb des blühenden Rapses in der freien Landschaft zu erblicken, wird dieses Bild kaum hinterfragen. Kommt das Gelb aber in viel geringerem Umfang vor an Gräben, Waldsäumen oder auf Kahlschlägen im Forst, wenn im Hoch- und Spätsommer Kanadische Goldruten blühen, empfinden dies viele Naturschützer als ärgerliche Bildstörung, weil die Farbe von einer fremden und invasiven Art stammt. Zur gleichen Zeit erblüht das Drüsige Springkraut an Bachufern, in Auwäldern und anderen feuchteren Stellen. Seine besonders schönen Blüten, die vor gut hundert Jahren als „Orchideen des Kleingärtners" geschätzt waren, und die Bienen und Hummeln so sehr mögen, finden in ihren Augen keine Gnade, weil sie „nicht hierher gehören" und deshalb das Bild stören. Merkwürdigerweise tun dies die Maisfelder anscheinend nicht so, dass sie als Bildstörung bekämpft würden. Als Pflanze stammt der Mais aus Amerika, ist also genauso fremd wie die Kanadische Goldrute. Als Nutzpflanze ist sie zudem ein völlig künstliches Gebilde, das es nicht einmal annähernd so in der Natur gibt. Keine andere Nutzpflanze ist so extrem anders wie der Mais. Fast alle sind sie bei uns fremd, wie die amerikanischen Kartoffeln und die vorderasiatischen Getreidearten. Keine der invasiven Fremdarten nimmt solch immense Flächen ein wie der Mais. Gegenwärtig wird er in Deutschland auf rund zweieinhalb Millionen Hektar angebaut. Doch auch die Wälder, die wir gern für „Natur pur" halten, sind zumeist aus Baumarten zusammengesetzt, die an Ort und Stelle standortfremd sind, wie die Fichten, die es nur in entsprechenden Gebirgslagen bei uns geben würde. Aber wir haben und schätzen Baumarten, die von Natur aus gar nicht bei uns vorkommen würden, wie Walnussbaum, Rosskastanie, Roteiche, Douglasie und zahlreiche andere. Ihnen gemeinsam ist neben der simplen Tatsache, dass man sich an sie gewöhnt hat, dass sie „Funktionen" erfüllen; beispielsweise die Rosskastanien, die mit ihrem Blattwerk den Biergärten im Sommer Schatten zu liefern haben, oder die Platanen am Stuttgarter Hauptbahnhof, in denen vereinzelt der europaweit höchst rare Juchtenkäfer (= Eremit) lebt. Die jeweilige Sichtweise ist also Ansichtssache und weit entfernt von objektiven Kriterien.

Ökologische Schäden

Wie steht es aber um die so genannten ökologischen Schäden? Worum kann/könnte es sich dabei handeln? Wie bei wirtschaftlichen Verlusten gibt es bei ihnen ein Spektrum, das von unerheblich bis zu Totalverlust reicht. Wenn eine fremde Art eine vordem heimische komplett verdrängt, entspricht dies dem Totalverlust. Nimmt sie nach ihrer Etablierung aber nur geringfügige Teile in Anspruch, die ansonsten von heimischen Arten genutzt werden könnten, ist der Neuankömmling nicht nur kein Schädling, sondern sogar ein Zugewinn durch Vergrößerung des Artenspektrums. Für die allermeisten der nach heutiger Auffassung in Naturschützerkreisen als „Neos" eingestuften Arten, also solcher, die nach dem Kolumbusjahr 1492 von irgendwoher gekommen sind, trifft die Einstufung als Bereicherung zu. So war ein Großteil der Pflanzenarten der Wiesen und Felder Mitteleuropas nicht heimisch. Sie kamen nach und nach, und für nicht wenige änderte sich im Lauf der Zeit ihr „Status" von „unerwünschter/schädlicher Eindringling" auf selten gewordene und daher schützenswerte Art. Das Musterbeispiel geben die Ackerwildkräuter ab. Bis in die neueste Zeit, bis zum Beginn der chemischen Bekämpfung waren sie für die Landwirtschaft die schädlichen Unkräuter. Nun drohen sie weiträumig auszusterben. Das macht sie schützenswert, sogar die giftige Kornrade; seltsamerweise, möchte man hinzufügen. Gleiches gilt für Tiere, wie den Feldhamster, die rar gewordene Hausratte und zahlreiche andere Arten. Gegenwärtig wird um Feldmaikäfer, Spatzen und Stare gebangt, obgleich es bis ins 19. Jahrhundert noch „Kopfgeld" für getötete Spatzen gegeben hatte. Ökologie und Ökonomie überlagern sich in diesem scheinbar ökologischen Bereich so weit, dass allein schon die Festlegung, was überhaupt ein ökologischer Schaden sein soll, höchst problematisch ist. Eine echte, d. h. nicht bloß vermutete, sondern nachweisbare Verdrängung einer heimischen durch eine fremde Art hat es in Mitteleuropa seit dem 19. Jahrhundert anscheinend nicht gegeben. In der Zeit davor mangelt es an hinreichend verlässlichen Belegen. Nicht einmal so invasiven Arten, die sich wie das Drüsige Springkraut in Massen ausbreiten, ist die Vernichtung einer heimischen Art durch Verdrängung anzulasten.

Als nach dem 2. Weltkrieg die Türkentaube vom südöstlichen Balkan her nach Mittel- und Westeuropa vordrang und in weniger als einem Jahrzehnt zur häufigsten Taube wurde, gab es zwar Befürchtungen, sie könnte heimischen Taubenarten schaden. Aber diese Besorgnis bestätigte sich nicht; im Gegenteil. Die in vielen Städten verhassten oder nur geduldeten, weil nicht mehr auszurottenden, verwildert lebenden Straßentauben nahmen keineswegs, zumindest nicht erkennbar an Häufigkeit ab, obwohl die fremde Türkentaube genau in ihre Domäne, den Siedlungsraum, eingedrungen war. Allenfalls für die Haussperlinge könnten die Türkentauben zur Konkurrenz im Winter geworden sein. Im Sommer, zur Brutzeit, jedoch nicht, weil die Türkentaube nach Taubenart ihre Jungen mit Kropfmilch füttert und daher nicht wie die Sperlinge dafür Insekten brauchen, die tatsächlich in den letzten Jahrzehnten rar geworden sind. Entsprechendes gilt für die befürchtete Höhlenkonkurrenz, die von den Halsbandsittichen ausgehen soll, die sich in mehreren Städten am Rhein etabliert haben und diesen bei Sommerhitze ein (zu) subtropisch-exotisches Flair verleihen, wie manche meinen. Die Verfügbarkeit von Baumhöhlen zum Nisten hängt weit maßgeblicher davon ab, ob überhaupt und wenn ja nach welchen Umfang Bäume mit Höhlen in den Stadtparks und Gärten oder an den Straßen bleiben dürfen. Nistplatzmangel den südasiatischen Sittichen anzulasten, ist unfair, gelinde ausgedrückt, und hat mit Ökologie wenig bis nichts zu tun.

Wenn nun aber Invasive, wie das Drüsige Springkraut, Bachufer und Wegränder überwuchern, müssen sie doch zumindest dort heimische Arten verdrängen, die da wachsen würden, gäbe es sie nicht. Das ist ebenso richtig, wie unerheblich. Denn die dafür in Frage kommenden und vor der Ausbreitung des Drüsigen Springkrautes dort festgestellten Arten sind alles andere als selten oder gar bedroht. Es handelt sich in aller Regel um ähnlich nährstoffbedürftige Pflanzen, wie Brennnesseln, Rohrglanzgras und andere große Gräser oder Jungwuchs von Weiden, die an frisch angeschwemmten Böden an Gewässerrändern aufwachsen würden. An diesen leben zwar zahlreiche heimische Tierarten, aber am Drüsigen Springkraut auch. Es ist im Hoch- und Spätsommer oft weithin die einzige Pflanze, die große Mengen von Blüten trägt, an denen die Bienen und Hummeln Nektar und Pollen holen können. Auch die Raupen rarer (und sehr schöner) Schmetterlinge, wie die vom Mittleren Weinschwärmer, leben daran. Und selbstverständlich gilt, dass überall, wo etwas gepflanzt wird, sei es in Feld und Flur, im Wald oder in Gärten und Parks, keine anderen Pflanzen unmittelbar auf denselben Stellen aufwachsen können. Im Umkehrschluss ergibt sich daraus nicht automatisch eine Gefährdung heimischer Arten, denn gerade die Gärten und Parks sind besonders artenreich. Nur dort, wo in großem Umfang Gift eingesetzt wird, um nichts außer der betreffenden Nutzpflanze hochkommen zu lassen, setzt die Artengefährdung ein. Daher gehört der allergrößte Teil der als gefährdet oder verschwunden eingestuften, wild wachsenden Pflanzen- und frei lebenden Tierarten zum Bestand der Fluren. Viel weniger Arten sind von Maßnahmen der Forstwirtschaft betroffen, außer es handelt sich um solche, die sehr empfindlich auf Störungen reagieren. Jagd und Angelfischerei dezimierten hingegen viele Arten, weil sie keine Konkurrenten dulden wollten. Also gehören sie zu den wirtschaftlichen Aspekten und nicht in den Bereich der (natürlichen) Ökologie. Diese stellt für Europa fest, dass überall dort, wo man dies zuließ, die Artenvielfalt zu- und nicht abgenommen hat, obwohl viele fremde Arten gekommen waren. Auf den Fluren machen sie sogar über die Hälfte des Artenspektrums aus. Für die höchst artenreichen Städte lässt sich nicht einmal ein Prozentsatz der Neuen angeben, weil es keinen Naturzustand als Vergleichsbasis gibt. Warum sollten also die Neuen ferngehalten und bekämpft werden? Ein einziges Argument verbleibt, und das lautet, weil sie Krankheiten mit einschleppen können. Dies ist zwar ein vernünftiger, gleichwohl im Gesamtzusammenhang zu gewichtender Gesichtspunkt. Die weitaus meisten Krankheiten werden nicht von Wildtieren, sondern direkt oder indirekt von Menschen eingeschleppt. Das war immer so, wird sich jedoch mit der Globalisierung weiter verstärken. Denn die Menschen nehmen den globalen Großaustausch vor. Das mag nach Kleinreden des direkten Anteils von Tieren klingen, ist es aber nicht. Das geht beispielsweise aus dem Vogelzug klar hervor. Seit „Urzeiten" zieht er mit Abermillionen Vögeln ein Netzwerk über Kontinente und Meere. Früher als es noch viel mehr Vögel gab als gegenwärtig, war dieses entsprechend stärker beflogen. Heutzutage werden lediglich die Irrgäste in der Vogelwelt dank vieler und sehr kenntnisreicher Ornithologen häufiger erkannt und registriert als in den Zeiten, in denen Vogelkunde noch mit der Flinte und nicht mit Fernrohren und Kameras betrieben wurde. Auch transkontinentale Insektenflüge und Verdriftungen durch Stürme müssen früher weitaus größere Tiermengen umfasst haben als in unserer Zeit, in der die Insektenbestände auf Bruchteile der einstigen Häufigkeit dezimiert worden sind. Viele Arten hatten und hätten die Möglichkeit zu Ansiedlungen fern ihrer Hauptverbreitungsgebiete gehabt. Manche Arten nutzten sie. Die derzeit vorhandenen Artenspektren setzen sich aus einem Grundstock häufiger und vielen mäßig häufigen bis seltenen Arten zusammen. Letztere fluktuieren vor Ort und verschwinden auch immer wieder oder kommen aufs Neue. Sie sind, wie schon ausgeführt, Teil der natürlichen Dynamik. Einen bestimmten, klar festzulegenden Zustand von Fauna und Fora gibt es in der Kulturlandschaft nicht. In weitestgehend reinen Naturlandschaften mag ein solcher realistischer sein, aber auch in diesen gibt es mittel- und langfristige Veränderungen. Stabilität der Artenspektren ist kein Dauerzustand. Wie sonst wäre Evolution möglich?!

Ökologische Schäden und Veränderungen im Bild der Zusammensetzung der Arten, ließen sich nur auf eine weitestgehend statische Natur beziehen. Einer solchen nähern wir uns zwar auf den Fluren über den Masseneinsatz von Giften und chemischen Hilfsstoffen, aber genau dies ist nicht der von Naturschützern gewünschte, stabile Zustand. Innerhalb des Spektrums der Naturschützer gibt es zudem höchst unterschiedliche Ansichten darüber, was erhalten und gefördert, zurückgedrängt oder gar bekämpft werden soll. Botaniker entwickeln oft andere Zielvorstellungen als Vogel- oder Insektenschützer. Wer Prozessschutz, also das Laufen lassen von Vorgängen in der Natur, anstrebt, wird Pflegemaßnahmen skeptisch betrachten oder ablehnen, wenn diese einen bestimmten, meistens von früheren Nutzungen geprägten Zustand erhalten oder wiederherstellen sollen. Landschaftsschützer können sich nicht so recht anfreunden mit dem Befund, dass ausgerechnet Städte mit viel Kleingärten, Grün ums Haus und offenen Freiflächen besonders artenreich sind, weil diese zu viel Fläche „verbrauchen". Dann gilt das öde Maisfeld, das so ziemlich das Letzte in Bezug auf vielfältiges Leben ist, als höherwertig und erhaltenswert, damit die „böse Stadt das gute Land nicht weiter frisst".

Damit erweisen sich auch die vielfach geltend gemachten oder befürchteten ökologischen Schäden als Bildstörungen, weil die sich ausbreitenden Neuen den gewohnten alten Zustand verändern. Um dieses geprägte Bild zu erhalten, lässt sich der Artenschutz zum Handlanger für die Interessen von Jägern, Anglern und auch von Land- und Forstwirtschaft machen. Geschützte Arten werden zunehmend instrumentalisiert für gänzlich anders geartete Interessen der Gegner irgendwelcher Baumaßnahmen. Diese Andienung entzieht dem Artenschutz die Seriosität. Es ist daher mehr als an der Zeit, die Grundhaltung zu ändern.

Die neue Natur akzeptieren

Was ist die Alternative? Einfach alles wuchern lassen, das kann es wohl nicht sein. Mit „Die neue Natur akzeptieren" ist dies auch nicht gemeint. Das „Alte" überlässt man ja auch keineswegs einfach sich selbst. Eingriffe sind selbstverständlich und werden ggf. Pflegemaßnahmen genannt, wenn sie in Schutzgebieten stattfinden. Ob im Garten (Mähen, um Brennnesseln und sich ausbreitendes Buschwerk zurückzudrängen) oder in Wald und Flur. Auch Naturschutzgebiete werden ihrer Zielsetzung gemäß durchaus gepflegt. Es macht ökologisch jedoch keinen Unterschied, ob (heimische) Birken aus einem geschützten Hochmoor entfernt werden, damit dieses nicht zuwächst, oder dass Riesenbärenklau, Ostasiatische Knöteriche und Drüsiges Springkraut auf Flächen niedergehalten werden, die sie überwuchern. Nahezu überall wird das Wachstum kontrolliert. Bei den Tieren nennt man es Bestandsregulierung. Die Jagd nimmt für sich in Anspruch, unentbehrlicher Regulator zu sein, damit wenigstens die größeren Tierarten nicht „überhand nehmen". Mit diversen Bekämpfungs- oder Regulierungsmaßnahmen wird gegen die Kleineren und Kleinen vorgegangen; meistens als Schädlingsbekämpfung bezeichnet. Arten, die selten (genug) sind, sollen dies auch weiterhin bleiben. So das unausgesprochene Credo von Gesellschaft und Artenschützern. Werden die Seltenen zu selten, versucht der Naturschutz sie zu schützen. Nehmen sie zu, werden sie verdächtig, gleichgültig, ob fremd oder heimisch. Es gibt also gar keinen wirklichen Freiraum für die Neuen, die zu uns kommen. Die alten Schädlinge bleiben Schädlinge, unabhängig davon, wie lange sie schon hier sind, wie die Borkenkäfer, die Blattläuse oder gebietsweise die Kaninchen etc.

Die Neuen zu akzeptieren hat eine viel weiter gehende Bedeutung. Breiten sie sich erfolgreich aus unter den derzeitigen Bedingungen, drückt das aus, dass sie mit dieser unserer Menschenwelt zurechtkommen. In dieser erfüllen sie, wie andere Arten auch, so genannte ökologische Funktionen. Das sollte sie eigentlich zu erwünschten, weil ökologisch wirkungsvollen Zugängen qualifizieren. Beim Drüsigen Springkraut ist die wichtige ökologische Rolle allgemein sichtbar. Ihre (zudem schönen) Blüten bilden für Bienen und Hummeln eine ergiebige Nektarquelle. In der Hauptblütezeit im Hoch- und Spätsommer gibt es nahezu keine (schon länger) heimischen Pflanzen mehr, die einigermaßen reichlich blühen. Denn Rotkleefelder sind rar geworden. Manches Dickicht aus Japan- oder Riesenknöterichen dient inzwischen scheuen Wildtieren als sichere Deckung. Entsprechendes kann auch für Dickichte von Kartoffelrosen angenommen werden, die sich mancherorts in Küstennähe ausgebreitet haben. Und so fort. Auch wenn sich aus der Sicht einer speziellen (sektoralen) Betrachtungsweise Nachteile abzeichnen sollten oder solche auch nur vermutet werden, spricht nichts dagegen, die Neuen grundsätzlich gleich wie die Alteingesessenen zu behandeln und nur dann gegen allzu starke Ausbreitung vorzugehen, wenn das nötig sein sollte. Hierzu bedarf es weder neuer gesetzlicher Regelungen, noch gar einer EU-Verordnung. Bei der Unterschiedlichkeit der Mitgliedsländer kann diese ohnehin nicht von vergleichbaren oder gar von gleichen Verhältnissen bei allen ausgehen. Längst ist die aus wirtschaftlichen Gründen eingeführte neue Natur akzeptiert: Mais und Kartoffeln aus Amerika, Weizen, Gerste und andere Getreidesorten aus dem Vorderen Orient und Soja, Elefantengras und andere aus Ostasien. Flächenanteilig bedecken in Mitteleuropa fremde Nutzpflanzen mehr als 90 Prozent. Der in Südeuropa angebaute Reis ist gleichfalls fremd. Nicht heimisch sind die Zitrusfrüchte, ja streng genommen auch unsere (Speise)Äpfel, deren Heimat Zentralasien war. Dieser Dominanz der fremden Nutzpflanzen entspricht die immens gesteigerte Häufigkeit der Nutztiere. Südostasiatischen Ursprungs ist unter diesen das Haushuhn, das wir in Millionenmengen halten und für unsere Ernährung Fleisch und Eier produzieren lassen. Auf ihr Lebendgewicht und den damit verbundenen Stoff- und Energieumsatz bezogen sind jedoch alle im weiteren Sinne heimischen Nutztiere, wie Rind und Schwein, um ein Vielfaches häufiger als es der Natur Mitteleuropas entspräche. Von der Gefahr einer Überfremdung durch die Ausbreitung derzeit fremder Arten kann daher überhaupt nicht die Rede sein. Offensichtlich geht es bei der so genannten Schwarzen Liste der invasiven und wieder auszurottenden Arten tatsächlich um nichts weiter als um Handlangerdienste, die der Naturschutz für die Nutzer übernehmen soll. Aus deren Sicht ist es bequem, die Bekämpfung der von ihnen unerwünschten Arten dem Naturschutz zuzuschieben, obgleich dieser nun wirklich nicht deren Kommen und Ausbreitung verursacht hat. Zudem lenkt die Verdammung der fremden Arten davon ab, dass diese von Natur aus nicht böse oder schlecht sind, sondern bei uns einfach extrem günstige Lebensbedingungen vorfinden. Gegen diese, vor allem gegen die seit Jahrzehnten anhaltende Überdüngung, brauchen die Verursacher nichts unternehmen, wenn die davon profitierenden Arten selbst schlecht sind. Und da mit der Ablehnung der fremden Tier- und Pflanzenarten zwar unterschwellig, aber durchaus höchst wirkungsvoll Fremdenfeindlichkeit bedient wird, verläuft die Verdammung der fremden Arten so erfolgreich. Der Naturschutz und die mit ihm verbundene Vulgärökologie sollten sich tunlichst davon abkoppeln, um nicht wieder, wie vor einem Dreivierteljahrhundert, zum ideologischen Steigbügelhalter zu werden. Argumentationsweise und Ausdrucksform weisen erschreckende Übereinstimmungen mit jener Zeit auf. Wo „unwertes Leben ausgemerzt werden soll" müssen die gesellschaftlichen Alarmglocken schrillen. Auch und gerade auch, wenn dies unter dem Deckmantel des Naturschutzes geschieht.

Gert Koch

Überfahrten

Von Vertreibung, Flucht und neuen Ufern

Der Strand, ein Boot, das Meer, die Weite des Horizonts. Gert Koch fördert Urbilder aus den Tiefen des Bewusstseins ans Licht und rückt sie, verdichtet auf wenige Bildchiffren, in den Blick.

Seine Arbeiten erzählen von einem Zwiespalt, von einer grundlegenden, existenziellen Ambivalenz. Sie spiegeln auf der einen Seite die Visionen menschlichen Fernwehs, die Sehnsucht nach einem besseren Leben – und künden auf der andern Seite zeitkritisch von Leid und Verfolgung, Vertreibung und Krieg. „Überfahrt" – dieses Thema durchdringt viele seiner in jüngster Zeit entstandenen Holzschnitte und Holzobjekte.

Schlaglichter zwischen Mythos und Gegenwart

Und es eröffnet ein weites, vielfältig schillerndes Begriffsfeld. Unterirdisch schwingt da der antike Mythos mit, die Legende vom Fährmann Charon, der die Seelen der Verstorbenen mit einem Nachen über den Fluss Acheron ins Totenreich bringt. Gerade die Arbeiten aus dem Zyklus „Vertreibung" (2015) werfen Schlaglichter auf die unendliche Geschichte der Sklaverei und verweisen gleichzeitig auf neue Formen des Menschenhandels, auch auf die Bootsflüchtlinge, die über das Mittelmeer nach Europa kommen.

Der Mensch? Ist hier nur noch Massenhandelsware – reduziert auf eine uniforme Chiffre: eine gesichtslose Silhouette, ein Gefangener, seiner Freiheit, seiner Identität beraubt. Geduckt, gedemütigt in Käfigen, oder aufrecht stehend, ins Ungewisse blickend. Koch verwendet in diesen Arbeiten auch Fundstücke, alte, gestrandete Eichenfassteile oder Metallschilder wie „Sultan Export", durchaus mit kritischem Blick auf Politiker wie Erdogan, auf die Tendenz, fliehende, Schutz suchende Menschen zur bloßen Verhandlungsmasse zu degradieren, sie als Druckmittel für den eigenen Machtausbau zu missbrauchen. Kein Wunder, dass die

Brisanz dieser Themen die Möglichkeiten des Holzschnitts gesprengt und Kochs künstlerischen Weg in die Dreidimensionalität geführt hat, zur Stele, zur Skulptur, zur Objektcollage.

Koch, dessen Arbeiten unter anderem von der renommierten Sammlung Würth erworben wurden, hat seine Werkreihe „Vertreibung" in jüngster Zeit auch in der Düsseldorfer Bunkerkirche gezeigt – einem in vieler Hinsicht symbolischen Gebäude, das heute als koptische Kirche dient, als Heimstatt einer Gemeinde, die durch Flüchtlinge aus Ägypten und Syrien stark angewachsen ist. Und erst vor kurzem richtete die Galerie Cyprian Brenner in Schwäbisch Hall eine Retrospektive unter dem Titel „Quer-Schnitt" aus. Heute lebt Koch (Jahrgang 1956), der unter anderem in Japan studiert hat, auf der Schwäbischen Alb und auf den Kapverden. Vom Leben auf dieser Inselgruppe, die einst als Zwischenstation im überseeischen Sklavenhandel gedient hat, ging auch die Inspiration zu den geschilderten Themen aus.

Der Mensch verschwindet

In seinen neueren Arbeiten klingen diese Themenfelder nach, doch die Perspektive hat sich grundsätzlich verändert. Gert Koch hat diese aktuellen Positionen in einem Zyklus unter dem Titel „Meerbilder" (2016) zusammengefasst. Von der berührenden, verstörenden Dringlichkeit der vorangegangenen Arbeiten zum Thema „Vertreibung" (2015) führt nun der Weg weiter: zurück in die ruhige, klare Zweidimensionalität.

Der Mensch verschwindet, die Farbe kehrt wieder. So eröffnen die „Meerbilder" eine mehr spirituelle, kontemplative Welt, zeigen menschenleere Küsten, Fernblicke auf Ozean und Himmel. Verlassene Ufer, Hoffnungs-Traum-Strände des Aufbruchs und der Ankunft. Es sind stimmungsvolle, atmosphärische, ja, visionäre Bilder, in denen verfallene Bootsplanken nur noch erinnernd von Vergangenem erzählen – eine Welt der mystisch-nebligen Landschaften und der zerfließenden Farben, eine Welt des blauen Meers und der zart geröteten Horizonte.

Otto Paul Burkhardt

Literatur

Gert Koch: Bootschafft Hoffnung. Unikatbuch. Hrsg.: Ursa Koch. Gomadingen 2014.
Otto Paul Burkhardt: Gert Koch. Sammlung Würth und neue Arbeiten. Hrsg.: Sylvia Weber. Künzelsau 2012.

Sklavenschiff, 2012, Holzschnitt auf Weltkarte, 69 cm × 124 cm

Fluchtschiff I, 2012, Holzschnitt auf Japanbütten, 64 cm × 99 cm

Überfahrten 291

292 *Gert Koch*

Einsame Fahrt, 2015, Objekt Eiche, Eisen, 80 cm × 55 cm

Sultan-Export, 2015, Objekt Eiche, Eisen, Blechteile, 50 cm × 90 cm

294 *Gert Koch*

*Holzschnitt
auf Japanbütten,
je 33 cm × 99 cm*

Überfahrten 295

Überfahrt I

Überfahrt II

Überfahrt III

Warten auf die Flucht, 2012, Holzschnitt, 50 cm × 30 cm

Überfahrten 297

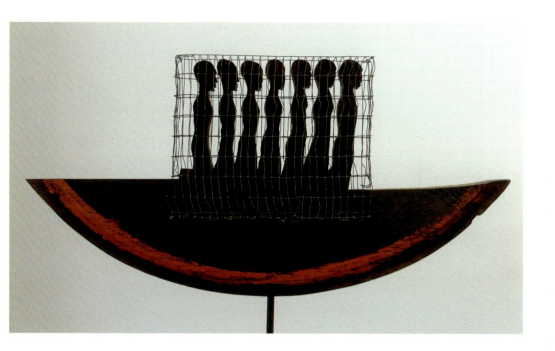

Gefangen auf großer Fahrt, 2015, Objekt Eiche, Zinkdraht, 135 cm × 70 cm

Charon, 2016, Objekt Eiche, Zinkdraht, 130 cm × 90 cm

300 *Gert Koch*

Freiheit I, 2015, Farbholzschnitt, 30 cm × 20 cm

Überfahrten 301

Freiheit II, 2015, Farbholzschnitt, 30 cm × 20 cm

Meerbild III, 2016, Farbholzschnitt, 47 cm × 113 cm

Überfahrten 303

Meerbild II, 2016, Farbholzschnitt, 43 cm × 107 cm

304 *Gert Koch*

Die unendliche Fahrt (Detail), 2015, Objekt Eiche, 55 cm × 80 cm

Roald Hoffmann

Das Gleiche und das Nichtgleiche

Es ist ein Zeugnis unseres Strebens nach einer gerechten und lebenswerten Gesellschaft, dass heute die einfache Erwähnung von Vielfalt ein Bekenntnis zur Demokratie heraufbeschwört. In diesem Wort – Vielfalt – verbirgt sich der Wunsch nach Chancengleichheit für alle, in einem gebührenden Respekt vor dem Befinden von Minderheiten. Und darüber hinausgehend eine wahre Wertschätzung der Art und Weise, wie biologisch und kulturell entstandene Vielfalt die Welt wie auch das Leben jedes Einzelnen bereichern.

Zur gleichen Zeit ist für manche der Begriff der Vielfalt zu einem Codewort für ein Gefühl des Unbehagens geworden – zu einer diffusen Gefahr unredlicher Ansprüche dreister Menschen, die sich einen Vorteil verschaffen und die Politik dafür benutzen. Wir müssen uns der potenziell negativen Bedeutung des Wortes stellen, ob es nun um die Bevorzugung gelisteter Kasten in Indien geht, um die Zulassung an amerikanischen Universitäten oder um vorgeschriebene Gleichberechtigung der Geschlechter in Legislaturen in aller Welt.

Ich will mit einer Betrachtung der vielen Arten von Vielfalt in der Wissenschaft beginnen. Ich werde, auf philosophischer und sozialer Grundlage, Gründe für den Wert von Vielfalt anführen – in den Naturwissenschaften, unter Wissenschaftlern, in der Gesellschaft. Ich werde auch dafür eintreten, dass wir den Neuankömmlingen in unserer Wissenschaft, in unserem Leben, die Hand zum Willkommen reichen.

Dabei will ich nicht die ausgleichenden, notwendigen und gleichermaßen natürlichen Kräfte von Bewahrung und Gleichgewicht aus dem Blick verlieren. Wir stehen einer der großen Dualitäten dieser Welt gegenüber, der Gleichheit und des Unterschieds, des Gleichen und des Nicht-Gleichen.

Vielfalt liegt in der Natur

In der Biologie und Chemie ist Vielfalt allgegenwärtig. Die Bausteine der Chemie sind verhältnismäßig wenig an der Zahl; es sind die etwas mehr als hundert Elemente, die das Periodensystem der Elemente ausschmücken. Ist das nicht genug Vielfalt? Natürlich nicht. Die Chemie, die unsere Körper am Leben hält, benötigt mehr als einhundert von etwas. Das chemische Universum entfaltet sich aus der unter den Bedingungen auf der Erde stabilen (doch mutierbaren) Existenz von Gruppierungen von Atomen, genannt Molekülen. Die Regeln, wie Atome miteinander binden (mein Metier), haben einen Einfluss auf das, was alles aufgebaut werden könnte. In der Realität bilden diese Regeln aber nur eine beiläufige Grenze für eine kombinatorische Explosion, ein Füllhorn von Strukturen und Funktionen, die nur durch unsere Vorstellungskraft limitiert sind.

Es ist wie bei den Meccano-Baukästen meiner Kindheit – es mag nur wenige Bausteine geben, doch was ein Kind mit den Steinen tut, dafür gibt es keine Grenzen. Am Ende kommt es auf die Bauten an, nicht auf die Bausteine. Wir sind die Kinder. Wir finden Vergnügen an dem, was wir machen können. Und, was wir machen können, kann verkauft werden. Die chemischen Verbindungen, die wir machen, können die Welt verändern. Lass es zum Guten sein.

Diese Kombinatorik der Chemie stellt sicher, dass Vielfalt entsteht. Betrachten wir eine so einfache Gruppe von Verbindungen wie die „gesättigten" Kohlenwasserstoffe C_nH_{2n+2} – Erdgas, Benzin und Bienenwachs gehören dazu. Es gibt einzigartige Kombinationen von Kohlenstoffen und Wasserstoffen für n=1, 2, 3 (Methan, Ethan, Propan werden sie genannt). Mit mehr Kohlenstoffen jedoch steigt die Zahl der Möglichkeiten. Zuerst langsam: Für ein Molekül mit fünf Kohlenstoffen gibt es drei Möglichkeiten, sogenannte „Isomere". Für $C_{30}H_{62}$ gibt es dann schon über 4 Milliarden Isomere. Man stelle sich die Möglichkeiten vor in einem Molekül der Größe des Hämoglobins, $C_{2954}H_{4516}N_{780}O_{806}S_{12}Fe_4$! Und man staune über die Selektivität der Synthesemaschinerie in unseren Körpern, die genau ein Isomer auswählt (nein, sie wählt nicht aus; sie evolviert zu dem Molekül), um das zu tun, was Hämoglobin zu tun hat, nämlich wirkungsvoll Sauerstoff binden. Und überlegen Sie, dass das Verändern nur einer Handvoll der ungefähr 9000 Atome im Hämoglobin (der Austausch nur einer einzigen von 146 Aminosäuren, von Glutaminsäure gegen Valin) Sichelzellanämie verursachen kann.

Das Gleiche und das Nichtgleiche 307

Die „Komplexifizierung", die durch die chemische Isomerie ermöglicht wird, hat biologische Auswirkungen. Nur ein Sauerstoffatom muss aus Pseudoephedrin, einem Dekongestivum, entfernt werden, um die gefährliche Droge Methamphetamin zu erhalten. Ein Prozess, der allzu leicht ist, selbst für Nichtchemiker...

Und das ist genau der Grund, weshalb Vielfalt wichtig ist, ob in der Natur oder im Laboratorium – Vielfalt stellt den Unterschied her, der ein Molekül von einem anderen verschieden werden lässt, der Sie verschieden macht von mir, die Arbeiten Niels Bohrs verschieden von denen Albert Einsteins.

Zur Bedeutung des Unterschieds, lassen Sie mich den großen italienischen Schriftsteller Primo Levi (der zufällig Chemiker war) zitieren. Im Kalium-Kapitel seines Buchs „Das periodische System" beschreibt Levi, wie er eines seiner Laborgeräte trocknen musste und Kalium statt Natrium benutzte. Mit vorhersehbaren Resultaten. Er schreibt am Ende des Kapitels:

„Ich dachte an eine andere Moral ..., die, so glaube ich, jeder streitbare Chemiker bestätigen kann: man muss dem Fast-Gleichen (und Natrium ist dem Kalium fast gleich: aber mit Natrium wäre nichts passiert), dem praktisch Identischen, dem Beinahe, dem Oder, allen Surrogaten und allem Machwerk misstrauen. Die Unterschiede mögen gering sein, aber sie können grundlegend andersartige Auswirkungen haben, wie die Zungen einer Weiche; das Geschäft des Chemikers besteht zum großen Teil darin, vor diesen Unterschieden auf der Hut zu sein, sie zu erkennen und ihre Wirkung vorauszusehen. Nicht nur das Geschäft des Chemikers."

Als ein Ergebnis des Wirkens der Evolution ist alles Natürliche unreiner als jede Substanz in einem chemischen Labor. So ist es ebendiese Evolution, die uns die hunderte von Molekülen schenkt, die wir im Aroma eines guten *Frankenweins* ausmachen können.

Zu einfach. Bewahren ist wichtig

Vielfalt scheint in der Wissenschaft uneingeschränkt zu dominieren. Zur Mannigfaltigkeit von Struktur und Funktion, gegeben durch die Isomerie, gesellt sich das produktive Wirken der Entropie, einer natürlichen Neigung, die Dinge möglichst innig zu durchmischen. Es ist gut, dass die Luft in jedem unserer Atemzüge eine innige Mischung von Sauerstoff- und Stickstoffmolekülen ist und sich nicht all die Stickstoffmoleküle dort zusammenscharen, wo Sie gerade Luft holen; Sie brauchen Sauerstoff.

Und doch sind die Dinge nicht so einfach. Vielfalt, oder Nichtgleichsein, in der Wissenschaft und Gesellschaft ist tatsächlich Teil eines Spannungsfeldes, einer Polarität, in der Gleichsein und Nichtgleichsein beide ihren Nutzen haben. *Cosi simili, cosi diversi.*

Es wäre eine Beleidigung Ihrer Intelligenz, würde ich behaupten, dieses Spannungsfeld von Identität, von Gleichsein und Nichtgleichsein, hätte nichts mit dem zu tun, was manche Menschen in einem Land fühlen, wenn dieses Land viele Einwanderer aufnimmt, die sich scheinbar schwer damit tun, sich an die empfundenen sittlichen Werte und die nationale Identität eines Landes anzupassen.

Lassen Sie uns über den Wert des Bewahrens eines Besitztums sprechen, den Wert von Homogenität, der Erhaltung von Stabilität.

In der Chemie wissen wir, dass chemische Verbindungen in Familien auftreten, mit einer Abstufung von Eigenschaften – physikalischen, chemischen und biologischen. So sind die wichtigen weiblichen Sexualhormone, Progesteron und Östradiol, und die männlichen Pendants, das wohlbekannte Testosteron und Androstendiol, alle vier aus dem gleichen chemischen Grundgerüst aufgebaut. Es besteht aus drei sechsgliedrigen Kohlenstoffringen, die miteinander verschmolzen sind und von einem fünfgliedrigen Kohlenstoffring flankiert werden.

Variationen über ein Thema also. Noch bedeutsamer – und offensichtlich mit der Ähnlichkeit ihrer Strukturen zusammenhängend – ist, dass in Mann und Frau alle vier Moleküle auf einem wundersamen Fließband hergestellt werden, das in beiden Geschlechtern in Betrieb ist: Testosteron wird aus einem der weiblichen Sexualhormone, dem Progesteron, erzeugt, und Testosteron wird in ein zweites weiblichen Sexualhormon, das Östradiol, umgewandelt. Ja, die Konzentrationen jedes der Hormone werden durch das Geschlecht reguliert, aber der Syntheseweg ist beiden gemeinsam. Mir gefällt das.

Ein Gleichgewicht und eine Sorge

Man kann eine chemische und biologische Welt ohne Vielfalt nicht aufbauen. Und doch ist das Bewahren von Eigenschaften lebenswichtig. Nehmen wir den Sex, eine fabelhafte Erfindung der Evolution, um vererbliche Eigenschaften zu bewahren und – in Maßen, aber mit Gewissheit – Abweichungen einzuführen. Die Evolution der Arten umfasst eine ähnliche Mischung aus bewahrenden und abenteuerreichen Elementen – ein Weg, Abweichungen zwischen Individuen herzustellen, evolutionäre Nischen zu füllen, Bedingungen, an die es sich anzupassen gilt. Gleichzeitig erfordert Artenbildung eine gewisse Isoliertheit, geographisch oder sonstwie. Und auch Zeit – gemessen in evolutionsbiologischen Zeiträumen –, um sich in einer Abfolge von kleinen Veränderungen an die Umwelt anpassen zu können.

Menschen können Veränderung beschleunigen; denken Sie an das vielgestaltige Aussehen unserer Haushunde, unserer Begleiter seit 15.000–35.000 Jahren. Noch immer eine gemeinsame Art, aber auf dem Weg zu verschiedenen Arten.

Eine aktuelle Sorge betrifft die Ausrottung von Arten. Wir scheinen auf die größte Ausrottung in der Geschichte der Erde zuzusteuern. Und sie wird von Menschen verursacht, der vielgepriesenen Krone der Schöpfung, angeblich besessen von mehr als nur ihrem Eigeninteresse.

In einer wichtigen Studie vermerken Ceballosa, Ehrlich und Dirzo:

„Wir finden, dass das Tempo, mit dem die Population von Landwirbeltieren sinkt, extrem hoch ist – sogar bei ‚gering gefährdeten Arten'. In unserer Stichprobe, die knapp die Hälfte der bekannten Wirbeltierarten umfasst, sehen wir einen Rückgang der Population um 32% (8.851/27.600); das heißt einen Rückgang in der Populationsgröße und der Verbreitung. Von den 177 Säugetierarten, für die wir detaillierte Daten besitzen, haben alle 30% oder mehr ihrer geographischen Verbreitung eingebüßt; mehr als 40% der Arten haben eine schwerwiegende Abnahme der Population erfahren (>80% Schwund in der Verbreitung)."

Es gibt eine gegensätzliche Auffassung, nämlich dass menschliche Entwicklung (darunter auch ein leichter Transport von Arten zwischen Kontinenten und Klimazonen) zu neuen, menschgemachten Umwelten geführt hat, in denen evolutionäre Abweichung stattfinden kann – neue anthropogene Habitate, wie Bauernhöfe und Städte. Chris Thomas zeigt, wie durch Kreuzung von einheimischen und eingewanderten Arten fünf neue Spezies auf der britischen Insel entstanden sind.

Ackerbauer auf dem Feld der Neugier

Die Naturwissenschaft, wie sie in Europa aus der Aufklärung hervorging, war eine Domäne des Mittelstands und Adels. Im Laufe der Zeit entwickelten sich Naturwissenschaften in eine Leistungsgesellschaft, die Klassengrenzen überschritt. Aber sie blieb männlich und weiß. Mit sehr wenigen Ausnahmen waren Frauen, Afrikaner, Juden und Asiaten von der Wissenschaft ausgeschlossen. Es seien keine darunter, die gut genug sind, so wurde gesagt. Manche meinten, sie seien von ihrem Temperament oder ihrer Konstitution ungeeignet, Wissenschaft zu betreiben.

Wie konnte das sein? Sollte man von Wissenschaftlern nicht annehmen, sie wären rationaler als andere Menschen? Die Avantgarde des Fortschritts? Nicht wirklich; Wissenschaftler sind ... menschlich. Eingebettet in die sozialen Systeme, durch die sie geformt wurden. Obwohl einige Naturphilosophen an der Spitze von Bewegungen für die Abschaffung der Sklaverei und der absoluten Monarchie, für die Gleichberechtigung von Frauen standen, folgten die meisten still der Gesellschaft, die sie versorgte.

Wie weit sind wir heute gekommen? Eine lange Strecke, aber noch immer weit zu gehen. Blicken wir auf die positive Seite: In den USA die Anzahl an promovierten Frauen in den physikalischen Wissenschaften von einem historischen Tief von 5% im Jahr 1970 auf heute fast 40% angestiegen.

Hätte jemand vor dreißig Jahren gefragt, welche entwickelten Länder am schlechtesten darin sind, die Begabung von Frauen in der Wissenschaft zu ihrem Vorteil zu nutzen, hätten Deutschland, Japan, Korea und Taiwan die Liste angeführt. Stimmt das heute auch? Eine Sache, in der die Europäische Union gut ist, ist das Erstellen von Statistiken – nicht selten zum Verdruss ihrer Bürger. 2004 gab es kein Land in Europa, das weniger promovierte Frauen in den physikalischen Wissenschaften aufwies, als Deutschland: 22%. Keine beneidenswerte Statistik. 8 Jahre später war die Zahl auf konkurrenzfähige (im europäischen Maßstab) 33% gestiegen.

Sieht gut aus. Eine genauere Analyse zeigt aber Schwachstellen auf; der Anteil an promovierten Frauen in Deutschland, die in der Geschäftswelt oder der Industrie angestellt sind, bewegt sich am unteren Ende in Europa. Wohin also verschlägt es Wissenschaftlerinnen? Hauptsächlich in Teilzeitjobs als Forschungsassistentinnnen.

Die Pipeline füllt sich – durch die steigende Zahl an promovierten Frauen, wie gerade ausgeführt. Allerdings spiegelt sich dieser Fortschritt nicht in einem Aufstieg von Frauen auf der akademischen Karriereleiter wider. Und es ist wahr – überall auf der Welt, nicht nur in Deutschland –, dass die Zahl an promovierten Frauen und Männern sich allmählich angleicht; schauen wir aber auf die Professuren, fällt das Ungleichgewicht der Geschlechter deutlich ins Auge. Da sich die Pipeline erst seit einigen Jahren zu füllen beginnt, wird es noch eine Weile dauern, bis sich die Situation ändert. Aber ich will Sie nicht mit einer pessimistischen Meldung verlassen. Jüngste Statistiken zeigen einen signifikanten, stetigen Anstieg weiblicher Chemieprofessorinnen in Deutschland über das letzte Jahrzehnt.

Männer und Frauen sind mehr als Moleküle

Wir müssen die Skala hinaufgehen, von Molekülen zu Zellen, zu Organismen, zu Menschen, die individuell untereinander und innerhalb der Gesellschaft interagieren. Bereichert Vielfalt unser Leben auch jenseits profaner Dinge wie der Wahl eines Restaurants?

Jeder Arbeitsplatz ist eine vielfältige Ansammlung von Individuen; jedes Unternehmen muss überlegen, wie es mit diesen heterogenen Arbeitskräften Produktivität maximiert – und, darüber hinaus, Bedingungen für Innovation schafft. Psychologen, Managementstudenten, Ökonomen, Soziologen befassen sich unermüdlich mit der Erforschung von Vielfalt. Hier sind einige Beispiele ihrer Befunde.

Sheen Levine, David Stark und ihre Mitarbeiter konstruierten experimentelle Börsenmärkte in Nordamerika und Singapur. In Nordamerika waren die Teilnehmer Weiße, Afroamerikaner und Latinos. In Singapur waren es Malaien, Inder und Chinesen. Dann bildeten die Forscher unterschiedliche Händlergruppierungen – ethnisch homogene und gemischte. Sie ließen sie bieten, kaufen und verkaufen; versucht werden sollte dabei, Preisblasen zu vermeiden.

Die gemischten Händlergruppen schlugen die homogenen. Zu den Ursachen bemerken Levine und Stark: *„In homogenen Märkten vertrauen Händler in übermäßiger Weise den Entscheidungen anderer. Sie sind weniger geneigt, die Entscheidungen anderer zu hinterfragen und eher bereit, Preise zu akzeptieren, die von dem wahren Wert abweichen."*

Ja, ich habe hier eine Studie herausgegriffen, die die positiven Auswirkungen von Vielfalt demonstriert. Die Literatur zu diesem Thema ist alles andere als eindeutig. Ich verweise auf eine vielzitierte Studie des Politikwissenschaftlers Richard Putnam aus Harvard, der mit einer Probandengruppe von 30.000 Menschen aus verschiedenartigen US-amerikanischen Gemeinschaften arbeitete.

Er findet, dass *„auf lange Sicht Immigration und Vielfalt wichtige kulturelle, ökonomische, fiskalische und wachstumsrelevante Vorteile haben. Kurzfristig jedoch führt Immigration und ethnische Vielfalt zu einem Rückgang sozialer Solidarität und sozialen Kapitals. Neue Erkenntnisse aus den USA lassen den Schluss zu, dass in ethnisch gemischten Stadtgebieten Bewohner aller Ethnien dazu neigen, ‚sich wegzuducken'. Vertrauen (selbst in die eigene Ethnie) ist geringer, Altruismus und gemeinschaftliche Zusammenarbeit sind seltener, der Freundeskreis kleiner."*

Der Wert von Vielfalt

Ich bin kein romantischer Narr auf der Suche nach einem chemischen oder biologischen oder ökonomischen Beweis dafür, dass der Zuzug von einer Million Flüchtlinge Ihrem Land (oder meinem) einen Vorteil verschaffte. Gleichsein oder Nichtgleichsein ist eines der schöpferischen Spannungsfelder dieser Welt, ob nun der Welt der Moleküle oder der Menschen. Eine Kultur, eine Sprache, eine Art könnte nie entstehen und sich fortentwickeln ohne Absonderung, ohne geographische Isolation. Und sie hätte nie die Möglichkeit gehabt, eine solche zu werden, ohne Unterschied oder Kontrast.

Auch wenn ich Erhaltung und Kontinuität wertschätze, will ich für Vielfalt einstehen, insbesondere in Bereichen des Menschlichen. Neben dem Bekenntnis zum demokratischen Ideal der Chancengleichheit, einem Ideal, das für Millionen von Einwanderern in die Vereinigten Staaten und Deutschland zur Wirklichkeit geworden ist, bedeutet Vielfalt für mich:

1. Ein Weg, uns stetig abzugleichen mit unseren Mitmenschen und der Gesellschaft, unseren moralischen Horizont zu erweitern. Multikulturalismus hilft uns, Menschen zu verstehen, so dass wir produktiver miteinander arbeiten können. Wenn wir einmal versuchen, einen Text oder einen Ausdruck aus unserer Muttersprache in eine uns unbekannte Sprache zu übersetzen, begreifen wir die missliche Lage des Einwanderers (oder des ausländischen Studenten in unserem Labor), dem es unmöglich ist, Humor oder emotionalen Inhalt in unserer Sprache auszudrücken. Multikulturalismus nährt Empathie.
2. Für das Land, eine immense Bereicherung der Erwerbsbevölkerung. Für Chemiker hat der Eintritt von Frauen in unsere Wissenschaft in gewisser Weise den Berufsstand gerettet, da die Anzahl der Männer in der Chemie stetig gesunken ist.
3. Kulturelle und ethnische Vielfalt bereichern das Leben in mannigfacher Weise. Sie gibt uns Möglichkeiten zur Auswahl, lässt uns andere Standpunkte einnehmen. Ideenfindung ist eine soziale Aktivität, die aus Vielfalt gespeist ist. Wissenschaft macht mehr Spaß und findet so vielleicht von ganz alleine zur besseren Sache.

Zum Schluss: Meine persönliche Erfahrung

Wer meine Arbeiten in der Chemie verfolgt hat, weiß, dass ich so manches Mal von einer Teildisziplin dieser Wissenschaft zu einer anderen gewechselt bin. In jüngerer Zeit forsche ich auf Gebieten, die esoterisch erscheinen könnten – Materie unter hohem Druck, eine merkwürdige Klasse von Molekülen, die man Elektride nennt, ein „Singulett-Spaltung" genanntes Phänomen, die Leitung von Strom durch einzelne Moleküle. Ich habe diese Richtungen nicht geplant. Ich bin dahin gefolgt, wohin mich über 200 Postdoktoranden und Gastforscher, 50 Doktoranden und sogar einige Studenten geleitet haben. Von ihrer Vielfalt habe ich intellektuell profitiert. Ich war es, der Anflüge von Konservatismus zeigte – durch die hartnäckige Anwendung einer besonders vereinfachten Denkweise, von „Grenzorbitalen", auf jedes Ding auf Erden. Meine Mitarbeiter führten mich in andere Welten.

Davor hatten Amerika meine Familie und mich als Kriegsflüchtlinge aufgenommen. Nicht mit Leichtigkeit – nach vier Jahren in Vertriebenencamps. Ich und Tausende andere von Hitlers Gaben an Amerika haben den USA gute Dienste erwiesen.

Deutschland hat in den vergangenen fünf Jahren über eine Million Flüchtlinge aufgenommen, Asylsuchende, Opfer von Verfolgung, aus dem kriegsgeschüttelten Syrien, dem Irak, anderen Konfliktgebieten. Ihr Willkommenheißen dieser Flüchtlinge hat jederman in der Welt berührt. Es bedurfte Mut – menschlichen Mutes, der zu politischem Mut wurde, um dies zu tun. Es wird so viel mehr bedürfen – Geld, guten Willens, Empathie und Geduld –, diese Einwanderer, junge und alte, in die deutsche Kultur zu integrieren. Die Vielfalt, die Sie hinzugewinnen – gerade so, wie es in Amerika geschehen ist –, wird Ihrem Land sein Vertrauen in die Menschlichkeit dereinst reich begleichen.

Ernst Peter Fischer

Die Gefahr, sich lächerlich zu machen

Was zur Interdisziplinarität gehört und zur Einheit der Wissenschaft führen kann

„Was ist Leben?" Mit dieser keineswegs neuen und heute noch spannenden Frage befasste sich in den 1940er Jahren – also in dunkler Zeit – der aus Wien stammende Physiker Erwin Schrödinger, der damals im Exil in Dublin lebte und den Zweiten Weltkrieg vom dortigen Institute for Advanced Studies aus beobachtete. Schrödinger war 1933 mit dem Nobelpreis für sein Fach ausgezeichnet worden, und zwar für seine Beiträge zur Quantenmechanik, die um 1930 herum zu einer neuen Form der Physik geführt hatte und erfolgreich mit Atomen umgehen konnte. Viele Wissenschaftler fühlten sich nach diesem triumphalen Erfolg ermutigt, sich anderen Disziplinen zuzuwenden, um auch ihnen eine revolutionäre Wende zu geben. Schrödinger wandte sich der Biologie zu und legte 1944 die Einsichten vor, die er gewinnen konnte, nachdem er sich daran gemacht hatte, „die lebende Zelle mit den Augen eines Physikers" zu betrachten, wie der Untertitel seines ursprünglich auf Englisch verfassten Buches „Was ist Leben?" lautete, das inzwischen in viele Sprachen übersetzt worden ist und dessen deutsche Version 2012 in 12. Auflage als Paperback auf den Markt kam und wahrscheinlich nach wie vor gedruckt wird.

Entropie und Evolution

Als der Physiker Schrödinger sich an sein fachfremdes Thema machte, beschäftigte ihn unter anderem die Diskrepanz zwischen den Einsichten der Evolutionsbiologen, die bemerkt hatten, dass das Leben im Laufe seiner Entwicklung immer mehr Ordnung erworben hatte – einen höheren Grad der Komplexität anzustreben schien –, und der Feststellung eines der Hauptsätze der Physik, demzufolge eine Größe namens Entropie in einem

System nur zunehmen und damit dessen Ordnung nur abnehmen und zerfallen konnte.[1] Schrödinger schien es, dass das dazugehörige Geheimnis des Lebens in den Erbelementen steckte, die heute jeder als Gene kennt, und er wollte in seinem Buch einen Vorschlag machen, wie ein Physiker diese Gene behandeln oder modellieren sollte, um deren ordnungsschaffende oder -erhaltende Kraft verstehen zu können. Ein großes Thema, das Schrödinger durch zwei Ideen bereicherte, mit denen er zum einen die Gene als aperiodische Kristalle vorstellte und ihnen zum zweiten die Eigenschaft zusprach, einen Code zu tragen und also über Informationen zu verfügen, mit denen das Leben instruiert werden konnte. Auf Details kann hier nicht eingegangen werden, wohl aber auf die letzten Zeilen des Vorwortes, das Schrödinger seinem Buch mit auf den Weg gibt und in dem er betont, dass er und seine Kollegen sich erstens ihrer Tradition nach um ein „ganzheitliches, alles umfassendes Wissen" zu bemühen hätten, dass sie deshalb zweitens aufhören müssten, sich bloß um einen kleinen spezialisierten Teil der Forschung zu kümmern, und dass drittens diejenigen, die sich an „die Zusammenschau von Tatsachen und Theorien wagen, selbst wenn ihre Kenntnisse aus zweiter Hand stammt", wissen müssten, dass sie „Gefahr laufen, sich lächerlich zu machen."

Darum geht es, die Gefahr und den Mut, sich lächerlich zu machen, und in den Augen von zwei Großen der Forschung, den Nobelpreisträgern Linus Pauling und Max Perutz, hat sich Schrödinger tatsächlich mit seinen biologischen Überlegungen lächerlich gemacht, da er – wie der Amerikaner Pauling und der Brite Perutz im Jahre 1987 meinten, als man den 100sten Geburtstag des Wieners feierte – bei seinem Schritt von der Physik zur Biologie eine Wissenschaft übersehen oder übergangen habe, nämlich die, die sich dazwischen befindet und Chemie heißt.[2] Pauling meinte, Schrödingers Umgang mit der Größe Entropie sei bestenfalls oberflächlich und viel zu vage, um etwas zum Verständnis des Lebens beitragen zu können, und Perutz warf dem Autor von „Was ist Leben?" sogar vor, dass das, was in seinem Buch stimmt, nicht von ihm stammt, und dass, was er als originell einbringt, falsch ist.

Der Weg in die Molekularbiologie

Schrödinger war bereits gestorben, als die beiden prominenten Chemiker auf sein Buch eingedroschen haben, aber wenn er deren Kritiken noch gehört hätte, wäre ihm vielleicht als Antwort eingefallen, dass er erst einmal das einem Physiker unverständliche Problem der zunehmenden Ordnung des Lebens in den wissenschaftlichen Griff bekommen musste und damals noch niemand mit der heute das Geschehen bestimmenden Information umgehen konnte, und dass er zum zweiten Anregungen geben und Mut zu einer Zusammenschau machen wollte, bei der nicht alle Details sofort ihren richtigen Platz finden. Schrödinger hätte auch sagen können, dass sein Überwinden der Angst, sich lächerlich zu machen, erstaunliche Auswirkungen auf die nachfolgende Geschichte der Molekularbiologie mit sich gebracht hat. Die beiden Forscher, die 1953 die berühmte Doppelhelix aus DNA als Struktur der Gene vorlegten, der Amerikaner James Watson und der Brite Francis Crick, verdanken nämlich ihre Hinwendung zur Vererbung und ihre Besessenheit mit dem Thema der Genstruktur der Lektüre von Schrödingers Buch „Was ist Leben?", drückte der große Physiker doch die erregende An- und Einsicht aus, dass das Geheimnis des Lebens in den Genen zu stecken schien und man sich zunächst einmal mit aller Macht den dazugehörigen Molekülen widmen sollte, was dann nach 1945 auch äußerst erfolgreich gelungen ist, mit dem ersten Höhepunkt in Form der erwähnten Doppelhelix aus DNA, die 1953 vorgeschlagen worden ist. Mit Hilfe ihres Aussehens ließ sich genauer erkennen, was Schrödinger als Code eingestuft und vorgeschlagen hatte, und es gehört zu den Sternstunden der Biologie, als ihre Vertreter diesen genetischen Code in den 1960er Jahren umfassend offenlegen konnten. Es wirkt dann eher lächerlich, wenn Jahrzehnte später Schrödinger vorgeworfen wird, unprofessionell über interdisziplinäre Wissenschaft geschrieben zu haben, und vielleicht sollte man seinen spezialisierten Kollegen empfehlen, ebenfalls so mutig und sinnvoll zu spekulieren, um der Wissenschaft insgesamt neue Wege aufzuzeigen und die alten Schranken zu überwinden. Sie finden dann auf jeden Fall mehr Leser und bewirken auf diese Weise vermutlich mehr für die Forschung und die Existenzbedingungen der Menschen.

Die moderne Biologie, die inzwischen entstanden ist, kann man dank Schrödingers Mut zur Blamage ohne weiteres als Werk von Physikern bezeichnen, wobei daran erinnert werden sollte, dass der große Erfolg von 1953 sich zwei Wissenschaftlern verdankt, die die Gefahr, sich lächerlich zu machen, ganz konkret und im Laboralltag nicht scheuten. Sie hatten als erste und gründlich verstanden, dass ihre Fragestellung –

die Struktur des Erbmaterials – nicht von einer Disziplin zu erledigen war, sondern eine Menge Unterstützung und die Zusammenarbeit von Biochemikern, Bakteriologen, Kristallographen und anderen Forschern benötigte, was nebenbei einen neuen (neu gierigen) Stil des wissenschaftlichen Arbeitens erforderte, bei dem sich leider immer wieder die Gelegenheit bot, sich kräftig zu blamieren, wie ich in meiner Biographie von Jim Watson – „Am Anfang war die Doppelhelix" – ausgeführt habe.

Watson und Crick wussten, dass sie nicht alle Fakten – alles Fachbuchwissen – beieinander bekommen konnten, und sie wollten sich mehr auf Ideen oder eine ästhetische Konzeption verlassen, in der sich dann das Geheimnis des Lebens zeigen konnte, und der von ihnen entworfenen und vorgelegten Doppelhelix gelingt genau das, nämlich „heilig öffentlich Geheimnis" zu sein, wie es bei Goethe in einem seiner Gedichte über die Naturbetrachtung heißt, dem er den Titel „Epirrhema" gegeben hat. Man sieht die Doppelhelix und kann nur staunen, wie elegant die Natur aus einer molekularen Einheit heraus dem Betrachter das Urphänomen des Lebens vor Augen führt, das doch darin besteht, aus einem zwei zu machen, also das zu vermögen, was Goethe einer Urpflanze ansehen und entnehmen wollte.

Übrigens – wer sich im Detail auf die Doppelhelix einlässt und etwa versucht, sie in ihrer aufsteigenden Geschmeidigkeit nachzubauen, oder überlegt, wie diese Schraube tatsächlich Baustein für Baustein erst zerlegt und dann verdoppelt werden kann, wird rasch merken, welche wunderlichen Tiefen unter der bewunderten Oberfläche stecken, in denen man sich erst verheddern und verirren und damit zum Gespött der spezialisierten Experten werden kann. Diese wenigen Anmerkungen lassen erkennen, dass die Gene und die Schönheit ihrer Schraube nicht allein ein Thema für Molekularbiologen oder Biochemiker ist, sondern auch Poeten und Philosophen hier etwas finden, wobei mir immer der Gedanke eingeleuchtet hat, dass es vor allem sprachgewandte Philosophen sein sollten, von denen man so etwas wie die Zusammenschau erwartet, von der Schrödinger gesprochen hat. Im 19. Jahrhundert hat es solch einen Denker gegeben, der zugleich auch Dichter war, und wie nicht anders zu erwarten, hat er sich bei naturwissenschaftlichen Einmischungen massiv der Gefahr ausgesetzt, sich lächerlich zu machen, um zum Glück am Ende den Mut zu bekommen, zwei Gedanken zu entwickeln, von denen ausgehend sich meiner Ansicht nach die Einheit der Wissenschaft finden lässt, von der immer wieder gerne, vielfach und sinnvollerweise geträumt wird. Wenn ich einen Weg zu diesem hohen Ziel gleich skizziere oder vorstelle, besteht naturgemäß die Gefahr, dass ich mich selbst lächerlich mache, aber Schrödinger und meine Leser (oder Zuhörer) werden es mir verzeihen, und außerdem mögen alte Männer es gefährlich, schließlich haben sie nichts mehr zu verlieren und kaum noch eine Zukunft vor sich.

Nietzsche und die Naturwissenschaften

Der Philosoph, den ich meine, heißt Friedrich Nietzsche, und wer in naturwissenschaftlichen Kreisen aufgewachsen ist und sich dort sein Leben lang zu Hause gefühlt hat, findet es zunächst mühsam, sich mit seinen Texten anzufreunden. Wenn Physiker, Chemiker oder Biologen anfangen, Nietzsche zu lesen, werden sie feststellen, dass er dauernd etwas tut, was ihn unsympathisch macht. Er sieht sich eher oberflächlich im Angebot der Naturwissenschaften um und entlehnt dabei viele Gedanken, die dort erdverbunden bleiben, um sie aus ihrem Kontext heraus in metaphysische Höhen zu treiben. Ein Beispiel ist der Gedanke der „ewigen Wiederkehr", der aus der statistischen Thermodynamik stammt und dort bleiben sollte, weil er nur in einem mathematischen Gewand sinnvoll formuliert und in seinem engen Rahmen bewiesen werden kann.[3] Eine Behauptung der Art „Der Satz vom Bestehen der Energie fordert die *ewige Wiederkehr*" (III, 861) kann ein Naturwissenschaftler nur als unangemessen und unsinnig verstehen.[4] Mit Physik hat er nichts zu tun, obwohl er voller physikalischer Begriffe und Behauptungen steckt, und mit Metaphysik kann er nichts zu tun haben, denn wie kann ein falscher Satz richtig werden, wenn er in einem falschen Zusammenhang falsch angewendet wird?

Weitere Beispiele für Nietzsches allzu oberflächlichen Umgang mit der Wissenschaft findet ein Leser in der „fröhlichen Wissenschaft", die wie folgt anhebt (II, 33): „Ich mag nun mit gutem oder bösem Blick auf die Menschen sehen, ich finde sie immer bei *einer* Aufgabe, alle und jeden einzelnen insonderheit: das zu tun, was der Erhaltung der menschlichen Gattung frommt. Und zwar wahrlich nicht aus einem Gefühl der Liebe für diese Gattung, sondern einfach, weil nichts in ihnen älter, stärker, unerbittlicher, unüberwindlicher ist als jener Instinkt – weil dieser Instinkt eben *das Wesen* unserer Art und Herde ist."

So viele zugleich starke und unbewiesene Behauptungen verträgt ein naturwissenschaftlich verwöhnter Magen nur mühsam, vor allem dann, wenn fast alles durcheinander geht und zwar wohldefinierte, aber keineswegs einfache biologische Begriffe wie Gattung, Art und Instinkt eher gedankenlos mit noch komplizierteren Konzepten wie dem Wesen und der Liebe vermischt werden. Was soll man mit dem Satz anfangen, „der Hass, die Schadenfreude, die Raub- und Herrschsucht und was alles böse genannt wird: es gehört zu der erstaunlichen Ökonomie der Arterhaltung, freilich zu einer kostspieligen, verschwenderischen und im ganzen höchst törichten Ökonomie – welche aber *bewiesenermaßen* unser Geschlecht bisher erhalten hat."

Einem Naturwissenschaftler sträuben sich an dieser Stelle die Haare: Wo Nietzsche von Beweisen spricht, kann bestenfalls Evidenz gemeint sein, und was er da behauptet, bleibt unbewiesen. Wie soll das auch gelungen sein? Überhaupt: Woher weiß Nietzsche von der Rolle der Schadenfreude in der Entwicklung der Menschheit? Auf welche Kenntnisse ober Überlegungen beruhen seine Ansichten? Und woher nimmt er die tolle Kühnheit, die Natur für das ihr unterstellte Vorgehen zu tadeln, indem er ihr eine törichte Ökonomie unterstellt?

Wenn es Nietzsche einem Naturwissenschaftler beim ersten Lesen auch immer wieder schwer macht, ihn zu mögen, so trifft der zweite Blick auf wunderbare Thesen, die ein Eingehen lohnen. So heißt es zum Beispiel im „Nachlass der Achtzigerjahre" (III, 814):„Nicht der Sieg der *Wissenschaft* ist das, was unser 19. Jahrhundert auszeichnet, sondern der Sieg der wissenschaftlichen *Methode* über die Wissenschaft." Und tatsächlich: Als im Frühjahr 2000 mehrfach verkündet wurde, die Gene des Menschen seien entschlüsselt, entziffert, lesbar geworden oder wie dies sonst ausgedrückt wurde, da kam mir Nietzsches Bemerkung sehr gelegen, denn seine Analyse trifft genau den Kern einiger naturwissenschaftlicher Dinge, die viele Menschen stören: Nicht der Sieg der *Wissenschaft* ist das, was unser 20. Jahrhundert auszeichnet, sondern der Sieg der wissenschaftlichen *Methode* über die Wissenschaft. Dieser Satz gilt vor allem dann, wenn wir die Wissenschaft so auffassen, wie sie ihrem Selbstverständnis nach sein wollte, als sie im frühen 17. Jahrhundert ihre ersten modernen Schritte machte. Sie wollte helfen, die Bedingungen der menschlichen Existenz zu erleichtern, und sie sah hierin zunächst sogar ihren einzigen Zweck. Genau der aber wird nicht mehr erfüllt, wenn das menschliche Genom im Schrotschussverfahren zerlegt, von immer schneller arbeitenden Sequenziergeräten durchbuchstabiert und in Computerdateien niedergelegt wird, in denen man erst vergeblich versucht, die Gene des Lebens zu zählen, bevor man sie ganz aus den Augen verliert und aus der Hand gibt.[5]

Ein weiterer Gedanke „Aus dem Nachlass der Achtzigerjahre" gefällt mir besonders, um mit seiner Hilfe den Zustand der modernen Naturwissenschaft zu kennzeichnen. Nietzsche spricht von ihrer *„souveränen Unwissenheit"*, und zwar in folgendem Zusammenhang (III, 862): „Die Entwicklung der Wissenschaft löst das ‚Bekannte' immer mehr in ein Unbekanntes auf: – sie *will* aber gerade das Umgekehrte und geht vom Instinkt aus, das Unbekannte auf das Bekannte zurückzuführen. *In summa* bereitet die Wissenschaft die *souveräne Unwissenheit* vor, ein Gefühl, dass ‚Erkennen' gar nicht vorkommt, dass es eine Art Hochspannung war, davon zu träumen, mehr noch, dass wir nicht den geringsten Begriff übrig behalten, um auch nur ‚Erkennen' als eine *Möglichkeit* gelten zu lassen". Nietzsche meint, „dass ‚Erkennen' eine widerspruchsvolle Vorstellung ist", und mit den zitierten Gedanken des Philosophen bietet sich ein spannender Blick auf die modernen Naturwissenschaften, der vielleicht zu sehen bekommt, wie man in ihr die gewünschte Einheitlichkeit finden und praktizieren kann.

Bevor dieser Aspekt verfolgt wird, möchte ich eine allgemeine Abschätzung von Nietzsches Ausflügen in naturwissenschaftliches Terrain geben, bei denen es vielfach um Themen der Vererbung geht, wobei der Philosoph nicht nur eine Menge über Zucht und konkrete Züchtung – etwa eines Übermenschen – geschrieben, sondern seinen Lesern auch allgemeine Gedanken angeboten hat. In den erwähnten nachgelassenen Fragmenten heißt es zum Beispiel, „Kein Nachdenken ist so wichtig wie das über die Erblichkeit der Eigenschaften", und dem kann man gerade heute nur zustimmen. Allerdings – bei dieser Aufforderung bleibt es dann im Wesentlichen, denn anschließend macht sich der Philosoph rar und schweigt. Es hat nun keinen Zweck, auf Nietzsche einzudreschen, wenn er meint, man müsse „die Erblichkeit der Eigenschaften" mit dem Zweck erkunden, „*freiere* Menschen, als wir es sind, in die Welt zu setzen". Es hat ebenso wenig Zweck, Nietzsche entweder zu verherrlichen oder zu verteufeln. Wichtiger wäre es, Nietzsches häufig provozierende Sätze als Ausgangspunkt für einen interdisziplinären Diskurs zu wählen. Nietzsche fordert seine Mitmenschen mit seinen Einsichten und seinen Irrtümern – gerade mit denen – unentwegt auf, sich nicht allein einer einzelnen Disziplin auszuliefern. Es gilt vielmehr, Themen und Fragestellungen von allen fachlichen Seiten her zu durchleuchten und sich im gemeinsamen Diskurs aus Wissenschaft, Philosophie und Künsten mit ihnen zu beschäftigen. Nietzsches Texte stellen einen Hilfeschrei nach Interdisziplinarität dar, und er sagt es deutlich genug: „Ich weiß so wenig von den Ergebnissen der Wissenschaft. Und doch scheint mir bereits dieses Wenige *unerschöpfbar reich* zu sein zur Erhellung des Dunklen und zur Beseitigung der früheren Arten zu denken und zu handeln."[6]

Die Konsequenz eines solchen Gedankens kann nur lauten, sich immer genauer und ausführlicher mit den Naturwissenschaften einzulassen, um den Anschluss an Nietzsche zu finden. Er geht sonst verloren, wie zwei Beispiele aus den Texten Nietzsches erkennen lassen. In der „Morgenröte" heißt es: *„Die Zwecke der Natur.* – Wer, als unbefangener Forscher, der Geschichte des Auges und seiner Formen bei den niedrigsten Geschöpfen nachgeht und das ganze schrittweise Werden des Auges zeigt, muss zu dem großen Ergebnis kommen: dass das Sehen *nicht* die Absicht bei der Entstehung des Auges gewesen ist, vielmehr sich eingestellt hat, als der *Zufall* den Apparat zusammengebracht hatte. Ein einziges solches Beispiel: und die ‚Zwecke' fallen uns wie Schuppen von den Augen."

Was Nietzsche da formuliert, könnte man erneut ein wissenschaftliches Forschungsprogramm nennen, und in der Tat haben viele Evolutionsbiologen des 20. Jahrhunderts die „Geschichte des Auges" zu erzählen versucht und dabei wunderbare Ergebnisse melden können. Die eleganteste und zugleich höchst allgemeinverständliche Darstellung hat Hoimar v. Ditfurth gegeben, und zwar in seinem Buch „Der Geist fiel nicht vom Himmel." Wir sollten also ausreichend Details der Naturgeschichte kennen, um in der Lage zu sein, Nietzsches „großes Ergebnis" zu erörtern und dabei zu versuchen, die Frage nach der Absicht im naturwissenschaftlichen Diskurs zu stellen. Dann würde bald erkennbar, wie harmlos bzw. haltlos das naive Reden vom Zufall ist, das aus moderner wissenschaftlicher Sicht eher unter dem Niveau Nietzsches ist. Mit anderen Worten: Stoff in Hülle und Fülle, aber wo bleibt die wissenschaftliche Debatte, die das genetische Denken so ernst nimmt, wie Nietzsche es getan hat?

Wer sich auf Nietzsche einlässt, wird spüren, er hätte einer Gemeinschaft aus Künstlern, Wissenschaftlern und Philosophen etwas zu sagen, wenn es sie denn gäbe. Solch eine Forschergemeinschaft gibt es aber nicht, auch wenn der Name der DFG danach klingt. Diese interdisziplinäre Forschergemeinde ist noch zu bilden, und in dem *großen Dialog*, den sie führen könnte, ließe sich Nietzsche verstehen und die Einheit der Wissenschaft finden. Nietzsches Philosophieren mit dem Hammer stellt die Aufforderung zum interdisziplinären Gespräch dar, und er kündigt dabei ein großes Ziel an, denn „wollen wir durch die Wissenschaft den Menschen ihren Stolz wiedergeben, so muss die Wissenschaft *gefährlicher werden*", wie er geschrieben hat, auch wenn sich manche ihrer Vertreter dabei der Gefahr aussetzen, sich lächerlich zu machen.

Das tiefere Geheimnis

Ich selbst setze mich nun dieser Gefahr aus, wenn ich an den Gedanken der *„souveränen Unwissenheit"* anknüpfe und die zitierte Formulierung ernst nehme, „die Entwicklung der Wissenschaft löst das ‚Bekannte' immer mehr in ein Unbekanntes auf". Ernst nehmen heißt konkret, sie historisch an Beispielen zu belegen, und da kann man bei dem freien Fall von massiven Körpern wie dem eigenen anfangen, der ja allen bekannt ist, während der Grund dafür, nämlich die Gravitationskraft, den meisten unbekannt ist, selbst wenn sie das Wort „Schwerkraft" kennen. Sie stellt „ein Unbekanntes" dar, was sich nicht ändert, wenn man erfährt, dass die Allgemeine Relativitätstheorie von Einstein mathematisch vorführt, wie die Schwerkraft sich der Krümmung der Raumzeit verdankt, die durch die Materie zustande kommt.[7] Tatsächlich erklärt die Wissenschaft das, was man sieht und als bekannt betrachtet – die Materie, die Anziehungskraft von elektrischen Ladungen, das Wachsen von Organismen und vieles mehr –, durch Gegebenheiten, die man nicht sieht und die unbekannt bleiben – die Materie durch Atome, die Anziehungskraft durch Felder, das Wachsen durch genetisch instruierte biochemische Reaktionen in Zellen –, wobei dieser Schritt, der dem Bekannten die Würde des Unbekannten verleiht, wie es Novalis nennen würde,[8] eine weitere Dimension eröffnet, die sich durch die Beobachtung ausdrücken lässt, dass die Wissenschaft durch ihre Erklärungen die Geheimnisse der Welt nicht aufhebt, sondern sie im Gegenteil vertieft. Ihr gelingt auf diese Weise die „Verzauberung der Welt", wie ich ausführlich in meinem Buch mit diesem Titel beschrieben habe.

Aufgekommen und aufgefallen ist diese Wendung ihrer Wissenschaft, als die Physiker im frühen 20. Jahrhundert den Atomen und dem von ihnen emittierten Licht auf die Spur kommen und eine wundersame Quantenmechanik zu ihrer Erklärung vorlegen konnten, die bei allem Erfolg vor allem das zeigte, was Carl Friedrich von Weizsäcker in den 1940er Jahren, in denen Schrödinger sich Gedanken zum Leben machte, in seinem Buch „Zum Weltbild der Physik" durch den Satz ausdrückte, man wird „nicht sagen dürfen, dass die Physik die Geheimnisse der Natur wegerkläre, sondern dass sie sie auf tieferliegende Geheimnisse zurückführe".

An dieser Stelle wird vorgeschlagen, in diesem Vorgehen, in diesem Vertiefen des Geheimnisvollen, die Einheit oder Einheitlichkeit der Naturwissenschaften zu sehen, da sie zudem den Vorteil mit sich bringt, beglückend zu sein. Denn „Das Schönste, was wir erleben können, ist das Geheimnisvolle. Es ist das Grundgefühl, das an der Wiege von wahrer Wissenschaft und Kunst steht. Wer es nicht kennt und sich nicht mehr wundern, nicht mehr staunen kann, der ist sozusagen tot und sein Auge ist erloschen", wie Einstein geschrieben hat, als er in einem Aufsatz erläuterte, „Wie ich die Welt sehe".

Was von Weizsäcker konkret im Sinne hatte, als er tieferliegende Geheimnisse ansprach, handelte zum Beispiel von der Natur des Lichtes und dem Aufbau der Atome mit ihren Elektronen. Sowohl das (immaterielle) Licht als auch die (materiellen) Elektronen erwiesen sich ihrem Wesen (philosophisch ausgedrückt) oder ihrer Natur nach als unfassbar, als Doppelwesen. Licht konnte sowohl als Welle als auch in Form von Partikeln in Erscheinung treten, und die Elektronen mit ihrer nachweislichen Masse konnten miteinander interferieren und also die Eigenschaften von Wellen erkennen lassen. Mit anderen Worten, das Licht und die Materie wurden immer geheimnisvoller, als man ihnen immer näher kam, wobei sich in diesem Fall sogar Nietzsches These bestätigt, der zufolge Erkennen eine „widerspruchsvolle Vorstellung" ist. Das Licht verstehen heißt, ihm zuzubilligen, in sich zwei unvereinbare Qualitäten zu vereinen, nämlich Welle und Teilchen zugleich zu sein. In der Physik hat sich daraus der Gedanke der Komplementarität entwickelt, der besagt, dass es zu jeder Erklärung ein Gegenstück gibt, das mit der ersten Erklärung im Widerspruch steht, aber erst zusammen mit ihr dem anvisierten Gegenstand Rechnung trägt. Nur wenn etwas durch zwei gleichberechtigte Vorschläge erfasst wird, die sich zwar widersprechen, die aber zusammengehören, kann man davon reden, etwas erkannt oder verstanden zu haben. Zwischen den beiden komplementären Sichtweisen – Licht als

Welle und Teilchen, Farbe als Wellenlänge und Empfindung, Wasser als Flüssigkeit und Molekül (H_2O), das Leben als Zellhaufen und Existenz, der Mensch als Individuum und Mitglied einer Gemeinschaft –, besteht stets eine Spannung, und der Vorschlag der Physiker, die als erste die Atome und das Licht mit ihrer Theorie erfassen und auf diese Weise verstehen konnten, lief darauf hinaus, diese Spannung zwischen These und Antithese nicht – etwa in einer dialektischen Synthese – aufzulösen, sondern auszuhalten, und mir scheint, dass Nietzsche diese „Art Hochspannung" schon im 19. Jahrhundert gespürt und antizipiert hat, um unter dieser Vorgabe „davon zu träumen", dass Erkennen zu den Möglichkeiten des Menschen gehört, auch wenn dieser dabei immer nur tiefer in die Sphäre des Geheimnisvollen gelangt.

Wenn man Wissenschaft auf diese Weise als etwas ansieht, dass die Menschen auf diesen Weg bringt und ihnen dabei die Spannung beschert, die auf den Begriff der Komplementarität gebracht werden kann, dann erleben sie nicht nur das schönste Gefühl, das kreatives Bemühen mit sich bringen kann, dann gibt ihnen das Einlassen auf dieses Abenteuer auch den Stolz wieder, wobei Nietzsche meint, dass die Voraussetzung dafür gegeben sei, wenn es gelingt, „die Wissenschaft *gefährlicher werden*" zu lassen, gefährlicher nicht als technisches Unternehmen, sondern als Ansammlung von Ideen. Schrödinger zufolge wird sie in diesem Sinne gefährlich, wenn man es wagt, sie umfassend und als Einheit zu verstehen. Auf den Mut zu der dazugehörenden möglichen Blamage kommt es aber an. Welche Forschungsgemeinschaft bringt ihn auf?

Anmerkungen

[1] Gemeint ist der sogenannte Zweite Hauptsatz der Thermodynamik, der aus dem 19. Jahrhundert stammte und bis heute Rätsel aufgibt. Es bleibt schwer, die Entropie genau zu bestimmen, die ständig zunimmt. Es bleibt übrigens ebenso schwer, die Energie zu bestimmen, von der ein Erster Hauptsatz festlegt, dass sie konstant und erhalten und also unzerstörbar bleibt.

[2] Siehe dazu „Schrödinger – Centenary celebration of a polymath", hg. von C.W. Kilmister, Cambridge 1987.

[3] Die Idee einer „Wiederkehr" geht auf den Franzosen Henri Poincaré zurück, der sich um eine Widerlegung des Zweiten Hauptsatzes der Thermodynamik bemühte und deshalb seinen „Wiederkehreinwand" formulierte, demzufolge eine beschränkte (also nicht un-

endlich verzweigte) Welt, die von den Gesetzen der Mechanik beherrscht wird, immer wieder durch einen Zustand gehen wird, der sehr nahe bei ihrem Ausgangszustand liegt.
[4] Nietzsches Texte werden zitiert nach von Karl Schlechta herausgegebenen Ausgabe der Werke in drei Bänden, die 1954 im Hanser Verlag (München) und 1997 als Lizenzausgabe der Wissenschaftlichen Buchgesellschaft (Darmstadt) erschienen ist. Die Zitierung erfolgt nach der römischen Bandnummer und der Seitenzahl, also z.B. II, 215.
[5] Mehr und Aktuelles dazu in meinem Buch „Treffen sich zwei Gene", München 2016.
[6] Zitiert nach „Nietzsche für Freunde", eine Textauswahl von Wolf Jobst Siedler jr., btb 72671, Goldmann Taschenbuch, München 2000.
[7] Mehr zu diesem Beispiel und viele weitere gibt es in meinem Buch „Die Verzauberung der Welt", München 2014.
[8] Bei Novalis heißt es: „Indem ich dem Gemeinen einen hohen Sinn, dem Gewöhnlichen ein geheimnisvolles Ansehen, dem Bekannten die Würde des Unbekannten, dem Endlichen einen unendlichen Schein gebe, romantisiere ich es."

Henrik Holm

Die Macht der Dummheit oder: Nietzsche und wir?

Nietzsche, die Dummheit und wir

Nietzsches Kampf gegen seine Zeit möchte ich als einen Kampf gegen die Macht der Dummheit interpretieren. Ich möchte dazu ermuntern, unsere Gegenwart anhand von Nietzsche zu spiegeln. Das daraus entstehende Spiegelbild ist nicht schön, es kann aber zur Selbsterkenntnis führen und somit neue Perspektiven eröffnen. Denn diese brauchen wir, soll zum Beispiel Bildung noch Sinn machen. Nietzsches Zeit ist nicht identisch mit der unsrigen, jedoch braucht man keine großen hermeneutischen Kunstgriffe, um zu erkennen, dass das, wogegen Nietzsche kämpft, nicht überwunden ist, sondern vielmehr zum Leitbild unserer Bildungskultur geworden ist. Mit anderen Worten: Nietzsches Kampf gegen die Dummheit seiner Zeit ist aktueller denn je.

Der Begriff der Dummheit kommt relativ oft in Nietzsches Schriften vor, jedoch kann man daraus keine Theorie der Dummheit entwickeln. Oft tritt sie auf, wenn sie gar nicht erwähnt wird. Es gibt bei Nietzsche Topologien der Dummheit, und in diesem Artikel geht es mir hauptsächlich um die Dummheit als ein Phänomen in der Kulturphilosophie Friedrich Nietzsches. Ich möchte Nietzsche als Diagnostiker der Dummheit vorstellen.

Beginnen wir mit einer kurzen Klärung des Begriffs der Dummheit. Immanuel Kant definiert die Dummheit als einen „Mangel an Urteilskraft"[1]. Gegen diese Definition ist meines Erachtens nichts einzuwenden. Sie dient als Leitfaden meiner Betrachtungen.

Die *Macht der Dummheit* besteht in der bewussten *Entmachtung der Urteilskraft*. Darum entzieht sie sich nicht der persönlichen Verantwortung. In diesem Sinne verstehe ich unter Dummheit das Resultat einer selbstverschuldeten Selbstentmündigung.

Der Dumme ist nicht der einfach Gestrickte. Dumm kann auch ein sehr intelligenter Mensch sein. Deswegen ist der Gegenbegriff zur

Dummheit nicht Intelligenz, sondern Klugheit. Klug zu sein ist etwas Anderes, als nur intelligent zu sein. Dummheit und Klugheit sind *moralische* Begriffe und beschreiben nicht einfach das Vorhandensein oder das Fehlen von Intelligenz und Können.

Meines Erachtens kann man gewisse Figuren in Nietzsches Schriften als Manifestationen der Dummheit verstehen. Sie üben eine Macht aus, weil sie für eine ganze Kultur stehen. Nietzsche geht ins Gericht mit seiner Gegenwart. Besonders trifft sein Urteil das Bildungskonzept seiner Zeit. Nietzsche sieht die epistemologischen, moralischen und kulturellen Implikationen einer substanzlosen Bildung, die geradezu in ihrer selbstverschuldeten Dummheit die wahrhaftige Geistigkeit des Menschen zerstören.

Denn Dummheit ist ein (geistiges) Phänomen der Entgeistigung: d.h. man entgeistigt sich selbst oder versucht andere zu entgeistigen im Wissen darum, dass Entgeistigung Machterweiterung impliziert. Die Macht der Dummheit äußert sich sozial als politische Korrektheit (in Nietzsches Terminologie: Journalismus und Öffentlichkeit) und tritt individuell als Denkverweigerung (Weigerung der Selbsttranszendenz) auf. Der Dumme traut sich nichts, er will lieber bequem leben. Deswegen sagt zum Beispiel auch Thomas von Aquin bekanntlich, Dummheit sei eine Sünde.[2] Sie entspringe dem Wunsch nach Bequemlichkeit. Luxus macht dumm, so Thomas von Aquin; und so auch Nietzsche.

Nietzsches Rezept gegen die Macht der Dummheit lautet: Selbsttranszendenz. Im Folgenden soll von Dummheit als fehlender Selbsttranszendenz und Selbsttranszendenz als Weg aus der Dummheit die Rede sein.

Die Kultur der Dummheit: Der Bildungsphilister

Dummheit als Mangel an Urteilskraft und als Folge des Wunsches nach Bequemlichkeit: Man braucht nicht lange suchen, um diese Phänomene in den frühen Schriften Nietzsches zu finden. Ein kultureller Feind Nietzsches ist der Bildungsphilister. Von dem soll nun ausführlich die Rede sein, weil er ein Beispiel der Dummheit und sogar der Macht der Dummheit ist.

Der Bildungsphilister beherrscht das akademische Leben und die deutsche Bildungskultur und ist Leitfigur des wachsenden Journalismus im 19. Jahrhundert. Nietzsche hat in seiner ersten Unzeitgemäßen Betrachtung seinen Kampf gegen den Bildungsphilister exemplarisch konkretisiert und zwar mit einer Aufforderung zum intellektuellen Duell. Der Kontrahent ist der protestantische Theologe David Friedrich Strauß. Safranski fasst seine Botschaft präzise zusammen: „Es gibt allen Grund, mit der Gegenwart und ihren Errungenschaften – Eisenbahn, Schutzimpfung, Hochöfen, Bibelkritik, Reichsgründung, Düngemittel, Zeitungswesen, Post, – zufrieden zu sein. Es gibt keinen Grund mehr, vor der Wirklichkeit in die Metaphysik und Religion auszuweichen."[3] In Bezug auf die Religion will er das traditionelle Christentum zugunsten des Darwinismus und Hegelianismus verabschieden. Er hält den christlichen Glauben an Jesus für erledigt, versucht jedoch ein neues Bild von Jesus zu entwerfen, das seiner Zeit passt. In diesem Sinne versteht er sich paradoxerweise als Erretter eines neu von ihm entworfenen Christentums. Nietzsche attackiert ihn scharf. Sein Werk sei unehrlich, heuchlerisch, unkritisch, und widerspricht der intellektuellen Redlichkeit eines akademisch Forschenden auf verheerende Weise. Für Nietzsche ist es das Werk eines Bildungsphilisters. Strauß versteht sich selbst als einen wahren Kulturmenschen, das Gegenteil ist aber der Fall. Nietzsche beschreibt den Bildungsphilister so:

„Das Wort Philister ist bekanntlich dem Studentenleben entnommen und bezeichnet in seinem weiteren, doch ganz populären Sinne den Gegensatz des Musensohnes, des Künstlers, des ächten Kulturmenschen. Der *Bildungsphilister* aber – dessen Typus zu studiren, dessen Bekenntnisse, wenn er sie macht, anzuhören jetzt zur leidigen Pflicht wird – unterscheidet sich von der allgemeinen Idee der Gattung „Philister" durch Einen Aberglauben: er wähnt selber Musensohn und Kulturmensch zu sein; ein unbegreiflicher Wahn, aus dem hervorgeht, dass er gar nicht weiß, was der Philister und was sein Gegensatz ist: weshalb wir uns nicht wundern werden, wenn er meistens es feierlich verschwört, Philister zu sein."[4]

Worin besteht die Dummheit des Bildungsphilisters? Man kann sie auf zweierlei Art zusammenfassen:

1. Der Bildungsphilister fordert eine substanzlose Bildung. Statt eigene Horizonterweiterung such er die Anpassung von allem an den eigenen Geist. Nietzsche bezeichnet die modernen Freidenker seiner Zeit als „unverbesserliche Flachköpfe und Hanswürste der modernen Ideen"[5]. Der Bildungsphilister spricht in einem „Lumpenjargon der Jetztzeit" und verfällt daher der Halbbildung.

2. Der Bildungsphilister Strauß hat kein Verständnis von dem, was zerstört worden ist, wenn man die Inhalte des Christentums auf die Anpassungsfähigkeit der modernen Freidenker reduziert. Es fehlt die Leidenschaft und „das Leiden an gewissen schmerzlichen Erkenntnissen, die das Herz schaudern lassen über dem, was sie destruieren."[6] Der katastrophale Mangel an Urteilskraft besteht darin, dass er gewissermaßen das Leben auf die Naturwissenschaft einrichtet. Er versucht den Menschen metaphysisch mit Hilfe der Naturwissenschaft zu trösten. Strauß spricht vom „lindernden Öl" der Natur trotz der „unbarmherzigen Räder". Das ist in Nietzsches Perspektive seelisches Gift und absoluter Schwachsinn. Denn die Natur sei, so Nietzsche, roh, ohne Metaphysik, ohne Trost. Es gibt keine seelsorgerlich tätige Metaphysik in der Natur. Er schreibt: „Meine Brüder, die Natur ist dumm: und so weit wir Natur sind, sind wir alle dumm. Auch die *Dummheit* hat einen schönen Namen: sie nennt sich Nothwendigkeit. Kommen wir doch der Nothwendigkeit zu Hülfe!"[7] (Man könnte es so sagen: Es fehlt der Natur die Urteilskraft. Darum ist sie dumm.)

In beiden Punkten wird deutlich: man dient der Bequemlichkeit, statt gewissenhaft im Rahmen einer intellektuellen Redlichkeit zu denken. Man ist geradezu stolz auf die Entmündigung der Urteilskraft. Nietzsche schreibt in seinen Notizen im Frühling 1875:

„Also auch: je mehr Dummheit, desto mehr Behagen. Der *Bildungsphilister* ist das behaglichste Geschöpf, welches je die Sonne gesehen hat; er wird eine gehörige Dummheit haben."[8]

Der Bildungsphilister ist das Produkt eines Wollens. Man will sich emanzipieren von der Unmündigkeit unter einem Gott. Dabei merkt man nicht, dass man sich gerade dadurch entmündigt. Nietzsche erfährt die Verzweiflung eines wollenden Abschüttelns von Glaube und Religion.[9] Erkenntnis geht für Nietzsche mit Schmerz einher. Die Gottesentfernung seiner Zeit schmerzt ihn, sie ist eine Qual.

Bildungsphilister sind für Nietzsche nicht nur einzelne Personen, sondern sie sind geradezu allpräsent in der deutschen Kultur seiner Zeit. Die Bildungsphilister beherrschen die Öffentlichkeit. Hier enthüllt sich die Macht und ja die Gewalt der Dummheit: Der Bildungsphilister setzt sich durch in der Öffentlichkeit, er schafft sich eine Öffentlichkeit, die die Wirklichkeit als solche neu setzt. Die Wirklichkeit sei nun flach, ohne Ideale, ohne Ehrfurcht, ohne Substanz. Die Neusetzung der Wirklichkeit macht das Geistesleben zum Gemeingut. Nun gilt nur das als wirklich,

Die Macht der Dummheit, oder: Nietzsche und wir? 331

was allgemein als wirklich gilt. Jeder kann zu jedem Thema mitreden. „Wo aber jeder über jegliches mitreden darf, muss auch der Geist verflachen und sich in einem alles beherrschenden Mittelmaß auflösen."[10] Man könnte vom „Terror des Gleichen" sprechen. Es habe sich ein Wandel vollzogen: die Errungenschaft *„frei meinen zu können"* ist umgeschlagen in *„frei meinen zu müssen"*. Die Bildungsphilister geben vor, was man denken, meinen und sagen soll. Das Gesollte ist das auf Konvention beruhende Gemeine. Die Bildungsphilister *setzen* (in geradezu perverser Verwandlung von Fichtes absolutem Ich) die Konvention, und wer anders denkt, gehört nicht dazu. Nietzsche schreibt hierzu Folgendes:

„Er [der Bildungsphilister] nimmt um sich herum lauter gleiche Bedürfnisse und ähnliche Ansichten wahr; wohin er tritt, umfängt ihn auch sofort das Band einer stillschweigenden Convention über viele Dinge, besonders in Betreff der Religions- und der Kunstangelegenheiten: diese imponirende Gleichartigkeit, dieses nicht befohlene und doch sofort losbrechende tutti *unisono* verführt ihn zu dem Glauben, dass hier eine Cultur walten möge. Aber die systematische und zur Herrschaft gebrachte Philisterei ist deshalb, weil sie System hat, noch nicht Cultur und nicht einmal schlechte Cultur, sondern immer nur das Gegenstück derselben, nämlich dauerhaft begründete Barbarei."[11]

Die Bildungsphilister wollen Bequemlichkeit, darum kann Nietzsche in *Menschliches, Allzumenschliches,* ausrufen: „Öffentliche Meinungen – private Faulheiten."[12] Und in einer seiner späten Schriften hören wir ein Echo, wenn er sich darüber beklagt, dass die ganze Kultur seiner Zeitgenossen „ohne Sinn, ohne Substanz, ohne Ziel, eine bloße öffentliche Meinung"[13] sei.

In *Schopenhauer als Erzieher* beschreibt er die Bildungsphilister als „die geplagten Sklaven der drei M, des Moments, der Meinungen und der Moden":

„Als ob ein Trank in ihnen wirkte, der sie nicht mehr ruhig athmen liesse, stürmen sie fort in unanständiger Sorglichkeit, als die geplagten Sklaven der drei M, des Moments, der Meinungen und der Moden: so dass freilich der Mangel an Würde und Schicklichkeit allzu peinlich in die Augen springt und nun wieder eine *lügnerische* Eleganz nöthig wird, mit welcher die Krankheit der würdelosen Hast maskirt werden soll."[14]

Der Moment, die Meinungen und die Moden: Wir können ja bei uns fragen, inwiefern wir uns diesen M's ausliefern. Ich glaube, wir werden schnell feststellen, dass sie unsere Existenz in vielerlei Hinsicht konstituieren. Hier drei Beispiele, wie die drei M's als Macht der Dummheit auf uns wirken:

1. Die Meinungen üben Macht auf uns aus. Ich darf nicht meinen, was *ich* meine. Und in der Forschung wird es schwierig, wenn man nicht den Meinungen der Anderen folgt.
2. Die Mode macht mich annehmbar für andere. Ich liefere mich Konventionen aus, um anerkannt zu werden. An sich muss das nicht schlecht sein, aber wenn es um Moden im Denken geht (ich erinnere an das eingangs Gesagte, dass die Dummheit ein geistiges Phänomen ist), hebt man die Freiheit auf, wenn man der Konvention folgt. Konventionelles Denken führt zur Veränderung des Wissens: Man weiß nicht mehr um das Wissenswerte im Sinne einer Einsicht in eine Sache, sondern man weiß um das Nicht-Wissenswerte im Sinne von Informationen über etwas. Die Integration des Wissenswerten in der eigenen Person wird gegen Ansammlung von Informationen ausgetauscht.
3. Dem Moment nachzulaufen bedeutet bewusst auf innere Stabilität zu verzichten. Man lässt sich von Ereignissen mitreißen. Man tauscht die Erfahrung mit Erlebnis ein. Erfahrungen machen uns zu dem, was wir sind, sie können uns verändern. Sie prägen uns. Erlebnisse verändern uns nicht. Sie liefern uns dem Genuss des Jetzt aus.

Wenn wir den Begriff der Öffentlichkeit hinzuziehen, könnte man sagen, dass Nietzsches Kritik der drei M's eine Kritik sei, die nicht nur das Individuum trifft, sondern eine tiefe Struktur des modernen Bewusstseins. Diese Struktur nimmt die Funktion einer Religion an. Der Philosoph und Medientheoretiker Kurt Braatz hat eine hervorragende Analyse von Nietzsches Begriff der Öffentlichkeit vorgelegt. Hier beschreibt er, wie die Medien die Funktion der Religion übernommen haben:

„Die Medien transzendieren die Welt, die Zeitung tritt an die Stelle der täglichen Gebete, die vermeintliche „Information" fungiert als Offenbarung und infiziert immer weitere Bereiche des Bewusstseins der öffentlich meinenden Individuen."[15]

Nietzsche hat keine eindeutige Strategie gegen die Dummheit des Journalismus entwickelt, jedoch beginnt man, so Nietzsche, zu heilen, wenn man geradezu einen Ekel empfindet vor der Sprache der journalistischen Bildungsphilister. Bildung zum Beispiel sei vergeblich, wenn man nicht „vor gewissen Worten und Wendungen unserer journalistischen Gewöh-

Die Macht der Dummheit, oder: Nietzsche und wir? 333

nungen einen physischen Ekel"[16] empfindet. Ekel an der Dummheit zu empfinden ist die Voraussetzung einer Strategie gegen die Dummheit.

Nietzsche hatte Mut zur Einsamkeit. Vielleicht liegt darin auch eine Strategie gegen die Macht der Dummheit: Nietzsches Kampf gegen die Bildungsphilister ging einher mit einem Misstrauen gegen die Philologen seiner Zeit. Nietzsche war ja Philologe und wurde sogar mit 25 Jahren Professor der Philologie an der Universität Basel. Jedoch wurde er, ein Hoffnungsträger der deutschen Philologie, schnell seinem Fach entfremdet durch schockierende und radikale Publikationen wie *Die Geburt der Tragödie aus dem Geiste der Musik* und die vier *Unzeitgemäßen Betrachtungen*. Nietzsche hatte Mut zum eigenen Denkweg und war bereit für das Schicksal der Vereinsamung.

Die Psychologie der Dummheit: Der Herdeninstinkt und der letzte Mensch

In *Also sprach Zarathustra* entwirft Nietzsche eine Beschreibung des „letzten Menschen". Man kann diese Figur als eine Weiterführung des von ihm verachteten Bildungsphilisters interpretieren. Der letzte Mensch ist aber noch einen Schritt gegangen: er ist das Resultat eines langen Prozesses des Bildungsphilistertums. Der Bildungsphilister ist nun der allgemeine gegenwärtige Mensch zur Zeit Nietzsches. Er verbindet ihn mit dem Begriff des Herdeninstinktes. Der letzte Mensch lebt vom Herdeninstinkt und erweckt Nietzsches Ekel. Nietzches Bild vom letzten Menschen eignet sich als Versuch in die Welt der von der Dummheit Besessenen einzudringen. Wir hören zuerst folgende Worte aus *Also sprach Zarathustra*:

„Ich sage euch: man muss noch Chaos in sich haben, um einen tanzenden Stern gebären zu können. Ich sage euch: ihr habt noch Chaos in euch. Wehe! Es kommt die Zeit, wo der Mensch keinen Stern mehr gebären wird. Wehe! Es kommt die Zeit des verächtlichsten Menschen, der sich selber nicht mehr verachten kann. Seht! Ich zeige euch den letzten Menschen. „Was ist Liebe? Was ist Schöpfung? Was ist Sehnsucht? Was ist Stern?" – so fragt der letzte Mensch und blinzelt. Die Erde ist dann klein geworden, und auf ihr hüpft der letzte Mensch, der Alles klein macht. Sein Geschlecht ist unaustilgbar, wie der Erdfloh; der letzte Mensch lebt am längsten. „Wir haben das Glück erfunden" – sagen die letzten Menschen und blinzeln. Sie haben die Gegenden verlassen, wo es hart war zu leben: denn man braucht Wärme. Man liebt noch den Nachbar und reibt sich an ihm: denn man braucht Wärme. Krankwerden und Misstrauen-haben gilt ihnen sündhaft: man geht achtsam einher. Ein Thor, der noch über Steine oder Menschen stolpert! Ein wenig Gift ab und zu: das macht angenehme Träume. Und viel Gift zuletzt, zu einem angenehmen Sterben. Man arbeitet noch, denn Arbeit ist eine Unterhaltung. Aber man sorgt, dass die Unterhaltung nicht angreife. Man wird nicht mehr arm und reich: Beides ist zu beschwerlich. Wer will noch regieren? Wer noch gehorchen? Beides ist zu beschwerlich. Kein Hirt und Eine Heerde! Jeder will das Gleiche, Jeder ist gleich: wer anders fühlt, geht freiwillig in's Irrenhaus. „Ehemals war alle Welt irre" – sagen die Feinsten und blinzeln. Man ist klug und weiss Alles, was geschehn ist: so hat man kein Ende zu spotten. Man zankt sich noch, aber man versöhnt sich bald – sonst verdirbt es den Magen. Man hat sein Lüstchen für den Tag und sein Lüstchen für die Nacht: aber man ehrt die Gesundheit. „Wir haben das Glück erfunden" – sagen die letzten Menschen und blinzeln. –"[17]

Diese Zeilen haben eine breite Rezeptionsgeschichte. Darauf kann ich jetzt nicht eingehen. Ich möchte nur andeuten, wie man diese meisterhafte Beschreibung des letzten Menschen als die Macht der Dummheit verstehen kann.

Das Lebensprinzip des letzten Menschen ist alles klein zu machen, damit nichts herausfordern darf. Die Wirklichkeit, die von mir unabhängig ist, soll nicht zu mir sprechen. Denn das könnte meine Ruhe stören. Der letzte Mensch hat sich eingerichtet. Ihm passiert nichts Neues. Er hat sich der Möglichkeit etwas Ungeheuerliches oder Ekstatisches erfahren zu können, selbst beraubt. Auf diese Weise ist er klein geworden und fühlt sich wohl in seinem Eingerichtetsein. Denn er liebt das Sich-Wohlfühlen. Das Wohlfühlen dient als Kriterium des Guten, des Wahren und des Schönen. Und er hat jegliche Form von Negativität ausgeschlossen. Es gibt nichts, woran er sich abarbeiten muss.

Erkenntnisse sind (dagegen) für Nietzsche das Resultat schmerzlicher Prozesse. Hier ist Nietzsche Hegelianer: Erkenntnis bedeutet schmerzliche Integration des Negativen. Das erkennende Selbst ist unglücklich, weil es immer den oder das Andere braucht, um zu sich selbst zu kommen. Von dem ist beim letzten Menschen nicht mehr die Rede. Er braucht keine Erkenntnisse, denn ihm geht es ja vermeinend gut. Die Verabschiedung vom Menschen als einem erkennenden Wesen geht ein-

Die Macht der Dummheit, oder: Nietzsche und wir? 335

her mit der Verachtung kultureller Identität. Der letzte Mensch ist im Grunde genommen ein kultureller Rassist. Er verachtet seine Herkunft, denn seine Herkunft ist nur das Lustprinzip. Dass er mit seinem Lustprinzip historisch geformt ist, interessiert ihn nicht. Er lebt ausschließlich von der Befriedigung seiner Lust. In diesem Sinne ist er gewissermaßen zeitlos und ortlos. Er ist ein „global Player". Er hat keine kollektive Identität, die ihn trägt und formt. Er ist gefangen im Gefängnis seines kleinen Horizontes.

Nietzsche bezeichnet den letzten Menschen treffend als ein Herdentier. Es fehlt ein Selbst, das sich mit dem Leben auseinandersetzt. Es fehlt zudem ein freier Geist, der das Leben von einer höheren Perspektive betrachtet. Die Folge ist, dass er keinen Stern gebären kann. Die Metapher des Sternes ist wichtig für Nietzsche. Denn der Stern leuchtet wie er ist, unberührt vom Schicksal der Welt. Der Stern dient Nietzsche als Symbol des freien Geistes. In *Die Fröhliche Wissenschaft* spricht er von Sternenmoral:

„Vorausbestimmt zur Sternenbahn, was geht dich, Stern, das Dunkel an? Roll' selig hin durch diese Zeit! Ihr Elend sei dir fremd und weit! Der fernsten Welt gehört dein Schein: Mitleid soll Sünde für dich sein! Nur ein Gebot gilt dir: sei rein."[18]

Die Macht der Dummheit liegt letztlich zunächst in der Selbsttäuschung. Der letzte Mensch lebt in der Illusion, dass er frei ist. Nietzsche sagt zwar, dass wir Illusionen brauchen, um das Leben erträglich zu machen. Jedoch handelt es sich dann um Illusionen, die uns transzendieren. Lebensförderliche Illusionen sind für Nietzsche Zukunftsvisionen, die den zeitlichen Rahmen der Jetztzeit überwinden. Der letzte Mensch ist gefangen im Käfig seines Wohlfühlens. Er ist verächtlich, weil er nichts Großes, Ungeheuerliches denken kann. Wenn wir die Figur des letzten Menschen weiterdenken, könnte man sagen, dass dessen Lebensphilosophie darin besteht, seine kleine Lebenswelt empirisch zu analysieren. Philosophie als synthetische, deduktive Beschäftigung gilt ihm als irrelevant. Philosophie als grenzüberschreitende Tätigkeit, die den Menschen Flügel gibt, kommt beim letzten Menschen nicht vor, und ist auch nicht gewollt. Der Sammelbegriff für diese Erscheinungen ist meines Erachtens Dummheit: Dummheit als selbstverschuldete Entmachtung des eigenen Geistes.

Die Macht der Dummheit besteht nicht nur einfach darin, dass der letzte Mensch ein Massenphänomen ist. Der letzte Mensch ist für Nietzsche der moderne Mensch, der Gott getötet hat und kein eigenes Interesse hat einen Gott zu schaffen. Er ist deswegen nur auf sich selbst angewiesen und verwiesen, und dieses Selbst des letzten Menschen ist ein erbärmliches Ding. Die Menschheit ist eine Herde geworden. Alles ist gleich; – und ist es nicht gleich, muss es gleichgemacht werden! Der Zwang zur Herden-Identität ist grenzenlos. Wer anders denkt, geht freiwillig ins Irrenhaus. Oder er entwickelt eine Alternative, eine Strategie gegen den Identitätszwang der alles gleichmachenden Dummheit.

Nietzsches Strategien gegen die Macht der Dummheit

Nietzsches Strategie gegen die Dummheit lautet: Selbsttranszendenz. Der Mensch hat die Fähigkeit sich selbst und seine Zeit zu überschreiten. Der Glaube an die Fähigkeit zur Selbsttranszendenz zieht sich als ein roter Faden durch Nietzsches Schriften. Er ist selbst ein Beispiel dieser Fähigkeit menschlichen Denkens. Ich möchte nun auf zwei Strategien der Selbsttranszendenz eingehen, die die Macht der Dummheit brechen.

Die erste Strategie ist das, was Nietzsche „Pathos der Distanz" nennt. Beim Pathos der Distanz handelt es sich um „jenes Verlangen nach immer neuer Distanz-Erweiterung innerhalb der Seele selbst, [...] kurz eben die Erhöhung des Typus ‚Mensch', die fortgesetzte ‚Selbstüberwindung des Menschen', um eine moralische Formel in einem übermoralischen Sinne zu nehmen."[19] Das Pathos der Distanz ist für Nietzsche eine Tugend der Vornehmheit. Er stellt sich eine Art geistige Aristokratie vor, die Leid überwindet und so Distanz als Bedingung persönlicher Entwicklung ansieht. Mit dem „Pathos der Distanz" geht der geistige Aristokrat auf Abstand zur zeitlichen Bedingtheit seines Lebens. Die Gleichheitsforderungen des Bildungsphilisters oder des letzten Menschen berühren ihn nicht. Nietzsches Philosophieren, vor allem in den aphoristischen Werken wie *Morgenröthe*, *Die Fröhliche Wissenschaft*, *Die Genealogie der Moral* und *Jenseits von Gut und Böse*, kann man durchaus als das Resultat eines Philosophierenden lesen, dem Einübungen in das „Pathos der Distanz" vorausgehen.

Zum Pathos der Distanz gehört für Nietzsche, dass er nicht nur schreibt, was er denkt, sondern dass das Gedachte eine künstlerische Transformation erfährt, durch die es verbunden wird mit Stil, Farbe,

Musik und Stimmung. Nietzsches Aphorismen sind keine plumpen Selbstbekenntnisse, sondern künstlerisch verarbeitete Erkenntnisse. Das Gedachte in den Aphorismen ist mit Ironie, Witz und musikalischen Wirkmitteln innerlich verbunden. Nietzsches Philosophie ist eine Künstler-Philosophie. Philosophische Erkenntnisse werden künstlerisch vermittelt. Somit ist es dem Autor Nietzsche ermöglicht, sich vom Text zu distanzieren. Er kann eine Gesamtperspektive auf seine Texte bewahren, er kann sie auf einander beziehen und ein Spiel mit dem Ungesagten anfangen. Paradoxerweise könnte man sagen: Es steht so viel geschrieben in Nietzsches Texten, was nicht dort steht. Nietzsche lesen erfordert folglich ein künstlerisches Einfühlungsvermögen.

Mit der Wendung „Pathos der Distanz" hat er uns eine Anleitung gegeben, wie man ihn verstehen soll. Denn dadurch kann die Lektüre von Nietzsches Werken zu einer Erfahrung der Freiheit führen. Freiheit von den Bedingungen der Jetztzeit, Freiheit vom Identitätszwang des Herdenmenschen, und Freiheit zum geistigen Experimentieren, Freiheit zur Selbsttranszendenz und Freiheit zur künstlerischen Verarbeitung des Lebens.

Die zweite Strategie lautet – Ja – zum Leben. Er verachtet seine Zeit: „Dies, ja dies ist Bitterniss meinen Gedärmen, dass ich euch weder nackt, noch bekleidet aushalte, ihr Gegenwärtigen."[20] Also sprach Nietzsche als Zarathustra. Die Verachtung der Zeit ist nicht etwa ein minderwertiger Hass, ein Gefühl des Scheiterns oder der Resignation, sondern ist die Kehrseite einer starken, freudigen und rufenden Bejahung des Lebens. Nietzsche hat sich überwunden zur Bejahung seines Schicksals. Er geht so weit und erhebt die Wiederkehr des Gleichen als Ideal seiner Lebensbejahung.

„Ich will immer mehr lernen, das Nothwendige an den Dingen als das Schöne zu sehen: – so werde ich Einer von Denen sein, welche die Dinge schöner machen. Amor fati: das sei von nun meine Liebe! Ich will keinen Krieg gegen das Hässliche führen. Ich will nicht anklagen, ich will nicht einmal die Ankläger anklagen. Wegsehen sei meine einzige Verneinung! Und, Alles in Allem und Grossen: ich will irgendwann einmal nur noch ein Ja-sagender sein."[21]

Mit solchen Worten leitet er den ersten Aphorismus des vierten Buches der *Fröhlichen Wissenschaft* ein. Wer spricht hier? Ist es der Autor als Person? Ist es der freie Geist als das Idealbild eines Philosophierenden? Ist es ein einziger Traum? Ist es das verkrampfte Bekenntnis eines Schwerleidenden, der am Leben trotz allem festhalten möchte? Spricht einer, der Angst hat vor dem Nichts und deswegen – Ja – sagt zu allem als letzte Zuflucht?

Vielleicht könnte man ihn so interpretieren: Das Ja-Sagen ist ein Weg in die Freiheit. Es befreit von der Macht der Dummheit. Denn das Ja-Sagen ist keine Affirmation des Bestehenden, sondern eine Bejahung des Lebenswillens an sich. Das Notwendige ist das Lebendige. Das Dumme entsteht als Entfremdung vom Leben. Die Dummheit ist ein geistiger Überfall auf das Leben. Dem wirkt Nietzsche durch seinen Gedanken vom *Amor fati* entgegen. Es handelt sich um eine Überlebensstrategie. Nietzsche fordert uns hiermit auf, das Leben künstlerisch zu gestalten. Die Notwendigkeit des Schicksals ist eine ästhetische Notwendigkeit. Die Schönheit dient als Kriterium des Notwendigen. Die Begegnung mit der Macht der Dummheit wird nicht nur durch resignative, innere Emigration überwunden, sondern durch die Gestaltung des Lebens als Kunstwerk (in dem alles notwendig und organisch verbunden ist).

Nietzsche lesen heute

Nietzsches Texte sind Geheimnisse. Der Sinn ist nicht eindeutig zu fixieren. Geschrieben sind sie von einem Philosophen, der völlig vereinsamt war und der wusste, was Krankheit und Schmerz ist. Dennoch hat er frei gedacht. Das Leben als Philosoph war für ihn ein Leben im Dienste der Erkenntnis. Seine Devise könnte man folgendermaßen formulieren: *Wir erkennen nicht um zu leben, sondern leben um zu erkennen.*[22]

Ich schließe mit einigen Bemerkungen zur Aktualität dessen, was wir von Nietzsche in Bezug auf die Macht der Dummheit lernen können. Nietzsches Denken ist ein Sich-hinaus-Denken über Grenzen hinweg. Eine Einübung in Ehrlichkeit. Denken tut weh. Wenn wir ehrlich sind, erreichen wir nie Fakten, sondern Interpretationsmöglichkeiten dessen, was uns in der Wirklichkeit begegnet. Die heutige Verweigerung sich auf die Unendlichkeit der Interpretationen einzulassen, ist eine Form der Dummheit. Wir wollen nur Fakten. Damit liefern wir uns der Dummheit aus.

Dummheit geht einher mit Verzicht auf Geist als die Fähigkeit des Sich-beziehens, Sich-in-Relation-Setzen-Könnens und des Sich-Einprägens von Wirklichkeit. Verzicht auf Geist impliziert Verzicht auf neue Erfahrungen, denn Erfahrungen sind geistig verarbeitete Begegnungen. Erfahrungen entstehen als Dialoge im Inneren. Nietzsches Philosophieren ist ein Versuch, in die Tiefen der menschlichen Seele einzudringen. Diese Tiefen sind unangenehm, teilweise beschämend und desillusionierend. Nietzsches Beschreibungen klären auf, in diesem Sinne bedeutet Nietzsche lesen sich der *eigenen* Dummheit stellen. Dummheit ist mit anderen Worten nicht nur Sache der Anderen. „Alle anderen sind dumm, aber ich nicht" ist eine dumme Aussage. Es scheint, dass Dummheit etwas ist, was immer überwunden werden muss. Ein fundamentaler Anfang im Kampf gegen die eigene Dummheit ist es, sich bereichern und provozieren zu lassen von Denkern, die uns etwas zu sagen haben und selbst nicht den Manifestationen der Dummheit nachgelaufen sind. Dazu gehört Friedrich Nietzsche.

Literaturverzeichnis

Braatz, Kurt (1988): *Friedrich Nietzsche – Eine Studie zur Theorie der öffentlichen Meinung* (= *Monographien und Texte zur Nietzsche-Forschung*. Band 18). de Gruyter, Berlin u.a.
Düsing, Edith (2007): *Nietzsches Denkweg, Theologie-Darwinismus-Nihilismus*, München, 2. Aufl.
Kant, Immanuel (2010): *Kritik der reinen Vernunft*, Hamburg.
Friedrich Nietzsche (1980): *Sämtliche Werke. Kritische Studienausgabe in 15 Bänden*, hg. von Giorgio Colli und Mazzino Montinari, München/Berlin/New York 1980.
Safranski, Rüdiger (2002): *Nietzsche. Biographie seines Denkens*, Fischer Verlag: München.
van Treeck, Werner (2015): *Dummheit: Eine unendliche Geschichte*, Stuttgart: Reclam.

Anmerkungen

[1] Kant, Kritik der reinen Vernunft, A 133/B172.
[2] Vgl. hierzu van Treeck 2015.
[3] Safranski 2015, S. 108.
[4] Nietzsche, KSA 1, S. 165.
[5] Nietzsche, KSA 6, S. 317.
[6] Düsing, S. 154. Vgl. KSA 1, S. 396.
[7] Nietzsche, KSA 10, S. 222.
[8] Nietzsche, KSA 8, S. 109.

⁹ Düsing, S. 162 bemerkt hierzu treffend: „Aufgeklärte Freidenker befreien sich mit überlegener Geste vom Christentum. Nietzsche aber bedenkt die unersetzbaren Verdienste christlicher Metaphysik, die postmetaphysische Verzweiflung und die Problematik leerer, bindungsloser Freiheit."
¹⁰ Braatz, S. 29.
¹¹ Nietzsche, KSA 1, S. 166.
¹² Nietzsche, KSA 2, S. 326.
¹³ Nietzsche, KSA 6, S. 314.
¹⁴ Nietzsche, KSA 1, S. 392.
¹⁵ Braatz, S. 52.
¹⁶ Nietzsche, KSA 1, S. 676.
¹⁷ Nietzsche, KSA 4, S. 19f.
¹⁸ Nietzsche, KSA 3, S. 367.
¹⁹ Nietzsche, KSA 5, S. 205.
²⁰ Nietzsche, KSA 4, S. 154.
²¹ Nietzsche, KSA 3, S. 521.
²² Vgl. Nietzsche, KSA 3, S. 553.

Harald Seubert

#Me too

Ein philosophischer Kommentar zu einem Schlagwort

Norbert Kapferer in memoriam

I

Die Empörung schien zunächst die einzige vertretbare Reaktion zu sein. Wenig überraschend, doch in dieser Öffentlichkeit erstmals, wurde dokumentiert, dass Frauen in öffentlichen Berufen immer wieder sexuellen Belästigungen unterzogen werden. Die *chronique scandaleuse*, die zutage kam, beschreibt ein jahrzehntelanges Elend.

Die ewig-schöne Cathérine Deneuve hielt indes dagegen, mit der Befürchtung eines neuen Viktorianismus oder eines erotischen Tugendterrors, einer Beäugung jeder Geste und jedes Wortes, was bleierne Zeit und Unfreiheit konservieren müsste. Aus der Luft gegriffen ist dies nicht, wo es in den USA und anderwärts Tendenzen eines betreuten Lebens gibt, in dem auch große Teile der Literatur, nicht zuletzt der philosophischen und der heiligen, einer Zensur unterworfen werden kann, weil sie verletzen oder Traumata auslösen könnte.

Damit wäre die Möglichkeit von Katharsis eo ipso abgeschnitten und ein öffentliches Spiel mit dem Eros ebenso.

In der Antike unterschied man Barbaren von Griechen unter anderem daran, dass jene den Wein pur tranken, diese Wasser beimischten. Platon meinte, dem Alkohol müsste die gute Seele ebenso standhalten wie dem Krieg.[1] Tapferkeit und Besonnenheit einer Seele erkenne man eben darin, dass sie dem Schrecklichen und dem Verführerischen nicht erliegen, dass die Urteilskraft standhält. Obwohl Erotik und Weingenuss nicht miteinander verglichen oder gar verwechselt werden dürfen – denn im einen Fall genießt man eine edle Substanz, im anderen geht es um Person-Verhältnisse – der Hinweis auf barbarische Unifizierung und subtiles Spiel mit Möglichkeiten bleibt relevant.

Die Widerlichkeit und Gängigkeit von Herrenwitzen steht außer Frage. Sie kann sich jovial-altbacken geben, oder als psychologische Ratsuche sublim problematischer Naturen, als Chef-Sekretärin- oder als Professoren-Assistentin-Verhältnis. Als allegorische Anspielung oder notgeile Anmacherei. Dass hier wie meist die Zwischentöne das Eigentliche sind, versteht sich. Allzu wohlfeil wäre der Vorwurf, Frauen hätten sich dies zu lange gefallen lassen – und wenig überzeugend sei ein Aufschrei, der Jahrzehnte brauchte, um sich zu artikulieren. Alles, was nicht recht ist, verlangt freilich keinen Aufschrei und Tugendpranger. Es der Lächerlichkeit preiszugeben, kann ausreichen.

Doch eine ängstliche Atmosphäre, die Männlichkeit und Weiblichkeit als Flair und Element von Gespräch und Begegnung ignoriert, Sympathie, Anziehung, auch wo sie nicht realisiert werden kann, wird man sich nicht wünschen. Hier droht sich eine zensiert verkrampfte Grundstimmung an, die meint, das Kompliment und die Wahrnehmung von Schönheit sich unbedingt versagen zu müssen und die paradoxerweise oft gerade in einer pornographisch überladenen und bigotten Umwelt gedeiht.

II

Der unentfremdete Mensch kann möglichst unverkürzt dort leben, wo er spielen darf.[2] Dies wissen wir u.a. von Schiller. Erotische Anspielung und Begegnung sind Räume, in denen dies weitgehend möglich ist, wo wir, idealisiert gesprochen, auf das Andere unsrer selbst treffen können. Nur exklusiv weniges davon ist lebbar und lebenswert. Nach jüdischem und christlichem Ethos nur die eine unverlierbare Ehe, auf der der eine Segen ruht, der nicht vermehrbar ist. Einander ein Fleisch sein, kann man physisch ungleich öfter, getrieben wie Don Giovanni zwischen Lust und Begierde oder auch langfristig hingerissen sein. Doch personal lieben und geliebt werden, in der Grundform ohne Kompromiss, ist selten, da hat die religiöse Tradition recht.

Affizierbarkeit durch Schönheit, vielleicht auch durch Geist reicht weiter. Sie kennt Codes, Konventionen, Grenzen, an denen und mit denen man spielen kann, die aber nicht zu überschreiten sind. Die, physisch unerfüllte, große Liebe bleibt tragisch. Doch selbst in der Tragik Anstand und Glück zu finden, ist eine genuin menschliche Fähigkeit, die zur *ars amatoria*, dem Yoga der Passion gehört.

III

Die Gier, die sich nimmt, was sie sich nehmen kann oder nehmen zu können meint, aus empörter Metaperspektive zu verteufeln, ist vielleicht zu viel der Liebesmüh. Sollen und Sein, Takt, Ethik und Genuss sollten im Idealfall im Feld der Erotik eine unverlierbare Einheit bilden.

Es ist also nicht nur ein Mangel an abstrakt fassbarer Moral, sondern an Lebenskunst und -fähigkeit, wenn jemand Übergriffe, sexuelles Ansinnen gegen den Willen der anderen Person als Luststeigerung empfindet. Nicht der oder die Andere und auch nicht ihre Schönheit, sondern die Macht sind dann das eigentlich Begehrte. Die Personalität wird geschändet – mit Kant und damit emphatisch „die Menschheit" in meiner und des oder der anderen Person. Es geht eigentlich nicht um Sex, schon gar nicht um Erotik sondern um Porno. Der aber ist oftmals die Kehrseite einer nach außen demonstrierten kruden, nämlich rohen, Gewalttätigkeit. Sie gedeihen besonders in geschlossenen Milieus, auch in religiösen und künstlerischen: diese Blumen des Bösen.

Jene strukturelle Gewalt, die das ‚me too' meint, ist in keiner Weise zu relativieren oder schönzureden. In Aura und Atmosphäre einer Person wird eingegriffen, wenn in Berührungen oder in Worten eine Grenze überschritten ist, die sich verstehen sollte. Erzwungene sexuelle Nähen sind wie der Schlag und die Folter sich einbrennende Signaturen, die man nie wieder vergisst. Jean Améry, der Phänomenologe und Überlebende der Tortur, thematisierte bis zu seinem eigenen Freitod ihre Fernwirkungen.[3] Die Traumata, die solche Übergriffe auslösen, heilen nicht so wie physische Wunden es tun.

Zwei Extreme zeigen dies sehr drastisch: Der Übergriff bei Minderjährigen kann ein für alle Mal die freie Möglichkeit eines erotisch erfüllten und beglückten Lebens abscheiden.[4]

Und: Dass in der Realdynamik der Gewalt auf die Vergewaltigung oftmals der Mord folgt, verweist auf das Vertuschungsbedürfnis, darauf, dass der Täter sich sehr wohl klar ist, dass er nie hätte tun dürfen, was er nun einmal getan hat. Deshalb möchte er, wenn er es schon nicht ungeschehen machen kann, die Person beseitigen, die gleichermaßen Opfer und Zeuge ist. Aufschrei und feministischer Widerstand aktivieren sich mit guten Gründen dieser Haltung gegenüber. Und man wird von ihnen nicht mehr fordern dürfen, als dass sie den Unterschied zwischen Porno und Eros akzeptieren und sich für letzteren nicht primär zuständig erklären.

Die Konvergenz von Ethik und Lebenskunst wird darin offensichtlich, dass der Übergriffige Lust aus der letztlichen Unlust oder Qual seines Gegenübers ziehen muss. Bei aller wechselseitigen Unerreichbarkeit kann man sich in allen Nahverhältnissen ahnend mit dem Blick der anderen Person wahrnehmen. Man kann sich über diesen Blick täuschen oder es stört nicht, dass man als geiler Lustbefriedigungs-Fetischist erscheint. In all dem liegt ein zugleich erotisches, ästhetisches und ethisches Derangement, das es zu überwinden gilt.

Beide also haben Recht: Die Deneuve und die Hashtags Me Too. Doch beide sollten sie nicht verabsolutiert werden.

Unstrittig: Auch Pornographie und ein liebloser Exzess haben in einer aufgeklärten Gesellschaft selbstverständlich ihren Raum. Man darf sie konsumieren können, wenn man es bewusst tut. Und die Gebildeten unter ihren Verächtern sollten akzeptieren, dass sich Menschen aus freien Stücken zu solchen Praktiken zusammenfinden können: In einer Art personaler Übereinkunft darüber, dass man seine Personalität aufgibt, in einem kalten Lustkalkül, das sich an den Praktiken des Marquis de Sade orientieren kann oder am Ritter von Sacher-Masoch. Doch die wechselseitige Einwilligung bei vollem Bewusstsein ist die minimale Voraussetzung. Selbstverständlich ließen sich lange ethische Debatten darüber entwickeln, ob ein solches Agreement nicht selbst eher Fiktion ist als Realität. Schon die Alten wussten, dass Affekte Zwang ausüben: die Lust ebenso wie der Schmerz. Die Verbindung zwischen beidem kann dies gesteigert tun. Es bleibt aber eben die unhintergehbare Forderung des Humanum, dass man sich auch zu seinen leidenschaftlichsten Affekten verhalten kann. Auch hier kann man in Fußnoten auf Platons Urtext zurückgreifen: Wie gut- oder schlechtgeartet jemand sei, dies enthülle sich an der Art, in der er seinem Begehren nachgeht. [5]

IV

Erotik aber hat mit Pornographie dieser Art nichts zu tun. Sie konsumiert nicht, sie ist ein Dialog mit allen Sinnen, auch mit Störungen, heiß oder kalt, sie muss keine Praktiken scheuen, doch sie ist interpersonal, singulär, dynamischer Lebensvollzug. Derselbe Platon hat, woran man erinnern sollte, Eros als Kind von Reichtum und Armut definiert: Poros (wörtlich: der, der die vielen Wege kennt) und Penia, der Not und

Pein. Deshalb sei er, heißt es im ‚Symposion', eben kein Gott, sondern ein Dämon.[6] Er kann nach oben oder nach unten ziehen. Weder im totalen Mangel, noch in der totalen Überfülle wird er wirksam, sondern im ‚Zwischen', dem ‚metaxy', das eigentlich des Menschen Beziehungshaftigkeit und -fähigkeit zu allem menschlichen oder nicht-menschlichen Seienden ausmacht.[7]

Erotisches Angezogensein ist, sagten wir, die tendenziell unentfremdeste Beziehung. Mit Inselglück und Heimischsein nicht ohne Grund immer wieder verglichen. Es mag sein, dass man Pornographie und Lusterfüllung durch Computersimulationen erzielen und sogar optimieren kann. Nähe und Entzogenheit, Blickwechsel und die Wahrnehmung einer geliebten Stimme, der Absolutpunkt des Verstehens, den kein späteres Scheitern mindern kann, bleiben ein wahrhaftes interpersonales Moment schlechthin. Die Aufschreie und Warnungen vor Übergriffen werden der seelischen und öffentlichen Ökologie dann helfen, wenn sie für das unentfremdete Spiel der Erotik wieder mehr Raum eröffnen und strukturelle Gewalt, nicht aber das erotische Spiel, in seinen vielfachen Facetten diskreditieren. Wenn sie zu einer Stimmung der Dauerobservation führen, werden sie den Oikos stören.

Doch hier stellt sich eine anthropologische Aporie ein: Was physisch äußerste Nähe ist oder zu sein scheint, bleibt in einer abgründigen Entfernung. Auch darin zeigt sich, dass Menschsein immer abgründig ist, wir Homo abyssus oder Femina abyssa bleiben.[8] Einen weiblichen Orgasmus wird der Mann nie empfinden und umgekehrt. Die Gedanken, Gefühle und Assoziationen des Anderen, auch des Nächsten bleiben bei aller Antizipation im letzten ein Rätsel, unerkennbar. Dies kann zu innerem Aufruhr führen, wie ihn Georg Büchner in seinem ‚Woyzeck' artikuliert: „Wir müssten die Gedanken einander aus den Hirnfasern zerren".[9] Indes auch eine avanciertere Hirnforschung hat die Gedanken und Gefühle des anderen nicht entschlüsseln lassen, wobei es töricht wäre, zu hoffen, dass dieses Defizit schwinden möge, da die Spannungen und Schwingungen des Eros in der Ambivalenz einer ‚unendlichen Annäherung' ihr eigentliches Sinnpotenzial entfalten.

Die Ferne ist Teil menschlicher Endlichkeit: Ahnung eines ‚Eins-Seins', das aber zugleich immer negiert wird, in unendlichen Facetten der Nicht-lebbarkeit, die paradoxerweise auch gelebt werden kann. Hölderlin hat jenen Punkt prägnant formuliert: „Ach, wir kennen uns wenig. / Denn es wohnt ein Gott in uns".[10]

V

Christlicher Glaube hat in den Annalen der Erotik, ohne Not, eine zumindest vordergründig unrühmliche Rolle gespielt. Sexus und Eros sind immer wieder unter Kuratel gestellt worden, wobei damit christlicher Glaube gerade nicht seinem zentralen Dogma, der Fleischwerdung des Logos, gefolgt ist, sondern ganz im Gegenteil einem gnostischen Modell, dem zufolge die Leiblichkeit schuldig und böse ist. Eine leibferne Moralisierung kommt hinzu, die die *Agape* verabsolutiert, die reine Gottes- und Menschenliebe, die sich, wie Anders Nygren schön gezeigt hat, [11] herabneigt und auch das Niedrige würdigt. Doch Eros wird abgedrängt oder annihiliert, da er doch heidnisch sei und nur eine aufsteigende, selbsterlösende Bewegung kenne. Viel Not, die sich als christlich verstanden haben mag und noch mehr Qual, die aus der Flucht von jenen Bindungen resultierte, sind die Folge gewesen. Eros und Agape können einander aber durchdringen. In aller Unzulänglichkeit und wenn man sich eingesteht, dass es dem Menschen nicht gegeben ist, rein und absolut lieben zu können. Der „amor purus", der nichts begehrt, bleibt eine Chimäre. Die Interesselosigkeit kann angesichts eines Kunstwerks sich als freies Spiel entzünden,[12] einer Person gegenüber wäre sie kränkend. Doch das Interesse kann frei sein und frei lassen. Die Unreinheit der Liebe kann reflektiert werden in einer personalen Zuwendung, die alle Leidenschaft und alles Begehren durchdringt und darin erst human wird. Davon spricht die Liebeslyrik aller Epochen und Kulturen, die nicht vergebens am nächsten der religiösen Hymnik benachbart ist.

Unhintergehbar bleibt das Talmud-Wort: „Wer einen Menschen rettet, rettet die Welt." Die Liebe zu einem Menschen schließt aber nicht notwendigerweise die Liebe zur Welt in sich, wie Erich Fromm dekretierte. Doch sie kann dazu befähigen, in andere weitere ethische Verpflichtungen einzutreten, die jüdisch-christlich auf dem Doppelgebot der Liebe basieren sollen und auf den Unterschied zwischen „uti" und „frui", als Mittel gebrauchen oder als Zweck genießen, gegründet sind. [13]

Wie die Bergpredigt zeigt,[14] ist ein Liebes-Ethos anspruchsvoller als allgemeine Regularien. Liebe ist Sein, aus dem anderes lebendiges Sein hervorgeht. Dies ist das Geheimnis der christlichen Metanoia, in der geschehen kann, was bei den Menschen unmöglich wäre. Insofern kann man sich durchaus eine christliche Erotik denken, auch wenn die klassischen Denker in dieser Hinsicht eher unmusikalisch waren. Augustinus rührte mit dem elementaren: „Volo ut sis", einem göttlich-menschlichen Korrespondenzausdruck an diese Grenze – und Hegel mit seiner Bestimmung der Liebe als „sich selbst Finden im Anderen". So faszinierend dies ist: Eros mag sich zur Vernunft sublimieren. Sein Vollzug ist niemals rein-rational, sondern immer affektiv; daher so glückend und schmerzend.

Die säkulare Kehrseite hat deshalb manches für sich, Ethik gerade nicht auf eine allgemeine Liebe, sondern auf das Sollen und die Gewissenspflicht zu orientieren.[15]

VI

Krampfhaft der Prüderie verschriebene Zeiten und Kulturen sind, darüber sollte man sich nicht täuschen, Übergriffen besonders zugeneigt, weil sie die Subtilitäten des Menschlichen nicht kennen oder ignorieren. Wo aber eine solche verkrampfte Prüderie dominiert und wo eine taktvoll nuancierte Freiheit: das ist nicht ohne weiteres zu ermitteln. In jedem Fall ist Takt erforderlich.

Subtile Codierungen, Semantiken der Verhüllung und schrittweisen Annäherung können unter Umständen sehr viel mehr an Freiheit evozieren wie ein Emanzipationszwang der Art, wie er etwa um 1968 zum Lebenshabitus wurde. Die verordnete Libertinage ist alles andere als frei. Der Slogan „Wer immer mit der Gleichen pennt, gehört schon zum Establishment" variiert dies noch scherzhaft. Die Forderung, dass das Öffentliche privat, das Private öffentlich sein müsse, geht weiter. Sie funktionalisiert Beziehungen.

Die vielfachen Codes, wie sie Balzac oder Proust je spezifisch in ihren Romanen entschlüsseln, wie man sie aber auch in der knisternden Erotik alter französischer oder amerikanischer Filme finden kann, legen die Spektralfarben eines Spiels frei, das einvernehmlich, wenn auch keineswegs immer mit Glücksgarantie gespielt werden kann. Insofern haben gerade religiöse und sittliche Schranken zur Kultivierung beigetragen.

Ebenso wie die Idee einer reinen menschlichen Liebe eine Illusion ist, ist es die Utopie, in sinnlicher Erfüllung finde so etwas wie Erlösung oder Befreiung statt. Die Orgasmus-Entfesselungsvisionen etablieren vielmehr eine Zwangsapparatur, die dem freien engagierten Spiel des Eros völlig widerspricht. Geträumt wurden sie antilektisch zum bürgerlichen Zeitalter, das viel an Unterdrückung und struktureller Gewalt mit sich gebracht hat, aber auch viel an kultiviertem Umgang mit unserer menschlichen Weltnatur.

Wenn das Signal #me too zu skeptisch-kritischem liebevollem Selbstumgang führt, lässt es wacher werden für die Deformation und genussfähiger für die Tiefen und Untiefen des spielenden Menschen.

Anmerkungen

[1] Platon, Nomoi, Die Gesetze, 645 d ff. Dazu H. Seubert, Polis und Nomos. Untersuchungen zu Platons Rechtslehre. Berlin 2005, S. 490 ff.
[2] Einschlägig sind hier Schillers Briefe über ästhetische Erziehung. Vgl. aber auch die wundervoll illustrierenden Ausführungen bei J. Huizinga, Homo ludens. Vom Ursprung der Kultur im Spiel. Reinbek ^{19}2004.
[3] J. Améry, Die Tortur, in: ders., Jenseits von Schuld und Sühne. Bewältigungsversuche eines Überwältigten. Stuttgart 1980, S. 45 ff. Dieser Essay spielte auch für Ingeborg Bachmanns ‚Todesarten'-Projekt eine maßgebliche Rolle.
[4] Siehe insgesamt W. Sofsky, Traktat über die Gewalt. Frankfurt/Main 1996. Dieser Traktat wäre auf die Phänomenologie sexueller Übergriffsgewalt hin fortzuschreiben.
[5] Vgl. u.a. Nomoi ebd. Auch die Komposition des ‚Symposion' und insbesondere die Alkibiades-Episode zeigt dies.
[6] Platon, Symposion 204 a ff.
[7] Heute wird dies, etwa von Hartmut Rosa oder Bernhard Waldenfels, unter dem Signum der Responsivität oder Resonanz formuliert.
[8] F. Ulrich, Homo abyssus. Das Wagnis der Seinsfrage. Einsiedeln ^{2}1998.
[9] Büchner, Dantons Tod I. 1.
[10] Hölderlin, Der Abschied, in: Hölderlin, Sämtliche Werke und Briefe. Band I. hg. von M. Knaupp. München 1992, S. 325.
[11] A. Nygren, Eros und Agape. Berlin 1950.
[12] Dies thematisieren Kant und nach ihm Schiller, wobei die Crux der ‚Interesselosigkeit' eben darin liegt, dass Sein, oder auch Für-mich-sein, des schönen Gegenstandes keine Rolle spielen.
[13] Vgl. Augustinus, De vera religione 47.
[14] Mt 5.
[15] Dies wird besonders schlagend an Kant deutlich.

Rainer Hagen

Und wo bleibt der Ernst?

Auf der Suche nach einem Wort

Was ernst sei, haben wir bei Klein-Erna gelernt, der Hamburger Witzfigur. Sie schiebt einen Kinderwagen mit Zwillingen, jemand fragt, wie die heißen, Klein-Erna sagt: „Das ist mein August und das ist mein Ernst." August war für uns Jungs immer der dumme August im Zirkus, und der macht Quatsch. Aber Ernst? Wer ernst ist, macht keinen Quatsch, und umgekehrt, darüber muss man nicht nachdenken, das erklärt sich selber, erklärt sich wechselseitig. Und dass man ernst nicht nur sein, sondern so auch gerufen werden kann, diese Doppelnutzung kam uns irre komisch vor.

Eine ähnliche Wort-Paarung begegnete uns später im Deutsch-Unterricht, damals als unsere Lehrer gerne Sprichwörter suchten für Besinnungsaufsätze: „Ernst ist das Leben, heiter ist die Kunst", letzte Zeile von Schillers Prolog zu „Wallenstein". Schiller (so lernten wir) hatte als Historiker die „Geschichte des dreißigjährigen Krieges" geschrieben, dann daraus seine Tragödie geformt, hier versucht er, den Unterschied zwischen zwei Textarten, den gewaltigen Unterschied auf eine einzige Zeile zu bringen. Wobei heiter nicht lustig meint, sondern befreit von allen Fakten nachprüfbarer Historie.

Diese Paarung von Gegensätzen heißt bei Goethe: „Vom Vater hab ich die Statur / Des Lebens ernstes Führen / Vom Mütterchen die Frohnatur / Und Lust zu fabulieren". Das Paar wurde heimisch in der deutschen Literatur, gelegentlich leicht verkleidet wie in den „Buddenbrooks". Der Konsul hat zwei Söhne, Thomas ist sachlich, zum Kaufmann bestimmt, Christian dagegen zeigte „weniger Ernsthaftigkeit", konnte „mit ungeheurem Geschick Lehrer" nachahmen, besonders jenen „der im Singen, Zeichnen und derartigen lustigen Fächern den Unterricht erteilte". Ob lustig, heiter, frei fabulierend – sie bilden mit dem Ernst ein Zwillingspaar, so wie links und rechts, oben und unten, hell und dunkel. Wer das eine denkt, denkt das andere gleich mit. (Ob die Welt so eingerichtet ist oder ob ein Denkschema im Kopf die Erscheinungen der Welt gern so sortiert, das lassen wir hier beiseite.)

Aber der Ernst, allein betrachtet – was ist das? Zu aller erst ein Wort. Unser Wortschatz wird gegliedert in diverse Klassen, in Verb, Adjektiv, Substantiv usw., bei den Substantiven wiederum wird unterschieden zwischen konkreten (sichtbaren) und abstrakten. Der Ernst gehört zu den unsichtbaren, abstrakten, und wenn wir dennoch eine Vorstellung haben, was das sei, dann zuerst und von Kindheit an durch seine Wirkung. Der Ernst formt Gesicht und Stimme. Kein aufgerissener Mund, keine angespannten Wangen, keine Tränen, dafür Ruhe, Gelassenheit, unbewegt. Ob Zufall oder nicht, dem entspricht, dass das Substantiv Ernst sich nicht ohne weiteres in ein Verb verwandeln lässt wie etwa die Liebe, der Hass, die Trauer. Man kann nicht ernsten. Das heißt: Der Ernst ist keine Tätigkeit. Das Wort bezeichnet etwas Unveränderliches.

Unveränderlich – das könnte auf eine Charaktereigenschaft verweisen, auf eine anhaltende Gemütsstimmung oder auf etwas jenseits von beiden. Helfen kann die Umgangssprache. Oft bleibt das Wort nicht allein. Wir sprechen vom bittern Ernst, vom tiefen, heiligen, blutigen, von todernst. Die Attribute umschreiben etwas, was ich Aura nennen möchte. Diese entsteht nicht aus dem Verstand, sondern aus dem Unbewussten, aus der Phantasie. Die Aura des Ernst hat, so scheint es, eine besondere Tiefendimension. Tief unten, so ahnen wir, ruht etwas Unveränderliches. Egal, ob der Kern die Erde oder der eigenen Person, es ist fest, unumstößlich. In der christlichen Bildsprache ist es der Felsen, auf dem der kirchliche Glauben ruht. Franzosen haben das Wort „grave", abgeleitet vom lateinischen gravis, gewichtig, schwerwiegend. Bei Musikern gilt grave für tiefe Töne, Hörer klassischer Musik verbinden es mit dem Klang von Posaune und Kontrabass, die körperlich tiefer gelagerte Reaktionen hervorrufen, als etwa die Piccolo-Flöte. Ernst hat also nicht nur eine optische, auch eine akustische Tiefendimension. Mozart hat dem Oberpriester, der Tamino in den Tempel der Weisheit einführt, eine ganz besonders tiefe Basspartie zugeschrieben.

Noch zur Akustik. Normalerweise gehen wir mit Wörtern schriftlich um oder in Gedanken (wenn nicht gerade ins Gespräch vertieft). Wir nehmen – denkend – Wörter nicht in den Mund. Mein Vorschlag: Der Lesende löse seine Augen vom Text, spreche das Wort, höre sich zu, werde aufmerksam auf das, was in seinen Mundraum entsteht: Eine einzige

Silbe, diverse Klänge, Assoziationen mit Blut, Tod, Tiefe, Felsen, Posaunen und Sprachlosem.

Der Silben-Klang aus eigenem Mund, nachdenklich gesprochen, mal mehr in der Brust, mal mehr unterm Gaumen, er erweitert den Erfahrungsraum, er hilft aber nicht weiter auf dem Weg der Erkenntnis. Nicht etwa dabei, den Ernst irgendwo im Reich der Begriffe unterzubringen. Grammatik offenbart einen schmalen Aspekt, aber wie steht es mit Ethik und Moral? Ist Ernst oder Ernsthaftigkeit eine Tugend? Eine Idee, ein Ideal? Ein Wert? Von jedem ein bisschen, aber keiner der Begriffe deckt das Wort wirklich ab. Genau bemessen werden kann es nur in der Werte-Diskussion, die, so heißt es, in der Ökonomie entstand, die jeden Gegenstand und jeden Handlung finanziell bewerten will. So auch die ernste Musik, die sogenannte. Sie wird, wenn über Medien verbreitet, finanziell höher abgegolten als die unterhaltende. Bei Tantiemen ist die Trennung von U- und E-Musik festgeschrieben, aber ästhetisch ein Grau-Bereich. Wenigstens hilft sie bei der Frage, was denn Ernst sei, nicht weiter.

Das Wort ist alt. Zur Zeit der Ritter, im Alt- und Mittelhochdeutschen bedeutete Ernst (ernust) Kampf, Zweikampf, Tapferkeit. Die älteste Beschreibung im neuen Deutsch fand ich in Zedlers Großem vollständigen Universallexikon aller Wissenschaften und Künste. Der einschlägige Band wurde gedruckt 1734, der lange Eintrag beginnt mit der Aufzählung berühmter Professoren und mit Ernst-Kugeln. Das sind „Feuer-Kugeln ... derer (man) sich im Felde und bei Belagerungen zum Schaden des Feindes bedienet". Sie sind „den Lust-Kugeln entgegen gesetzt". Wieder der Gegensatz, (aber noch waren Goethe und Schiller nicht geboren.) „Der Scherz besteht in allerhand Erfindungen. ... Der Ernst gehet hingegen nur auf wichtige Sachen" und „gründet sich auf die Wahrheit." Er entsteht „aus ernsthaftem Nachsinnen und darauf gegründeter großmütigen Standhaftigkeit". Hinzu kommt eine körperliche „Gleichförmigkeit mit der Eigenschaft des Gemütes". Wenn mit Freundlichkeit vermischt, entsteht „ein hohes Wesen". Das hohe Wesen und andere positive Wirkungen werden ausführlich beschrieben, ebenso aber auch die Folgen der „Schein-Ernsthaftigkeit", praktiziert von Leuten, „die bloß äußerlich eine geschickte Einrichtung des Gesichts und des ganzen Leibes haben". Sie dient der Täuschung. Der anonyme Lexikograph gibt dem Missbrauch des Ernstes einen erstaunlich breiten Raum, und sucht der heutige Leser dafür eine Erklärung, könnte er Schillers „Räuber" zur

Hand nehmen, diese wilde Attacke gegen Willkürherrschaft und Günstlingswirtschaft mit Ministern, die sich „aus dem Pöbelstand ... emporgeschmeichelt" haben. Ebenso in „Kabale und Liebe". In einem Land mit etwa 20 meist kleinen Höfen, mit jeweils souveränen Herrschern und bürgerlichen Ministern muss der täuschende Ernst ein weit verbreitetes Übel gewesen sein. Ausgerechnet ein Lexikon bringt das zur Sprache. Der Bierernst, nebenbei bemerkt, taucht erst später auf, verfolgt auch keinen bösen Zweck, stellt sich von selber ein im Gefolge von reichlich Alkohol.

Als Material für das 19. Jahrhundert dient uns kein Lexikon, kein Wörterbuch, sondern ein Roman. Er zählt nicht zur Spitzen-Literatur, war aber mit vielen Auflagen bis zum Ersten Weltkrieg eines der meist gelesenen Bücher deutscher Sprache: „Soll und Haben" von Gustav Freytag, erschienen 1854. Dieser „Roman soll das deutsche Volk da suchen, wo es in seiner Tüchtigkeit zu finden ist, nämlich bei der Arbeit", heißt es im Vorspruch. Ein bürgerliches Arbeits-Ethos feiert Freytag mit der Geschichte eines Jungen, der sich in einem Breslauer Handelshaus nach oben arbeitet und am Ende Teilhaber wird. Zu diesem Ethos gehört eine eigene Sprache. Das Wort „brav", bedeutete nicht mehr nur tapfer, das Wort „ehrlich" meinte mehr als nur nicht-lügend. Ein Mädchen verdiente es „die Frau eines ehrlichen Jungen zu werden." Dem jungen Handlungs-Kommis traute man alles zu, „was brav und ehrlich ist". Besonders häufig erscheint der Ernst bei der Beschreibung des Prinzipals: „Mit gütigem Ernst" begrüßt er den neuen Angestellten, setzt sich „recht ernsthaft vor ihm auf den Lederstuhl", sieht ihm „mit tiefem Ernst in das aufgeregte Gesicht." Das liest sich als wolle Freytag dem Arbeitgeber einen eigenen Orden anheften. Als wolle er ihn erheben. So etwas wie einen bürgerlichen Gegen-Orden schaffen für die Welt der Arbeit und des Handels als Antwort auf den Ordenskult von Militär und Aristokratie. Der Ernst wird zum Rangabzeichen.

Ein halbes Jahrhundert später erscheint ein Kaufmannsroman, der nicht den Aufstieg eines Einzelnen beschreibt, sondern den Niedergang eines alten Lübecker Handelshauses: „Die Buddenbrooks", 1902. Freytag kannte keine Ironie, bei Thomas Mann ist sie immer dabei, besonders gern bei Personen, die der Autor verachtet und der Leser mit ihm. Etwa Herrn Grünlich. Er trug einen Gehrock, „der ihm einen Anstrich von Ernst und Solidität verlieh", sprach „mit dem Ernst eines Mannes von Ehre und Entschluss" und vor Tony, die er unbedingt heiraten will, geht er nicht nur in die Knie, er bewundert auch ihr Haar – „ernst vor Entzücken".

Wenige Jahre vor den „Buddenbrooks" hatte in London „The Importance of Being Earnest" Premiere gehabt, Oscar Wilde's „Trivial Comedy for Serious People", in der nicht ein Herr Grünlich verspottet wird, sondern eine ganze Gesellschaftsschicht.

Roman und Stück kann man als Vorboten lesen für ein Jahrhundert, in dem das gewohnte Bild von Würde und Rangordnung zu Bruch ging, in dem nach zwei katastrophalen Weltkriegen die Überlebenden sich eher wie armselige Kreaturen erlebten. Der Mentalitätswandel wird wieder in der Sprache sichtbar, am deutlichsten bei den männlichen Vornamen. Um 1900 stand *Ernst* an der Spitze der Beliebtheitsskala, heute findet man ihn nicht einmal unter den ersten hundert. Ben und Kevin machen das Rennen.

Um herauszufinden, wie es mit dem Ernst in der Umgangssprache steht im 21. Jahrhundert, habe ich in der ZEIT, im SPIEGEL, der FAZ nach Beispielen gesucht. Nicht in deren Artikel, nur in Interviews, also in einst gesprochenen Texten. Mein Ergebnis: Wird nach wie vor eingesetzt, mehr als das Verschwinden des Vornamens vermuten lässt, besonders als Verstärkungs-Floskel, „nun mal im Ernst", so wie man auch „nun mal ehrlich" oder „nun wirklich" sagt, ohne sich viel dabei zu denken. Wenn nicht als Floskel, dann häufig in Bezug auf Sachen und Situationen. Die Lage ist ernst, bildet ein ernstes Problem. Ebenso gut hätte man schwierig, sehr schwierig sagen können. Auf dieser Sach-Ebene hat das Wort nichts mehr von dem, was ich als Aura und Tiefendimension beschrieben hatte, und das mit Ehrfurcht oder Respekt vor einer bestimmten Person ausgesprochen wird. Es mag Zufall sein, aber in den aufgezeichneten Gesprächen hat sich das nur ein einziges mal angedeutet. Jemand sollte ernst genommen werden. Aber diese Aufforderung bezog sich nicht auf den Gesprächspartner, nicht auf den Menschen, der gegenüber saß, sondern auf einen fernen Dritten.

Moralisten könnten sagen, der Ernst sei (wie etwa auch der „wertvolle Mensch" oder der „Held") ein Opfer der Spaßgesellschaft geworden, der vermeintlich sich gewaltig ausbreitenden Oberflächlichkeit, insbesondere im jüngeren Teil der Gesellschaft. „Schluss mit lustig" heißt die Moralisten-Parole, doch viel wichtiger scheint mir die neue Blickrichtung. Wir alle wissen: Rasante Veränderungen zwingen den Blick nach vorn, Globalisierung, Digitalisierung erneuern sich täglich, und natürlich verblasst dabei der Blick zurück. Vergangenheit wird entwertet. Verliert an Gewicht. Das zeigt sich in vielen Bereichen, auch ganz nah in der Familie: Seltener als früher geben wir unseren Kindern die Namen von Vorfahren mit, fühlen uns weniger verpflichtet, die Gräber der Eltern und Großeltern zu pflegen, begraben die Urnen Verstorbener anonym irgendwo in der Natur, glauben sie dort in guten Händen und vergessen sie dann mit ungetrübtem Gewissen.

Die Verlagerung der Aufmerksamkeit hat das Wort Ernst nicht aus unserer Gebrauchssprache vertrieben, aber seine Aura verscheucht. Denn zur Aura gehört nicht nur Tiefe, sondern eben auch Zeit, die hinter uns liegt. Ernst hat Vergangenheit, hat Felsen-Dauer, hinterlässt einen eigenen Geschmack im Gaumen. Ganz anders als Frohsinn, Scherz, Spiel, Heiterkeit, als die Leichtigkeit des Seins, die wir als flüchtig empfinden. Die Unterschiede zwischen ihnen, zwischen Scherz und Ernst angemessen zu beschreiben, ist kompliziert, und darum, so könnte man vermuten, werden sie so gerne zusammengebacht: als Gegensätze, die sich gegenseitig selbst erklären und somit keine weiteren Fragen nötig haben.

Sigbert Gebert

Moral allein genügt nicht – Zur Lage und Strategie des Vegetarismus

Eine vegetarische Lebensweise ist „an sich" eine zwangsläufige Folgerung aus der modernen Moral, die Leidzufügung und Töten ächtet. Denn erstens kann auf Fleisch, aber auch auf sonstige tierische Produkte unter heutigen Bedingungen für die menschliche Ernährung verzichtet werden, weshalb es zweitens nicht zu rechtfertigen ist, daß gegen das Interesse an Leidvermeidung und gegen das Überlebensinteresse von Tieren zu Ernährungszwecken verstoßen wird.[1] Obwohl auch laut Tierschutzgesetzen Tieren nicht grundlos Leiden zugefügt werden soll, ist jedoch Fleischkonsum weiterhin normal, Vegetarismus der Ausnahmefall. Warum genügt der eindeutige moralische Sachverhalt nicht? Zunächst: Was fordert die Moral konkret für ein Konsumverhalten?

1. Grenzen des Veganismus

Eine Gesellschaft, die ihrer eigenen Moral folgte und Tierinteressen berücksichtigte, wäre eine vegetarische Gesellschaft (ohne Tierversuche). Die Anzahl der domestizierten Tiere würde stark sinken, so wie es mit den Pferden im 20. Jahrhundert geschah. Eine vegetarische Gesellschaft könnte Milch- und Eierprodukte in einem begrenzten Rahmen – ohne Tötung der Tiere – konsumieren. Die „überzähligen" männlichen Nachkommen müßten entweder durchgefüttert oder vor der Geburt, vor der Bewußtseinsentwicklung, "aussortiert" werden. Vielleicht wäre moralisch deshalb auch eine vegane Gesellschaft notwendig. Bisher und auf dem heutigen Versorgungsniveau ist Eier- und Milchverzehr jedoch untrennbar mit der Fleischindustrie verbunden (wobei die Eierproduktion angesichts der kurzen Lebenszeit der Hühner von ein bis eineinhalb Jahren gegenüber fünf bis sechs einer Milchkuh – beide könnten 15 bis 20 Jahre alt werden –, ihrer wenig sensiblen maschinellen Schlachtung und ihrer Anzahl als problematischer erscheint). Folglich ist heute eine vegane Ernährung gefordert.

Auf Fleisch kann man relativ leicht verzichten. Vegetarische Kost ist gesundheitlich als gleichwertig oder vorzuziehen anerkannt, vegetarische und vegane Produkte sind beim Discounter erhältlich, jede Kantine bietet ein fleischloses Menü an. Der Ovo-lacto-Vegetarier kann sich problemlos versorgen. Der Veganer muß etwas mehr auf die ausreichende Zufuhr bestimmter Stoffe (insbesondere B12) achten und sich etwas einschränken: Margarine statt Butter und Sojadrinks statt Milch sind auch geschmacklich fast gleichwertig, wenig überzeugend hingegen die Ersatzprodukte für Käse und Eier, wobei Eier, auch beim Backen, keineswegs unverzichtbar sind und Käse sich beim Kochen durch Gewürze ersetzen läßt. Auf Milch- und Eier zu verzichten, erfordert allerdings, verarbeitete Produkte (Milchschokolade, Kuchen) zu meiden, und auswärts zu essen wird schwieriger. Prinzipiell ist aber auch eine vegane Ernährung ohne größere Einbuße an Lebensqualität praktizierbar.

Reicht das aber aus? Wie steht es mit dem Gebrauch von Lederprodukten? Leder ist das wichtigste Nebenprodukt der Fleischproduktion und trägt zu ihrem Gewinn bei. Und wenn man auch auf Leder verzichtet: Kann man es in einer carnivoren Gesellschaft wirklich vermeiden, indirekt die Fleischproduktion zu unterstützen? Einige Beispiele: Gelatine dient nicht nur als Geliermittel, sondern unter anderem auch zum Filtern von Wein, Bier, Essig, als Stabilisator in Impfstoffen, als Medikamentenkapsel, zur Herstellung von Filmmaterial, Klebestoff, Papier. Aus Knochen werden Tischlerleim, Knöpfe, Tierkohle zum Bleichen von weißem Zucker und zur Herstellung von Fetten, Wachsen, Ölen, aus Knochenasche Porzellan oder Düngemittel, aus Schweinefett nicht nur Schmalz, sondern auch Schmierfett, Öle, Seifen. Die Hersteller von pflanzlichen Produkten vertreiben oft auch Fleischprodukte, und die Fleischindustrie ist massiv in das Geschäft mit Fleischersatz eingestiegen. Werden die Fleischprodukte damit quer subventioniert? Ja, ökonomisch dürfte man mit niemandem verkehren, der Fleisch ißt, als Mieter keinem Fleisch essenden Vermieter Miete zahlen, als Vermieter keinen Fleischesser in seinem Haus dulden, nur in veganen Läden einkaufen. Bei welchem Arbeitgeber darf man arbeiten, welchen Arbeiter beschäftigen, bei welcher Bank sein Geld anlegen? Kurz: Man kann aus der carnivoren Gesellschaft nicht einfach aussteigen.

Moral allein genügt nicht – Zur Lage und Strategie des Vegetarismus 357

Faktisch entscheidet in einer carnivoren Gesellschaft jede selbst, wie weit sie bei der Berücksichtigung von Tierinteressen geht. Rechtfertigungen werden von der sozialen Umgebung nur für ungewöhnliches Verhalten gefordert. Der Fleischesser kann deshalb innerhalb seiner Kreise mit bestem Gewissen sein Fleisch essen, bei etwas schlechtem Gewissen auf Biofleisch umstellen, der Vegetarier Eier und Milch verzehren, der Veganer indirekt zur Erhaltung einer carnivoren Gesellschaft beitragen. Das heißt nicht, daß das alles gleichwertig ist, sondern nur, daß der Verstoß gegen Tierinteressen in der heutigen Gesellschaft selten gerechtfertigt werden muß und sich in einer carnivoren Gesellschaft ein indirekter Bezug zur Fleischindustrie nicht völlig vermeiden läßt. Moralisch bleibt die Forderung bezüglich der Ernährung weiterhin eindeutig: Ohne Fleisch-, Milch- und Eierkonsum gäbe es keine Fleischindustrie. Solange keine vegetarische Gesellschaft besteht, ist moralisch der Veganismus gefordert. In der Diskussion des Mensch-Tierverhältnisses wird allerdings meist nicht einmal der Vegetarismus erwähnt. Dazu:

2. Ein Blick in die „Scheidewege"

In den „Scheidewegen" finden sich zahlreiche Aufsätze zum Mensch-Tierverhältnis und zur Tierethik. Anfang der achtziger Jahre geht es noch um die Abwehr der Thesen, Menschenschutz sei wichtiger als Tierschutz (dagegen: die Ethik ist unteilbar) und die angebliche Unkenntnis der Interessen von Tieren.[2] Leiden die Tiere überhaupt? „Aus erkenntnistheoretischer Sicht stellt sich vielleicht die Frage, wie man so etwas wie Schmerz sehen kann. Aus ethischer Sicht stellt sich nur die Frage, wie man es *nicht* sehen kann."[3] Das Fazit in den 80er Jahren: „Tierschutz verlangt also, auf extreme Formen der Haltung und Nutzung zu verzichten, auch wenn die Produkte dadurch teurer werden."[4] Unzulässig seien das Töten und Quälen zum Vergnügen (Sportangeln) und Luxusprodukte wie Gänseleber, Froschschenkel, Pelze.[5] Kein Wort hingegen zum Vegetarismus! Jahre später erkennt derselbe Autor an, daß eine Rechtfertigung der Tiertötung zum Nutzen des Menschen innerhalb der Logik des Gleichheitssatzes nicht möglich ist, denn selbst wenn Tiere gegenüber Menschen Defizite hätten, reichten sie nicht zur Rechtfertigung aus.[6] Das kann man noch genauer fassen: „Jede moralisch relevante Eigenschaft, die allen Menschen zukommt, kommt nicht nur Menschen zu, und jede Eigenschaft, die nur Menschen zukommt, kommt nicht allen Menschen zu." Trotzdem sind wir mit einem quantitativ und letztlich emotional unfaßbaren Leidens- und Tötungszusammenhang konfrontiert, ja in ihn eingebunden, an dessen Änderung nur Utopiefähige zu glauben vermögen.[7] Aber: wieder kein Wort zum Vegetarismus. Eine Änderung bedürfe vielmehr eines tiefgreifenden Wandels des Selbst- und Weltverständnisses, eines Verständnisses für den Eigenwert von Lebensformen, um einen sorgsamen Umgang mit Tieren als fühlenden Mitlebewesen zu entwickeln.[8] Schon 1980 wird Liebe als der andere Weg zur Natur gefordert. Es gelte „die fühlenden Tiere zu lieben, so daß Tierquälerei in jeder Form als Abscheulichkeit absolut ausgeschlossen ist."[9] Der Verweis auf Albert Schweitzer konnte nicht fehlen – Schweitzer verschmähte selbst Affenfleisch nicht –, womit bezüglich Vegetarismus wieder einmal Fehlanzeige war. Statt sich etwa mit Peter Singers „Animal Liberation" auseinanderzusetzen, das seit 1975 (deutsch 1982) vorliegt und die neuere Tierethik bestimmte, spricht man lieber unbestimmt von der „Würde des Tieres". Sie zu achten, bedeute, seine vitale Autonomie bei Züchtung und Haltung zu berücksichtigen und nicht nur auf den Markt- oder Ernährungswert zu schauen. Es gelte das Tier um seiner selbst, nicht nur um des Leidens willen zu achten.[10] In der Massentierhaltung kann man seine Würde jedenfalls nicht achten.[11] Naheliegend ist dann die Forderung nach ökologischer Nutztierhaltung, bei der artgerechte Haltung, Umweltverträglichkeit und minimales Leid der Tiere beim Schlachten vor Profitorientierung stehen.[12]

Kann man aber die Würde achten, wenn man das Tier ißt? „Es ist ja nicht ohne Peinlichkeit, wenn man zugeben muß, daß man, Humanität hin, Humanität her, die Tiere, denen man mehr oder weniger gerecht werden will, doch am allermeisten in gehacktem und gebratenem Zustand schätzt."[13] Aber nein! Das Fleischessen ist kein Problem: Man braucht nur holistisch die ganze Natur als Mitwelt anzusehen und alle Unterschiede einzuebnen. „Der Vegetarismus ist eine gute Sache, aber auch Pflanzen sind Lebewesen."[14] Wie zeigt sich dann die Ehrfurcht vor dem Leben? Es ist die „innere Haltung": Wir freuen uns und sind dankbar, daß etwa ein Fisch uns Kraft zum Weiterleben gibt, und das zeigen wir, indem wir ihn gut und festlich zubereiten.[15] – Das wird den Fisch aber freuen! Wenn es um die Interessen von anderen geht, ist die „innere Haltung", mit der sich im übrigen alles rechtfertigen läßt, schlichtweg irrelevant. Redet man von Würde, hat man zwar den anderen im Blick, aber das macht nur Sinn, wenn man auch seine Grundinteressen beachtet. Nein! Es geht weder um die Würde des Tieres noch um eine innere Haltung, sondern ganz einfach darum, Tiere nicht zu essen – weil, man kann es nicht oft genug wiederholen, es heute weder eine Notwendigkeit noch eine Rechtfertigung gibt, gegen die Kerninteressen der Tiere zu verstoßen. Eine einzige Stimme spricht es in langen Jahren aus: „Kein Bewohner eines zivilisierten Landes kann heutzutage für sich in Anspruch nehmen, er sei genötigt, Fleisch zu essen." Und: „Es gibt, von der Notwehr abgesehen, keinen unbezweifelbaren ‚vernünftigen' Grund, keine unanfechtbare Rechtfertigung dafür, daß man die Wünsche und Absichten, die Zwecke und Interessen des Menschen über das Lebensrecht der Tiere stellt. Wer solche Gründe in Anspruch nimmt (...), kann sich nur auf *eine* Instanz berufen: auf seine Macht, das ‚Vernünftige' dem Schwächeren gegenüber nach eigenem Belieben zu definieren."[16] Kurz: *Wer nicht vom Vegetarismus reden will, sollte von Würde und Rechten der Tiere schweigen.*

3. Probleme der Moralisierung

Warum aber wird dieser einfache Sachverhalt übersehen? Wenn wir einmal davon ausgehen, daß die genannten Beiträge zur akademischen Moralphilosophie zählen, dann könnte das daran liegen, daß diese bestimmte lebenspraktische Aspekte einfach ausspart – und zwar „meist solche, die vielen Moralphilosophen selbst unangenehm sind (dazu gehören vor allem Fragen des *persönlichen* Lebensstils, des *konkreten* Umgangs mit Verantwortung und dergleichen). Moralphilosophen erinnern oft an Politiker, sie behandeln gerne die großen, allgemeinen Themen."[17]

Abstrakte Moralforderungen wie Ehrfurcht vor dem Leben bleiben folgenlos. Abstrakt bleiben auch Argumente wie die Unproduktivität der Fleischproduktion im Vergleich zum direkten Getreideverzehr, die eine Senkung des Fleischverbrauchs zur Sicherung der Welternährung fordern, ebenso ökologische Argumente, etwa bezüglich des Gülleabfalls. Aber auch die allgemeinverständliche Argumentation mit dem nicht notwendigen Fleischkonsum und der konkreten Forderung von Veganismus kann wenig bewirken. Das hat zunächst mit kulturellen Gewohnheiten zu tun: Fleischkonsum ist etwas Selbstverständliches und gilt als Zeichen von Wohlstand.[18] Mit steigendem Einkommen steigt deshalb der Fleischverbrauch. In den vergangenen 50 Jahren hat sich die globale Fleischproduktion fast vervierfacht. Die FAO befürchtet (ab 2000) bis 2050 eine aus ökologischen Gründen und wegen der weltweiten Ernährungssituation problematische Verdoppelung der Fleischproduktion – der durchschnittliche weltweite Verbrauch liegt erst um die 40 kg Fleisch pro Kopf (Entwicklungsländer 30 kg) gegenüber 80 kg in den Industrieländern.[19] Erst bei allgemein hohem Einkommensniveau stagniert der Fleischverbrauch oder sinkt leicht – in Deutschland etwa von 37 kg (1950) über fast 100 kg pro Einwohner 1990 auf 88,2 kg (2015), was einem Fleischverzehr um die 60 kg entspricht.[20] Eine nationale Nachfragesenkung muß allerdings nicht viel bedeuten: Die Schweine- und Geflügelproduktion in Deutschland wächst und geht in den Export: Geschlachtet werden fast 60 Millionen Schweine, fast 3,6 Millionen Rinder, eine Million Schafe und 690 Millionen Geflügel.[21] Weltweit werden über 60 Milliarden Tiere geschlachtet, davon 58 Milliarden Hühner, 2,8 Milliarden Enten, 1,4 Milliarden Schweine, 650 Millionen Truthähne, 650 Millionen Gänse, 500 Millionen Schafe, 300 Millionen Rinder.[22]

Fleischkonsum sehen die meisten nicht als moralische Angelegenheit an. Die Alltagsmoral ist auch keine Sache der Vernunft, sondern emotional verankert, und zwar mittels Schuldgefühlen und Empörung.[23] Sie zeigen an, daß es um moralische Fragen geht. Das moralische Engagement ist zunächst intuitiv, und eine wirksame Moral ist eine intuitive, emotional verankerte Moral, die erst gar nicht viel über die geforderte Handlung reflektiert. Eingehalten wird das intuitiv Einsichtige. Gegen darüber hinausgehende Forderungen wird hingegen, auch wenn sie intellektuell eingesehen und anerkannt werden, leicht verstoßen. Moral ist lediglich ein Aspekt beim Handeln und oft setzt sich das Eigeninteresse durch: Eingehalten wird ein moralisches Minimum, das Abweichungen nach unten (Vergehen) und nach oben (Opfer) zuläßt, die gegebenenfalls wie bei einer Bilanz durch „Gegenbewegungen" ausgeglichen werden, so daß sich ein schlechtes Gewissen durch gute Taten beruhigen kann. Nur wenn eine starke emotionale Komponente wie das Mitleid die Oberhand gewinnt und Begründungen für Selbstverständlichkeiten notwendig werden, ist ihre Veränderung möglich. Wer moralisch etwas erreichen will, muß deshalb Emotionen (Mitleid, Empörung) ansprechen.

Aber auch Mitleid führt nicht automatisch zum Handeln: „Die Tat geht über das Gefühl des Mitleids hinaus." Mitleid kann man auch behaupten, ohne es zu fühlen. Es steht unbegrenzt zur Verfügung und kann folgenlos bleiben, braucht es doch keinen direkten Kontakt mit dem Gegenüber, sondern es genügen Bilder, Medien. Die echte Begegnung mit den anderen findet nicht im Mitleid statt, sondern in der barmherzigen Tat.[24]

Sie betrifft aber nur Einzelsituationen. Für politische Aktionen bedarf es eines aktiven, vernunftgeleiteten, umsichtigen Mitleids (statt eines unechten, weichlichen, bloß gefühlsmäßigen Mitleids). Ein umsichtiges Mitleid verläßt sich nicht auf das bloße Gefühl, sondern orientiert sich an Grundinteressen und handelt auch nicht einfach spontan, wie die Barmherzige, sondern strategisch, rational. Auch Mitleid motivierte so dazu, alle Menschen unabhängig von Stand, Rasse und Geschlecht in die Menschenrechte einzubeziehen. Ihm zu Hilfe kam dabei jedoch die Interessenbekundung und der Kampf der Betroffenen für die Menschenrechte. Im Gegensatz zur Aufklärungsethik, deren Forderung nach Anerkennung der Menschenrechte der Liberalismus durchsetzte, fehlt der Tierethik hingegen eine starke politische Bewegung zugunsten von Tierrechten. Tiere können ihre Interessen nicht selbst anmelden. Auch ist der Blick des Tieres, der den Menschen trifft, meist der Blick des Haustieres und hat keine Folgen für andere Tiere. Und wenn das Tier dann noch stumm ist und nicht lautstark signalisiert, was es fühlt, bleibt sein Leiden, obwohl es sichtbar ist, unbeachtet. Fische sind denn auch die am meisten verspeiste Tierart – wild gefangen zwischen 0,97-2,7 Billionen,[25] wozu gewichtsmäßig etwa die gleiche Menge von Fischen in Aquakultur kommen. Für die Gesellschaft ist es weder notwendig noch möglich, Tiere als Kommunikationspartner einzubeziehen. Die Gesellschaft funktioniert schon normal, wenn Politik und Recht die Grundinteressen aller Menschen sichern – dafür kämpften bisher politische Bewegungen. Rein von der Funktion der Moral her – die Grundbedingungen des menschlichen Zusammenlebens zu sichern –, also gerade nicht moralisch gesehen, kann Gerechtigkeit auf Menschen beschränkt bleiben und ist die Berücksichtigung der Tiere eine „Mehrleistung". Die „Unterdrückung" von Tieren ist deshalb etwas völlig anderes als die Unterdrückung von Menschen, die man gewöhnlich nicht ißt. Das Tier-Mensch-Verhältnis ist nicht politisch, sondern als Ernährungsfrage viel grundlegender.[26]

Wie läßt sie sich angehen? Hilfe leistet man, wenn man sich von einer Situation entsprechend angesprochen fühlt. Die moralische Nötigung geht nicht vom „zwanglosen Zwang" des Arguments aus, sondern von der Situation, und die Situation wird durch Emotionen erschlossen. Folglich muß man Emotionen ansprechen, und das geschieht nicht durch Argumentation, sondern indem man Situationen schildert, erzählend vor Augen führt. Eine narrative „Begründung" macht eine Verpflichtung unmittelbar einsichtig und hat motivierende Kraft. Es bedarf deshalb Schriftsteller mit guten narrativen Fähigkeiten, die Situationen so vor Augen führen, daß sie erlebbar werden, empathisch mit- und nachvollziehbar und dadurch zum Handeln motivieren.[27]

Singers „Animal Liberation", das „rational" den Speziesismus diskutierte, scheint das nicht gelungen zu sein. 2009 beschrieb allerdings ein Schriftsteller mit diesen Fähigkeiten, Jonathan Safran Foer, in „Eating Animals" (deutsch 2010) die heutige Situation auf dem Fleischmarkt – mit viel medialer Aufmerksamkeit, aber, jedenfalls bezüglich Verbrauchszahlen, ausbleibender Wirkung. Das Ergebnis könnte das Gleiche sein wie bei Upton Sinclairs Roman „The Jungle" von 1905/06 über die Zustände in den Schlachthöfen Chicagos, der zu Verbesserungen in der Schlachtindustrie führte.

Und wenn man das heute verborgene Schlachten und die Aufzucht konkret zeigt, etwa durch schockierende Bilder oder Filme oder gar „gläserne" Schlachthöfe? Zu befürchten ist in diesem Fall ein Gewöhnungseffekt, eine Herabsetzung der Hemmungen und Abstumpfung. Ist die Empörung über Schilderungen des Innenlebens von Schlachthöfen gar von der Verborgenheit abhängig, „die verborgene Existenz des Schlachthofs die zentrale Voraussetzung für den Wunsch nach seiner Nicht-Existenz"?[28]

Danish Crown betreibt im dänischen Horsens einen der größten Schlachthöfe Europas „gläsern", und 20.000 Menschen schauen sich jedes Jahr die Verarbeitung der Tiere an. Offensichtliche Tierquälerei gibt es hier nicht: Die Schweine kommen nach dem Transport einige Stunden in Ruheabteile und gehen in Gruppen angstlos und neugierig in den Tod. „Ein Besuch im Schlachthof ist nicht in der Art schrecklich, wie man es sich vorstellt. Es ist schrecklich wie ein Horrorfilm, bei dem man das Grauen nicht sieht. Das Grauen liegt im Ausmaß der industriellen Tierproduktion, in 1480 Schweinen pro Stunde, 109.000 pro Woche, 5,7 Millionen im Jahr, allein in Horsens. Es liegt in den arglosen Gesichtern von Tieren, die für uns ein Produkt sind von dem Moment an, in dem sie geboren werden. An diesem Schlachthof ist nichts falsch – oder alles." Aber ganz gläsern ist auch dieser Schlachthof nicht: Die Betäubung mit einem Kohlendioxidgemisch in einem Paternostersystem kann man nicht sehen. Es bleibt unklar, ob die Tiere, wie behauptet, einfach langsam einschlafen oder ob sie qualvoll ersticken. Diese Bilder will oder kann man der Öffentlichkeit nicht zumuten.[29] Der kritischste Augenblick bleibt ein Tabu. Die Reaktion der Zuschauer dürfte aber in jedem Fall stark von ihrer Voreinstellung abhängen.

Wie auch immer man moralisch motivieren will – es gilt auch die Kosten von Moral zu bedenken. Kommt Moral zum Einsatz, droht eine Eskalation von der Mißbilligung und Ermahnung der anderen bis zum Abbruch der Beziehung, steht doch mit der moralischen Bewertung auch die Eigenachtung auf dem Spiel – moralische Beziehungen sind symmetrische Beziehungen, die gegenseitige Achtungsbedingungen vorgeben. Die Moralisierung von Handlungen ist ein Konfliktangebot. Da eine moralische Forderung an alle ergeht, also immer auch die Fordernde einschließt, kann sie, die sich an die Achtungsbedingungen hält, auf Dauer nicht mit jemandem kommunizieren, der gegen sie verstößt. Moral ist zwar Voraussetzung geregelten Handelns, aber moralische Kommunikation der letzte Schritt vor Abbruch einer Beziehung. Das gilt auf beiden Seiten: Moralpredigten lösen beim Adressaten Aversionen aus. Vegetarier und Tierschützer erscheinen dann missionarisch ehrgeizig, weil sie mit schockierenden Schilderungen bekehren wollen.[30] Manche Vergleiche sind problematisch. Zwar sind „gewisse" Analogien von Schlachthöfen mit der Organisation von Vernichtungslagern nicht von der Hand zu weisen.[31] In beiden Fällen geht es um Tötung und in beiden Fällen wurde und wird versucht, das Geschehen verborgen zu halten. Aber: Ein Fleischesser ist, auch wenn er etwas moralisch Schlechtes tut, kein Mörder. Ein Mord hat nicht nur rechtlich, sondern auch moralisch ganz andere Folgen für das Zusammenleben in der Gesellschaft als eine Schlachtung.

Fazit: Wenn der Vegetarismus heute keine Außenseiterposition mehr einnimmt und vegetarische Kost als Abwechslung auch bei breiteren Bevölkerungsgruppen geschätzt wird, so hat das hochwahrscheinlich weniger mit einer neuen moralischen Sensibilität als der weit verbreiteten Gesundheitsdiskussion zu tun, die den heute übermäßigen Fleischverzehr als ungesund einstuft und damit an das Eigeninteresse appelliert – was sich im übrigen auch schon beim historischen Vegetarismus feststellen läßt, dessen Begründer zwar moralisch argumentierten, dessen Verbreitung durch die Lebensreform am Anfang des 20. Jahrhunderts aber auf gesundheitlichen Aspekten beruhte.

4. Das Strategiedefizit des Vegetarismus

Das alles ergibt ein düsteres Bild. Obwohl eine vegetarische Gesellschaft ohne große Umstellungsprobleme zu bewerkstelligen wäre,[32] ist sie heute undenkbar. Nur eine Minderheit ernährt sich vegetarisch, noch weniger vegan und wenn, dann meist unfreiwillig.[33] Weltweit steigt der Fleischkonsum und verharrt in den Industrieländern auf hohem Niveau. Eine gesellschaftliche Frage ist der Vegetarismus nur begrenzt, für die Politik deshalb unwichtig. Eine carnivore Gesellschaft hat keinen Grund, die Selbstverständlichkeit des Fleischessens zu hinterfragen. Auf unabsehbare Zeit wird deshalb der Vegetarismus eine individuelle Angelegenheit, Tiere zu töten hingegen erlaubt bleiben.

Typisch für eine wenig erfolgversprechende Situation ist die Aufsplitterung einer Bewegung in eine Vielzahl von Gruppen (etwa drei Tierschutzparteien – neben den diesbezüglich „laschen" Grünen – mit mehr oder weniger identischen Programmen bei der letzten Bundestagswahl). Das war schon zu Anfang des 20. Jahrhunderts bei den Lebensreformbestrebungen so, wo jede Gruppe ihren eigenen Weg propagierte und alle Versuche eines einheitlichen Vorgehens – etwa mittels eines Dachverbands – scheiterten. Statt in die Gesellschaft zu wirken, isolierte man sich durch radikale Positionen immer weiter von ihr. Die Hauptgegner werden dann nach dem „Narzißmus der kleinen Differenzen" oft die nächstliegenden Bestrebungen: Der Veganer, moralisch überlegen, greift den Vegetarier an. Oder der Vegetarismus wird zum Kern einer ganzen Weltanschauung. So galt und gilt er teils noch heute als Weg zum friedfertigen Umgang der Menschen untereinander, wie es Tolstoj postulierte: Solange es Schlachthäuser gibt, wird es Schlachtfelder geben. Das Verhalten gegenüber Tieren hat aber nicht automatisch das gleiche Verhalten zu Menschen zur Folge. Humanität bedeutet sicher, sich allem Leiden zuzuwenden, aber daraus folgt nicht zwangsläufig, daß Tierquälerei zu einem inhumanen Verhältnis zu Menschen führt[34] oder daß uns der Rückstoß des Bolzenapparats immer trifft,[35] sonst wäre jeder Massentierhalter inhuman gegen Menschen. Der Vegetarismus muß auch nicht mit besonderer Menschenliebe einhergehen (schließlich sind die „uneinsichtigen" Carnivoren der Gegner), noch muß er „links" stehen (wie die „kritischen" Human Animal Studies unterstellen). So agierte der Vegetarismus Anfang des 20. Jahrhunderts teils rassistisch, teils völkisch-militant, und Hitler war vegetarisch orientiert. Auch geht es nicht um besondere, ja überhaupt nicht um Tierliebe. Es geht einzig darum, daß nicht grundlos gegen die Kerninteressen von Lebewesen verstoßen wird, und „nur" bezüglich der Ernährung ist der Vegetarier moralisch besser.

Prinzipiell gilt: Da es bei der Ernährung um ein allgemeines Verhalten geht, muß der Schwerpunkt jeder vegetarischen Strategie auf der Nachfrageseite liegen. Angriffe auf einzelne Produzenten sind Nadelstiche, die wenig Sinn haben, wenn sie nicht zugleich die Nachfrage problematisieren. Man mag es als Erfolg feiern, wenn ein tierquälerischer Betrieb umstellen oder schließen muß – aber was bedeutet das schon angesichts der Milliarden gehaltener Tiere. Eine nur geringe Nachfragesenkung von 1% bei Schweinefleisch erspart rein rechnerisch die Zucht von 600.000 Schweinen in Deutschland, bei Hühnern gar 7 Millionen. Auch bei den Erstabnehmern (Handel, Großküchen, Restaurants) ist schwer anzusetzen: Sie orientieren sich an den üblichen Eßgewohnheiten und reagieren auf die Nachfrage (bei einseitigen Einschränkungen des Fleischangebots müßten sie mit Abwanderungen rechnen). Das Angebot wird deshalb aber immerhin um vegetarische und vegane Produkte ergänzt. Wenn man eine Handelskette davon überzeugen könnte, auf Fleischprodukte zu verzichten, wäre das allerdings ein Signal – es gelingt heute bestenfalls bei allgemein umstrittenen Randprodukten (Haifischflossen). Einziger Vorteil der Angebotsseite: Für Aktionen ist der konkrete Adressat klar.

Ebenso macht es unter den heutigen Bedingungen nur in wenigen Fällen Sinn, sich mit dem Zielansprechpartner Politik in die übliche Interessenpolitik einzufügen und als eine Interessengruppe unter vielen und gegen viele zu agieren. Die Politik kann zwar Moral gesellschaftsweit durch Umsetzung in Recht durchsetzen (mit oft wenig wünschenswerten Folgen, wie die Verbotspolitik bei Drogen zeigt). Politik und auch die eigenständige Rechtsfortbildung reagieren jedoch nur auf gesellschaftliche Entwicklungen. Die Politik stellte so zwar Tierquälerei unter Strafe, weil die Gesellschaft in diesem Bereich sensibler wurde, und bezüglich der Haltungsbedingungen für Tiere gibt es in vielen Ländern durchaus Verbesserungen. Sobald aber das Eigeninteresse an Fleischgenuß betroffen ist, wird diese Sensibilität vergessen. Die Politik ist deshalb beim derzeitigen Stand der Dinge nur bei Einzelfragen wie den Haltungsbedingungen das Ziel, ansonsten jedoch der Verbraucher.

Der Verbraucher läßt sich am besten über sein Eigeninteresse ansprechen, also hier bei den gesundheitlichen Aspekten.[36] Das hat auch dazu geführt, daß Vegetarismus und ökologische Produktion als Verbündete erscheinen, obwohl sie von der Zielsetzung her nichts miteinander zu tun haben. Für die ökologische Landwirtschaft spricht nichts gegen die Ökofleischproduktion, sondern nur etwas gegen Massentierhaltung. Da die Produktion von Rindfleisch besonders viel Fläche, Energie, Ressourcen verbraucht, wäre es aus ökologischer Sicht außerdem günstiger, Geflügel zu konsumieren und noch besser Fische aus Aquakultur, die die notwendige Verringerung des Fleischverzehrs kompensieren könnten.[37] Die Folge: Mehr Tiere würden getötet. Auch eine durchaus chancenreiche Gesundheitskampagne gegen Schweinefleisch, unterfüttert mit moralischen Gesichtspunkten (besondere Sensibilität der Schweine), würde zu einer solchen Verlagerung führen.

Der Vegetarismus ist und war schon immer in einer schwierigen Position. Moralisch gerechtfertigt, löst er, wenn er sich emotional empört und seine Empörung durch schockierende Berichte und Bilder belegt, Abwehrreaktionen aus. Rationale Argumente bleiben hingegen wegen der fehlenden Emotionalität wirkungslos. Gerade in einer solchen, wenig aussichtsreichen Situation müßte man alle Anstrengungen bündeln und gezielt vorgehen. Bei der Vielzahl heutiger Aktionen bleibt das Ergebnis hingegen meist unklar und damit, ob sich der Einsatz von Zeit und Geld überhaupt lohnt – und zwar schon deshalb, weil Zielvorgaben fehlen und deshalb keine Erfolgskontrolle möglich ist. Vielleicht ist ja die einzige, im übrigen nicht gering einzuschätzende Wirkung, daß die Aktivisten das Gefühl haben, etwas für eine gerechte Sache zu tun. Der Vegetarismus ist seit seinem Aufkommen im 19. Jahrhundert durch ein, wenn man so will, strukturelles Strategiedefizit gekennzeichnet.

Die einzige Alternative, dieses Defizit aufzulösen, ist heute immerhin nicht mehr undenkbar: Die Utopie des Vegetarismus liegt in geschmacklich und ernährungsphysiologisch gleichwertigem und ökonomisch günstigem Fleischersatz, der dazu führt, daß sich die Fleischproduktion nicht mehr lohnt, Fleisch nicht mehr zu kostendeckenden Preisen nachgefragt wird (wie sich die Pferdezucht wegen der Transportalternativen nicht mehr lohnte, Insulin heute gentechnisch hergestellt wird, Tierlab weitgehend durch synthetische Produkte ersetzt wurde). Die pflanzlichen Ersatzprodukte können das bisher nicht leisten, wobei es allerdings der Firma Impossible Foods gelungen ist, Burger herzustellen, die auf molekularer Ebene Fleisch sehr ähnlich sind und wie Fleisch aussehen und schmecken. Hoffnung macht auch die Entwicklung bei In-vitro-Fleisch (aus Muskelvorläuferzellen kann Fleisch gezüchtet werden), an dem Firmen wie Mosa Meat (Holland), Memphis Meats (San Franciso) oder Supermeat (Tel Aviv) arbeiten – mit Millionen an Investitionsgeldern, die auch von der Fleischindustrie kommen.[38] Skepsis bleibt angebracht: So wird mit Sicherheit auch hier Gentechnik abgelehnt und auf „natürlichem" Fleisch beharrt werden, wenn die Produkte Marktreife erlangen sollten. Dann hätten die Vegetarierverbände allerdings eine lohnende Aufgabe: politisch und kulturell für die Durchsetzung des Laborfleisches zu kämpfen. Heute bleibt hingegen nur die mehr oder weniger folgenlose individuelle Verweigerung der carnivoren Eß„kultur".

Anmerkungen

[1] Vgl. Sigbert Gebert, Vegetarismus als Konsequenz der modernen Moral, Scheidewege 41, (2011/12), 372-376.
[2] Gotthard M. Teutsch, Über fragwürdige Thesen zur Tierschutzethik, Scheidewege 11 (1981), 377-388.
[3] Michael Hauskeller, Was im Tier blickt uns an? Scheidewege 46 (2016/17), (165-171) 169.
[4] Teutsch (1981), 387.
[5] Gotthard M. Teutsch, Ethik und Tierschutz. Überlegungen zur Novellierung des deutschen Tierschutzgesetzes, Scheidewege 14 (1984/85), 192-213.
[6] Gotthard M. Teutsch, Leben und Tod der Tiere nach dem Gleichheitsgrundsatz. Ein Bericht über die Diskussion im deutschsprachigen Raum, Scheidewege 24 (1994/95), 92-105.
[7] Manuel Schneider, Mensch und Tier. Eine gestörte Beziehung, Scheidewege 29 (1999/2000), 310-320, Zitat: 311.
[8] Ebd. 318.
[9] Walter Heitler, Bewußtseinswandlungen. Ehrfurcht vor dem Leben – gelebt, Scheidewege 10 (1980), (157-168) 168.
[10] Manuel Schneider, Der ferne Blick. Eigenwert und Würde des Tieres, Scheidewege 37 (2007/08), (49-77) 60ff.
[11] Vgl. Michael Hauskeller, Was heißt es, die Würde eines Tieres zu achten? Scheidewege 44 (2014/15), 214-232. Hier auch der Hinweis auf den Affenfleisch essenden Schweitzer.
[12] Philipp Beirow, Tierhaltung am Scheideweg – Überlegungen zwischen „smart farming" und Weideschlachtung, Scheidewege 47 (2017/18), 239-251.
[13] Jürgen Dahl, Handgemenge auf einem dünnen Seil. Ein Zwischenruf zur Tierschutzfrage, Scheidewege 14 (1984/85), (214-221) 218f.
[14] Klaus Michael Meyer-Abich, Tiere sind Andere wie wir, Scheidewege 33 (2003/04), (190-205) 198.

[15] Klaus Michael Meyer-Abich, Den Tod des Fischs leben. Warum, wann und wie wir unsere Mitgeschöpfe aufessen dürfen, Scheidewege 44 (2014/15), (233-248) 235f. Dahl (a.a.O., 221) sieht metaphysisch genau das Gegenteil von Kraftzufuhr: „Es kann nicht gelingen, das eigene Leben mit dem fremden Tod zu erkaufen, und schon die Zustimmung zu diesem Tauschgeschäft verändert uns zum Tode."
Die „Ehrfurcht vor dem Leben", eine „religiöse Dimension", kann auch durch besondere Erlebnisse, etwa an- und totgefahrene Tiere, ausgelöst werden. Und zu was führt sie? Zu Gedichten! Vgl. Johann Heinrich Clausen, Begegnung mit einem toten Tier. Über zwei Gedichte von Miroslav Holub und Ted Hughes, Scheidewege 33 (2003/04), 5-13.

[16] Dahl a.a.O., 218, 220.

[17] Werner Theobald, Denkfalle Ethik, Scheidewege 37 (2007/08), (328-335) 328f.

[18] Dahl (a.a.O., 218) meinte, die *Argumente* seien opportunistisch: „Sie setzen nicht dem Lebensrecht der Tiere ein wirklich schwerer wiegendes Lebensrecht des Menschen entgegen, sondern orientieren sich an überkommenen Ernährungsgewohnheiten und an der schlichten Lust auf Wurst und Braten." Aber: Über Selbstverständliches wird doch erst gar nicht argumentiert – gerade deshalb ist es selbstverständlich.

[19] http://www.weltagrarbericht.de/themen-des-weltagrarberichts/fleisch-und-futtermittel.html; Heinrich Böll Stiftung u.a., Fleischatlas 2014, 10.

[20] https://www.bmel-statistik.de/ernaehrung-fischerei/tabellen-kapitel-d-und-hiv-des-statistischen-jahrbuchs; http://www.bvdf.de/in_zahlen/tab_05.

[21] https://www.destatis.de/DE/PresseService/Presse/Pressemitteilungen/2017/02/PD17_042_413pdf.pdf?__blob=publicationFile. Zur Anzahl der Geflügeltiere https://www.destatis.de/DE/ZahlenFakten/Wirtschaftsbereiche/LandForstwirtschaftFischerei/TiereundtierischeErzeugung/Tabellen/Gefluegelfleisch.html.

[22] Fleischatlas 2014, 19.

[23] Zu den im folgenden angesprochenen moralischen Fragen vgl. Sigbert Gebert, Philosophie vor dem Nichts, Kehl 2010, 137-168.

[24] Hans-Georg Deggau, Das Ungenügen des Mitleids, Scheidewege 41 (2011/12), (364-371) 368f.

[25] A Mood and P Brooke, Estimating the Number of Fish Caught in Global Fishing Each Year July 2010, http://fishcount.org.uk/published/std/fishcountstudy.pdf.

[26] Wie bei anderen Themen ist auch hier die Versuchung groß, einfach bestehende Konzepte auszuweiten, etwa das Tier-Menschverhältnis an einen herrschaftskritischen, feministischen, queer-theoretischen, also „linken" Ansatz anzuschließen. Vgl. Chimaira (Hrsg.), Human-Animal-Studies. Über die gesellschaftliche Natur von Mensch-Tier-Verhältnissen, Bielefeld 2011. Statt über Ernährung spricht man dann „kritisch" über Machtverhältnisse und setzt voraus, die richtige, „emanzipatorische" Politik zu kennen. Es geht heute beim Tier-Menschverhältnis aber „nur" um die moralische Forderung der Anerkennung von Tierinteressen, die als Ergänzung der grundlegenden Menschenrechte im übrigen, wenn man sie politisch situieren wollte, in ihrer modernen Form vom Liberalismus herstammt.

[27] Werner Theobald, Ethik der Nachhaltigkeit, Scheidewege 43 (2013/14), 104-120.

[28] So die These von Friedrich Pohlmann, Der Schlachthof. Innenansichten einer abgeschotteten Industrie, Scheidewege 44 (2014/15), (254-272) 272.

[29] Barbara Klingbacher, Der letzte Gang, NZZ-Folio 309/April 2017 („Vegi"), (52-61) 61.

[30] So Pohlmann a.a.O., 254f.

[31] So wiederum Pohlmann a.a.0, 271.
[32] Vgl. Reto U. Schneider, Und die Wildsau nimmt die Pille, NZZ-Folio 309/April 2017 („Vegi"), 66-71, der eine vegane Zukunft skizziert. Der Titel thematisiert die Probleme, die sich aus einem Ende der Jagd ergeben würden.
[33] Angeblich gibt es eine Milliarde Vegetarier/Veganer weltweit. In Deutschland sollen sich 10% der Menschen vegetarisch und 1,6% vegan ernähren. (https://vebu.de/veggie-fakten/entwicklung-in-zahlen/anzahl-veganer-und-vegetarier-in-deutschland) Man prüfe das selbst einmal im Bekanntenkreis.
[34] Das meint Gotthard M. Teutsch, Tierschutz oder Menschenschutz, eine Frage der Humanität? Scheidewege 9 (1979), 581-591.
[35] So Dahl a.a.O., 221.
[36] Pohlmann (a.a.O, 255f.) spekuliert, daß der Wunsch nach Fleisch die Überwindung einer Hemmung voraussetzt, die mit sinnlichen Reaktionen unterhalb der Bewußtseinsschwelle durchsetzt ist (sie würde die Verantwortungs- und Schuldgefühle der Schlachtarbeiter erklären, die es, so Pohlmann ebd. 271, trotz aller Routinisierung gibt). Der Vegetarismus sei nur die Variante einer anthropologischen Anlage, die die Hemmung durch ein selbstgesetztes Verbot zu einem Hindernis ausbaute. Aber: Dann müßten die Menschen doch „an sich" zum Vegetarismus tendieren. Warum wird diese Hemmung so leicht überwunden? Gibt es vielleicht nur eine starke Tötungshemmung gegenüber den Mitgliedern der eigenen Gruppe (und dann noch vor allem gegenüber der Nahgruppe), während Tiere als nicht-menschlich ausgeschlossen bleiben?
[37] So Beirow a.a.O., 250.
[38] Vgl. Samuel Misteli, Gehackte Zukunft, NZZ-Folio 309/April 2017 („Vegi"), 62-64.

Günther Bittner

Lob der Nostalgie

In einem Standpunkt-Artikel der ansonsten höchst seriösen Monatsschrift „Forschung und Lehre" des Deutschen Hochschulverbandes hat jüngst der „Zukunftsforscher" Daniel Dettling (2017) verkündet: „Warum die Welt immer besser wird" – das heißt, genau genommen hat er nur behauptet, dass es so sei; die Antwort auf die Frage nach dem „warum" ist nur in einem einzigen Satz enthalten. Statt dessen teilt er kräftig gegen Andersdenkende aus: Die Mentalität des „Früher war alles besser" habe es in Deutschland besonders leicht. Die Kritik an der Globalisierung habe die bürgerliche Mitte erreicht und dominiere Kirchentage und Akademien (die offenbar für ihn das Nonplusultra an Gestrigkeit darstellen).

Meine Zweifel daran, ob „Zukunftsforschung" eine Wissenschaft sein kann, sind nach Lektüre dieses vollmundigen Textes jedenfalls nicht geringer geworden. Immerhin verdanke ich ihm einen Motivationsschub – nicht etwa zu behaupten, dass „früher alles besser" war (was offensichtlich Unsinn wäre), aber doch zu erwägen, ob nicht „manches" besser war, und dass angesichts dieses verlorenen „Besseren" wenigstens ein Stückchen Nostalgie angesagt sein könnte.

Das Wort „Nostalgie" bedeutet lt. Duden eine „vom Unbehagen an der Gegenwart ausgelöste, von unbestimmter Sehnsucht erfüllte Gestimmtheit, die sich in der Rückwendung zu einer vergangenen, in der Vorstellung verklärten Zeit äußert ...". Nostalgie wird hier als eine „Gestimmtheit" bezeichnet, die als Sehnsucht nach vergangenen Zeiten näher qualifiziert ist. Als weitere Merkmale werden genannt: das „Unbehagen an der Gegenwart" als Auslöser und die idealisierende „Verklärung" dieser Vergangenheit. Implizit wird der Nostalgie, indem sie als „Stimmung" benannt wird, der Realitätsgehalt abgesprochen: „Stimmungen" sind mal so und mal so, wird durch die Bezeichnung suggeriert, sie äußern sich als diffuses Unbehagen und ebenso diffuse Verklärung; als Realitätsurteil sind sie nicht ernst zu nehmen.

Dieser Verharmlosung soll widersprochen werden. Ich würde lieber definieren: *Nostalgisch ist eine Wahrnehmung, in der Vergangenes lebens- und liebenswerter erscheint als Gegenwärtiges.* Die Absicht dabei ist, das unbestimmt Gefühlige und Sehnsüchtige und zugleich nicht ganz ernst zu Nehmende an dem, was als Nostalgie bezeichnet wird, wenigstens einzuschränken.

In seinem Kern scheint, was wir mit dem Wort Nostalgie bezeichnen, die Wahrnehmung eines komplexen Sachverhalts und eine Bewertung dieses Sachverhalts zu implizieren, etwa des Inhalts: früher lebte es sich besser als heute. Ob diese Wahrnehmung zutreffend ist oder nicht, darüber kann es durchaus Streit geben. Es lag mir lediglich daran, Nostalgie den Rang einer *Wahrnehmung und eines Urteils*, und damit einer Kognition zuzuerkennen, mit der man sich im Streit der Meinungen auseinander setzen muss. Als eine solche ernsthaft zu erwägende Sicht der Dinge will ich die nostalgische im Folgenden entfalten und insofern auch „loben".

Manchmal wünsche ich mir, ich könnte die Zeit um 20, besser noch um 30 Jahre zurückdrehen, im letzteren Fall also auf das Jahr 1987. Damals gab es noch keine EU und keinen Euro, kein Internet, kein Smartphone und keine Aussicht auf selbstfahrende Autos. Die Universität tickte noch nicht im Bologna-Gleichtakt.

Natürlich: ich war damals ein noch vergleichsweise junger Mann, und manches an meiner Nostalgie hat den Menschen zum Gegenstand, der ich damals war und gerne wieder wäre. Aber ich habe irgendwo (ich weiß leider nicht mehr wo) als Ergebnis einer Befragung gelesen, dass relativ viele Menschen angaben, sie würden gern wieder in diesen 1980er Jahren leben. Das Phänomen des Sich-zurück-Wünschens scheint also einen persönlich-biographischen und zugleich einen kollektiv-überpersönlichen Hintergrund zu haben.

Warum gerade diese 1980er Jahre? Ich stoße auf zwei recht gegensätzliche Romane, die in diesem Jahrzehnt handeln: 1946-48 schrieb George Orwell den Zukunftsroman „1984", der alle düsteren Erwartungen hinsichtlich Kontrolle und Überwachung, die vielleicht erst in unseren Tagen so richtig Wirklichkeit geworden sind, in dieses Jahr hinein projizierte.

1989 erschien Friedrich Dürrenmatts Roman „Durcheinandertal" aus der Gleichzeitigkeitsperspektive. Der Theologe Moses Melker, der Millionären im Kurhaus der Ortschaft dieses Namens für schweres Geld den Segen der Armut predigt, hat seine drei Ehefrauen nacheinander umgebracht, das Kurhaus selbst, das im Sommer den Millionären den Segen der Armut nahe bringt, dient im Winter als heimlicher Schlupfwinkel für amerikanische Schwerverbrecher. Die einzige Person in diesem Gruselkabinett, die, obwohl mit allen Wassern gewaschen, einigermaßen normal tickt, ist die 16jährige Elsi, der offenbar die Sympathie des Autors gehört und die gemäß der Dramaturgie des Romans in der Schlussszene mit ihrer Schwangerschaft sozusagen ein Hoffnungszeichen setzt.

Was mir als zurück zu wünschende Epoche vor Augen steht, wird von Dürrenmatt als ein wüstes Durcheinandertal vorgeführt – brauchte es noch überzeugendere Beweise, dass auf verklärende Rückblicke nichts zu geben ist? Jeder findet anscheinend die Zeit, in der er lebt, die schlimmste und verklärt die voraus gegangenen.

Es könnte allerdings noch eine andere Erklärung geben, des Inhalts, dass beide Blicke auf diese 1980er Jahre relativ gesehen Recht haben könnten. Nehmen wir an, wir befänden uns in einem Zeitkontinuum, wo „alles immer schlimmer wird": dann wäre der Punkt x in diesem Kontinuum (die 1980er Jahre) aus der Zeitgenossenperspektive Dürrenmatts gesehen, die schlimmste aller bisherigen Zeiten, vom Punkt y (also dem Jahr 2017) aus betrachtet, wäre sie eher noch ein passabler Lebensort. Auch diese Erklärung hätte eine Logik.

Eine Logik freilich, die ich mir nur partiell zu eigen mache. Pauschalurteile von der Art „*alles* wird immer schlimmer" sind von vornherein ebenso falsch wie „*alles* wird immer besser". Der Wahrheit näher käme wohl der Satz: Manches wird besser, und manches wird schlimmer.

Im Folgenden will ich einen ganz bestimmten Punkt ins Auge fassen, der in meiner Sicht tatsächlich immer problematischer wird, weil er dem Zivilisationsprozess als solchem inhärent ist – ein Punkt, der, weil unerkannt und deshalb nicht benannt, für viele der Pauschalurteile verantwortlich zu machen ist, weil er eben das berühmte „Körnchen Wahrheit" darstellt, das dazu verführt, das Pauschalurteil insgesamt für wahr zu halten.

1. Die individuelle Nostalgie: von der Heimweh-Krankheit zum Identitätsanker

Der Journalist Daniel Rettig, der ein kenntnisreiches und lebendiges Buch über die Nostalgie geschrieben hat (2013), beginnt mit einer persönlichen Erinnerung an das letzte Treffen mit seiner 87jährigen Oma, die in der Nacht darauf unerwartet verstarb. Er sei „traurig und schockiert" gewesen, seine Gedanken seien zurück gewandert in die Vergangenheit, wie die Oma ihn als Kind „regelmäßig bekocht, zum Schlagzeugunterricht gefahren und mit ihm ‚Mensch ärgere Dich nicht' gespielt habe". „Doch nun merkte ich, wie sehr wir von solchen nostalgischen Gedanken profitieren können. Sie halfen mir dabei, den Tod meiner Oma zu verarbeiten" (S. 9 f.).

Von dieser Episode her rollt er seine Spurensuche nach dem Phänomen Nostalgie und seiner Bedeutung für die von ihr befallenen Menschen auf. Als die Wissenschaft sich dafür zu interessieren begann, geschah dies aus medizinisch-psychiatrischer Perspektive: zuerst wurde „Heimweh" als handfeste medizinische, später besonders in der medizinischen Dissertation von Karl Jaspers (1909) als psychiatrische Krankheit gesehen, die im Fall der Jaspers'schen Patientinnen sogar gelegentlich zur juristischen Exkulpierung verhalf.

Sodann berichtet Rettig, wie die Bewertung sich grundlegend verändert habe: er referiert die Forschungen von Sedikides, Wildschut und Routledge an den Universitäten von Southampton und North Dakota, die nostalgische Erinnerungen als hilfreich für die Lebensbewältigung in Krisensituationen erweisen wollen – wobei es allerdings scheint, als sei der Nostalgie-Begriff in diesen Forschungen allzu sehr über das ursprüngliche „Heimweh" hinaus erweitert worden, bis er jede Art positiv getönter Erinnerung an Vergangenes umfasst – womit zugleich eine gewisse petitio prinicipii im Hinblick auf deren Lebensdienlichkeit zu unterlaufen scheint.

Das gegenwärtige Thema freilich wird von Rettig nur am Rande gestreift: die *kollektive Dimension des Phänomens Nostalgie*. Über die pauschale Feststellung in der Einleitung: „Nostalgie gedeiht immer auf dem Boden des Wandels" (S. 11) kommt die Darlegung kaum hinaus, die am Schluss, was die kollektive Dimension betrifft, lediglich beim „Geschäft mit der Nostalgie" landet. „Egal ob Euro-Krise, Energiewende oder Klimawandel (oder. so füge ich 2017 hinzu: Flüchtlingskrise, Trump-Krise usw.) – die Welt scheint aus den sprichwörtlichen Fugen zu geraten. (...) Und deshalb retten sich viele in die Vergangenheit" (ebd.). Aber die Frage ist: kann diese Wendung zur Vergangenheit, der für das individuelle Leben so segensreiche Wirkungen nachgesagt werden auch gesellschaftlich und politisch ein Rettungsweg sein?

Der Darstellung von Rettig verdanke ich viele Informationen; aber es ist offensichtlich, dass sie ausufert und zu vieles einsammelt, was das Phänomen Nostalgie verschwimmen lässt.

Seit den 1970er Jahren also hatte sich unter US-amerikanischen Soziologen (Davis 1979), Psychoanalytikern (Kaplan 1987) und Sozialpsychologen ein anders akzentuiertes Interesse am Phänomen Nostalgie entwickelt, die nun nicht mehr als Pathologie, sondern in ihrer Funktion der Selbst- und Identitätsstabilisierung für die von ihr Betroffenen gewertet wurde.

Am Übergang von der psychopathologischen zur normalpsychologischen Betrachtungsweise der Nostalgie stand der Aufsatz des Psychoanalytikers Harvey Kaplan (1987). Dieser unterschied eine normale und eine pathologische Form, wobei die normale eine depressive Komponente und die Einsicht umfassen müsse, dass das Vergangene sich nicht zurückholen lasse.

Entschiedener in der positiven Bewertung zeigt sich die erwähnte Gruppe empirischer Psychologen (Sedikides, Wildschut und Mitarbeiter) in ihren zahlreichen Veröffentlichungen. Sie distanzieren sich (Sedikides u.a. 2008) von Kaplans Auffassung, Nostalgie enthalte Elemente von Depression (wobei anzumerken ist, dass der psychoanalytische Gebrauch des Begriffs nicht unbedingt mit dem allgemeinen Sprachgebrauch deckungsgleich ist). Sie unterscheiden Nostalgie von Heimweh und bestimmen sie als „a predominantly positive, self-relevant emotion" mit einer für das eigene Leben bedeutsamen Funktion: „an existential exercise in search for identity and meaning" (S. 202); sie kann sich auf direkte persönliche Erfahrungen, auf Organisationen, denen der Betreffende verbunden war, oder auf eine Generationen-Kohorte oder eine ganze Epoche beziehen (S. 203 f.). Das Interesse dieser Forschergruppe gilt vor allem der erstgenannten Variante: den persönlichen auf eine bestimmte Episode, eine Person, einen Ort etc. bezogenen Erlebnissen.

Wichtig im gegenwärtigen Kontext ist die von den Verfassern vertretene Diskontinuitätshypothese, die besagt, dass Nostalgiegefühle vor allem im Kontext von aktuellen Erfahrungen von Diskontinuität auftreten, obgleich sie diese Hypothese bisher empirisch nur schwach bestätigt finden konnten (S. 208 ff.). Sie scheint aber der allgemeinen Lebenserfahrung zu entsprechen.

Was ich gegen diese Renaissance der Nostalgie lediglich einwende, wie sie sich in Rettigs Sachbuch ebenso wie in den Forschungsansätzen der psychologischen Forschungsgruppen in Southampton und North Dakota zum Ausdruck bringt, ist die dortige Konstruktion des Nostalgischen als einer lebenspositiven, vielleicht sogar therapeutisch wertvollen, wenn auch oft „bittersüßen" Emotion, ohne sie zugleich, wie von mir eingangs postuliert, als eine Kognition über den Selbst- und Weltzustand systematisch ins Auge zu fasssen.

2. „Die gute alte Zeit" – hat es sie je gegeben?

Unter diesem Titel erschien 1893 ein Aufsatz des Historikers Hans Delbrück, der 100 Jahre später in der Neuen Sammlung (1993) nachgedruckt wurde. „Schon seit vielen Jahren", schreibt Delbrück, „suche und forsche ich nach den Zeugnissen und habe sie mir gesammelt. ... Wann war sie, die gute alte Zeit?" (S. 516) Er hatte ironisch begonnen: „Wir leben in einer bösen Zeit. Das ist gewiß. Mißmut, Unzufriedenheit, Verfall, Auflösung allenthalben". Sodann zitiert er die ernst gemeinten Sätze seines Historiker-Kollegen Dondorff: „Liberalismus – Judentum – Mammonismus – Sozialismus – Pessimismus – Anarchismus – Nihilismus, – das ist die Leiter, auf der wir reißend schnell und unfehlbar zum Abgrunde hinabsteigen" (S. 515).

Der Aufsatz ist eine Sammlung solcher Zitate, die zeitlich immer weiter zurückreichend bei den gleich oder ähnlich lautenden Klagen aus der Antike enden. Schon damals hieß es bei Kratinos: „selig war ehedem das Leben" (S. 535).

Wann war sie denn, die gute alte Zeit, fragt Delbrück am Ende noch einmal. „Soweit solche Berichte reichen, ist uns ‚die gute alte Zeit' nicht erschienen" (S. 536). Er zitiert seine 87jährige Patentante, die ihm geschrieben habe: „Du magst schreiben, soviel du willst, das glaube ich doch nicht, daß es früher nicht besser gewesen ist als heute" (ebd.).

Er selbst verweigert einen expliziten Kommentar; der Leser solle sich „seinen Vers selbst dazu machen" (ebd.). Aber die Meinung des fleißigen Zitatensammlers ist klar: die „gute alte Zeit" sei eine Illusion; so alt wie die Menschheit; es habe sie nie gegeben. Sie ist, wie wir heute vielleicht sagen würden, ein in der kollektiven Nostalgie wurzelndes Wunsch- und Trugbild vom „goldenen Zeitalter".

Wenn sich solche rückwärtsgewandten Phantasien von der guten alten Zeit beinahe unverändert durch die Jahrtausende forterben – was mag die Menschen dazu bringen, so unverrückbar daran festzuhalten, wie Delbrücks 87jährige Tante?

2.1 „Ostalgie"

Eine spezielle Erscheinung kollektiver Nostalgie war in den 1990er Jahren die sogenannte Ostalgie, d.h. die rückschauende Verklärung der untergegangenen DDR, die sich nach anfänglicher Begeisterung für den West-Anschluss auf Grund von Ernüchterung und Enttäuschung unter den Bürgern ausbreitete. Das Phänomen ist mehrfach Gegenstand wissenschaftlicher Erörterung gewesen (z.B. Ahbe 2005).

Die Brüche und Diskontinuitäten, die sich aus dem Zerfall der DDR und des gesamten Ostblocks für die individuellen Biographien der Bewohner ergaben, haben wir seinerzeit in einer vorläufigen Studie (Bittner 1994, vgl. auch die systematischere empirische Untersuchung von Hegel, Müller, Wolf 1994), zu dokumentieren versucht. Diese Identitätsbrüche, die in vielen Einzelfällen geradezu die Ausmaße eines Kulturschocks annahmen, mögen an solchen nostalgischen Verklärungen der untergegangenen DDR einen nicht unwesentlichen Anteil gehabt haben. Heute scheinen sie keine besondere Rolle mehr zu spielen. Die „Ostalgie" war einfach zu sentimental, zu selbstbemitleidend und zu wenig kämpferisch, um sich in einen politischen Gestaltungswillen umzusetzen. Im Licht der psychologischen Nostalgieforschung (Sedikides, Wildschut) betrachtet mag die Ostalgie-Welle immerhin einen Beitrag zur Stabilisierung von Identitätsgefühl und Selbstbewusstsein der Menschen in der früheren DDR geleistet haben.

2.2 Kollektive Nostalgie – politisch inkorrekt?

Bis vor kurzem wurden solche Überzeugungen, wie sie Delbrücks 87jährige Tante äußerte (eine ganz ähnliche Äußerung berichtet Rettig von seiner ebenfalls 87jährigen Oma), als liebenswürdige Altersschrullen belächelt. Heute ändert sich die Tonlage. „Ach ja, die gute alte Zeit. Früher war alles besser. ... Die rechtskonservativen ‚Alternativen' wollen, dass vieles wieder so wird, wie es einmal war", lese ich unter der Überschrift: „Nostalgie-Politik der AfD". „Alles soll so sein, wie vor 20 Jahren" in einen online Nachrichtendienst (t-online vom 9.3.2016).

In der „Welt" vom 24.5.2016 schlug der Journalist Dirk Schümer Alarm unter dem befremdlich aggressiven Titel: „Retrogrusel Deutschland gehört auf den Müllhaufen": „Die Zeiten der guten alten Bundesrepublik werden verklärt wie noch nie – nicht nur von der AfD, sondern auch in den etablierten Parteien. Damit nähren sie eine Illusion, die das Land nicht voranbringt". Diese rückwärtsgewandten Sehnsüchte würden am unverhülltesten von der AfD bedient: „Dort fordert man eine Rückkehr zu sämtlichen alten Gewissheiten ...", was natürlich in den Augen des Verfassers der völlig falsche Weg ist, denn „früher war nur wenig besser. (...) Wir sind lockerer, reicher, gesünder, weltoffener und stilvoller(?) als früher".

Auf diesem aktuellen Hintergrund führen Phantasien wie die, zu denen ich mich oben bekannte, in gefährlich vermintes Gelände. Solcherart Nostalgie ist weit entfernt von unverbindlich sentimentalen Gefühlen, in denen man „schwelgen" könnte. Sie gewinnt hier eine politisch subversive Dimension. Im Prinzip ist das gut so. Wenn nur die AfD nicht wäre, und die durch ihr zeitweiliges Erstarken ausgelöste kollektive Dextrophobie, die jede differenziertere Diskussion blockiert. Ich will mir jedenfalls die Vorstellung nicht verbieten lassen, dass wir in den 1980er Jahren gesellschaftlich und politisch in mancher Hinsicht besser dran waren als heute. Die Frage ist nur: welches genau ist diese Hinsicht?

3. Beispiele

Der Streit darüber, ob „früher alles besser" war oder „heute alles besser" ist, ist unentscheidbar und damit müßig, solange er auf der Ebene solcher Pauschalurteile verbleibt. Eine rational aufgeklärte Nostalgie wird angeben müssen, welche konkret bestimmbaren Verluste an Lebensqualität in der heutigen Welt sie beklagt. Dies soll im Folgenden im Hinblick auf einen bestimmten Punkt versucht werden: die Verarmung der Lebenswelt durch die zunehmende Ausschaltung von intuitiven und Gefühlsurteilen (und damit von körperlich-sinnlicher Fühlbarkeit dessen, was als „richtig" gelten soll) in den unterschiedlichen Lebensbereichen.

3.1 „Das Leben ist analog"

Im Frühjahr 2016 brachte der „Spiegel" den Vorabdruck eines Kapitels aus dem Buch „Die smarte Diktatur" (2016a) des Sozialpsychologen Harald Welzer, worin dieser den Nutzen der Digitalisierung in Zweifel zieht: ein Handy sei allenfalls noch ein nützliches Ding, aber ein Smartphone zu benutzen sei eigentlich überflüssig. Die Digitalisierung sei „nichts als ein Beschleuniger des Konsums von Gütern und Dienstleistungen" (2016b, S. 128). Wer sich auf die digitalen Verführungen einlasse, unterwerfe sich zudem einer permanenten Kontrolle und Überwachung seiner Lebensäußerungen.

Die Debatte, die Welzer mit diesem Text auslöste, war heftig. In der Süddeutschen Zeitung, wie immer fest und treu auf der Seite des „Fortschrittlichen", schrieb Dirk von Gehlen: „Lasst euch von den Alarm-Autoren keine Angst machen!" Lediglich „Training" sei nötig, „um die Probleme zu lösen, die sich mit dem Neuen ergeben". Manfred Spitzer war es zuvor mit seinem Buch „Digitale Demenz" (2012) nicht besser ergangen: „Krude Theorien, populistisch montiert", diagnostizierte schon damals unser Intelligenzblatt (Werner Bartens in Süddeutsche Zeitung vom 9.9.2012).

Den Vogel schließlich schießt in der Diskussion um Welzers Thesen der Psychoanalytiker Martin Altmeyer (2016) ab, auch er unbeirrbar auf dem Kurs, uns die „brave new world" schmackhaft zu machen: „Ist die Generation der Digital Natives wirklich so schrecklich, oder zeugen die Alarmrufe nur vom Schrecken geistesaristokratischer Autoren, die ihre Deutungsmacht bedroht sehen? Die Aufrufe zum Widerstand verraten mehr über die inneren Dämonen der Autoren als über die Computerwelt, die sie dämonisieren, zumal im Unterton ein globalisierungskritischer, antikapitalistisch-antiamerikanischer, gelegentlich auch deutschtümelnder Affekt herauszuhören ist" (S. 132). Stattdessen zeigt er die Chancen auf, wie sich in den Neuen Medien der „Drang zur Sichtbarkeit" (ebd.) und das Bedürfnis nach „Umweltresonanz" (S. 133) neue Ausdrucksformen schaffe.

Diese Debatte ist wirklich zum Verzweifeln! Auch Welzer wirft gewiss mit Schlagwörtern reichlich um sich, aber die Gegenseite sucht ihn noch zu übertrumpfen. Altmeyer sieht Autoren wie Welzer von „Dämonen" besessen, die interessanterweise auch politisch verdächtig sind: globalisierungskritisch und gar noch „deutschtümelnd" – politisch höchst suspekte Dämonen!

Wie gesagt: Welzers Stil gefällt mir so wenig wie der seiner Kontrahenten. Aber in der Sache scheint mir eines seiner Argumente überzeugend. „Das Leben ist analog. Empathie, Liebe, Hass, Wut, Mitleid und Freude sind analog. Erinnern Sie sich stets daran, dass Sie im Netz Hilfe nur in trivialen Fällen bekommen; wenn es hart auf hart kommt, brauchen Sie richtige Menschen. Die da sind"(Welzer 2016b, S. 129) – *leibhaftig* da sind, setze ich hinzu.

3.2 „Kopfentscheidungen" vs. „Bauchentscheidungen"

Daniel Kahneman hat in seinem Buch „Schnelles Denken, langsames Denken" (dt. 2012) zwei Systeme beschrieben, die bei Urteilsprozessen zusammenwirken: die Intuition („schnelles Denken", von ihm als System 1 bezeichnet) und mentale Aktivitäten wie Überlegung, Berechnung usw. („langsames Denken", System 2). Meistens orientieren wir uns mit System 1; nur wenn dieses in Schwierigkeiten gerät, „fordert es von System 2 eine detailliertere und spezifischere Verarbeitung an" (S. 37). Kahneman kündigt zwar einleitend an, dass System 1 und seine Leistungen der eigentliche Held seiner Darlegung sein würden (S. 533); aber letzten Endes läuft es bei ihm doch darauf hinaus, dass System 2 zwar „faul", weil rationales Denken eben anstrengend sei, aber doch im Konfliktfall die verlässlicheren Erkenntnisse liefere.

Gerd Gigerenzer, ein deutscher Psychologe, der sich speziell mit medizinischen Urteils- und Entscheidungsprozessen befasst hat, setzt die Akzente etwas anders. Was bei Kahneman System 1 heißt, nennt er salopp „Bauchentscheidungen".

An medizinischen Beispielen belegt Gigerenzer den Trend in den westlichen Industrienationen zur scheinbar rational begründeten Überdiagnostik und Überbehandlung. Diese geben jedes Jahr Milliarden für Gesundheitsmaßnahmen aus, „die den Menschen wenig Nutzen bringen und manchmal sogar Schaden anrichten" (S. 178). Es muss eben alles, was erreichbar ist, lege artis untersucht werden – egal ob das irgendeinen praktischen Nutzen bringt.

Die Ärzte sieht Gigerenzer in einem Dilemma: als wissenschaftlich ausgebildete Professionelle sollten sie der Theorie nach im Dialog mit dem Patienten „zwischen alternativen Behandlungsformen wählen, indem sie alle möglichen Folgen berücksichtigen und dann die numerische

Wahrscheinlichkeit und Nützlichkeit der Folgen abschätzen. Dann multipliziert man die Werte, addiert sie und wählt die Behandlung mit dem höchsten erwarteten Nutzen aus" (ebd.). So funktioniert es aber in der Praxis nicht, meint Gigerenzer, und auch die meisten Patienten wollen lieber einfach ihrem Arzt vertrauen (S. 170) – was durch den Zustand der heutigen Medizinsysteme mit ihren organisatorischen Abläufen und ihren wirtschaftlichen und rechtlichen Rahmenbedingungen erschwert wird.

Gigerenzer plädiert in diesem Dilemma für eine stärkere und bewusstere Orientierung an der ärztlichen Intuition: „intuitive Entscheidungen zu einer Wissenschaft zu entwickeln, sie offen zu diskutieren, sie anhand der vorliegenden Evidenz zu betrachten" (S. 180) – also für eine wissenschaftlich fundiertere Version des guten alten Hausarztes. Ähnliche Überlegungen habe ich aus der Laien- und Patientenperspektive bereits vor einem Vierteljahrhundert (1993/94) in diesem Jahrbuch angestellt und fühle mich durch Gigerenzers systematischere Darstellung in vielen Punkten bestätigt.

Für Gigerenzer sind die aufgezeigten Entscheidungskonflikte lediglich Konkretisierungen eines umfassenderen entscheidungstheoretischen Problems: wie treffen Menschen überhaupt Entscheidungen? Er leitet seine Überlegungen mit einem klassischen Beispiel ein, dem Brief Benjamin Franklins an einen Neffen, der vor einer schwierigen Entscheidung (offenbar zwischen zwei möglichen Partnerinnen) stand: „Wenn du zweifelst, notiere alle Gründe, pro und contra, in zwei nebeneinanderliegenden Spalten auf einem Blatt Papier", sodann „führe eine Operation aus, die manchen algebraischen Aufgaben ähnelt; prüfe, welche Gründe oder Motive in der einen Spalte denen in der anderen an Wichtigkeit entsprechen ...". Wenn der Neffe diese Art „moralischer Algebra" nicht lerne, „wirst du dich, fürchte ich, nie verheiraten" (zit. nach S. 13).

Diese Anleitung Franklins habe Gigerenzer einem Freund mit auf den Weg gegeben, der vor einem ähnlichen Problem stand und der bei Anwendung der Franklin'schen Ratschläge feststellen musste, dass das Ergebnis ihm irgendwie „nicht richtig" vorkam, „mehr noch: dass sein Herz bereits entschieden hatte – gegen die Kalkulation" (S. 13). Partner zu wählen und vieles andere im Leben werde nicht durch rationale Überlegung, sondern durch „Bauchgefühle", durch „Intuition" entschieden (S. 24) – durch eine komplexe Form unbewusster Intelligenz.

Solche Intuitionen allerdings seien in der modernen Welt ins Hintertreffen geraten, weil sie vielfach nicht logisch nachvollziehbar seien, was vor allem in professionellen Anwendungsfeldern wie der Medizin Vorbehalte wach rufe. Das Ideal der Logik sei so tief in unserer Kultur verwurzelt, dass viele Wissenschaftler „in der Logik ... den universellen Maßstab vernünftigen Denkens sehen" (S. 113). Doch Logik sei „das Ideal eines körperlosen Systems" (S. 112), das vorzugsweise in Systemen künstlicher Intelligenz in reiner Form darstellbar sei.

3.3 Wider die Artifizialisierung der Moralen

In der Diskussion mit ihrem Herausforderer Martin Schulz im Vorfeld der Bundestagswahl 2017 rechtfertigte die Bundeskanzlerin ihren vielfach kritisierten Entschluss, für den Flüchtlingsstrom 2015 das Schengen-Abkommen zeitweilig außer Kraft zu setzen, mit dem Hinweis auf Art. 1 des Grundgesetzes: „Die Würde des Menschen ist unantastbar". Es gibt zu diesem Satz sicherlich Auslegungsvarianten, die aber nie zum Zug kamen. So blieb die Auslegung der Bundeskanzlerin stehen wie in Stein gemeißelt. Sie zitierte das Grundgesetz, wie man früher wohl die Bibel zitierte.

Sind die „Menschenrechte" die neue säkulare Religion? Die Vereinten Nationen verstehen sich seit ihrer Gründung 1948 in besonderem Maß als deren Hüter. Es scheint aber, dass sie erst seit den 1990er Jahren auf diesem Gebiet besonders offensiv tätig geworden sind. Zwar erschien schon 1979 die Konvention über die Frauenrechte; die Proklamationen der Kinder- und der Behindertenrechte folgten 1990 und 2006. Inzwischen scheint es manchmal, als werde alle paar Jahre ein neues „Menschenrecht" erfunden.

An zwei Stellen hatte ich Anlass, mich mit den Versuchen, solche „Menschenrechte" politisch durchzusetzen, näher zu befassen. Die in Deutschland mit besonderer Schärfe geführte Inklusionsdebatte, in der das Recht vor allem behinderter Menschen auf volle gesellschaftliche Teilhabe – bis hin zum Recht geistig behinderter Kinder auf Zugang zum Gymnasium – verfochten wurde, sollte aus einem abstrakten „menschenrechtlichen" Postulat eine schulpolitische Radikallösung abgeleitet werden: die Abschaffung so gut wie aller sonderpädagogischen Spezialeinrichtungen (Bittner 2016). Dies ist gerade in jüngster Zeit zunehmend als nicht praktikabel erkannt worden.

Im letztjährigen Band dieses Jahrbuchs (2017/18) nahm ich Gelegenheit, weitere aktuelle, im Namen des Nicht-Diskriminierungsgrundsatzes politisch verfochtene Postulate auf den Prüfstand zu stellen. Auch hier haben sich die Bedenken gegen eine allzu buchstabengetreue Umsetzung „menschenrechtlicher" Postulate inzwischen durchgesetzt: eine vom Bundesjustizministerium eingesetzte Juristenkommission beurteilte das Gesetzgebungsverfahren zur Verschärfung des Sexualstrafrechts als übereilt (sollte bei diesem Schnellschuss des Gesetzgebers etwa „Populismus" eine Rolle gespielt haben?) und auch in der Handhabung des Flüchtlings- bzw. Migrationsproblems mehren sich die Stimmen, die anstelle des berühmten „Wir schaffen das" der Bundeskanzlerin zu einer pragmatischeren Vorgehensweise raten.

Im zeitgenössischen Menschenrechtsdiskurs hat es auch kritische Stimmen gegeben – teils solche aus buddhistisch oder islam geprägten Kulturkreisen, die die Menschenrechte als ein Produkt westlicher Mentalität kritisieren, nach der von Otfried Höffe (2009) zitierten (und abgewiesenen) Devise: „What is universalism to the West, is imperalism to the rest".

Ganz im Sinn dieser Devise sieht der deutsche Autor Schulz Meinen (2000) die Menschenrechte als eine künstliche westliche „Staatsreligion", welche die untergegangenen religiösen Traditionen ersetzen soll. Das Entwicklungsziel bestehe in einer „fortschreitenden Verkünstlichung. Immer mehr Bestandteile der vorgefundenen Lebenswelt ... sollen durch künstliche Elemente verbessert werden" (S. 168). Im Ergebnis teils ähnlich Rüdiger Bittner (2017), der das Bekenntnis zu den Menschenrechten den christlichen Glaubensbekenntnissen „offenbar nachgebildet" sieht (S. 66, ähnlich S. 80 ff.).

Noch ohne Kenntnis der zitierten Stellen meinte ich im Hinblick auf die Frauen-, Kinder- und Behindertenkonvention der Vereinten Nationen das gigantische Programm einer „Umerziehung der Menschheit" (2016, S. 83) zu erkennen, die in all ihren Nahbezügen (Mann-Frau-Verhältnis, Verhältnis zu Kindern) von Grund auf verändert und verbessert werden müsse. In alledem offenbart sich ein mangelnder Respekt vor dem, was die Menschen in verschiedenen Gesellschaften und Kulturen immer schon dachten und fühlten. Notwendig scheint eine Rückbesinnung auf die unterschiedlichen kulturellen Traditionen der aktuellen Menschheit, die Höffe (wie ich glaube zu Unrecht) als im Wesentlichen konkordant und in den Menschenrechtsproklamationen aufgehoben sieht. Was hier konkordant sein mag, sind allenfalls einzelne Formulierungen von tradierten Texten: aber die Lebenspraxis und die „gefühlte" Moral scheint doch in vielem diskrepant (z.B. kann man islamisch geprägten Kulturen nicht einfach Toleranz gegenüber der Homosexualität aufzwingen).

Die Missachtung der gefühlten und faktisch gelebten pluralen Moralen zu Gunsten eines Systems abstrakter Grundrechtsverlautbarungen, das sich nicht in den Traditionen der jeweiligen Bezugsgruppen konkretisiert, in denen ein Individuum lebt – auf diese Missachtung wird sich kaum ein „Welt-Ethos für alle" gründen lassen.

Was lehren diese drei Beispiele (die sich beliebig vermehren ließen)? Welzer kritisiert die Virtualisierung des Lebens durch das Wuchern digitaler Informationen und Kommunikationen, das letzten Endes nur dazu gut sei, den Kommerz zu beschleunigen. Stattdessen statuiert er: „das Leben ist analog". Gigerenzer zeigt, dass Entscheidungen im Alltag in aller Regel nicht als Kopf-, sondern als Bauchentscheidungen getroffen werden und dass die Menschen nicht einmal schlecht dabei fahren, obwohl das „wissenschaftliche" Denken seit Franklins Zeiten sie dazu anhält, sie möchten doch, bitte schön, bis in ihre intimsten Lebensentscheidungen hinein „Rationalität" walten lassen. Die öffentliche Moral bzw. „Hypermoral", wie ich unter Berufung auf Gehlen zu zeigen suchte (2017/18, S. 95, 99), konstruiert sozusagen am Reißbrett Postulate von Nicht-Diskriminierung, Teilhabe, Gleichberechtigung usw., ohne sich um die Grenzen ihrer menschenmöglichen Realisierbarkeit zu kümmern. Ich zitierte Freud: Das kulturelle Über-Ich „erläßt ein Gebot und fragt nicht, ob es dem Menschen möglich ist, es zu befolgen. Vielmehr, es nimmt an, daß dem Ich des Menschen alles psychologisch möglich ist, was man ihm aufträgt. Das aber ist ein Irrtum". (Freud 1930, S. 503)

4. Die Nemesis des Zivilisationsprozesses: Körper-Ausschaltung als Selbstausschaltung

Der „Kleine Prinz" von Antoine de Saint-Exupéry ist ein recht nostalgisches Buch. Seine Botschaft ist eine „pseudoreligiöse": die „Überhöhung des Kindseins zum besseren, reineren Menschen" (Martenstein 2011). Aber *eine* Geschichte darin hat mir immer gefallen. Der „kleine Prinz" kommt zu einem Händler, der mit „höchst wirksamen, durststillenden

Pillen" handelt. „Man schluckt jede Woche eine und spürt überhaupt kein Bedürfnis mehr, zu trinken".

‚"Warum verkaufst du das', sagte der kleine Prinz.

‚Das ist eine große Zeitersparnis', sagte der Händler. ‚Die Sachverständigen haben Berechnungen angestellt. Man erspart dreiundfünfzig Minuten in der Woche'

‚Und was macht man mit diesen dreiundfünfzig Minuten?'

‚Man macht damit, was man will ...':

‚Wenn ich dreiundfünfzig Minuten übrig hätte', sagte der kleine Prinz, ‚würde ich ganz gemächlich zu einem Brunnen laufen ..."' (Saint-Exupéry 1960, S. 74).

Der angebliche zivilisatorische Fortschritt, den der Händler anpreist, liegt in einer Ökonomisierung. Man gewinnt Zeit, die man nützlich, d.h. wieder zur Mehrung der eigenen ökonomischen Ressourcen verwenden kann, indem man ein ökonomisch gesehen unproduktives Tun, im konkreten Fall eben das Trinken, durch eine technisch zivilisatorische Errungenschaft substituiert. Der „kleine Prinz" verweigert sich dem Ansinnen. Er wählt die anti-fortschrittliche, „nostalgische" Alternative: ganz gemächlich zu einem Brunnen zu laufen (und nicht etwa: den Wasserhahn aufzudrehen). Wollte man heutzutage seinen Durst wirklich an einem Brunnen stillen, wären für den Weg dorthin freilich sicher mehr als 53 Minuten zu veranschlagen. Der Zivilisationsprozess wird in dieser Episode dargestellt als der scheinbar unumkehrbare Prozess, „Natürliches" durch Artifizielles zu ersetzen.

Im Folgenden sind drei Theorien des Zivilisationsprozesses zu vergegenwärtigen, die, wenn auch unterschiedlich akzentuiert, als Paraphrasen zu dieser Geschichte gelesen werden können.

4.1 Gewinn und Verlust im Zivilisationsprozess (Norbert Elias)

Die immanenten Ambivalenzen des Zivilisationsprozesses hat vor allem Norbert Elias (1939) aufgewiesen. Schon im 19. Jahrhundert habe es die einen Stimmen vor allem in den aufsteigenden Schichten gegeben, die „mit hohen Erwartungen einer besseren Zukunft entgegensahen", und die anderen, die der „vorindustriellen Eliten", aber auch in Teilen der „bäuerlichen und handwerklichen Bevölkerung", die „der sich – im Sinne ihrer Wertungen – verschlechternden Gegenwart das Idealbild einer besseren Vergangenheit entgegenhielten" (Bd. 1, XXVIII f.).

1. Diese Bewertung ist für Elias freilich nicht ausschließlich eine schichtenspezifische, die sich im Wesentlichen auf materielle Interessen reduzieren ließe. Sie liegt vielmehr im Wesen des Zivilisationsprozesses selbst begründet, den er als einen Prozess zunehmender zwischenmenschlicher und interkultureller Verflechtungen und Interdependenzen charakterisiert, die dem Individuum ein immer höheres Maß an Rationalität, an Zwang zum Selbstzwang, an Unterordnung kurzfristiger Regungen unter das Gebot einer gewohnheitsmäßigen Langsicht, zur Ausbildung einer differenzierteren und festeren „,Über-Ich'-Apparatur" (Bd. 2, S. 337 f.) auferlegen.

Dieser Prozess bringe zwangsläufig teils Entlastungen, teils aber auch Belastungen für das Individuum mit sich: „Wir fühlen, daß wir mit der Zivilisation in bestimmte Verstrickungen hineingeraten sind, die weniger zivilisierte Menschen nicht kennen; aber wir wissen auch, daß diese weniger ‚zivilisierten' Menschen ihrerseits oft von Nöten und Ängsten geplagt werden, unter denen wir nicht mehr oder jedenfalls nicht mehr in gleich starkem Maße leiden" (Bd. 1, LXXX).

Auf das Problem der Nostalgie bezogen bedeutet dies: wo die Verstrickungen und Belastungen durch das Leben in der Gegenwart stärker erlebt werden als die Befreiung von früheren Übeln, wird sich einigermaßen zwangsläufig eine Sehnsucht nach diesen früheren Zuständen einstellen, wobei aber auch subjektive Verzerrungen in Rechnung zu stellen sind: wir neigen dazu, aktuell Belastendes stärker wahrzunehmen als den Wegfall von früher Belastendem, den wir geneigt sind, für selbstverständlich zu nehmen.

2. Eine weitere Frage drängt sich auf, wenn wir Elias' Theorie des Zivilisationsprozesses folgen. Er bestimmt diesen als fortschreitenden Zwang zum Selbstzwang und zur Affekt-Kontrolle – woher aber nimmt er seine Aussagen über die individuelle Seite dieses Prozesses, näher hin über die „Triebe" und „Affekte", die angeblich einer fortschreitend strengeren (Selbst-)Kontrolle der Individuen unterworfen werden sollen?

Es entsteht der Eindruck, dass er in diesem Punkt in Freud'schen Bahnen denkt, allerdings sind die direkten Bezugnahmen spärlich und unsystematisch. Die Beziehungen seien „für jeden Kenner des psychoanalytischen Schrifttums klar (in der Tat! G.B.), und es schien unnötig, an einzelnen Punkten darauf hinzuweisen, zumal sich das nicht ohne ausführlichere Auseinandersetzung hätte tun lassen" (Bd. 1, S. 324).

Vielleicht hat er Recht. Aber gerade eine eventuelle Auseinandersetzung hätte hilfreich sein können, um seine eigene Psychologie des „Zivilisationsmenschen" schärfer zu umreißen. So bleibt dessen Kontur etwas unscharf: das Kontrollierende und Beschränkende, das von den gesellschaftlichen Prozessen ausgeht, wird zwar klar benannt, wohingegen aber das Kontrollierte und Beschränkte (also das, was z.B. Freuds Psychologie des „Urmenschen" an die Seite zu stellen oder auch entgegen zu setzen wäre) bleibt undeutlich.

3. Die fortschreitende Kultivierung des Menschen durch den immer mehr wachsenden „Zwang zum Selbstzwang" allerdings wird bei Elias sehr plastisch geschildert. Der erste Band seines Werkes behandelt „Wandlungen des Verhaltens in den weltlichen Oberschichten des Abendlandes" vor allem seit dem Spätmittelalter. Diese Wandlungen laufen durchweg auf eine Verschärfung der Scham- und Peinlichkeitsgrenzen hinaus, die es gebieten, leibnahe Verrichtungen beim Essen und bei den Ausscheidungen den Blicken anderer zu entziehen bzw. diese selbst zu entkörperlichen, z.B. durch das Essen mit Messer und Gabel, das im Mittelalter noch keineswegs der Brauch war.

„Wozu braucht man also eigentlich eine Gabel? Warum ist es ‚barbarisch' und ‚unzivilisiert' Speisen vom eigenen Teller mit der Hand zum Munde zu führen?

Weil es ein peinliches Gefühl ist, sich die Finger schmutzig zu machen oder wenigstens mit schmutzigen und fettigen Fingern in Gesellschaft gesehen zu werden. Mit Krankheitsgefahren, mit den sog. ‚rationalen Gründen' hat die Ausschaltung des Essens mit den Händen vom eigenen Teller recht wenig zu tun. Hier, in der Beobachtung unserer Empfindung gegenüber dem Gabelritual, zeigt sich mit ganz besonderer Deutlichkeit: Die primäre Instanz für unsere Entscheidung zwischen ‚zivilisiertem' und ‚unzivilisiertem' Verhalten bei Tisch ist unser Peinlichkeitsgefühl. Die Gabel ist nichts anderes als die Inkarnation eines bestimmten Affekt- und Peinlichkeitsstandards" (Bd. 1, S. 170 f.).

Die detaillierten Anweisungen des Erasmus von Rotterdam in seiner Schrift „De civilitate morum puerilium" (Bd. 1, S. 174 ff.) zu den (damals noch relativ liberalen) Schicklichkeitsgrenzen beim Pinkeln und Furzen der Schüler sollen hier nur erwähnt werden, zumal sie beim „kleinen Prinzen" keinerlei Pendant finden. In diesem Punkt ist der Zivilisationsprozess mit seinen Schicklichkeitsnormen und seinem „Zwang zum Selbstzwang" bereits zu weit fortgeschritten, als dass auch nur die Erwähnung derartiger Zivilisationsnöte z.B. in einem wissenschaftlichen Aufsatz (wohin darf ein kleiner Prinz pinkeln auf diesem Planeten Erde?) erlaubt wäre.

Elias will in seinem Buch eine „Entwicklungsmechanik der Geschichte" aufzeigen (Bd 1, S. LXXXI) bzw. er will „verstehen, was es eigentlich mit dieser ‚Zivilisation' auf sich hat" (S. LXXX), mit Prozessen, „die sich heute in uns und um uns nicht viel anders als Naturereignisse vollziehen" (ebd.) – Prozessen, die auf „Absperrung individueller Affektimpulse von der motorischen Apparatur, von der unmittelbaren Steuerung der Körperbewegungen, von Handlungen" hinauslaufen, wie er in einer rückblickenden Äußerung formuliert (S. LXV).

Unabweisbar freilich bleibt die grundsätzliche Frage: Auf welchen Ziel- und Endpunkt laufen diese Prozesse zu? Ist dieser Zwang zum Selbstzwang unbegrenzt steigerungsfähig? Gibt es für die immer weitergehende Verschärfung dieser Normen und Kontrollen keine kritische Grenze?

4.2 Zivilisation als „Körperausschaltung" (Paul Alsberg)

Um eine Vorstellung davon zu gewinnen, wer oder was im Zivilisationsprozess „bezwungen" werden soll, sehen wir uns auf einen anderen klassischen, allerdings weithin vergessenen Autor verwiesen: Paul Alsberg und sein 1922 erschienenes Buch „Das Menschheitsrätsel", in Verfolg dessen sich die Vorstellung vom kulturellen „Zwang zum Selbstzwang" präzisieren lässt.

Alsbergs entwicklungsbiologisch begründeter Grundgedanke lautet: „Das Entwicklungsprinzip des Tiers ist das Prinzip der ‚Körperanpassung'; das Entwicklungsprinzip des Menschen das der ‚Körperausschaltung' mittels künstlicher Werkzeuge" (S. 27, vom Verf. hervorgehoben). Während die Tierspezies sich in der Körperanpassung an unterschiedliche Lebensräume entwickeln, hat der Mensch einen grundlegend anderen Weg der Fortentwicklung bzw. seiner Menschwerdung eingeschlagen: den der Körperausschaltung bzw. -befreiung. Er erfand Werkzeuge, die eine unmittelbare körperliche Intervention entbehrlich machen: vom Faustkeil des Urmenschen bis zur modernen Robotertechnik; aber auch nicht-technische menschliche Erfindungen wie die Sprache, sogar die

Moral und die Ästhetik rechnet Alsberg zu den Werkzeugen der Körperausschaltung hinzu. Die modernen Errungenschaften der digitalen Kommunikation, die Alsberg noch nicht einmal ahnen konnte, würden das Prinzip der Körperausschaltung bzw. -befreiung auf die bis heute erreichbare Spitze treiben: steigerungsfähig wäre diese noch durch das in der Entwicklung befindliche selbstfahrende Auto.

Daher, so setzt Alsberg seinen Gedanken fort, „erblüht ‚rings um' den Menschen, unabhängig vom Körper und außerhalb des Körpers, ein auf sich selbst gestelltes Reich der *Technik*, während der Körper selbst, durch das Werkzeug seiner ursprünglichen Aufgabe der Naturanpassung enthoben, der Rückbildung verfällt" (ebd.).

Und eben hier liegt das von Alsberg (ebenso wie von Elias) noch nicht gesehene Problem: die Frage nämlich, wie weit diese Körperausschaltung getrieben werden kann, ohne dass der Mensch dabei Schaden nimmt bzw. „der Rückbildung verfällt". Es meldet sich das „Unbehagen an der Kultur" bei einem Zuviel an „Körperausschaltung". Nostalgie meldet sich zu Wort: früher war es doch irgendwie besser, als ich wenigstens noch telefonieren (d.h. wenigstens die Stimme des Gegenübers hören) konnte und nicht mailen musste?

Auf den „Kleinen Prinzen" bezogen darf man feststellen, dass die vom Autor erfundenen Anti-Durstpillen, obwohl sie so viel nützlich verwendbare Lebenszeit ersparen, physiologisch gesehen ein (vermutlich satirisch beabsichtigter) Unsinn sind: der Wasserhaushalt des Körpers ist dermaßen essentiell für die Lebensvorgänge, dass sich Wasser schlechterdings nicht technisch substituieren lässt. Selbst den Astronauten in ihrer Raumkapsel bleibt bis heute nichts anderes übrig als zu trinken, wenn sie Durst haben. Die „Körperausschaltung" lässt sich eben nicht beliebig weit treiben.

4.3 Der zivilisatorisch weggesparte „Urmensch" (Sigmund Freud)

Unser Körper bzw. die ihm innewohnende „Seele", von der ja schon Nietzsche zu Recht vermutete, dass sie nur ein „Etwas am Leibe" sei, fühlt sich durch allzu radikale „Körperausschaltung" selber mit ausgeschaltet. Hier ist der Bezug zum „Kleinen Prinzen" unschwer herzustellen: die Ersetzung des Trinkens durch die Anti-Durst-Pille bedeutet in jedem Fall eine Reduktion an körperlich-sinnlicher Erfahrung: das

Schlucken der Pille reduziert die körperliche Spürbarkeit des Vorgangs auf ein Minimum. Die derart dem ökonomischen Spardiktat geopferte Psyche des zivilisierten Menschen versucht durch triebhafte Durchbrüche ebenso wie durch depressive Blockaden und Totstellreflexe in eine Art Streik gegen allzu rasanten und unbekömmlichen „Zivilisationsfortschritt" zu treten. Der „Urmensch" in uns, dem nicht zufällig zeitweise Freuds lebhaftes Interesse galt, begehrt auf gegen diese Zivilisation, die er sich geschaffen hat, ohne die möglichen Kollaboralschäden gefühlsmäßiger Verarmung zu bedenken, die sie im Gefolge hat.

Ernst Bloch, seinerzeit einer der unermüdlich Zukunftsgläubigen, hat die Psychoanalyse unter den Generalverdacht einer Rückwärtsorientierung gestellt. „Kein Trieb ohne Leib dahinter" (S. 52), konstatiert er, so weit noch durchaus in Übereinstimmung mit Freud. Dessen Rückwärtsorientierung belegt er mit einem (leider nicht nachgewiesenem) Zitat: das Ich schöpfe „in einer für uns noch dunklen Weise aus den im Es angehäuften Erfahrungen der Vorzeit" (S. 61). Das Unbewusste der Psychoanalyse sei mithin „niemals" ein Element der Progressionen, es bestehe vielmehr aus Regressionen. Am schlimmsten zeige sich dies bei C.G. Jung, dem „psychoanalytische(n) Faschist(en)", der „die Libido und ihre unbewußten Inhalte gänzlich auf Urzeitliches reduzierte" (ebd.).

Ob Jung damit zutreffend charakterisiert ist, mag dahin gestellt bleiben. Für Freud jedenfalls lässt Bloch immerhin noch gelten, dass er „das aufhellende Bewußtsein aufrecht" halte, „doch ein solches eben, das selber vom Ring des Es", vom Urzeiterbe umgeben sei (S. 62).

Obwohl in der Absicht, Freud als untauglich für sein „Prinzip Hoffnung" beiseite zu räumen, hat er ihn dennoch nicht unzutreffend charakterisiert: als einen vernünftig abwägenden Rückwärtsgewandten, der dem wenig veränderten Urmenschen im modernen Kulturmenschen nachspürt und die bei Elias und Alsberg nicht gestellte, bei allen Fortschrittsgläubigen höchst unpopuläre Frage aufwirft: wie viel zivilisatorische Körper- (und Seelen-) Ausschaltung kann man diesem von seinem Es wie von einem Ring umschlossenen Menschenwesen zumuten, ohne dass über kurz oder lang ein Unglück passiert?

Summa summarum: Längst nicht „alles" war früher besser. Aber der ernst zu nehmende Kern nostalgischer Sehnsüchte lässt sich einigermaßen präzise angeben: das Gefühl, früher habe man weniger entfremdet, sozusagen „näher am beseelten Körper" gelebt, seine Dispositionen getroffen, moralisch geurteilt und gehandelt – dieses Gefühl trügt nicht, wenn wir die drei zuletzt referierten Theorien des Zivilisationsprozesses zu Grunde legen. Die Frage, wie viel an Ausschaltung des Körpers und der körperassoziierten Gefühlswelt, wie viel gesellschaftlichen „Zwang zum Selbstzwang" wir auf Dauer vertragen, wann gegebenenfalls kritische Grenzen erreicht sind – diese weithin unterdrückten Fragen sollten auf der Tagesordnung bleiben.

5. Vergangenheit oder Zukunft – in welche Richtung blickt der „Engel der Geschichte"?

Paul Klees „Angelus novus" (1920), von Walter Benjamin zum „Engel der Geschichte" ernannt, blickt erschreckt auf die Vergangenheit, in der er – nach Benjamins Interpretation – „eine einzige Katastrophe" erkennt. Zugleich aber weht „ein Sturm ... vom Paradiese her", der ihn „unaufhaltsam in die Zukunft" treibt. „Das, was wir den Fortschritt nennen, ist *dieser* Sturm" (zit. nach Sorg 2012, S. 119 f.). Ich könnte mir freilich denken: im Jahre 1920 hätte der Engel auch allen Grund gehabt, erschreckt in die Zukunft zu blicken.

Während ich diesen Text zu Ende bringe, erscheint als opus postumum das Buch von Zygmunt Bauman „Retrotopia" (2017), worin er unsere Gegenwart als das „Zeitalter der Nostalgie" (S. 9) kritisiert. Der Wind habe sich gedreht, Benjamins „Engel der Geschichte" blicke nun entsetzt in die Zukunft und weiche von ihr zurück. Die Menschen flüchteten ans „Stammesfeuer" (S. 65) eines Gestern. Dies ist freilich für den von einem Rezensenten so genannten „Meisterdenker der Globalisierung", der die Utopie einer „kosmopolitisch integrierten Menschheit" verkünden will (Leick 2017, S. 9) erwartungsgemäß der falsche Weg.

Also wieder einer, der die Nostalgie denunziert und pathologisiert (Bauman spricht z.B. von „Nostalgie-*Epidemien*" [S. 18] – Hervorhebung G.B.). Sein „Engel der Geschichte" positioniert sich damit leider ziemlich „einäugig". Der Engel sollte sich besser vor keinen ideologischen Karren spannen lassen, finde ich, weder einen „rechten" noch einen „linken" und schon gar keinen technokratischen nach Art gewisser „Zukunftsforscher". Paul Klees Angelus novus jedenfalls hat, so schwer sein Blick zu deuten sein mag, ganz offensichtlich *zwei* Augen, die es ihm möglich machen sollten, die Dinge perspektivisch differenziert in den Blick zu nehmen.

Literatur

Ahbe, Th. (2005): Ostalgie. Zu ostdeutschen Erfahrungen und Reaktionen nach dem Umbruch. Erfurt (Landezentrale für poltische Bildung Thüringen) 2016.
Alsberg, P. (1922): Das Menschheitsrätsel. Neuaufl. Gießen (edition Schlot) 1979.
Altmeyer, M. (2016): Aufmerksamkeit, bitte! Eine Antwort auf Hans Magnus Enzensberger und Harald Welzer. In: Der Spiegel vom 28.5.2016.
Bartens, W. (2012): Krude Theorien, populistisch montiert. In: Süddeutsche Zeitung vom 9.9.2012.
Bauman, Z. (2017): Retrotopia. Frankfurt/M. (edition suhrkamp).
Bittner, G. (Hg) (1994): Biographien im Umbruch. Lebenslaufforschung und Vergleichende Erziehungswissenschaft. Würzburg (Königshausen & Neumann).
Bittner, G. (1993/94): Patientenorientierte Medizin? In: Scheidewege 23, S. 339-355.
Bittner, G. (2016): „Inklusion" und andere große Worte – oder das stumpf gewordene Seziermesser der psychoanalytischen Kritik. In: R. Göppel, B. Rauh (Hg): Inklusion: Idealistische Forderung Individuelle Förderung Institutionelle Herausforderung. Stuttgart (Kohlhammer).
Bittner, G. (2017/18): „Verlorene Liebesmühe" – oder: der vergebliche Versuch, die Menschen ethisch aufzurüsten. In: Scheidewege, Jahresschrift für skeptisches Denken 47, S. 88-106.
Bittner, R. (2017): Bürger sein. Eine Prüfung politischer Begriffe. Berlin, Boston (De Gruyter).
Bloch, E. (1959): Das Prinzip Hoffnung. Frankfurt/M. (stw) 1973.
Davis, F. (1979): Yearning for yesterday. A sociology of nostalgia. New York (Free Press).
Delbrück, H. (1893): Die gute alte Zeit. In: Neue Sammlung 33, 1993, S. 515-537.
Dettling, D. (2017): Warum die Welt immer besser wird. In: Forschung und Lehre 24, S. 745.
Dürrenmatt, F. (1989): Durcheinandertal. Zürich (Diogenes).
Elias, N. (1939): Über den Prozeß der Zivilisation. Soziogenetische und psychogenetische Untersuchungen. 2 Bde. 6. Aufl. Frankfurt/M. (stw) 1978.
Freud, S. (1930) Das Unbehagen in der Kultur. GW XIV. Frankfurt/M. (Fischer), S. 419-506.
Gehlen, D.v. (2016): Lasst euch von den Alarm-Autoren keine Angst machen! In: Süddeutsche Zeitung Magazin vom 9.8.2016.
Gigerenzer, G. (2007): Bauchentscheidungen. Die Intelligenz des Unbewussten und die Macht der Intuition. 13. Aufl. (Tb-Ausgabe). München (Goldmann) 2008.
Hegel, R.-D., Müller, M., Wolf, M. (1994): Die produktive Kraft der Unfreiheit. Eine empirische Studie zu ostdeutschen Biographien in der „Wendezeit", Milow (Schibri).

Höffe, O. (2009): Menschenrechte im interkulturellen Diskurs. www.bpb.de@interkultureller-diskurs.
Jaspers, K. (1909): Heimweh und Verbrechen. In: Archiv für Kriminalanthropologie. Bd. 35.
Kahneman, D. (2012): Schnelles Denken – langsames Denken. München (Siedler).
Kaplan, H.A. (1987): The psychology of nostalgia. In: Psychoanalytic Review 74, S. 465-486.
Klee, P. (1920): Angelus Novus. In: ders.: Die Engel. Bern, Ostfildern (Zentrum Paul Klee und Hatje-Canz-Verlag) 2012, S. 30 f.
Leick, R. (2017): Blick zurück nach vorn. In: Literaturspiegel November 2017, S. 8 f.
Martenstein, H. (2011): „Der kleine Prinz". Das Evangelium nach Saint-Exupéry. Zeit online vom 29.12.2011.
Nostalgie-Politik der AfD. Alles soll so sein, wie vor 20 Jahren. t-online vom 9.3.2016
Orwell, G.(1950): 1984. Berlin 40. Aufl. 2017 (Ullstein Tb).
Rettig, D. (2013): Die guten alten Zeiten. Warum Nostalgie uns glücklich macht. München (dtv premium).
Saint-Exupéry, A. de (1950): Der kleine Prinz. Düsseldorf (Karl Rauch), Neuaufl. 1960; viele weitere Auflagen.
Schümer, D. (2016): Retrogrusel Deutschland gehört auf den Müllhaufen. In: Die Welt vom 24.5.2016.
Schulz Meinen, H. (200): Die Staatsreligion. Menschenrechte contra Naturschutz. Marburg (Diagonal).
Sedikides, L., Wildschut, T., Arndt, J., Routledge, C. (2008): Nostalgia, Past, Present and Future. In: Current Directions in Psychological Science 17, S. 304-307.
Spitzer, M. (2012): Digitale Demenz. Wie wir uns und unsere Kinder um den Verstand bringen. München (Droemer-Knaur).
Sorg, R. (2012): Der Engel der Engel. In Paul Klees Angelus novus. In: P. Klee, Die Engel. Bern, Ostfildern (Zentrum Paul Klee und Hatje-Canz Verlag), S. 133-134.
Welzer, H. (2016a): Die smarte Diktatur. Der Angriff auf unsere Freiheit, Frankfurt/M. (Fischer).
Welzer, H. (2016b): Das Leben ist analog. Die digitale Diktatur und wie man sie bekämpft. In: Der Spiegel 17, S. 128 f.

Mins Minssen

Das Leben der Unseren, damals

Eines schönen Morgens im April 1975 läutete das Telefon. Der Anrufer befahl mir, mich in einem bestimmten Zimmer des Verwaltungshochhauses an einem bestimmten Tag zu einer bestimmten Uhrzeit einzufinden. Ich hätte ohne Begleitung zu kommen. Ich fragte, worum es ginge. Der Anrufer erwiderte: „Das sagt man Ihnen dort."

Ich hatte Angst. Einer der Slogans der 68er Studenten war gewesen: Allein machen sie Dich ein. Der Slogan hörte sich ungeschliffen an, war aber einprägsam. Ich beschloss, mir Begleitung zu suchen. Es gab damals noch die Gewerkschaft „Öffentliche Dienste, Transport und Verkehr" (ÖTV), in der ich Mitglied war. Für einen Intellektuellen wie mich hatte es etwas Beruhigendes, mit den Kapitänen der Landstraße und den breitschultrigen Kerlen von der Müllabfuhr im selben Klub zu sein. Das waren meine starken Brüder, die mir in Notfällen beistehen würden.

Ich ging zum Personalrat der Universität, wo ich niemanden kannte, denn ich hatte meine Stelle erst zu Beginn des Monats angetreten. Einer der Personalräte gehörte meiner Gewerkschaft an. Er sagte: „Ich komme mit, auch gegen die Anweisung." Er war Mathematiker, hätte aber von der Statur her Müllwerker sein können und hatte eine sehr kräftige Bassstimme. Natürlich wollte er wissen, wer ich war und was in meiner Vergangenheit hätte Anlass zu einer Vernehmung geben können. Die Art der Vorladung deutete auf Anwendung des 1972 verlautbarten Radikalen-Erlasses hin.

Ich erzählte, dass ich 1968 auf dem Marktplatz in Konstanz bei einer Demonstration gegen die Notstandsgesetze eine Rede gehalten hatte. Außerdem hatte ich in dem Zusammenhang an einer Sitzblockade auf der Rheinbrücke teilgenommen. Für etwa 15 Minuten hatten wir den Autoverkehr zwischen der Bundesrepublik Deutschland und der Schweiz beeinträchtigt, bevor wir uns lieber zerstreuten, weil unterhalb der Brücke ein Polizeiaufgebot auf den Einsatz wartete.

Außerdem bewegte ich mich an der dortigen Universität unter Leuten, die, wie viele Akademiker in jener Zeit, von Alternativen zum Kapitalismus träumten und der Parole „Die Phantasie an die Macht!" anhingen. Unter denen, die in diesen Kreisen das Wort führten, waren zwei elegante Literaturwissenschaftler und spätere Schriftsteller. Einer war Jochen Kelter, der andere Nicolò Pasero. Pasero nahm aus Angst, ausgewiesen zu werden, nicht an Demonstrationen teil. Eines der Werke, über das man leidenschaftlich diskutierte, war Benjamins „Das Kunstwerk im Zeitalter seiner technischen Reproduzierbarkeit". Für mich, der ich für meine naturwissenschaftliche Doktorarbeit meist einsam in einem Keller saß, um in einer Ultrazentrifuge ein Enzym hunderte von Malen künstlichen Schwerkräften auszusetzen, war der kapitalismuskritische literarische Zirkel eine willkommene Abwechslung. Außerdem gab es dort schöne sehr selbständige Frauen, und ich genoss es, im himmelblauen Alfa Romeo von Pasero mitzufahren.

Nach Erlangung der Doktorwürde 1970 ging ich an eine Universität in den USA. Vor der Heimreise, Ende 1972, besuchte ich das Sheriffs-Büro, um mir ein polizeiliches Führungszeugnis ausstellen zu lassen. Man konnte sich darunter nichts vorstellen, aber ich erklärte, so gut es ging, die Bedeutung eines solchen Dokumentes für mein Heimatland. Schließlich bekam ich auf offiziellem Sheriff-Departement-Papier den trockenen Satz: „We have checked our records and find no record on MINS MINSSEN in our files", unterschrieben mit: Lois K. Barlet, Deputy Sheriff, Madison, Wisconsin 53709, November 24, 1972. Ich habe dieses Zeugnis noch und hüte es.

Ich erzählte meinem prospektiven Beistand alles von Konstanz bis zu Amerika und zurück. Er schlug mir auf die Schulter und sagte: „Da kommen wir durch."

Nach einer schlaflosen Nacht brach der Tag der gefürchteten Vernehmung an. Im Hochhaus klopften wir an die Tür des bestimmten Zimmers und sahen uns zwei Herren gegenüber. Die zeigten sich überrascht und verärgert, dass auch wir zu zweit waren. Einem der Gastgeber, dem Wortführer, war mein Begleiter anscheinend von irgend woher aus den Universitätsgeschäften bekannt. Der Wortführer grollte ein wenig, wies aber dem überzähligen Besucher nicht die Tür. Das führte zu einem protokollarischen Problem, denn wir waren zu viert, doch in dem spärlich möblierten Raum gab es nur drei Stühle. Ich setzte mich auf den mir zugewiesenen, mein Begleiter griff sich den zweiten, der Wortführer nahm hinter dem Schreibtisch auf dem dritten Stuhl Platz, und für den Gehilfen oder Zeugen oder Protokollführer blieb keine Sitzgelegenheit übrig. Obwohl ich sicher Herzklopfen hatte, konnte ich doch den Raum um mich herum so weit wahrnehmen, dass ich merkte, dass mit dem etwas nicht stimmte. Es war kein normales Büro. Der Raum wirkte unbewohnt, kahl und improvisiert, als hätte man dem Hausmeister gesagt: „Stellen Sie da einen Schreibtisch und drei Stühle hinein. Mehr braucht es nicht. Da wird nur gelegentlich gearbeitet." Ich sah trotz oder wegen meiner Anspannung diesen kargen Raum so klar wie ein Bühnenausstatter, der ein Verhör möblieren soll, wage ich heute zu behaupten.

Es trat ein langes Schweigen ein. Der Wortführer betrachtete mich. Der Vernehmungs-Gehilfe machte sich die weitgehende Leere des Raumes zu Nutze, in dem er sich darin bewegte. Er drehte mit etwas schleppenden Schritten Runden. Mal sah ich ihn hinter dem Wortführer, mal hörte ich seine Schritte hinter meinem Rücken. Nichts störte die Umrundungen, denn es war nichts da, nicht einmal die in Büroräumen sonst so verbreitete auf dem Boden stehende staubige große Topfpflanze der Gattung Ficus. Nur meinen Begleiter konnte der Gehilfe nicht umrunden. Der hatte sich mit seinem Stuhl an einer Wand postiert und beobachtete die Szene von dort aus.

Der Sprechteil der Handlung begann nach der stummen Phase mit zwei Sätzen des Wortführers. Der eine Satz lautete: „Wir haben Erkenntnisse über Sie" und der andere: „Sagen Sie uns, worum es sich dabei handeln könnte." Ich war einen Augenblick starr vor Überraschung und Empörung. Da sollte ich, der Vorgeladene, mein eigener Ankläger sein und mich selbst beschuldigen. Im übrigen störte mich schon lange der im Polizeijargon verwendete Erkenntnisbegriff. Zu Erkenntnis pflegte ich so etwas wie Erleuchtung im Religiösen oder Offenbarung eines Rätsels nach langer philosophischer Anstrengung zu assoziieren. Hier ging es allenfalls um Informationen. Ich protestierte schließlich: Wenn man etwas gegen mich in der Hand habe, solle man es offen darlegen. Und bevor noch der Wortführer einen verbalen Ausfallschritt in Richtung: „Ich-stelle-hier-die-Fragen" machen konnte, dröhnte, mein Ansinnen unterstreichend, die kräftige Bassstimme meines Begleiters durch den Raum, der durch seine weit gehende Leere zwischen den Wänden einen guten Hall hatte, mit der echt norddeutschen Aufforderung: „Butter bei die Fische!!" Diese stehende Redewendung, an der den Nichteingeweihten die eigentümliche Grammatik stören mag, hat mehrere verwandte

Bedeutungen. Sie meint: Ohne Umschweife zur Sache zu kommen oder auch: Das Trödeln sein zu lassen und etwas endlich tatkräftig in Angriff zu nehmen. Der Einsatz dieser Redewendung ist aber vor allem eine phonetisch starke Geste. Man achte darauf, wie man das Wort „Butter" im Mund bildet: Erst bläst man die Backen auf, dann schießt man das Wort von den Lippen explosionsartig ab. So war auch die Wirkung auf unsere Gastgeber. Sie fühlten sich augenscheinlich getroffen. Auf ihren Mienen erschien Ratlosigkeit. Mein Begleiter und Gewerkschaftskollege machte, nachdem er den Gegner vom hohen Ross geholt hatte, vielleicht in Anlehnung an das Prozedere von Tarifverhandlungen, nun einen Versuch, zu einem gütlichen Abschluss zu kommen, den beide Seiten akzeptieren konnten. „Wissen Sie was", sagte er zu mir, „erzählen Sie denen doch einfach, was sie mir erzählt haben. Daraus kann ihnen niemand einen Strick drehen."

Aber in mir war die Empörung über die Verhandlung zu groß. Ich hielt die Gastgeber auch nicht für vertrauenswürdige Sozialpartner, und meine Angst war kleiner geworden. Ich war kein echter Revolutionär in einer echten Diktatur und hatte weder Gefängnis noch körperliche Folter zu fürchten. Die Beamten mir gegenüber waren keine routinierten Geheimpolizisten, sondern Universitätsangehörige. Denen war jedoch von Staatsschutzseite Macht zugeschoben worden. Sie konnten bewirken, dass ich aus meiner Stelle entlassen wurde und zukünftig aus jedem öffentlich-akademischem Berufsleben ausgeschlossen blieb und das auf Lebenszeit. Meine Frau studierte noch, ich würde auf der Straße stehen, nennenswerte Ersparnisse hatten wir nicht.

Daher führte ich den beruflichen Gesichtspunkt in die Verhandlung ein und sagte, falls eine Kündigung käme, würde ich vor das Arbeitsgericht gehen. Spätestens dann müssten etwaige Anschuldigungen gegen mich offen auf den Tisch kommen. Die Drohung mit dem Arbeitsgericht war leer, wie mir später einfiel, denn ich war noch in der Probezeit, und es hätte keines Grundes bedurft, mich zu entlassen. Ob das der anderen Partei in dem Moment auch klar war, weiß ich nicht. Jedenfalls hatte ich wohl immerhin zum Ausdruck gebracht, dass ich mich nicht geräuschlos abservieren lassen würde. So kam es nicht zu einem gütlichen Abschluss. Die Vernehmungspersonen sagten, sie bedauerten meine mangelnde Kooperationsbereitschaft und schlossen die Sitzung.

Ich bedankte mich bei meinem Begleiter und ging ziemlich aufgewühlt zurück an meine Arbeitsstelle. Die Kollegen waren herzlich und ermutigten mich mit Ausnahme eines Einzigen, der den Kopf zwischen die Schultern zog, etwas von möglichem Schaden für das Institut sagte und mir ein freiwilliges Ausscheiden nahe legte.

Die Sache verlief im Sande. Ich hörte nichts mehr davon und hütete mich, Nachfragen zu stellen und konnte mich im Weiteren ungestört meinen Projekten widmen. Nach ein paar Jahren schafften erst einige Bundesländer, dann die Bundesregierung den Radikalen-Erlass wieder ab.

2006 erschien ein Spielfilm mit dem Titel „Das Leben der Anderen" (Regie: Florian Henckel von Donnersmarck). Es ging um Bespitzeln und auch wahren Erkenntnisgewinn. Der Film spielte in der untergegangenen DDR. Der Film gewann in Hollywood den Oscar. Aus dem, was hier bei den Unseren passierte in jenen vergangenen Zeiten, ist kein Stoff für einen Oscar zu gewinnen. – Gottlob.

Fußnote: Jochen Kelter wurde 1974 in Konstanz demselben Erlass ausgesetzt und ging für immer in die Schweiz. Der Kulturpreis des Kantons Thurgau zählt zu seinen Auszeichnungen. Nicolò Pasero ging an die Universität Genua und schrieb unter anderem: „Marx per letterati" (Milano, 1998).

Rainer Hagen

Zum Streit zwischen Fantasie und Wirklichkeit

Über unsere täglichen Wörter denken wir nicht lange nach. Wo kämen wir auch hin mit dem, was wir gerade sagen wollten! Wir benutzen sie wie gewohnt und wenn sie nicht genau passen, dann irgendwie. Zum Beispiel Wörter wie „Fantasie" und „Wirklichkeit". Es sind Gegensätze, das ergibt sich aus dem Wortgebrauch. Aber Gegensätze von was? Wir gehen der Frage nicht auf den Grund, machen es uns bequem, stellen uns vor: Ein mittelalterliches Turnier, zwei Ritter mit geschlossenem Visier und angelegten Lanzen galoppieren auf einander los, wollen sich gegenseitig aus dem Sattel heben. Nur einer kann gewinnen.

Nach den alten Regeln sollten beide Ritter von gleichem Range sein. Wie weit das hier zutrifft, lassen wir offen, stellen aber fest, dass sie in der öffentlichen Einschätzung heute höchst unterschiedlich bewertet würden. Die Erkenntnis der Wirklichkeit, mit ihr die Suche nach Wahrheit, sie zählen zu den edelsten Tätigkeiten des Menschen. Eine lange Reihe berühmter Philosophen, angefangen bei Aristoteles, kann es bezeugen. Mit vergleichbar hoch geschätzten Namen kann die Fantasie nicht konkurrieren. Es geht ja auch nicht um Ewiges bei ihr, sondern um Flüchtiges, schwer zu fassen. Einerseits gepriesen in Werken der Kunst und zwar umso höher, je weiter sie sich von der Wirklichkeit entfernt. Also am höchsten in der Musik – von allem Irdischen befreit –, nicht ganz so hoch bei Malerei und Dichtung, die ohne Realitäts-Partikel nicht auskommen. Andererseits aber auch misstrauisch verfolgt als Flucht vor der Wirklichkeit, als schöne Magd der Lüge, oder schlicht als schmutzig. Stärker als das Erfassen der Wirklichkeit ist Fantasie auch abhängig von psychischen Zuständen wie Furcht, Hass, Liebe, Sehnsucht, leuchtenden Zielen – nicht säuberlich getrennt wie in einer Liste, sondern psychisch ineinander greifend und ein verzwicktes Gebilde ergebend, das wir nicht auseinander zerren wollen. Drum halten wir uns an Ritter, einerseits, und andererseits an Beispiele, an Szenen und zwar drei.

Zum Streit zwischen Fantasie und Wirklichkeit 399

Das erste Beispiel hat Ort und Datum: Berlin 1995, zwei Wochen Ende Juni, Anfang Juli – der verhüllte Reichstag. Verhüllt nicht mit billigen Planen wie bei Fassadenarbeiten, sondern verpackt in festem, ansehnlichem Gewebe, und so mit Seilen verschnürt, dass die Umrisse des Bauwerks erkennbar blieben. Fünf Millionen Menschen (schätzt die Polizei) haben in den zwei Wochen die Verhüllung betrachtet, sind rundherum gegangen, haben sich bei gutem Wetter auf den Wiesen vor der Westfront gelagert. Es war ein durchmischtes Publikum, zwischen Kunststudentinnen und Architekten saßen alte Frauen auf mitgebrachten Klappstühlen, spielten junge Mütter mit ihren Kindern, alle Altersklassen und Berufe waren dabei, nicht nur aus Berlin, nicht nur aus der Bundesrepublik, am letzten Tag allein 500 000.

Sie alle haben dasselbe gesehen – ja und nein, je nach Gemüt und Geistesart. Für Praktiker, gewohnt in Zahlen und Materie, in Verlust und Gewinn zu denken, dürfte die Verhüllung ein Rechenexempel gewesen sein – 13 Millionen Dollar für 14 Tage Dauer – in den Wind gestreut? Für andere, die den Reichstag schon immer für einen hässlich zusammengeschusterten Kasten gehalten hatten, war die Kostümierung ein Vergnügen, für wieder andere, historisch verankert, war der versteckte Reichstag zu aller erst das Symbol der Reichsgründung, von dessen Balkon 1918 die deutsche Republik ausgerufen, das 1933 in Brand gesteckt wurde, auf dessen Trümmern 1945 sowjetische Soldaten ihre Fahnen triumphierend in die Höhe hielten – diese Bilder, im Kopf gespeichert, reine Fantasie?

Das zweite Beispiel hat weder Ort noch Datum, im Gegenteil, es begibt sich allabendlich rund um den Globus – die hinter dem Horizont verschwindende Sonne. Das große Farbspektakel, für Städter immer wieder neu, erlebt irgendwo am Strand in einem Himmelsraum, der weiter ist als das Auge blicken kann. Die um Mittag schmerzhaft blendende Scheibe verliert ihre Kraft, sinkt abwärts, unaufhaltsam, lässt den Menschen zurück, hingestreckt auf einer Decke oder dem gerade noch warmen Sand. Da liegt er, fühlt sich geborgen, denkt nicht daran, dass in wenigen Stunden seine Lage sich so verändert, dass er, verglichen mit der Gegenwart, der jetzigen, seitlich im Sand hängt. Die Erde dreht sich, mit ihr der Strand, man weiß es, aber will es nicht wissen. Kann es sich als Karikatur vorstellen mit Figuren, die am unteren Teil des Globus mit dem Kopf nach unten gehen. Aber dass einem das selber passiert, dem eigenen Körper, das kann man sich nicht vorstellen. Das übersteigt unser Einfühlungsvermögen. Da berauscht man sich lieber am Farbenspiel.

Ganz anders das dritte Exempel, räumlich eingeengt, höchst körpernah – der Ausschnitt der Damenkleider, das sogenannte Dekolleté. Seine Glanzzeit lag im 19. Jahrhundert, Gemälde von Hofbällen aus Wien, Paris, Berlin bezeugen es. Eine prüde Gesellschaft damals, Frauen verbargen ihre Körper von den Fußsohlen bis an die Fingerspitzen, präsentierten aber Partien wie Schultern, Oberarme, Brustansatz ungeniert nackt. Dabei bekam die vordere Umrandung des Dekolleté, verziert mit Fältchen, Schleifchen, eine doppelte Funktion: einerseits Schranke, die Zugang verwehrt, andererseits Einladung, die Phantasie schweifen zu lassen.

Nur drei Beispiele, aber sie lassen ahnen wie nahezu unendlich variabel die Kräfte von Fantasie und Wirklichkeit auf einander treffen können.

Das gilt insbesondere für den Sonnenuntergang. Dem Auge erscheint das Farbspektakel ebenso real wie die Abwärtsbewegung. Seit der Schule aber wissen wir: die Sonne bewegt sich nicht. Wenn sie uns so erscheint, fantasieren wir uns etwas vor. Gesteuert wird diese Fantasie durch eine Erfahrung, die schon im Krabbelalter beginnt, wenn wir uns um etwas herum bewegen und wenn wir lernen, dass Spielzeug von oben nach unten fällt und nicht umgekehrt. Die Vorstellung von dem festen Grund unter uns hat sich in Kopf und Körper festgesetzt, und ein sich drehender Strand widerspricht dieser lebenslangen Erfahrung. Mit Hilfe der Fantasie, die die Wirklichkeit leugnet und überstrahlt, retten wir uns aus dieser prekären Situation.

Verglichen mit dem kosmischen Szenarium ist der verpackte Reichstag ein Leichtgewicht, ein Spiel wie mit zwei Bällen, mit einem Gebäude, das unsichtbar, aber fest gemauert in der Erden steht, und einer Hülle, die an Mitbringsel erinnert, an ein Geschenk, umwickelt mit buntem Papier. Wer oder was siegt? Die Frage ist nicht ganz so abwegig, wie sie erscheinen mag. Wenigstens nicht für jene, die die optischen Erlebnisse – die bunte Wirklichkeit vor Augen – verbinden mit den Bildern im Kopf, mit den historischen Zeugnissen nationaler Schuld und Verantwortung. Für jene, die das Spiel, die Verfremdung persönlich nehmen, vielleicht als freundliche Aufforderung, sich von Vergangenem nicht erdrücken zu lassen.

Wir versuchen nicht, wie gesagt, das Verhältnis von Fantasie und Wirklichkeit systematisch zu ergründen, weil zu verzweigt, zu verzwickt. Wir haben ja auch nicht einmal gefragt, ob das Bedürfnis, die Wirklich-

Zum Streit zwischen Fantasie und Wirklichkeit 401

keit zu erfassen oder die Fantasie schweifen zu lassen, bei beiden Geschlechtern gleich stark vertreten ist. Landläufig heißt es, Fantasie sei Frauensache; Buchhändler bestätigen, dass Frauen mehr Romane lesen als Männer. Und wenn Gretchen fragt „wie hast du's mit der Religion", würde sie erschrecken, wenn sie hört, dass ihr Glaubensgebäude (mit der Heiligen Dreieinigkeit an der Spitze) nur ein Fantasieprodukt ist. Doch zu unserer irdischen Wirklichkeit gehört es nicht. Und vielleicht deshalb, weil dies die katholische Kirche als Schwäche empfindet, versucht sie (u.a.), mit großem Aufwand ihre Glaubensinhalte irdisch zu verankern, in Materie umzusetzen, in Gold und Silber, in all die Reliquiare, Monstranzen, Bilder, Skulpturen, himmelstrebenden Bauten, die nun schon seit langem zu unserer westlichen Kultur gehören.

Wer dagegen protestieren will, dagegen, dass eine seiner Lebensgrundlagen der Fantasie zugerechnet wird, der überprüfe, ob nicht auch seine eigene irdische Existenz fortwährend durchsetzt ist von Fantasie. Angefangen bei dem alltäglichem Bilder-Kleinkram (mein Kind in der Schule, Frau im Büro, Bäcker um die Ecke), der wie ein Bilderfluss ungewollt und unentwegt durch unsere Köpfe fließt. Ohne dass wir uns immer klar sind, ob es gerade von außen oder innen kommt. Oder nehmen wir den Kirschbaum im winterlichen Garten – nur die schwarzen Äste sind vor Augen, im Hinterkopf aber schweben die Blüten und Früchte des Sommers mit den kletternden Kindern dazwischen. Die Erinnerungs-Bilder im Hinterkopf sind vielleicht nicht ganz so deutlich wie das schwarze Geäst, aber sie gehören dazu, sind auf ihre Weise gegenwärtig und wirklich.

Und die Ritter? Mit geschlossenem Visier und angelegten Lanzen galoppieren sie auf einander zu, um sich gegenseitig aus dem Sattel zu werfen – so dachten wir, so entspricht es dem allgemeinen Wortgebrauch. Doch nicht immer stimmt er. Wenigstens nicht, wenn man statt systematisch zu ergründen, sich an Beispiele hält. Sie zeigen, dass Fantasie und Wirklichkeit sich keineswegs ständig ausschließen. Dass Produkte der Fantasie auf Bildern beruhen können, die von außen kommen, und die Bilder von außen im Kopf jeweils persönlich eingefärbt werden. Sie sind sich näher als gedacht, die beiden Ritter. Vielleicht sollten wir sie sogar als Zwillinge sehen. Ergänzen wir unser Turnier: In einer zweiten Szene haben die beiden die Lanzen gesenkt, reiten auf einander zu, lüften die Helme, streifen die Eisenhandschuhe ab und umarmen einander. Irgendwie gehören sie zusammen. Sicher ist: Gemeinsam erschließen sie uns den Reichtum der Welt viel besser als (sagen wir) als Einzelkämpfer.

Biographische Angaben

Günther Bittner, Prof. Dr., geb. 1937 in Prag. Diplompsychologe, Pädagoge und Psychoanalytiker. Professor an der PH Reutlingen und an der Universität Bielefeld, seit 1977 an der Universität Würzburg (emeritiert 2005).
Neuere Veröffentlichungen u. a.: Kinder in die Welt, die Welt in die Kinder setzen. Eine Einführung in die pädagogische Aufgabe (1996); Metaphern des Unbewussten. Eine kritische Einführung in die Psychoanalyse (1998); Das Leben bildet. Biographie, Individualität und die Bildung des Proto-Subjekts (2011); „Dir unbewußt arbeite ich in Dir." Die Psychoanalyse Hermann Hesses bei Josef Bernhard Lang (2015); Das Unbewusste – die „große Unbekannte X". Sinn und Grenzen arkanischer Diskurse in der Psychoanalyse (2016).
Anschrift: Lodenstr. 22, 97209 Veitshöchheim. E-Mail: bittner.guenther@t-online.de

Otto Paul Burkhardt, geb. 1952. Studium der Germanistik, Geschichte und Musikwissenschaften. Lebt als Redakteur, Buchautor und freier Feuilletonist in Tübingen.
Neuere Veröffentlichungen u.a.: 12 Jahre Rote Ecke. Das Buch der Spielzeiten – Schauspiel Staatstheater Stuttgart (2005); Gert Koch. Sammlung Würth und neue Arbeiten (2012); Sonne, Licht und Farbenglut. Die Glasfenster des Malers Winand Victor (2013); Im Zeichen der Faust – Schauspiel Stuttgart (2013); Kunst ist nicht erlaubnispflichtig – Landestheater Tübingen (2014); Im Zaubergarten der Geräusche (2016); Helden, Wut, fatale Märsche (2018).
Anschrift: Goldersbachstr. 5/2, 72074 Tübingen. E-Mail: opburkhardt@t-online.de

Ernst Peter Fischer, Prof. Dr. rer. nat., geb. 1947 in Wuppertal. Apl. Professor für Wissenschaftsgeschichte an der Universität in Heidelberg; freie Tätigkeiten als Wissenschaftsvermittler und Berater, unter anderem für die Stiftung Forum für Verantwortung.
Veröffentlichungen u. a.: Das große Buch der Evolution (2008); Der kleine Darwin (2009); Die kosmische Hintertreppe (2009); Die Charité – Ein Krankenhaus in Berlin (2009); Evolution und Kultur des Menschen (2010, hg. gemeinsam mit Klaus Wiegandt); Die andere Leichtigkeit des Seins (2012). Internet: www.epfischer.com
Anschrift: Wilckensstr. 16/1, 69120 Heidelberg. E-Mail: epfischer@t-online.de

Gerhard Fitzthum, Dr. phil., geb. 1955 bei Gießen/Hessen. Promotion 1991 bei Odo Marquard an der Justus Liebig Universität Gießen. Lebt als freier Autor und Journalist in Lollar. Themenschwerpunkte: Naturwahrnehmung, Reisekultur, ökologische Ethik.
Veröffentlichungen: Moralität, Tod und Theodizee. Konturen einer Ethik nach und mit Heidegger (1991); Das Ende der Menschheit und die Philosophie. Zum Spannungsverhältnis von Ethik und Theodizee (1992); Auf dem Weg. Zur Wiederentdeckung der Natur (2014).
Anschrift: Hainstr. 2, 35457 Lollar-Salzböden. E-Mail: fitzthum@tcen.de

Sigbert Gebert, Dr. phil., Dipl.-Volksw., geb. 1959, studierte Philosophie, Politik, Soziologie und Volkswirtschaft in Freiburg/Brsg. und Basel. Lebt als Privatgelehrter in Freiburg und Zürich.
Veröffentlichungen u. a. „Sinn – Liebe – Tod" (2003), „Die Grundprobleme der ökologischen Herausforderung" (2005), „Philosophie vor dem Nichts" (2010).
E-Mail: Sigbert.Gebert@freenet.de

Ulrich Hägele, PD Dr. rer. soc., geb. 1958 in Stuttgart. Forschungsschwerpunkte: Visuelle Kultur, Geschichte der Fotografie, auditive Medienkultur. Leiter von Radio Micro-Europa/Tübinger Campusfunk. Co-Leiter der Kommission Fotografie der Deutschen Gesellschaft für Volkskunde (DGV). Lebt in Tübingen.
Neuere Veröffentlichungen: Experimentierfeld der Moderne. Fotomontage 1890–1940 (2017); Eine Fotografie. Über die transdisziplinären Möglichkeiten der Bildforschung, Hrsg. mit Irene Ziehe (2017); Gedruckte Fotografie. Abbildung, Objekt und mediales Format, Hrsg. mit Irene Ziehe (2015); Walter Kleinfeldt. Fotos von der Front 1915–1918 (2014).
Anschrift: Zentrum für Medienkompetenz/Institut für Medienwissenschaft, Universität Tübingen, Wilhelmstraße 50, 72074 Tübingen. E-Mail: ulrich.haegele@uni-tuebingen.de

Rainer Hagen, Dr. phil., geb. 1928 in Hamburg. Ehem. Redakteur und Filmemacher im 3. Fernsehprogramm des NDR. Zusammen mit Rose-Marie Hagen Bücher über das alte Ägypten, Brueghel, Goya, zuletzt „Bildbefragungen" (2016).
Anschrift: Charlotte-Niese-Str. 15, 22609 Hamburg. E-Mail: rainer.max.hagen@t-online.de

Roald Hoffmann wurde 1937 in Złoczów, Polen (heute Ukraine) geboren. 1949 kam er in die USA, wo er später Chemie an den Universitäten Columbia und Harvard studierte. Seinen Doktor machte er 1962. Seit 1965 lehrt und forscht er an der Cornell University, nun als Frank H. T. Rhodes Professor of Humane Letters, Emeritus. Er hat viele Auszeichnungen erhalten, einschließlich des Nobelpreises für Chemie im Jahre 1981 (gemeinsam mit Kenichi Fukui). Mit seinen zahlreichen Essays, Büchern, Gedichten und Theaterstücken hat Hoffmann Brücken geschlagen zwischen Wissenschaft, Dichtung und Philosophie.
E-Mail: rh34@cornell.edu

Henrik Holm, Prof. Dr. Dr., geb. 1980 in Oslo, Norwegen. Studium der Musik, Theologie und Philosophie an der Universität der Künste Berlin und an der Humboldt-Universität zu Berlin, Promotion (Philosophie) an der Technischen Universität Dresden 2010 und Promotion (Musikwissenschaft) an der Norwegian Academy of Music Oslo 2017. 2008-2014 wissenschaftlicher Mitarbeiter an der Universität Hamburg (Fakultät der Geisteswissenschaften) und Dozent an der Universität Rostock (Theologische Fakultät). 2014-2017 Research-Fellow, Norwegian Academy of Music in Oslo, mit einem Projekt über Wilhelm Furtwänglers Interpretationsästhetik. Ab 2017 Forschungsleiter und ab 2018 Professor für Philosophie, Ethik und Ästhetik am Rudolf Steiner University College Oslo.
Veröffentlichungen in deutscher Sprache: Der hörbare Logos in der Musik. Ein philosophischer Versuch über Wilhelm Furtwänglers Interpretationskunst (2015); Die Künstlerseele Friedrich Nietzsches. Die Musik, das Leiden und die Sternenmoral (2013); Die Unergründlichkeit der kreatürlichen Wirklichkeit. Eine Untersuchung zum Verhältnis von Philosophie und Wirklichkeit bei Josef Pieper (2011).
Anschrift: Radarveien 51, 1152 Oslo, Norwegen. E-Mail: he.holm@gmail.com

Michael Holzwarth, M. A., geb. 1986. Studium der Kulturwissenschaften, Geschichte und Philosophie an der Universität Leipzig. Vorbereitung einer Promotion zum Themenkomplex Smartphone, visuelle Kultur und sozialer Wandel, außerdem künstlerisch und publizistisch tätig.
www.michaelholzwarth.net

Eduard Kaeser, Dr. phil. nat., geb. 1948. Studium der theoretischen Physik, der Philosophie und Wissenschaftsgeschichte. 1982–86 Assistenz und Lehrtätigkeit am Philosophischen Seminar Bern. 1987–1992 Mitarbeit an der interfakultären Koordinationsstelle für Allgemeine Ökologie in Bern. Seither freie publizistische Vortragstätigkeit. Gymnasiallehrer für Physik, Mathematik, Philosophie. Veröffentlichungen u. a.: Autonome Artefakte – ein Testfall für die Autonomie des Menschen?, in: Soziale Welt (2004); Der Körper im Zeitalter seiner Entbehrlichkeit (2008); Pop Science. Essays über Technik, Wissenschaft, Medizin, Religion (2009); Kopf und Hand. Von der Unteilbarkeit des Menschen (2011); Multikulturalismus revisited (2012); Artfremde Subjekte (2015); Die Welträtsel sind nicht gelöst (2017).
Anschrift: Liebeggweg 6, 3006 Bern, Schweiz. E-Mail: e.cheese@gmx.net

404   Biographische Angaben

Gert Koch, geb. 1956. Studium am Holztechnikum, Rosenheim; Fachoberschule für Gestaltung, Augsburg; 1982-83 Studienaufenthalt in Japan, Schüler von Hitoshi Kobayashi, Tokyo; 1983-86 Architekturstudium an der Fachhochschule, Konstanz und Studium an der Freien Kunstschule, Stuttgart. Seit 1986 Ausstellungen im In- und Ausland; zahlreiche Werke in öffentlichen und privaten Sammlungen. Lebt und arbeitet in Hohenstein / Schwäbische Alb und auf einer Insel westlich von Afrika.
Neuere Veröffentlichungen: Raum im Dialog, Ev. Akademie Bad Boll (2010); Gert Koch, Sammlung Würth und neue Arbeiten (2012); Bootschafft Hoffnung. Ein Unikatbuch mit Werken von Gert Koch (2014); Allerlei Entdeckungen – Einblicke in die Sammlung Würth (2017).
E-Mail: info@kochs-gomadingen.de   Internet: www.gertkoch.de

Burkhard Liebsch, Prof. Dr., ist Fellow am Forschungsinstitut für Philosophie Hannover und lehrt Philosophie an der Ruhr-Universität Bochum; Arbeitsschwerpunkte: Praktische Philosophie/Sozialphilosophie; Theorie der Geschichte; Das Politische in kulturwissenschaftlicher Perspektive. Spezielle Forschungsthemen: Gewaltforschung, Kulturtheorie, Lebensformen, Sensibilität, Erinnerungspolitik, Europäisierung, Erfahrungen der Negativität, Geschichte des menschlichen Selbst.
Neuere Veröffentlichungen u. a.: Für eine Kultur der Gastlichkeit (2008); Menschliche Sensibilität (2008); Renaissance des Menschen? (2010); Prekäre Selbst-Bezeugung. Die erschütterte Wer-Frage im Horizont der Moderne (2012); Verletztes Leben (2014); In der Zwischenzeit (2016); Der Andere in der Geschichte. Sozialphilosophie im Zeichen des Krieges (Hg. 2016); *Zeit-*Gewalt und *Gewalt-*Zeit (2017).
Anschrift: Ruhr-Universität Bochum, Universitätsstr. 150, GA 3/52, Postfach 102148; 44721 Bochum;
E-Mail: Burkhard.Liebsch@rub.de

Ziad Mahayni, Dr. phil., geb. 1971. Studium der Chemie und Philosophie an der TU-Darmstadt, Université de Bordeaux und Harvard University. Lehrbeauftragter an der TU-Darmstadt im Fachbereich Philosophie (2000–2001) und an der HS-Coburg im Masterstudiengang ZukunftsDesign (2014–2016). Partner der Managementberatung 3con und Gesellschafter des Start-Ups SlidePresenter. Forschungsschwerpunkt: Analyse des modernen Lebens und insb. der digitalen Transformation aus philosophischer Perspektive.
Neuere Veröffentlichungen: Von Menschen, Computern und Schachbrettern (2018); Der Mensch im Zeitalter maschineller Superintelligenz (2016); Individualität und Konsum (2015); Das Leben als To-Do-Liste (2010).
Anschrift: Schweizer Straße 43, 60594 Frankfurt a. M. E-Mail: ziad@mahayni.de

Peter Cornelius Mayer-Tasch, Dr. jur., geb. 1938. Habilitation für Öffentliches Recht, Rechtsphilosophie und Politikwissenschaft an der Universität Mainz. Seit 1971 Professor für Politikwissenschaft und Rechtstheorie an der Universität München, 1972–2003 Mitglied des Direktoriums des Geschwister-Scholl-Instituts. Seit 1984 Leiter der Forschungsstelle für Politische Ökologie. 2002 bis 2010 Rektor der Hochschule für Politik München. 2002–2010 Mitherausgeber der „Zeitschrift für Politik". Mitglied der Kuratorien des „Öko-Institutes" und von „Mehr Demokratie e.V.".
Neue Veröffentlichungen u. a.: Meer ohne Fische? Raubbau, Profit und Welternährung (2007); Welt ohne Wasser (2009); Politische Theorie des Verfassungsstaates (2. Aufl. 2009); Der Hunger der Welt (2011); Jean Bodin (2011); Raum und Grenze (2013); Die Macht der Schönheit (2014); Die Himmelsleiter (2015); Die unerschöpfliche Kraft des Einfachen (2015; mit F.-Th. Gottwald / Bernd Malunat); Die Buchstaben der Philosophie (2017); Kleine Philosophie der Macht (2018).
Anschrift: Geschwister-Scholl-Institut der LMU München, Oettingerstr. 67, 80538 München.
E-Mail: Mayer-Tasch@hfp.mhn.de

Klaus Michael Meyer-Abich (1936–2018). Prof. für Naturphilosophie an der Universität Duisburg-Essen. Sein Arbeitsgebiet war die praktische, dem menschlichen Handeln gewidmete Naturphilosophie in der Naturkrise unserer Zeit. Im Zentrum des Interesses stand dabei das – letztlich immer im weitesten Sinn religiös geprägte – menschliche Selbstverständnis, dessen Ausdruck unser Handeln ist.
Veröffentlichungen u. a.: Wege zum Frieden mit der Natur. Praktische Naturphilosophie für die Umweltpolitik (1984); Aufstand für die Natur. Von der Umwelt zur Mitwelt (1990); Praktische Naturphilosophie. Erinnerung an einen vergessenen Traum (1997); Was es bedeutet, gesund zu sein – Philosophie der Medizin (2010).

Mins Minssen, Dr. rer. nat., Promotion 1970 an der Universität Konstanz, 1970–1972 an den Laboratories of Molecular Biology and Genetics der Universität Wisconsin, Madison, USA, 1975–2001 (Ruhestand) am Leibniz-Institut für die Pädagogik der Naturwissenschaften an der Universität Kiel, seit 2006 Fährmann bei der Bargener Fähre an der Eider.
Buchveröffentlichungen u. a.: Der sinnliche Stoff (1986); Strukturbildende Prozesse (zus. mit Popp und de Vos) (1989); Äolsharfen – Der Wind als Musikant (zus. mit Krieger, Bäuerle, Pilipczuk und Hagen) (1997); Hinter der Dornenhecke – Spröde Liebschaften mit Dingen und Materialien (2004). Drehbuch zum Dokumentarfilm „Die Bargener Fähre" (2008).
Anschrift: Scharnhorststr. 2, 24105 Kiel. E-Mail: Mins.Minssen@t-online.de

Ilse Onnasch, Dipl.-Päd., Lehrerin, geb. 1949. Studium der Erziehungswissenschaften in Hannover und Frankfurt/M. Arbeit in sozialpädagogischen und ökopädagogischen Projekten, z. Zt. freie Unterrichtstätigkeit.
Anschrift: Heimgartenstr. 2, 82211 Herrsching-Breitbrunn. E-Mail: ilonnasch@web.de

Friedrich Pohlmann, M. A., Dr. phil. habil., geb. 1950. Studium der Musik, Soziologie, Geschichte und Philosophie in Hannover und Freiburg, von 1979 bis 2006 in verschiedenen Positionen (wiss. Mitarbeiter, Hochschul- und Privatdozent) Soziologie an der Universität Freiburg lehrend. Jetzt Privatgelehrter und freier Autor. Viele Veröffentlichungen auf den Gebieten der allgemeinen soziologischen Theorie, vergleichenden Diktaturtheorie, Sozialstrukturanalyse, Analyse der Kindheit und Kultursoziologie.
Anschrift: Brombergstr. 8A, 79102 Freiburg. E-Mail: friedrich.pohlmann@soziologie.uni-freiburg.de

Josef H. Reichholf, Dr. rer. nat., geb. 1945. Studium der Biologie, Chemie, Geografie und Tropenmedizin an der Universität München. Promotion 1969 in Zoologie. 1970 Forschungsjahr in Brasilien. 1971 bis 1973 Ökosystemforschung an Stauseen. 1974 bis 2010 an der Zoologischen Staatssammlung in München als Leiter der Abteilung Wirbeltiere und der Sektion Ornithologie. Lehrtätigkeit an beiden Münchner Universitäten. Seit 1985 Honorarprofessor an der TU München. Umfangreiche Tätigkeiten im nationalen und internationalen Naturschutz. Mitglied der Kommission für Ökologie der Bayerischen Akademie der Wissenschaften.
Veröffentlichungen u. a.: Die falschen Propheten (2002); Der Tanz um das Goldene Kalb (2004); Die Zukunft der Arten (2005); Eine kurze Naturgeschichte des letzten Jahrtausends (2007); Stadtnatur (2008); Stabile Ungleichgewichte (2008); Der Ursprung der Schönheit (2011); Begeistert vom Lebendigen (2013); Ornis (2014); Mein Leben für die Natur (2015); Haustiere (2017); Waldjournal (2017).
Anschrift: Paulusstr. 6, 84524 Neuötting. E-Mail: reichholf-jh@gmx.de

Hans-Martin Schönherr-Mann, Professor für politische Philosophie an der Ludwig-Maximilians Universität München; regelmäßiger Gastprof. an der Univ. Innsbruck.
Neuere Buchpublikationen: Die Macht der Verantwortung, 2010; Politik zwischen Verstehen und Werten – Hermeneutik als politische Philosophie, 2016; Was ist politische Philosophie?, 2012; Protest, Solidarität und Utopie – Perspektiven partizipatorischer Demokratie, 2013; Gewalt, Macht, individueller Widerstand – Staatsverständnisse im Existentialismus, 2015; Camus als politischer Philosoph, 2015; Der Übermensch als Lebenskünstlerin – Nietzsche, Foucault und die Ethik, 2009; Sexyness als Kommunikation – Die Geburt der Sexualität aus dem Geist der Massenmedien, 2016.
Anschrift: Baumannstr. 13, 83233 Bernau am Chiemsee. E-Mail: hmschmann@gsi.uni-muenchen.de

Harald Seubert, Prof. Dr. phil. habil., geb. 1967 in Nürnberg. Nach Stationen u. a. in Erlangen, Halle/Saale, Bamberg, Poznan und München Professor und Fachbereichsleiter für Philosophie und Religionswissenschaft an der Staatsunabhängigen Theologischen Hochschule Basel. Vorsitzender des Vorstands der Martin-Heidegger-Gesellschaft.
Neuere Veröffentlichungen: Was Philosophie ist und sein kann (2015); Die Frage nach der Schönheit (2015); Weltphilosophie. Ein Entwurf (2016); Platon. Anfang, Mitte und Ziel der Philosophie (2017).
Anschrift: Siedlerstr. 151, 90480 Nürnberg. E-Mail: haraldseubert@aol.com

Biographische Angaben

Nora S. Stampfl, Mag. rer. soc. oec., MBA, geb. 1971. Studium der Wirtschaftswissenschaften an der Johannes-Kepler-Universität Linz, Österreich, und an der Goizueta Business School, Emory University, Atlanta, Georgia, USA. Lebt als Organisationsberaterin, Zukunftsforscherin und Publizistin in Berlin. Interessenschwerpunkte sind Zukunftsfitness von Organisationen und gesellschaftlicher Wandel.
Neuere Veröffentlichungen u. a.: Die Zukunft der Dienstleistungsökonomie (2011); Die verspielte Gesellschaft. Gamification oder Leben im Zeitalter des Computerspiels. (2012); Die berechnete Welt. Leben unter dem Einfluss von Algorithmen (2013); Homo Laborans Digitalis. Reflexionen über neue digitale Arbeitswelten (2018).
Anschrift: f/21 Büro für Zukunftsfragen, Rosenheimer Str. 35, 10781 Berlin.
Internet: www.f-21.de E-Mail: nora.stampfl@f-21.de

Johano Strasser, geb. 1939 in Leeuwarden (Niederlande). Promotion in Philosophie 1967, Habilitation in Politikwissenschaft an der FU Berlin 1977. Von 1980–1988 Redakteur und Mitherausgeber der Zeitschrift „L'80". Seit 1983 freier Schriftsteller, ab 1995 deutscher P.E.N.-Generalsekretär, von 2002 bis 2012 Präsident des P.E.N.-Zentrums Deutschland. Gerty-Spies-Literaturpreis des Landes Rheinland-Pfalz 2002. Zahlreiche Sachbücher, Romane, Hörspiele, Theaterstücke, Gedichte.
Neuere Veröffentlichungen: Die Tücke des Subjekts. Handreichungen für Unverbesserliche (2002, erw. Ausgabe 2008); Canossa. Eine Katharsis. Theaterstück (2005); Bossa Nova. Ein Provinzroman (2008), Labile Hanglage. Gedichte (2010); Kolumbus kam nur bis Hannibal. 14 subversive Geschichten (2010); Die schönste Zeit des Lebens. Roman (2011); Das Drama des Fortschritts (2015); Der Wind. Ein Gedicht (2016); Als wir noch Götter waren im Mai. Ein deutsches Leben (2018).
Anschrift: Dürrbergstr. 28, 82335 Berg. E-Mail: johano.strasser@t-online.de

Heinz Theisen, Prof. Dr., lehrt Politikwissenschaft an der Katholischen Hochschule Nordrhein-Westfalen in Köln.
Veröffentlichungen u. a.: Die Grenzen Europas. Die Europäische Union zwischen Erweiterung und Überdehnung (2006); Zehn Gebote für Europa. Der Dekalog und die europäische Wertegemeinschaft (zus. mit Elisabeth Jünemann hrsg. 2009); Nach der Überdehnung. Die Grenzen des Westens und die Koexistenz der Kulturen (2012); Der Westen und sein Naher Osten (2015).
Anschrift: Katho-NRW, Wörthstr. 10, 50668 Köln. E-Mail: h.theisen@katho-nrw.de

Ernst Ulrich von Weizsäcker, Prof. Dr. rer. nat., geb. 1939 in Zürich. Universitätspräsident i. R. Mitglied des Bundestages a.D. Ko-Präsident des Club of Rome. Freiberuflich tätig für Politikberatung, Vorträge, Schriften, vorwiegend für Klima, Umwelt, Energie. Lebt in Emmendingen/Breisgau.
Neuere Veröffentlichungen: Faktor Fünf (mit K. Hargroves u.a.) 2010; Wir sind dran (mit A. Wijkman u.a.) 2017.
Anschrift: Postfach 1547, 79305 Emmendingen. E-Mail: ernst@weizsaecker.de

Klaus Zierer, Prof. Dr. phil. habil., geb. 1976 in Vilsbiburg. Ordinarius für Schulpädagogik an der Universität Augsburg und Associate Research Fellow am ESRC Center on Skills, Knowledge and Organisational Performance (SKOPE) der University of Oxford. Forschungsschwerpunkte: Schulpädagogik, Allgemeine Didaktik, Bildungstheorie.
Neuere Veröffentlichungen: Kenne deinen Einfluss! „Visible Learning" für die Unterrichtspraxis (2017); Lernen 4.0. Pädagogik vor Technik (2017); 10 Mindframes for Visible Learning (2017).
Anschrift: Aichberg 1, 84163 Marklkofen, E-Mail: klaus.zierer@phil.uni-augsburg.de

Inhalt

Günther Bittner
    Lob der Nostalgie   370

Otto Paul Burkhardt
    Überfahrten. Von Vertreibung, Flucht und neuen Ufern   287

Ernst Peter Fischer
    Die Gefahr, sich lächerlich zu machen
    Was zur Interdisziplinarität gehört und zur Einheit der Wissenschaft führen kann   315

Ernst Peter Fischer
    Die Gesetze der Größe
    Zu dem Buch „Scale" von Geoffrey West (New York 2017)   18

Gerhard Fitzthum
    Freie Fahrt den Barbaren
    Anmerkungen zur Selbstzerstörung des Automobilkults   69

Gerhard Fitzthum
    Ohne Orientierung
    Anmerkungen zum Verschwinden des Wegweisers   135

Sigbert Gebert
    Moral allein genügt nicht – Zur Lage und Strategie des Vegetarismus   355

Ulrich Hägele
    Frontfotografie. Walter Kleinfeldts Bilder, 1915 bis 1918   194

Rainer Hagen
    Und wo bleibt der Ernst? Auf der Suche nach einem Wort   349

Rainer Hagen
    Zum Streit zwischen Fantasie und Wirklichkeit   398

Roald Hoffmann
    Das Gleiche und das Nichtgleiche   305

Henrik Holm
    Die Macht der Dummheit oder: Nietzsche und wir?   327

Michael Holzwarth
    Vom Automobil zum Smartphone, von McDonald's zu Facebook   117

Eduard Kaeser
    Im Schatten der Innovation. Subversive Technikgeschichte   28

Gert Koch
    Überfahrten. Von Vertreibung, Flucht und neuen Ufern   287

Burkhard Liebsch
„Ich empöre mich, also sind wir"?
Zur fragwürdigen Politisierbarkeit einer ‚rebellischen' Energie –
mit Blick auf Albert Camus' Der Mensch in der Revolte.   212

Ziad Mahayni
Aristoteles auf Facebook oder: Was ist Freundschaft?   92

Peter Cornelius Mayer-Tasch
Von der Symbolnot unserer Zeit   182

Klaus Michael Meyer-Abich
Eine persönliche Konfession   5

Mins Minssen
Das Leben der Unseren, damals   393

Ilse Onnasch
Das Fremde und das Eigene   258

Friedrich Pohlmann
Stolz und Zorn   228

Josef H. Reichholf
Neue Natur
Abzuwehren oder Alternative?   273

Hans-Martin Schönherr-Mann
Die apokalyptische Wiederkehr der Geschichtsphilosophie
Zur Aktualität des Denkens von Karl Marx   159

Harald Seubert
#Me too
Ein philosophischer Kommentar zu einem Schlagwort   341

Nora S. Stampfl
Mensch und Maschine
Überlegungen zu Grenzziehungen in der hybriden Gesellschaft   40

Johano Strasser
Arbeitszeit, Freizeit, Lebenszeit   55

Heinz Theisen
Wege zu einer multipolaren Weltordnung
Das Scheitern des westlichen Universalismus und seine Folgen   247

Ernst Ulrich von Weizsäcker
Eine neue Aufklärung für die Volle Welt   8

Klaus Zierer
Damit wir uns nicht zu Tode amüsieren   112

Biographische Angaben   402

Die Graue Edition

www.die-graue-edition.de

Nora S. Stampfl

HOMO LABORANS DIGITALIS

Reflexionen über neue digitale Arbeitswelten

Stets prägten Technisierungsprozesse die Rahmenbedingungen des Arbeitens. Dennoch ist ein frischer Blick auf das Konzept von Arbeit angeraten. Dabei fällt auf, dass in einer von Technik durchzogenen Arbeitswelt Technik hochgradig ambivalent in Erscheinung tritt. Als Kehrseite der technikeuphorisch in Aussicht gestellten Chancen und Freiheiten des Einzelnen zeigt sich eine Vielzahl neuer Widersprüche. Paradigmatisch steht homo laborans digitalis für das moderne „Arbeitstier", das ortlos und vereinzelt im „Global Village", ohne Anfang und Ende, sich verhaltend statt handelnd seiner Tätigkeit nachgeht.

- € 28,00 / CHF 32,50
- 324 Seiten, gebunden
- ISBN 978-3-906336-72-5

Walter Sauer (Hrsg.)
**Max Himmelheber –
Drei Facetten eines Lebens**
Philosoph – Erfinder – Pfadfinder
Ausgewählte Schriften

376 Seiten | Hardcover
24 Seiten Fotos und Dokumente
18 x 25 cm | 1. Auflage, 29,80 €
Spurbuchverlag Baunach
ISBN 978-3-88778-487-4

Walter Sauer (Hrsg.)
Max Himmelheber – Drei Facetten eines Lebens
Philosoph – Erfinder – Pfadfinder
Ausgewählte Schriften

Max Himmelheber (1904-2000) gilt gemeinhin als Erfinder der Spanplatte. Dass sein Leben und Werk auch ganz andere Facetten aufweisen, wird in diesem Band *Ausgewählter Schriften* dokumentiert. Da gibt es ganz wesentlich den *Philosophen* Himmelheber, der sich schon früh für eine Ökophilosophie einsetzte mit ethischen Forderungen nach einem anderen Umgang mit Natur und Umwelt, publiziert in der von ihm begründeten Zeitschrift *Scheidewege*.

Als Ingenieur, Unternehmer und *Erfinder* hat er der Spanplatte weltweit zum Durchbruch verholfen und damit einen ökologisch unschätzbaren Beitrag geleistet zur Schonung der natürlichen Ressourcen Holz und Wald.

Und schließlich von Jugend an der *Pfadfinder* Bewegung verbunden, setzte er sich mit deren Grundlagen auseinander und widmete sich der Führung junger Menschen hin zu einem verantwortungsvollen Umgang mit der Natur und Mitwelt.

Zu allen drei Bereichen werden grundlegende Schriften in Auswahl geboten, eingebunden in den Rahmen einer detailreichen Biografie. Der Herausgeber, Dr. Walter Sauer, Professor für Pädagogik und seit Langem mit dem Lebenswerk von Himmelheber vertraut, ist derzeit Geschäftsführer der Max-Himmelheber-Stiftung und Herausgeber der *Scheidewege*.

Spurbuchverlag – 96146 Baunach – Telefon 09544/1561 – www.spurbuch.de

Von „Wolfsjungen" und „Affenmädchen"

Am Rande der Zivilisation – eine Chronik des „wilden Menschen"

Was macht den Menschen zum Menschen? Sind wir das Ergebnis unserer Natur, oder macht uns erst das Leben in der Gesellschaft zu dem, was wir sind?

Immer wieder gibt es Meldungen von Menschen, die ohne soziale Kontakte überlebt, ja unter Tieren gehaust haben sollen. Kaspar Hauser ist wohl einer der bekanntesten Fälle – aber bei weitem nicht der einzige. P. J. Blumenthal hat zahlreiche spannende und erschütternde Fälle aus den letzten 1500 Jahren zusammengetragen.

P. J. Blumenthal
Kaspar Hausers Geschwister
Auf der Suche nach dem wilden Menschen
Mit einem Geleitwort von Elfriede Jelinek
2., überarb. und aktual. Auflage.
442 Seiten. 4 Abb. 10 Fotos. Gebunden mit Schutzumschlag.
ISBN 978-3-515-11646-6

E-Book: PDF.
ISBN 978-3-515-11647-3
E-Books sind als PDF online zum Download erhältlich unter www.dav-medien.de

www.steiner-verlag.de

Franz Steiner Verlag · Birkenwaldstraße 44 · 70191 Stuttgart · Tel. 0711 2582 341 · Fax 0711 2582 390 · service@steiner-verlag.de

Volker Friedrich
Technik denken
Philosophische Annäherungen
Festschrift für Klaus Kornwachs
325 Seiten. 13 Abb. Kartoniert.
ISBN 978-3-515-12039-5

E-Book: PDF.
ISBN 978-3-515-12042-5
E-Books sind als PDF online zum Download
erhältlich unter www.dav-medien.de

www.steiner-verlag.de

Technischer Wandel in hoher Geschwindigkeit kennzeichnet unsere Zeit. Dieser Wandel wirft grundsätzliche Fragen auf: Können wir begreifen, was wir tun? Können wir abschätzen, was wir tun? Können wir wollen, was wir tun? Können wir sagen, was wir tun? Können wir leben, was wir tun?

Mit Fragen wie diesen hat sich der Philosoph Klaus Kornwachs immer wieder auseinandergesetzt. Ihm zu Ehren widmen sich die Autorinnen und Autoren in ihren Essays der Philosophie der Technik, der Technikfolgenabschätzung sowie der Ethik, Sprache und Kultur der Technik. Neben Philosophen kommen auch Vertreter der Soziologie, Medizin, Technik- und Wirtschaftsgeschichte, Psychologie, Physik, Theologie, Ingenieurswissenschaft, Ökonomie, Politologie und Rhetorik zu Wort. So entsteht – ganz im Sinne Klaus Kornwachs – ein breites Spektrum von Ein- und Ansichten.

Franz Steiner Verlag · Birkenwaldstraße 44 · 70191 Stuttgart · Tel. 0711 2582 341 · Fax 0711 2582 390 · service@steiner-verlag.de

Philosophie und Mathematik - von einer ganz besonderen Verbindung

Vielen gilt die Mathematik als ehrfurchtgebietende, nicht leicht zu fassende, aber durchweg glasklare Disziplin. Sie flößt Außenstehenden eine gewisse Scheu ein. Die Philosophie wird auf der anderen Seite vom praxisorientierten Alltagsmenschen eher als diffuse unübersichtliche Wissenschaft empfunden, von der man schlecht glauben kann, daß sie irgendetwas mit der Welt der Zahlen und geometrischen Beziehungen zu tun haben könnte. Dennoch trügt der Schein. Dieses Buch führt an die Kontaktzone von Philosophie und Mathematik und macht die unvermeidliche Verschränkung der beiden großen Gedankenkomplexe deutlich.

Bernulf Kanitscheider
Kleine Philosophie der Mathematik
Mathematik, Bildung und Kulturen
200 Seiten. Gebunden mit Schutzumschlag.
ISBN 978-3-7776-2637-6

E-Book: PDF.
ISBN 978-3-7776-2650-5
E-Books sind als PDF online zum Download erhältlich unter www.dav-medien.de

www.hirzel.de

HIRZEL

S. Hirzel Verlag · Birkenwaldstraße 44 · 70191 Stuttgart · Tel. 0711 2582 341 · Fax 0711 2582 390 · service@hirzel.de

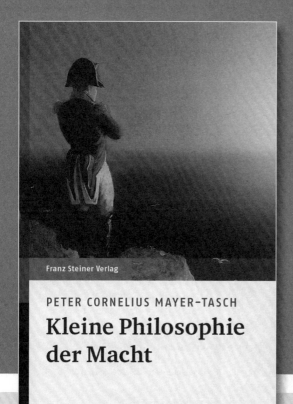

Peter Cornelius Mayer-Tasch
Kleine Philosophie der Macht
130 Seiten. 11 Abb. Gebunden mit Schutzumschlag.
ISBN 978-3-515-12035-7

E-Book: PDF.
ISBN 978-3-515-12037-1
E-Books sind als PDF online zum Download erhältlich unter www.dav-medien.de

www.steiner-verlag.de

Die Beschäftigung mit Macht und Ohnmacht ist keineswegs neu – seit Jahrtausenden steht sie im Mittelpunkt des Denkens berühmter Philosophen wie Thukydides, Machiavelli oder Thomas Hobbes. Was aber heißt und ist Macht eigentlich? Wie entsteht und vergeht sie? Was bewirkt sie? Was macht mächtig? Können Recht, Ethik oder Religion ihr Grenzen setzen?

Geschickt verknüpft Mayer-Tasch die philosophisch-historischen Hintergründe von Macht mit ihren unerwarteten, alltäglichen Ausprägungen – oder hätten Sie Macht mit Liebe, Schönheit oder Gartengestaltung in Verbindung gebracht?

Franz Steiner Verlag · Birkenwaldstraße 44 · 70191 Stuttgart · Tel. 0711 2582 341 · Fax 0711 2582 390 · service@steiner-verlag.de

JAHRBUCH ÖKOLOGIE

- global und aktuell: Umweltpolitik, umfassend betrachtet
- Renommierte Autoren präsentieren ihre Ideen und Zukunftsvisionen
- Zentrale Themen kurz und verständlich

Jahrbuch Ökologie 2017/18
„Leitkultur" Ökologie?
Was war, was ist, was kommt?
256 Seiten. 4 Abb. Kartoniert.
ISBN 978-3-7776-2744-1

E-Book: PDF.
ISBN 978-3-7776-2749-6
E-Books sind als PDF online zum Download erhältlich unter www.dav-medien.de

www.hirzel.de

Seit 25 Jahren begleitet das JAHRBUCH ÖKOLOGIE das Ringen der Ökologie um einen positiven Einfluss auf die Gestaltung unserer Zukunft. Das Potenzial der Ökologie als Kursgeber ist allerdings bei weitem noch nicht ausgeschöpft. Das vorliegende JAHRBUCH ÖKOLOGIE zieht deshalb eine – durchwachsene – Bilanz der vergangenen 25 Jahre, benennt die aktuellen Themen und Herausforderungen und wagt einen mehr oder weniger prognostischen Ausblick auf die kommenden 25 Jahre. „Was war, was ist, was kommt?" Auf diese drei Fragen bietet der Band eine breite Vielfalt von Antworten.

HIRZEL

S. Hirzel Verlag · Birkenwaldstraße 44 · 70191 Stuttgart · Tel. 0711 2582 341 · Fax 0711 2582 390 · service@hirzel.de